Hinter dem Sachregister befindet sich ein ausführliches Verzeichnis der

Guttentagschen Sammlung

Deutscher Reichs- und Preußischer Gesetze

— Textausgaben mit Anmerkungen; Taschenformat —

die alle wichtigeren Gesetze in unbedingt zuverlässigem Abdruck und mit mustergültiger Erläuterung wiedergibt.

Guttentagsche Sammlung
Nr. 126 Deutscher Reichsgesetze Nr. 126
Textausgaben mit Anmerkungen.

Besitzsteuergesetz

nebst den

Ausführungsbestimmungen des Bundesrats und den preußischen Ausführungsvorschriften.

Ausführlicher Kommentar

bearbeitet von

Alfons Mrozek,
Oberverwaltungsgerichtsrat.

Berlin 1917
J. Guttentag, Verlagsbuchhandlung,
G. m. b. H.

Roßberg'sche Buchdruckerei, Leipzig

Inhaltsverzeichnis.

	Seite
1. Einleitung	VII
2. Text des Gesetzes mit Anmerkungen	1
§§ 1 ff. Steuerpflicht	1
§§ 18 ff. Feststellung des Vermögenszuwachses, Veranlagungs- und Erhebungszeitraum	78
§§ 25 ff. Steuersätze	95
§§ 28 ff. Wertermittelung	105
§§ 48 ff. Zuständigkeit für Veranlagung und Erhebung der Besitzsteuer	184
§ 51. Personenstandsaufnahme	191
§§ 52 ff. Besitzsteuererklärung	192
§ 65. Besitzsteuer- und Feststellungsbescheid	214
§§ 66 ff. Rechtsmittel	217
§§ 70 ff. Fälligkeit der Steuer	226
§ 75. Verjährung	233
§§ 76 ff. Strafvorschriften	234
§ 85. Kosten	246
§§ 86 ff. Schlußvorschriften	247
3. Text des Gesetzes ohne Anmerkungen	249
4. Ausführungsbestimmungen des Bundesrats	277
Anlage 1. Hilfstafel über den gegenwärtigen Gesamtwert einer Rente oder Nutzung im Werte von 1 Mark auf eine bestimmte Anzahl von Jahren	305
Anlage 2. Hilfstafel zur Berechnung der Besitzsteuer	306
Muster 2. Besitzsteuererklärung	330
Muster 3. Besitzsteuerbescheid	336
Muster 4. Feststellungsbescheid	337
5. Preußische Ausführungsvorschriften	338
6. Preußisches Ergänzungssteuergesetz	365
7. Sachregister für die Anmerkungen	373

Einleitung.

1. Der Werdegang des Gesetzes.

Die neuen Wehrvorlagen hatten einen Geldbedarf des Reichs von ungewöhnlicher Höhe hervorgerufen. Neben den einmaligen Ausgaben, die durch den „einmaligen außerordentlichen Wehrbeitrag" gedeckt werden sollten, war der neuentstandene fortlaufende Bedarf so groß geworden, daß er in vollem Umfang aus den bisher vom Reiche in Anspruch genommenen Steuerquellen nicht gedeckt werden konnte. Dieser fortlaufende Mehrbedarf sollte nach dem am 28. März 1913 vorgelegten Entwurf eines Gesetzes, betreffend Änderungen im Finanzwesen, durch Umlegung auf die einzelnen Bundesstaaten entsprechend dem aus der Veranlagung nach dem Wehrbeitragsgesetze sich ergebenden Vermögensstande der Bevölkerung verteilt werden (sog. veredelte Matrikularbeiträge). In den einzelnen Bundesstaaten sollte der umgelegte Reichsbedarf durch Steuern vom Vermögen, Einkommen, Ertrag oder von Erbschaften aufgebracht werden. Sofern diese landesrechtliche Regelung in einem Bundesstaate nicht bis zu einem bestimmten Zeitpunkte stattfand, sollte in diesem Bundesstaate das reichsrechtliche Besitzsteuergesetz in Kraft treten.

Die erste Beratung des Gesetzentwurfes im Reichstage fand vom 9. bis 12. April 1913 statt. Durch Reichstagsbeschluß wurde der Entwurf der „Kommission für den Reichshaushaltsetat" zur Vorberatung überwiesen. In der Kommission wurde bereits in erster Lesung die bloß fakultative

Geltung des Besitzsteuergesetzes in den einzelnen Bundesstaaten abgelehnt und die Einführung der Besitzsteuer für das Reich beschlossen. Das Besitzsteuergesetz wurde darauf in Anlehnung an die Zusammenstellung des Gesetzentwurfes über den Wehrbeitrag beraten (Kommissionsbericht S. 32). Es wurden zwei Lesungen vorgenommen. Der Kommissionsbericht ist unter dem 24. Juni 1913 erstattet (a. a. O. S. 93). Im Reichstage wurde ein Antrag auf Wiederherstellung der nur fakultativen Geltung des Besitzsteuergesetzes (Nr. 1153 der Drucksachen des Reichstags, 13. Legislaturperiode 1. Session 1912/13; stenographische Berichte des Reichstags S. 5848 D) abgelehnt und darauf das Besitzsteuergesetz im wesentlichen nach den Beschlüssen der Kommission angenommen. Die zweite Beratung des Gesetzes fand am 27. Juni, die dritte am 30. Juni 1913 statt. Am 3. Juli 1913 erhielt das Gesetz die kaiserliche Ausfertigung; seine Veröffentlichung erfolgte in dem am 12. Juli 1913 zu Berlin ausgegebenen Reichsgesetzblatte. Durch den § 39 des Kriegssteuergesetzes vom 21. Juni 1916 hat das Besitzsteuergesetz noch kleine Abänderungen erfahren.

2. Der Inhalt des Gesetzes.

Über die Beweggründe, welche die Reichsregierung veranlaßt haben, gerade die Besitzsteuer zur Deckung des durch die Wehrvorlage herbeigeführten fortlaufenden Mehrbedarfs zu wählen, siehe die Anmerkung 3 zum § 1 des Gesetzes. Dieses zerfällt in folgende Abschnitte: Steuerpflicht — Feststellung des Vermögenszuwachses, Veranlagungs- und Erhebungszeitraum — Steuersätze — Wertermittelung — Zuständigkeit für Veranlagung und Erhebung der Besitzsteuer — Personenstandsaufnahme — Besitzsteuererklärung — Besitzsteuer- und Feststellungsbescheid — Rechtsmittel — Fälligkeit der Steuer — Verjährung — Strafvorschriften — Kosten — Schlußvorschriften.

Den Gegenstand der Besitzsteuer bildet der Vermögenszuwachs. Er umfaßt:

a) den Vermögenserwerb auf Grund von Rechtstiteln, die dem Erbrecht angehören, sowie auf Grund von unentgeltlichen Zuwendungen unter Lebenden,
b) den Vermögenserwerb durch Spekulationsgewinn und infolge sonstiger Glücksfälle (z. B. Lotteriegewinn),
c) die Erhöhung des Vermögenswerts durch eine Wertsteigerung einzelner Vermögensgegenstände, z. B. Grundstücke, Wertpapiere (Konjunkturgewinn, Wertzuwachs im engeren Sinne),
d) die Vermögensbildung aus erspartem Einkommen (Umwandlung von Verbrauchsvermögen in Gebrauchsvermögen). Begründung des Gesetzentwurfes S. 37.

Der Vermögenszuwachs ergibt sich aus der Gegenüberstellung des Vermögensstandes eines Steuerpflichtigen zu verschiedenen Zeitpunkten, nämlich am Anfang und am Ende des Veranlagungszeitraums (§§ 18, 19). Dieser umfaßt regelmäßig die Zeit von drei Jahren. Er ist kürzer, wenn die persönliche Steuerpflicht (§ 11) oder deren Erweiterung aus der beschränkten in die unbeschränkte erst innerhalb eines regelmäßigen Veranlagungszeitraums begründet wird, und beginnt dann in dem Zeitpunkte jenes Ereignisses, reicht aber nicht weiter als bis zum Ende des regelmäßigen Veranlagungszeitraums (§ 22). Länger wird der Veranlagungszeitraum, wenn am Ende eines früheren Veranlagungszeitraums keine Besitzsteuer veranlagt werden durfte, sei es, weil das Vermögen sich verringert, sei es, daß es sich zwar vermehrt, aber noch keinen steuerpflichtigen Zuwachs ergeben hatte (§ 21); er umfaßt dann auch die früheren Veranlagungszeiträume, deren Ablauf zu einer Steuer nicht geführt haben, und kann auf diese Weise sechs, auch neun und noch mehr Jahre betragen. Der erste regelmäßige Veranlagungszeitraum beginnt mit dem 1. Januar 1914 und läuft bis zum 31. Dezember 1916; die folgenden endigen am 31. Dezember 1919 und so fort alle drei Jahre (§ 20). Als Vermögensstand am 1. Januar 1914 gilt das für den Wehrbeitrag festgestellte Vermögen (§ 20); ebenso bildet später das für das Ende eines Veranlagungszeitraums festgestellte Vermögen (Endvermögen), sofern es zu einer Steuererhebung geführt hat, das Anfangsvermögen für den folgenden Veranlagungszeitraum (§ 19).

Als Vermögen gilt das gesamte bewegliche und unbewegliche Vermögen nach Abzug der Schulden (§ 2). Nicht mitgerechnet werden das im Auslande befindliche Grund- oder Betriebsvermögen, wohl aber das dort befindliche Kapitalvermögen (§ 5). Ferner bleiben außer Ansatz: Möbel, Hausrat, Kleidungsstücke, Schmucksachen und andere Kostbarkeiten, Bücher, Reit- und Wagenpferde, Equipagen, Sammlungen und Vorräte aller Art, sofern diese Gegenstände nicht Zubehör oder Bestandteile eines Grundstücks sind oder zu einem Betriebsvermögen gehören, sondern lediglich zum persönlichen Gebrauch oder zum Verbrauch im Haushalte, zur Ausschmückung der Wohnräume, zur Belehrung, Unterhaltung oder Erhöhung des Lebensgenusses bestimmt sind (§ 8). Ebenso zählen nicht mit alle der Ausübung einer künstlerischen, wissenschaftlichen oder einer sonstigen nicht unter den Begriff des Gewerbebetriebs fallenden Berufstätigkeit gewidmeten beweglichen Sachen (Bibliotheken der Gelehrten und Beamten, Instrumente der Ärzte und Musiker, Arbeitsmittel der Künstler, Bureaueinrichtungen der Rechtsanwälte). Von Rechten werden nicht zum steuerbaren Vermögen gerechnet Ansprüche an Witwen-, Waisen- und Pensionskassen, aus einer Kranken-, Unfallversicherung, aus der Reichsversicherung oder der gesetzlichen Angestelltenversicherung, Renten oder ähnliche Bezüge, die mit Rücksicht auf ein früheres Dienst- oder Arbeitsverhältnis gewährt werden (§ 7), polizeiliche oder obrigkeitliche Konzessionen, Approbationen, Genehmigungen, welche die Befugnis oder Erlaubnis zur

Ausübung eines Gewerbebetriebs, nicht aber ein ausschließliches Recht darauf begründen, ferner Familienrechte, z. B. das Recht der Nutznießung am Vermögen der Kinder oder der Ehefrau, Standes- oder Ehrenrechte sowie alle Rechte, die nicht zu den Vermögensrechten gehören oder denen die Selbständigkeit abgeht, z. B. das Recht zur Führung einer Handelsfirma, sofern letzteres nicht entgeltlich erworben ist.

Das steuerbare Vermögen gliedert sich in drei Gruppen, in Grundvermögen, Betriebsvermögen und Kapitalvermögen (§ 2). Gegenstand der Bewertung sind aber nicht jene Gruppen, sondern die zu ihnen gehörigen einzelnen Gegenstände, die sog. wirtschaftlichen Einheiten. Maßgebend ist der gemeine Wert am Stichtage, d. i. an dem Tage, für den die Bewertung zu erfolgen hat (§§ 28, 29). Bei Grundstücken tritt auf Antrag des Steuerpflichtigen an die Stelle des gemeinen Wertes am Stichtage der Betrag der bis dahin aufgekommenen Gestehungskosten (§ 30). Diese zerfallen in die Gestehungskosten beim Erwerb und in die weiteren Gestehungskosten. An die Stelle der ersteren tritt unter Umständen der Ertragswert oder der gemeine Wert, beide zur Zeit des Erwerbes (§§ 30—33). Weitere Vorschriften betreffen die Bewertung von Wertpapieren, Schuldverschreibungen, Aktien ohne Börsenkurs, Kuxen, Anteilen an einer Bergwerksgesellschaft oder einer Gesellschaft mit beschränkter Haftung sowie anderer Kapitalforderungen und Schulden (§§ 34—36); ferner die Bewertung von Renten, Nutzungen und Leistungen, die immerwährende sind oder nur eine bestimmte oder unbestimmte Zeit dauern (§§ 37—40); endlich die Anrechnung von befristeten oder bedingten Rechten und Leistungen (§§ 41—46). Unbeitreibliche Forderungen bleiben außer Ansatz (§ 47).

Bei der Berechnung des Vermögensstandes wird das Vermögen auf volle Tausende nach unten abgerundet (§ 28 Abs. 3). Vermögen, die 20000 ℳ nicht übersteigen, kommen für die Besitzsteuer überhaupt nicht in Betracht (§ 13

Abs. 1). Ein steuerpflichtiger Zuwachs ist nur vorhanden, wenn er mindestens 11000 ℳ ausmacht (§ 12); doch ist auch dieser bei Vermögen bis zu 30000 ℳ nur insoweit steuerpflichtig, als durch ihn das Vermögen über den Betrag von 20000 ℳ gebracht worden ist (§ 13 Abs. 2).

Steuerträger ist die Einzelperson (§ 11). Nur Ehegatten, die nicht dauernd voneinander getrennt leben, werden in der Person des Ehemanns zusammen veranlagt; ihr Vermögen wird wie das einer Einzelperson behandelt, und für die Steuer haften sie als Gesamtschuldner (§ 18). Selbständig zu veranlagen ist auch jedes Kind; der elterliche Nießbrauch am Kindesvermögen kommt für die Eltern nicht in Anrechnung und beim Kindesvermögen nicht in Abzug. Das zu einem Lehen, Fideikommiß oder Stammgute gehörige Vermögen gilt als Vermögen des Inhabers.

Die Steuerschuld wird begründet, wenn ihre Voraussetzungen, die subjektive und die objektive Steuerpflicht, am letzten Tage des Veranlagungszeitraums gegeben sind. Der spätere Wegfall einer dieser Voraussetzungen hindert nicht die Festsetzung der Steuerschuld im Wege der Veranlagung. Ist eine Veranlagung zu Unrecht unterblieben, so kann sie, wenn die Steuerschuld noch nicht verjährt ist, nachgeholt werden (§§ 73, 75). Unter Umständen tritt eine Berichtigung der Veranlagung ein, die, sofern sie den Steuerpflichtigen gegenüber der ordentlichen Veranlagung höher belastet, im Wege der Nachveranlagung oder Neuveranlagung erfolgen muß (§ 38 Abs. 3, § 43 Abs. 2, § 44 Abs. 2, § 45, § 46 und § 73).

Die Steuer beträgt bei einem Zuwachse von 11000 ℳ bis 50000 ℳ 0,75 vom Hundert des Zuwachses. Je nach dessen Höhe steigt jener Prozentsatz bis 1,5. Übersteigt das Endvermögen den Betrag von 100000 ℳ, so erhöht sich die Steuer um 0,1 vom Hundert des Zuwachses. Diese Erhöhung nimmt mit der Höhe des Vermögens zu und steigt bis zum Prozentsatze von 1 bei einem Endvermögen von mehr als 10 Millionen, so daß die höchste Besitzsteuer 2,5 vom Hundert des Zuwachses ausmacht. Härten, die durch ein nur geringes Übergreifen in die nächste Steuerstufe entstehen könnten, sind vermieden worden (§ 26). Auch hat man der geringeren Leistungsfähigkeit kinderreicher Eltern Rechnung getragen und im Falle einer Erbschaft den minderjährigen Abkömmlingen des Erblassers eine Steuererleichterung zugestanden (§ 27).

Die Verwaltung der Besitzsteuer ist den Bundesstaaten übertragen (§ 48). Die Landesregierungen bestimmen die Besitzsteuerämter, welche Oberbehörden unterstehen; über diesen steht die oberste Landesfinanzbehörde (§§ 48, 49). In Preußen sind Besitzsteuerämter die Einkommensteuer-Veranlagungskommissionen und Oberbehörden die Regierungen, in Berlin die Direktion für die Verwaltung der direkten Steuern, und die Vorsitzenden der Einkommensteuer-Berufungskommissionen. Der Kaiser überwacht die Einhaltung der gesetzlichen Vorschriften durch Reichsbeamte, die sog. Reichsbevollmächtigten für Zölle und Steuern (§ 50 des Gesetzes; Art. 36 der Verfassung des Deutschen Reichs).

Die Veranlagung zur Besitzsteuer wird durch eine Personenstandsaufnahme und durch die Besitzsteuererklärungen der Steuerpflichtigen vorbereitet. Außerdem müssen die Vorstände und Geschäftsführer von Aktiengesellschaften, Kommanditgesellschaften auf Aktien, Gewerkschaften, Bergwerksgesellschaften und Gesellschaften m. b. H., die im Inland ihren Sitz oder Vermögen haben, auf Anrufen des Steuerpflichtigen oder auf Erfordern der Steuerbehörde die für die Bewertung von Aktien ohne Börsenkurs oder von Geschäftsanteilen erforderlichen Mitteilungen machen (§ 58). Die Veranlagungsbehörde prüft die Angaben in der Besitzsteuererklärung, kann Zeugen und Sachverständige hören, darf vom Steuerpflichtigen den Nachweis seiner Angaben, insbesondere durch Vorlegung seiner Geschäftsbücher, verlangen und setzt schließlich die Höhe des steuerbaren Vermögens, den sich hieraus ergebenden Zuwachs sowie gegebenenfalls die Steuer fest (§§ 55—57). Das Ergebnis der Veranlagung erfährt der Steuerpflichtige, wenn er zur Besitzsteuer herangezogen ist, durch den Steuerbescheid, sonst durch den Feststellungsbescheid (§ 65). Beide Bescheide können unter Einhaltung der Ausschlußfristen im ordentlichen Rechtsmittelverfahren angefochten werden (§ 66). Dieses wird von den Landesregierungen geordnet mit der Maßgabe, daß mindestens zwei Rechtsmittel gegeben werden und der Rechtsschutz gewährleistet wird (§ 66). In Preußen sind die Rechtsmittel die Berufung an die Einkommensteuer-Berufungskommission und die Beschwerde beim Oberverwaltungsgerichte. Um den Steuerpflichtigen vor Nachteilen zu schützen, die ihm aus dem Offenbarwerden seiner Vermögensverhältnisse entstehen könnten, besteht für das ganze Veranlagungs- und Rechtsmittelverfahren die Geheimhaltungspflicht für alle beteiligten Beamten, Angestellten und ehrenamtliche Mitglieder der Behörden (§ 64).

Die Entrichtung der Steuer verteilt sich auf einen dem Veranlagungszeitraume folgenden, mit dem 1. April beginnenden dreijährigen Zeitraum, den sog. Erhebungszeitraum (§ 24). Die Steuer ist nach näherer Bestimmung der obersten Landesfinanzbehörde in gleichen Halbjahrs- oder Vierteljahrsteilen zu zahlen (§ 70). In Preußen sind Halbjahrsteile bestimmt und die Fälligkeitstermine der 10. Juli und der 10. Januar. Unter Umständen darf die Steuer gestundet werden, wobei Sicherheitsleistung verlangt werden kann (§ 71). Im Beitreibungsverfahren darf die Zwangsversteigerung des Grundstücks eines Deutschen nur mit dessen Einwilligung herbeigeführt werden (§ 72). Trotz des Todes des Steuerpflichtigen oder des Wegfalls seiner Steuerpflicht innerhalb des Erhebungszeitraums sind die Teilbeträge seiner Steuer an den Fälligkeitsterminen weiter zu entrichten (§ 74).

Der Anspruch der Staatskasse auf die Besitzsteuer verjährt in vier Jahren. Die Frist beginnt mit dem Schlusse des Jahres, in welchem die Steuerbeträge fällig geworden sind, im Falle der Sicherheitsleistung für die Steuer jedoch nicht vor dem Ablaufe des Jahres, in welchem die Sicherheit erlischt (§ 75).

Steuerhinterziehungen sind mit Geldstrafen bis zum zwanzigfachen Betrage der gefährdeten Abgabe bedroht (§ 76). In schweren Fällen erfolgt die Bestrafung stets im gerichtlichen Verfahren; es kann dann neben der Geldstrafe auf Gefängnis bis zu sechs Monaten erkannt und die öffentliche Bekanntmachung des Urteils auf Kosten des Steuerpflichtigen angeordnet werden (§ 77). Straffrei bleibt aber selbst in den schwersten Fällen, wer seine unrichtigen oder unvollständigen Angaben, bevor eine Anzeige erstattet oder eine Untersuchung gegen ihn eingeleitet ist, bei der Steuerbehörde berichtigt oder ergänzt und die gefährdete Steuer, soweit sie bereits fällig gewesen ist, entrichtet (§ 79). Die Verletzung der Geheimhaltungspflicht wird stets im gerichtlichen Verfahren geahndet und ist mit einer Geldstrafe bis zu fünfzehnhundert Mark oder mit Gefängnis bis zu drei Monaten bedroht. Zwangsstrafen, die bis zur Erfüllung der gesetzlichen Verpflichtung (§ 54 Abs. 1, § 56 Abs. 2, § 58 Abs. 4 und § 62 Abs. 4) wiederholt werden können, sowie Ordnungsstrafen (§§ 78, 83) sichern außerdem die Durchführung des Gesetzes. In keinem Falle dürfen unbeitreibbare Geldstrafen in Freiheitsstrafen umgewandelt werden. Um auch im Falle des Todes eines Steuerpflichtigen etwa von ihm hinterzogene Steuerbeträge dem Reiche nicht entgehen zu lassen, kann die Steuerbehörde von den Erben, dem Testamentsvollstrecker oder dem Nachlaßpfleger ein Verzeichnis über das vom Verstorbenen hinterlassene Kapital- und Betriebsvermögen fordern (§ 62). Wissentlich unrichtige oder unvollständige Angaben darin, die geeignet sind, das Steueraufkommen zu gefährden, sind mit Geldstrafe bis zu dreitausend Mark bedroht; eine rechtzeitige Berichtigung der falschen Angaben schützt auch hier vor Strafe (§ 81).

Das Verfahren in Besitzsteuerangelegenheiten ist kosten-, gebühren- und stempelfrei (§ 85). Postsendungen an die Steuerbehörden genießen keine Gebührenfreiheit. Im Falle eines Verschuldens hat der Steuerpflichtige auch die Kosten der Ermittelungen im Veranlagungs- oder Rechtsmittelverfahren zu tragen (§ 60). Für das Strafverfahren bewendet es bei den sonst geltenden Vorschriften.

3. Der Inhalt des Buches.

Im ersten Teile ist das Besitzsteuergesetz in Anlehnung an die Ausführungsanweisung zum preußischen Ergänzungssteuergesetz und an die Rechtsprechung des preußischen Oberverwaltungsgerichts in Staatssteuer- und in Wehrbeitragssachen erläutert.

Der zweite Teil enthält die Texte des Besitzsteuergesetzes und der hierzu ergangenen Ausführungsbestimmungen des Bundesrats, soweit diese nicht lediglich den inneren Dienst betreffen, und der preußischen Ausführungsvorschriften sowie der Bestimmungen im preußischen Ergänzungssteuergesetz über die Steuerpflicht, das steuerbare Vermögen und die Wertbestimmung.

Ein alphabetisches Inhaltsverzeichnis, von dem Herrn Geheimen Rechnungsrate Starkowski aufgestellt, erleichtert wesentlich den Gebrauch des Buches.

Besitzsteuergesetz.

Vom 3. Juli 1913[1]).

(RGBl. Nr. 41 S. 524—547.)

Steuerpflicht[2]).

§ 1.

Von dem Vermögenszuwachse[3]) wird für das Reich[4]) nach den Vorschriften dieses Gesetzes[5]) eine Abgabe (Besitzsteuer)[6]) erhoben[7]).

1. **Vom 3. Juli 1913.** An diesem Tage ist das Gesetz vom Kaiser vollzogen worden. Durch § 39 des Kriegssteuergesetzes vom 21. Juni 1916 ist es in den §§ **20, 21** Abs. 1, **30** Abs. 2 Satz 2 und **77** Abs. 3 abgeändert worden. Das Nähere hierüber siehe in den Anmerkungen zu jenen Paragraphen.

2. **Steuerpflicht.** Der so überschriebene Abschnitt umfaßt die §§ 1 bis 17. Die §§ 1 bis 10 und 16 behandeln die objektive Steuerpflicht, der § 11 regelt die subjektive Steuerpflicht, § 14 und § 15 geben besondere Vorschriften über die Veranlagung der Ehegatten, und § 17 enthält eine privatrechtliche Bestimmung darüber, daß bei einem in Nutznießung befindlichen Vermögen die Besitzsteuer dem Eigentümer zur Last fällt.

3. **Von dem Vermögenszuwachse.** Für die Wahl dieser Steuer war einmal die Erwägung maßgebend, daß sie den Charakter einer allgemeinen Besitzsteuer an sich trägt. Sodann kam in Betracht, daß diese Steuer bisher noch in keinem Bundesstaat eingeführt ist. Begründung des Gesetzentwurfes S. 22.

Wenn § 1 als Gegenstand der Steuer den Vermögenszuwachs bezeichnet, so ist darunter der Vermögenszuwachs im weitesten Sinne zu verstehen, nämlich der Betrag, um den sich der Gesamtwert des Vermögens einer Person erhöht hat. Dieser Vermögenszuwachs umfaßt:

a) den Vermögenserwerb auf Grund von Rechtstiteln, die dem Erbrecht angehören, sowie auf Grund von unentgeltlichen Zuwendungen unter Lebenden;

b) den Vermögenserwerb durch Spekulationsgewinne und infolge sonstiger Glückszufälle (z. B. Lotteriegewinn);

c) die Erhöhung des Vermögenswerts durch eine Wertsteigerung einzelner Vermögensgegenstände, z. B. Grundstücke, Wertpapiere (Konjunkturgewinn, Wertzuwachs im engeren Sinne);

d) die Vermögensbildung aus erspartem Einkommen (Umwandlung von Verbrauchsvermögen in Gebrauchsvermögen).

Die Vermögenszuwachssteuer enthält sonach auch eine Besteuerung des Erbschafts- (und Schenkungs-) Erwerbes. Wollte man den Erbschaftserwerb, vor allem also das Kindeserbe, von der Vermögenssteuer ausnehmen, so würde dieser Steuer der Charakter einer allgemeinen Besitzsteuer genommen, insofern große Teile des Volksvermögens der Besteuerung dauernd entzogen blieben. Andererseits stellt die steuerliche Erfassung des Kindeserbes durch eine allgemeine Vermögenszuwachssteuer eine wesentlich mildere Form der Belastung dar als die Besteuerung durch Ausdehnung des Erbschaftssteuergesetzes auf Abkömmlinge. Die allgemeine Vermögenszuwachssteuer kann sich mit erheblich niedrigeren Sätzen begnügen als die Erbschaftssteuer. Sie wird außerdem nicht alsbald beim Ableben des Erblassers erhoben, sondern erst zu Beginn des nächsten Veranlagungszeitraums (vgl. § 18 des Gesetzes), sie ist nicht auf einmal zu entrichten, sondern verteilt sich auf den dem Veranlagungszeitraume folgenden Erhebungszeitraum (vgl. § 24 des Gesetzes) und erfaßt vor allem nur die Bereicherung, die am Ende des Veranlagungszeitraums tatsächlich noch vorhanden ist. Gegenüber der Erbschaftssteuer hat die Vermögenszuwachssteuer den weiteren Vorzug, daß bei ihr Steuerhinterziehungen durch Schenkungen infolge der vorzuschreibenden allgemeinen periodischen Vermögensanzeigen nicht oder jedenfalls in weit geringerem Maße zu befürchten sind und daß aus diesem Grunde auch das mobile Kapital steuerlich möglichst vollständig erfaßbar ist. Die Vermögenszuwachssteuer ergreift auch das Vermögen, das der Besteuerung nach dem Erbschaftssteuergesetze vom 3. Juni 1906 unterlegen hat. Die Erbschaftssteuer bedeutet demnach eine reichsgesetzliche Vorausbelastung des Erbschaftserwerbes der entfernteren Verwandten und Nichtverwandten. Eine solche Vorausbelastung ist sachlich wohl begründet, da dieser Erwerb im allgemeinen als ein Glückszufall anzusehen und daher zweifellos belastungsfähiger ist als der Erbschaftserwerb der Abkömmlinge und Ehegatten.

Gegenstand der Besitzsteuer ist nach § 1 des Gesetzes der Vermögenszuwachs in dem oben umschriebenen weitesten Sinne. Der Vermögenszuwachs ergibt sich aus der Vergleichung des Vermögensstandes eines Steuerpflichtigen zu verschiedenen Zeitpunkten. Dementsprechend hat das Gesetz zunächst zu regeln, welche Gegenstände im Sinne des Gesetzes zum Vermögen gehören, also den Vermögensstand eines Rechtssubjekts bilden können (vgl. die §§ 2 bis 10 des Gesetzes). Weiter sind Vorschriften darüber zu treffen, zu welchen Zeitpunkten das Vermögen eines Steuerpflichtigen zu ermitteln und welche Vermögensstände hiernach miteinander zu vergleichen sind (zu vergleichen die §§ 18 bis 23). Gegenstand der Besitzsteuer ist daher nicht der Vermögensbesitz als solcher oder das Vermögen als Ertragsquelle, sondern der Vermögenserwerb. Die Steuerpflicht knüpft sich aber nicht an einzelne, den Vermögenserwerb vermittelnde Rechtsvorgänge an, sondern sie tritt an einem zum voraus bestimmten Zeitpunkt ein, zu welchem das Vermögen festgestellt und mit dem Vermögensstande zu einem früheren Zeitpunkte verglichen wird.

Eine Vermögenszuwachssteuer weist zweifellos noch andere unleugbare Vorzüge auf. Die Steuer entspricht einmal in hohem Maße den Anforderungen steuerlicher Gerechtigkeit, insbesondere dem Grundsatze der Besteuerung nach der Leistungsfähigkeit. Wer in der Lage ist, sich ein Vermögen zu erwerben oder das vorhandene zu vermehren, der ist durch den Vermögenserwerb oder durch die Vermehrung seines Vermögens zweifellos leistungsfähiger geworden als ein anderer, der sein Einkommen ganz verbraucht oder sein Vermögen nicht vermehrt hat. Die Vermögenszuwachssteuer berücksichtigt wenigstens indirekt die Ertragsfähigkeit des Vermögens insofern, als durch die Besteuerung jeder Vermögensvermehrung zu Lebzeiten des Inhabers das sich schneller vermehrende Vermögen schärfer erfaßt wird als das Vermögen, das sich infolge seiner geringeren Ertragsfähigkeit nicht oder nicht in gleichem Maße vermehrt. Durch die progressive Gestaltung der Steuer (vgl. § 25) werden die großen Vermögen entsprechend der höheren Leistungsfähigkeit ihrer Träger stärker belastet als die kleinen und mittleren Vermögen, und gegenüber der Erbschaftssteuer bietet die Vermögenszuwachssteuer den weiteren Vorteil, daß die Steuersätze nicht nur nach der Höhe des Vermögensanfalls, sondern auch nach der Höhe des Gesamtvermögens des Erwerbers abgestuft werden können. Begründung des Gesetzentwurfes S. 37—39.

4. **Für das Reich.** Nicht vom Reiche, weil für die Verwaltung der Besitzsteuer, Veranlagung und Erhebung, die Bundesstaaten zuständig sind (§ 48). Das Reich ist aber der Steuergläubiger.

5. **Nach den Vorschriften dieses Gesetzes.** Nach dem „Entwurf eines Gesetzes, betreffend Änderung im Finanzwesen" sollte die reichsgesetzliche Regelung der Besitzbesteuerung nur fakultativ Platz greifen. Jener Entwurf enthielt nämlich folgende Vorschriften:

„§ 1. Vom 1. April 1916 ab leisten die Bundesstaaten außer den von ihnen nach Artikel 70 der Reichsverfassung aufzubringenden Matrikularbeiträgen zu den gemeinschaftlichen Ausgaben des Reichs einen Jahresbeitrag, der im ganzen auf 1,25 Mark für den Kopf der Bevölkerung bemessen wird. Der Gesamtbetrag wird nach näherer Bestimmung des Bundesrats auf die einzelnen Bundesstaaten entsprechend dem aus der Veranlagung nach dem Gesetz über einen einmaligen außerordentlichen Wehrbeitrag sich ergebenden Vermögensstande verteilt. Dem Bundesrate bleibt vorbehalten, den Verteilungsmaßstab von Zeit zu Zeit nachzuprüfen und anderweit festzustellen.

§ 2. Zur Aufbringung des auf sie entfallenden Anteils werden die Bundesstaaten durch gesetzliche Bestimmung eine allgemeine Besteuerung des Vermögens, des Einkommens oder der Erbschaften, allein oder nebeneinander, bei sich einführen oder bestehende derartige Steuern erhöhen. Einer allgemeinen Vermögenssteuer im Sinne dieser Vorschrift stehen Steuern vom Grund- und Gebäudevermögen, vom Gewerbe sowie vom Kapitalvermögen gleich, sofern sie in Verbindung miteinander erhoben werden.

Wird in einem Bundesstaat eine solche Besteuerung nicht bis zum 1. April 1916 in Wirksamkeit gesetzt, so tritt mit diesem Tage für das Gebiet dieses Bundesstaats das anliegende Besitzsteuergesetz in Kraft. In diesem Falle hat der Bundesstaat an Stelle des auf ihn nach § 1 entfallenden Jahresbeitrags den gesamten Ertrag aus diesem Besitzsteuergesetz an das Reich abzuführen.

Fällt die nach Abs. 1 in einem Bundesstaat in Kraft gesetzte Besteuerung später weg, so tritt das Besitzsteuergesetz mit dem Zeitpunkte dieses Wegfalls an die Stelle.

Ob eine Besteuerung nach Abs. 1 durchgeführt ist, entscheidet der Bundesrat."

Diese Vorschriften wurden schon in der Kommission abgelehnt. Das Besitzsteuergesetz regelt die Besteuerung des Besitzes für das ganze Reich.

6. Eine Abgabe (Besitzsteuer). Siehe oben Anm. 3.

7. Erhoben. Siehe oben Anm. 4.

§ 2[1]).

Als Vermögen im Sinne des § 1[2]) gilt, soweit das Gesetz nichts anderes vorschreibt[3]), das gesamte bewegliche und unbewegliche Vermögen[4]) nach Abzug der Schulden[5]). Es umfaßt[6]):

1. Grundstücke einschließlich des Zubehörs (Grundvermögen)[7]);
2. das dem Betriebe der Land-[8]) oder Forstwirtschaft[9]), des Bergbaues[10]) oder eines Gewerbes[11]) dienende Vermögen (Betriebsvermögen)[12]);
3. das gesamte sonstige Vermögen, das nicht Grund- oder Betriebsvermögen ist (Kapitalvermögen)[13]).

1. **§ 2.** Der Wortlaut ist derselbe wie im § 2 des Wehrbeitragsgesetzes. Sein Inhalt gleicht § 4 Abs. 1 u. 2 I des Ergänzungssteuergesetzes.

2. **Als Vermögen im Sinne des § 1,** dessen Bestand also für die Feststellung des steuerpflichtigen Vermögenszuwachses maßgebend ist.

3. **Soweit das Gesetz nichts anderes vorschreibt.** Diese Vorschriften können den steuerrechtlichen Begriff des Vermögens gegenüber dem allgemeinen Rechtsbegriff einschränken oder erweitern. Der § 5 rechnet das im Auslande befindliche Grund- oder Betriebsvermögen nicht zum steuerbaren Vermögen. Im § 6 werden nur selbständige Rechte und Gerechtigkeiten als Gegenstände des Kapitalvermögens behandelt, die aus den laufenden Jahreseinkünften vorhandenen Bestände sowie Bank- oder sonstige Guthaben, sofern sie zur Bestreitung der laufenden Ausgaben für drei Monate dienen, von der Anrechnung ausgeschlossen und Rechte auf Renten sowie andere wiederkehrende Nutzungen und Leistungen nur unter bestimmten Voraussetzungen als Bestandteile des Kapitalvermögens anerkannt. Der § 7 schließt Ansprüche, die in der sozialen Fürsorge ihren Grund haben, von der Anrechnung aus, der § 8 Möbel, Hausrat und andere nicht unter § 6 fallende be-

wegliche körperliche Gegenstände, sofern sie nicht als Zubehör eines Grundstücks oder als Bestandteil eines Betriebsvermögens anzusehen sind. Erweitert wird der Vermögensbegriff im § 9, wonach das zu einem Lehen, Fideikommiß oder Stammgute gehörige Vermögen als Vermögen des Inhabers gilt.

4a. **Das gesamte bewegliche und unbewegliche Vermögen.** Die Praxis, wie sie sich in Preußen bei der Anwendung des Ergänzungssteuergesetzes durch die Entscheidungen des Oberverwaltungsgerichts und durch die Ministerialanweisungen herausgebildet hat, soll auch für die Anwendung des Wehrbeitragsgesetzes maßgebend sein. Kommissionsbericht S. 31. Derselbe Grundsatz muß für das Besitzsteuergesetz gelten, soweit dieses mit den Vorschriften des Wehrbeitragsgesetzes übereinstimmt; selbstverständlich kann er aber für Rechtsverhältnisse, die in anderen Bundesstaaten anders als für Preußen geregelt sind, nicht in Anwendung kommen.

4b. **Zum Vermögen** einer Person im wirtschaftlichen und rechtlichen Sinne gehören alle Sachen und Rechte, welche der Steuerpflichtige tatsächlich und unangefochten als sein eigen besitzt. Für die Anrechnung von Grundstückswerten ist daher der tatsächliche, unangefochtene Eigenbesitz entscheidend, nicht das Eigentum nach den Vorschriften des Zivilrechts. Es muß deshalb ein Grundstück, sobald es auf Grund eines, selbst nur mündlich geschlossenen Veräußerungsvertrags von dem Veräußerer dem Erwerber zu Eigentum und eigener Nutzung übergeben ist und solange der hierdurch geschaffene Zustand mit Willen des Veräußerers besteht, als steuerbares Vermögen des Erwerbers angesehen und behandelt werden (Entsch. d. preuß. OVG. in Staatsstſ. Bd. 5 S. 221).

Wer sein Grundstück einem anderen zu Eigentum übertragen, aber sich auf irgend welche Zeit den Nießbrauch daran vorbehalten hat, kann während der Dauer des Nießbrauchs als Eigentümer nicht angesehen werden; denn er nimmt nicht mehr die Stellung eines Eigentümers in Anspruch, hat sich vielmehr mit der Auflassung seines Eigentums entäußert und will nach dem mit dessen Erwerber geschlossenen Vertrage das diesem zu Eigentum überlassene Grundstück als dasjenige des Erwerbers, also als eine fremde Sache, besitzen, um an ihm das vertraglich bedungene Nutzungsrecht auszuüben (Urt. des VI. Senats des preuß. OVG. VI W-B 19/14 v. 28. April 1915).

Eine Vereinbarung, wonach die Ehefrau eines Offiziers die Empfängerin der Zinsen der bei der Reichsbank von ihrem Vater hinterlegten Wertpapiere ist und die Zahlung der Zinsen sowie die Rückgabe der Wertpapiere an den Vater oder dessen Rechtsnachfolger nur unter schriftlicher Zustimmung der zuständigen Militärbehörde erfolgen darf, begründet nicht den Verlust des Eigentums an den Papieren für den Vater (Entsch. des preuß. OVG. in Staatsstf. Bd. 5 S. 365).

Sowohl der Vorerbe nach Eintritt des Erbanfalls als auch der Vermächtnisnehmer nach der Übereignung der vermachten Sache ist als Eigentümer anzusehen. Daß sie in der Verfügung über die Substanz beschränkt sind, ändert an ihrer rechtlichen Auffassung als Eigentümer nichts, und es fallen hierbei etwaige Äußerungen, die selbst unter Zustimmung eines Regierungsvertreters bei der Kommissionsberatung gemacht sind, nicht ins Gewicht (Urt. des V. Senats des preuß. OVG. V W-B 89/15 vom 7. April 1915). Siehe auch Anm. 2 zu § 43.

4c. **Im Falle einer rechtsgültigen Abtretung** darf der abgetretene Vermögensteil nur dem Erwerber angerechnet werden. Der Rechtsgültigkeit der Eigentumsübertragung steht es nicht entgegen, wenn der Steuerpflichtige hierbei von der Absicht geleitet war, an Steuern zu sparen. Denn ein Vertrag, welcher zu dem Zwecke eingegangen wurde, um der Anwendung und den Nachteilen eines anderen bestimmten Gesetzes auszuweichen, ist, wie das Reichsgericht in dem die Gültigkeit einer Schenkung betreffenden Urteil (Entsch. des RG. in Ziv. Bd. 6 S. 186) hervorhebt, deshalb allein noch nicht als zur Umgehung dieses Gesetzes (in fraudem legis) geschlossen anzusehen. Keine steuergesetzliche Vorschrift verbietet den Steuerpflichtigen, zwecks Minderung ihrer Steuerlast z. B. Bestandteile ihres Vermögens ihren Kindern zu übereignen. Es muß nur die Eigentumsüberlassung ernstlich gemeint, also nicht simuliert sein; denn ein Rechtsgeschäft, bei dessen Abschluß die Kontrahenten darüber einig sind, daß es zwischen ihnen keinerlei Wirkung haben, vielmehr nur Dritten als gewollt erscheinen soll, ist nichtig und kann auch von jedem Dritten, der an der Aufhebung der dadurch zum Scheine herbeigeführten Rechtswirkungen, z. B. einer simulierten Eigentumsübertragung, ein Interesse hat, als rechtsunwirksam angefochten werden (Entsch. des preuß. OVG. in Staatsstſ. Bd. 8 S. 29).

Die Übertragung einer Kapitalforderung oder der einzelnen Zinsforderungen ist in der Regel an eine bestimmte Form nicht gebunden; sie kann unter Umständen sogar stillschweigend erfolgen (Kommentar der Reichsgerichtsräte zum Bürgerlichen Gesetzbuche, § 398 Anm. 1). Für Hypothekenforderungen und Hypothekenzinsen bestehen aber Sondervorschriften; ihnen sind die Grundschuldforderungen und Grundschuldzinsen gleichgestellt. Die Übertragung einer Buchhypothek, bei der also die Ausfertigung eines Hypothekenbriefs ausgeschlossen ist (§ 1116 Abs. 2 BGB.), erfolgt, abgesehen von der Ausnahme im § 1187 Satz 3 a. a. O., durch formlose Einigung (zwischen dem Gläubiger und dem Erwerber) und Eintragung in das Grundbuch (Kommentar usw., Vorwort zum 3. Buche 8. Abschnitt Anm. 2b S. 1023; § 1154 Abs. 3 und § 873 BGB.). Bevor nicht beide Voraussetzungen erfüllt sind, tritt die gewollte Rechtsänderung nicht ein (Kommentar usw. § 873 Anm. 7a). Die Übertragung einer Briefhypothek bedarf zu ihrer Wirksamkeit nicht der Eintragung; sie kann sich außerhalb des Grundbuchs durch Übergabe des Briefes vollziehen, erfordert aber Abtretungserklärung in schriftlicher Form (§ 1154 Abs. 1 BGB.; Kommentar usw. zum 3. Buche 8. Abschnitt Anm. 26 S. 1024). Die gleichen Vorschriften bestehen für die Abtretung von Hypothekenzinsen, die nicht später als in dem Kalenderjahr, in welchem der Grundstückseigentümer von der Übertragung Kenntnis erhält, oder in dem folgenden Vierteljahre fällig werden, wogegen rückständige Zinsen ohne Beobachtung einer besonderen Form abgetreten werden können (§§ 1158, 1159 BGB.; Kommentar usw.

§ 1158 Anm. 3). Die oben angeführten Formvorschriften gelten auch für die Abtretung des Zinsrechts (Zinsenbezugsrechts) und die Bestellung des Nießbrauchs an einem Forderungsrechte.

Zur Gültigkeit der Abtretung von Sparkasseneinlagen genügt die mündliche Erklärung des bisherigen Gläubigers und deren mündliche Annahme durch den neuen Gläubiger selbst ohne Aushändigung des Sparkassenbuchs (vgl. die Entscheidungen des Reichsgerichts in der Juristischen Wochenschrift 1907 S. 73 Nr. 3 und 1910 S. 329 Nr. 2 sowie bei Gruchot, Beiträge zur Erläuterung des deutschen Rechtes, 50. Jahrg. S. 651). Dagegen ist es Tatfrage, ob bloße Einzahlungen auf den Namen eines anderen bei der Sparkasse diesen zum Gläubiger machen. Jedenfalls trifft das zu, wenn der Einzahlende dem Dritten das Buch aushändigt oder auch nur die Einzahlung formlos mitteilt und letzterer sich formlos damit einverstanden erklärt, d. h. die Schenkung annimmt, wenn eine solche beabsichtigt ist (Entsch. des RG. in Ziv. Bd. 11 S. 241, Bd. 73 S. 221; Urt. des VI. Senats des preuß. OVG. VI W-B 8/15 vom 6. Oktober 1915).

4 d. Ungeteilte Nachlaßmassen. Ihre Behandlung ist im Gesetze nicht vorgeschrieben und wird auch in der Begründung des Gesetzentwurfes nicht erwähnt. Das preußische Ergänzungssteuergesetz bestimmt im § 5 Nr. 2: „Behufs der Steuerveranlagung werden hinzugerechnet ... das zu einer ungeteilten Nachlaßmasse gehörige Vermögen den Erben nach Verhältnis ihres Erbteils."

Da diese Vorschrift im Besitzsteuergesetze nicht enthalten ist, so kann sie auf dieses keine Anwendung finden. Nach § 2032 BGB. ist der Nachlaß gemeinschaftliches Vermögen der Erben; diese besitzen es zur gesamten Hand. Siehe Anm. 6 zu § 4. Das darf aber nicht dazu führen, den Anteil jedes Miterben am Gesamtgute gemäß § 6 als einen Gegenstand des Kapitalvermögens zu behandeln und auf diese Weise auch das zur Nachlaßmasse gehörige ausländische Grund- oder Betriebsvermögen der Besitzsteuer zu unterwerfen. Eine solche Behandlung des Anteils am Gesamtgute widerspräche der Natur des Rechtes der Erben am Gesamtgute als eines besonders gearteten Miteigentums; siehe unten die Ansicht Dernburgs. Für die Besitzsteuer muß vielmehr die Anrechnung einer ungeteilten Nachlaßmasse bei den Miterben in der Weise erfolgen, daß zunächst das steuerpflichtige Gesamtgut so ermittelt wird, als wenn es einer Einzelperson gehörte, also unter Aussonderung des nicht steuerbaren Vermögens und unter Berücksichtigung aller Schulden und Lasten, und daß dann eine Verteilung des steuerpflichtigen Nettobetrags des Gesamtguts auf die einzelnen Miterben im Verhältnisse ihrer Erbanteile erfolgt.

Steht das Erbrecht oder der Erbanteil nicht fest, so muß die Anrechnung des zur Nachlaßmasse gehörigen Vermögens unterbleiben (Entsch. des preuß. OVG. in Staatsstf. Bd. 5 S. 221).

4e. **Fortgesetzte Gütergemeinschaft.** Die gleichen Grundsätze wie bei einer ungeteilten Nachlaßmasse müssen bei der allgemeinen Gütergemeinschaft und der fortgesetzten Gütergemeinschaft gelten, weil es sich auch hierbei nur um ein besonders geartetes Miteigentum der Ehegatten oder des überlebenden Ehegatten und der gemeinschaftlichen Abkömmlinge handelt (vgl. Dernburg, Das bürgerliche Recht des Deutschen Reichs und Preußens, Bd. 4 2. Aufl. S. 184). Siehe auch Anm. 5b und 5c zu § 6 sowie Anm. 3 zu § 42.

5. **Nach Abzug der Schulden.** Nur das Reinvermögen (Nettovermögen) kommt in Betracht. Die abzugsfähigen Schulden und Lasten werden im § 10 behandelt. Nach §§ 15 und 16 sind auch noch Abzüge vom Nettovermögen möglich.

6. **Es umfaßt.** Die folgende Gliederung ist infolge der negativen Begriffsbestimmung des Kapitalvermögens umfassend.

7. **Grundstücke einschließlich des Zubehörs (Grundvermögen).** Zum steuerbaren Grundvermögen gehören die im deutschen Reiche belegenen Grundstücke (Gebäude und Liegenschaften einschließlich der Seen, Teiche und sonstigen Wasserstücke) des Steuerpflichtigen, soweit sie nicht einem bergbaulichen oder einem Handels- oder Gewerbebetriebe gewidmet sind, mit allen Bestandteilen und allem Zubehör (Art. 7 Nr. 1 der Ausf.-Anw. zum preuß. Ergänzungssteuergesetze). Ausgenommen von der Besteuerung

ist das im Auslande befindliche Grundvermögen (§ 5). Grundstücke, die nur zum Teil gewerblichen Zwecken dienen, sind mit dem entsprechenden Anteile dem gewerblichen Betriebsvermögen, im übrigen aber dem Grundvermögen zuzurechnen. Das Ergebnis wird regelmäßig kein anderes sein, wenn ein solches Grundstück im vollen Umfange nur dem Betriebsvermögen oder nur dem Grundvermögen zugezählt wird.

„Grundstücke" im rechtlichen Sinne. Sie umfassen nicht nur ihre Substanz, sondern alles, was rechtlich als wesentlicher Bestandteil des Grundstücks gilt. Um die einheitliche Bewertung dieser Bestandteile mit dem Grundstücke zu sichern, bedurfte es deshalb nicht wie für das Zubehör einer ausdrücklichen Vorschrift. Nach Fuisting, Die preuß. direkten Steuern, 2. Bd. Anm. 7 zu § 4 S. 14, sollen allerdings unter dem „Zubehör" auch die subjektiv dinglichen Rechte fallen, die nach § 96 BGB. als Bestandteile des Grundstücks gelten. Solche Rechte sind die Grunddienstbarkeiten (§ 1018 BGB.), Vorkaufsrechte (§ 1099 Abs. 2 a. a. O.), Reallasten (§ 1105 Abs. 2 a. a. O.), Weide- und Holzgerechtigkeiten, Idealanteile an Haubergsgenossenschaften und Jahnschaften, Fischerei-, Fähr- und Schiffsmühlengerechtigkeiten, Jagdrecht, Prädialservituten, Realrechte, Freikuxe.

Grundstücke, welche der eigenen Land- oder Forstwirtschaft oder dem eigenen Gewerbebetriebe des Eigentümers dienen, werden nicht besonders bewertet, sondern gehören zum Betriebsvermögen des Eigentümers.

Grundstücke im Auslande gehören nicht zum steuerbaren Vermögen (§ 5).

Über die Begriffe „Bestandteil" und „Zubehör" enthält das Bürgerliche Gesetzbuch folgende Vorschriften:

§ 93. Bestandteile einer Sache, die voneinander nicht getrennt werden können, ohne daß der eine oder der andere zerstört oder in seinem Wesen verändert wird (wesentliche Bestandteile), können nicht Gegenstand besonderer Rechte sein.

§ 94. Zu den wesentlichen Bestandteilen eines Grundstücks gehören die mit dem Grund und Boden fest verbundenen Sachen, insbesondere Gebäude, sowie die Erzeugnisse des Grundstücks, solange sie mit dem Boden zusammenhängen. Samen wird mit dem Aussäen, eine Pflanze wird mit dem Einpflanzen wesentlicher Bestandteil des Grundstücks.

Zu den wesentlichen Bestandteilen eines Gebäudes gehören die zur Herstellung des Gebäudes eingefügten Sachen.

§ 95. Zu den Bestandteilen eines Grundstücks gehören solche Sachen nicht, die nur zu einem vorübergehenden Zwecke mit dem Grund und Boden verbunden sind. Das gleiche gilt von einem Gebäude oder anderen Werke, das in Ausübung eines Rechtes an einem fremden Grundstücke von dem Berechtigten mit dem Grundstücke verbunden worden ist.

Sachen, die nur zu einem vorübergehenden Zwecke in ein Gebäude eingefügt sind, gehören nicht zu den Bestandteilen des Gebäudes.

§ 96. Rechte, die mit dem Eigentum an einem Grundstücke verbunden sind, gelten als Bestandteile des Grundstücks.

§ 97. Zubehör sind bewegliche Sachen, die, ohne Bestandteile der Hauptsache zu sein, dem wirtschaftlichen Zwecke der Hauptsache zu dienen bestimmt sind und zu ihr in einem dieser Bestimmung entsprechenden räumlichen Verhältnisse stehen. Eine Sache ist nicht Zubehör, wenn sie im Verkehre nicht als Zubehör angesehen wird.

Die vorübergehende Benutzung einer Sache für den wirtschaftlichen Zweck einer anderen begründet nicht die Zubehöreigenschaft. Die vorübergehende Trennung eines Zubehörstücks von der Hauptsache hebt die Zubehöreigenschaft nicht auf.

§ 98. Dem wirtschaftlichen Zwecke der Hauptsache sind zu dienen bestimmt:

1. bei einem Gebäude, das für einen gewerblichen Betrieb dauernd eingerichtet ist, insbesondere bei einer Mühle, einer Schmiede, einem Brauhaus, einer Fabrik, die zu dem Betriebe bestimmten Maschinen und sonstigen Gerätschaften;
2. bei einem Landgute das zum Wirtschaftsbetriebe bestimmte Gerät und Vieh, die landwirtschaftlichen Erzeugnisse, so-

weit sie zur Fortführung der Wirtschaft bis zu der Zeit erforderlich sind, zu welcher gleiche oder ähnliche Erzeugnisse voraussichtlich gewonnen werden, sowie der vorhandene auf dem Gute gewonnene Dünger.

8. **Der Landwirtschaft.** Der Unterschied zwischen dieser und dem Gartenbaue besteht darin, daß es sich bei ersterer in der Hauptsache um den Anbau von Getreide und Viehfutter, bei letzterer um den Anbau von Gemüse, Hackfrüchten, Handelsgewächsen, Sämereien, Obst, Wein, Blumen sowie um Baumschulen handelt (Urt. des preuß. OVG. vom 20. Sept. 1912 — VIII C 213).

Der Betrieb der Gärtnerei gilt, je nachdem die Bodenbewirtschaftung überwiegt oder nicht, als landwirtschaftlicher oder als gewerblicher Betrieb (Ausführungsbest. des Bundesrats zum Wehrbeitragsgesetze, § 54 Abs. 3). Dasselbe Unterscheidungsmerkmal muß für die Viehzucht, den Wein- und den Obstbau gelten. Der Begriff der Kunst- und Handelsgärtnerei im Sinne des preuß. Gewerbesteuergesetzes (§ 4 Nr. 1) kommt nicht in Betracht.

Ob die Landwirtschaft auf eigenem oder gepachtetem Grundbesitz oder auf Dienstländereien betrieben wird, kommt nur insoweit in Betracht, als nur die eigenen Grundstücke des Landwirts und dessen eigenes Betriebsinventar zum Betriebsvermögen des Landwirts gehören können.

Die Landwirtschaft usw. umfaßt auch den Absatz der selbstgewonnenen Erzeugnisse im rohen Zustand oder nach einer Verarbeitung, welche in dem Bereiche des betreffenden Betriebszweigs liegt (Art. 8 Nr. 2 der Ausf.-Anw. zum preuß. Gewerbesteuergesetze). Werden Brennereien, Brauereien, Stärke- und Krautfabriken, Mühlen oder andere ländliche Fabrikationszweige in Verbindung mit der landwirtschaftlichen Benutzung eines Grundstücks betrieben, so daß zwischen jenen und der Landwirtschaft und den Betriebsmitteln keine vollständige Sonderung besteht, so handelt es sich um landwirtschaftliche Nebenbetriebe, die zum landwirtschaftlichen Betriebsvermögen gehören. Dasselbe gilt von Sand-, Lehm-, Tongruben, Stein-,

Schiefer-, Kalk- oder Kreidebrüchen, Torfstichen und anderen Nebenbetrieben, bei welchen die Erträgnisse der Substanz des Bodens entnommen werden (Art. 12 der Ausf.-Anw. zum preuß. Einkommensteuergesetz; Entsch. des preuß. OVG. in Staatsstj. Bd. 5 S. 181).

9. **Forstwirtschaft.** Hierzu gehören auch die forstwirtschaftlichen Nebenbetriebe unter den gleichen Voraussetzungen, unter denen landwirtschaftliche Nebenbetriebe zum landwirtschaftlichen Betriebsvermögen gehören (siehe Anm. 8), z. B. Brettschneidemühlen zur Verarbeitung des im eigenen Forstwirtschaftsbetriebe gewonnenen Holzes (Entsch. des preuß. OVG. in Staatsstj. Bd. 3 S. 336, Bd. 5 S. 427).

10. **Des Bergbaues.** Zum bergbaulichen Betriebsvermögen gehört auch das Bergwerkseigentum (Gerechtsame, Gerechtigkeit), d. i. die ausschließliche Befugnis, das in der Verleihungsurkunde benannte Mineral in seinem Felde aufzusuchen und zu gewinnen sowie alle hierzu erforderlichen Vorrichtungen unter und über Tage zu treffen (§ 54 des preuß. Allg. Berggesetzes vom 24. Juni 1865). Betreibt der Bergwerkseigentümer den Bergbau überhaupt nicht oder nicht selbst, so ist das Bergwerkseigentum selbständig als ein Gegenstand des Grundvermögens zu bewerten (§ 3).

Aktionäre einer Bergbau betreibenden Aktiengesellschaft oder Besitzer von Kuxen einer Gewerkschaft betreiben nicht selbst den Bergbau, sondern besitzen in ihren Aktien oder Kuxen nur Gegenstände des Kapitalvermögens. Das gleiche gilt von den Anteilen an einer Bergbau betreibenden Gesellschaft m. b. H.

11. **Des Gewerbes,** nicht im gewerbepolizeilichen, sondern im wirtschaftlichen Sinne. Es ist die mit der Absicht auf Gewinnerzielung unternommene selbständige, berufsmäßige und erlaubte Arbeitstätigkeit, welche sich als Beteiligung am allgemeinen wirtschaftlichen Verkehre darstellt (Entsch. des preuß. OVG. in Staatsstj. Bd. 3 S. 320, 351, 389; Bd. 4 S. 323; Bd. 7 S. 421). Gleichgültig ist es, ob der Erwerbszweig die Mittel zum Lebensunterhalt oder nur Nebeneinnahmen beschaffen soll (a. a. O.

Bd. 3 S. 243). Selbständig ist die Tätigkeit, wenn sie in persönlicher Unabhängigkeit (a. a. O. Bd. 14 S. 401), für eigene Rechnung und Gefahr und nicht im Rahmen einer anderen Tätigkeit ausgeübt wird. Die Tätigkeit muß einen berufsmäßig abgegrenzten Wirkungskreis bilden, doch braucht dieser nicht den Hauptberuf des Handelnden zu bilden (a. a. O. Bd. 3 S. 243). Erlaubt muß die Tätigkeit in objektiver Hinsicht sein, nicht auch in subjektiver, weil sie etwa gewerbepolizeiliche Vorschriften außer acht läßt.

Bundesstaatliche Befreiungen von der Gewerbesteuer kommen nicht in Betracht, ebensowenig ob es sich um ein stehendes Gewerbe oder um ein Gewerbe im Umherziehen handelt. Die sogenannten freien Berufe, die Kunst, eine wissenschaftliche, schriftstellerische, unterrichtende oder erziehende Tätigkeit, insbesondere der Beruf als Arzt, als Rechtsanwalt, als vereidigter Land- und Feldmesser sowie als Markscheider, gehören nach allgemeiner Volksanschauung nicht zu den Gewerben (Entsch. des preuß. OVG. in Staatsstf. Bd. 7 S. 420); siehe auch Anm. 2 zu § 8.

12. **Das dem Betriebe dienende Vermögen (Betriebsvermögen).** Hierzu gehören alle dem Unternehmen gewidmeten Gegenstände (§ 4 Abs. 1), abzüglich sämtlicher Geschäftsschulden (§ 10), nicht bloß der laufenden.

Das im Auslande befindliche Betriebsvermögen gehört nicht zum steuerbaren Vermögen (§ 5).

13. **Das gesamte sonstige Vermögen, das nicht Grund- oder Betriebsvermögen ist (Kapitalvermögen),** ohne Unterschied, ob es sich im In- oder im Auslande befindet (§ 5). Der Begriff des Kapitalvermögens ist also negativ bestimmt. Siehe aber die §§ 6, 7 und 8.

§ 3[1].

Den Grundstücken (§ 2 Nr. 1) stehen gleich Berechtigungen[4]), für welche die sich auf Grundstücke beziehenden Vorschriften[2]) des bürgerlichen Rechtes[3]) gelten.

1. § 3 ist gleichlautend mit § 3 des Gesetzes über einen einmaligen außerordentlichen Wehrbeitrag vom 3. Juli 1913. Das preuß. Ergänzungssteuergesetz nennt im § 4 Nr. I 1 als Gegenstände des steuerbaren Vermögens neben den Grundstücken Nießbrauchs- und andere selbständige Rechte und Gerechtigkeiten, welche einen in Geld schätzbaren Wert haben; im Besitzsteuergesetze werden jene Rechte erst im § 6 behandelt.

2. **Die sich auf Grundstücke beziehenden Vorschriften**, und zwar in ihrem ganzen Umfange, nicht bloß einzelne (Amtliche Mitt. über die Zuwachssteuer Bd. 1 S. 99).

3. **Des bürgerlichen Rechtes**, sowohl des Reichs wie eines Bundesstaats. Ob Berechtigungen im Auslande nach der Vorschrift im § 3 den Grundstücken gleich zu achten sind, ist nach dem ausländischen Rechte zu beurteilen.

4. **Berechtigungen usw.** Solche sind z. B. das Erbbaurecht (§§ 1012, 1017 BGB.), das Büdnerrecht und das Häuslerrecht, wo solche Rechte bestehen, sowie das ein Erbpachtrecht darstellende sog. Tertialrecht nach dem Provinzialrechte des Herzogtums Neu-Vorpommern und des Fürstentums Rügen (Entsch. des preuß. OVG. in Staatsstſ. Bd. 6 S. 97; Art. 63 des Ausf.-Ges. zum BGB.), Schiffsmühlen, d. h. das Recht, auf einem öffentlichen Strome eine Mühle zu haben (Art. 64 a. a. O.; § 299 II 15 ALR.; Art. 40 des preuß. Ausf.-Ges. zum BGB.), Fährgerechtigkeiten, Rechte zur Gewinnung eines den bergrechtlichen Vorschriften nicht unterliegenden Minerals (Art. 68 Ausf.-Ges. zum BGB.) sowie das Bergwerkseigentum (§ 50 des preuß. Allgem. Berggesetzes), nicht aber die Mutung. Auch Apothekergerechtigkeiten gehören hierzu. In Preußen sind dies nur die durch landesherrliches Privilegium begründeten Apothekergerechtigkeiten; seit dem Gewerbesteueredikte vom 2. November 1810 (G.-S. S. 79) hat eine Verleihung solcher Privilegien nicht mehr stattgefunden. Außerdem sind die Apothekerprivilegien in den mit den alten preußischen Provinzen vereinigten oder wieder vereinigten Landesteilen, die zu dem Königreiche West-

falen, zu dem Großherzogtume Berg und französischen Departements gehört haben, aufgehoben (Entsch. des preuß. OVG. in Staatsstf. Bd. 6 S. 101).

§ 4[1]).

Zum Betriebsvermögen[2]) (§ 2 Nr. 2) gehören alle dem Unternehmen gewidmeten Gegenstände[3]).

Das Betriebsvermögen[2]) einer offenen Handelsgesellschaft oder einer anderen Erwerbsgesellschaft, bei welcher der Gesellschafter als Unternehmer (Mitunternehmer) des Betriebs anzusehen ist[4]), wird den einzelnen Teilhabern[5]) nach dem Verhältnis ihres Anteils zugerechnet[6]).

1. § 4 stimmt wörtlich mit dem § 4 des Wehrbeitragsgesetzes und inhaltlich mit § 6 Abs. 1 und § 5 Nr. 3 des preuß. Ergänzungssteuergesetzes überein.

2. **Betriebsvermögen.** Von einem solchen kann nur die Rede sein, wenn am Stichtag ein Betrieb stattfindet. Vor der Betriebseröffnung und nach der Betriebseinstellung sind nur Gegenstände des Grund- oder des Kapitalvermögens vorhanden.

Betriebsvermögen, das sich im Auslande befindet (§ 5) gehört nicht zum steuerbaren Vermögen. Hierüber entscheidet nicht der Ort des Gewerbebetriebs, sondern der Ort, an welchem sich die einzelnen Betriebsgegenstände befinden; siehe Anm. 3 zu § 5.

3. **Alle dem Unternehmen gewidmeten Gegenstände,** Sachen und Rechte. Ob sie dauernd oder nur vorübergehend dem Betriebe dienen, macht keinen Unterschied; sie müssen aber im Eigentume des Unternehmers stehen, weil sie sonst nicht zu dessen Vermögen gehören. Die Gegenstände, Sachen und Rechte müssen ferner einen in Geld schätzbaren Wert haben. Sogenannte immaterielle Werte (wie z. B. die Firma, die Kundschaft, günstige Kreditverhältnisse usw.) sind nur dann mitzurechnen, wenn sie entgeltlich erworben wurden (Entsch. des preuß. OVG. in Staatsstf. Bd. 6 S. 36, Bd. 9 S. 422).

Für Betriebe mit regelmäßigen jährlichen Abschlüssen kann nach § 28 der Vermögensfeststellung der Vermögensstand am Schlusse des letzten Wirtschafts- oder Rechnungsjahrs zugrunde gelegt werden. Solche Abschlüsse berücksichtigen regelmäßig (§ 40 HGB.) auch sämtliche Geschäftsschulden. Daraus folgt, daß auch für die Feststellung des Betriebsvermögens alle Geschäftsschulden, und zwar sowohl die laufenden wie auch die zur Begründung, Verbesserung, Erweiterung und Fortführung des Betriebs aufgenommenen Schulden, von der Summe der Aktiven in Abzug zu bringen sind (vgl. Art. 10 III Abs. 3 Ausf.-Anw. zum preuß. Ergänzungssteuergesetze).

Unter den oben angegebenen Voraussetzungen gehören zum Betriebsvermögen:

1. die dem Betriebe dienenden Grundstücke, Gebäude, baulichen Anlagen, Wasserkräfte, Maschinen, Gerätschaften, Werkzeuge, Tiere und Futtervorräte, Vorräte an Erzeugnissen des Betriebs, fertigen Waren, Roh- und Hilfsstoffen einschließlich der in der Bearbeitung, auf dem Transport, auf Niederlagen oder auswärtigen Lägern befindlichen;
2. die Vorräte an Geld, Gold und Silber, Papiergeld, Banknoten, Wechseln, Schuldscheinen und sonstigen Wertpapieren, die aus dem Betriebe herrührenden Außenstände, einschließlich der laufenden Guthaben;
3. Gewerbeberechtigungen, Rechte auf Gebrauch oder Nutzung fremder Grundstücke, Wege, Kanäle, Privatflüsse, Seen und dergleichen und sonstige selbständige Rechte (Art. 10 III Abs. 2 der Ausf.-Anw. zum preuß. Ergänzungssteuergesetze).

4. Einer anderen Erwerbsgesellschaft, bei welcher der Gesellschafter als Unternehmer (Mitunternehmer) des Betriebs anzusehen ist. Das ist nicht der Fall bei Aktiengesellschaften, Kommanditgesellschaften auf Aktien, Berggewerkschaften, eingetragenen Genossenschaften, Konsumvereinen und Gesellschaften m. b. H. Vielmehr kommen hier nur in Betracht die einfache Kommanditgesellschaft und die bürgerliche Gesellschaft.

5. **Den einzelnen Teilhabern,** sofern sie nach § 11 der Besitzsteuer unterworfen sind.

6. **Nach dem Verhältnis ihres Anteils angerechnet.** Das Vermögen einer offenen Handelsgesellschaft oder einer bürgerlichen Gesellschaft (§§ 705 ff. BGB.), dessen Träger die vereinigten Gesellschafter sind, ist ein selbständiges, an dem eine Gemeinschaft zur gesamten Hand besteht. Ein Eigentum des einzelnen Gesellschafters besteht daher weder in Form eines nach Bruchteilen geteilten Miteigentums an den einzelnen Stücken des Gesellschaftsvermögens noch in der Form eines solchen Miteigentums an dem ganzen Inbegriffe des Vermögens. Dem einzelnen Gesellschafter steht nur ein zeitlich wechselnder und erst bei seinem Austritt oder der Auflösung der Gesellschaft endgültig zu bestimmender Anspruch auf einen Wert- oder Summenbetrag zu, insbesondere auch nicht ein Anspruch auf die Überlassung einzelner Vermögensstücke zu seinem Sondereigentume (Entsch. des preuß. OVG. in Staatsstſ. Bd. 12 S. 131). Im § 4 Abs. 2 ist aber angeordnet, daß das Betriebsvermögen der in Rede stehenden Gesellschaften so behandelt werden soll, als ob ein nach Bruchteilen geteiltes Miteigentum der Gesellschafter an dem Betriebsvermögen als einem Ganzen bestände. Damit wird nur ein allgemeiner Grundsatz für die steuerrechtliche Behandlung der Vermögen zur gesamten Hand zur Anwendung gebracht, der auch auf sonstige Gesamthandsverhältnisse (ungeteilter Nachlaß, fortgesetzte eheliche Gütergemeinschaft) Anwendung finden muß (Hoffmann, Kommentar zum Wehrbeitragsgesetze, Anm. 4a zum § 4). Siehe Anm. 4 zum § 2.

§ 5.[1])

Zum steuerbaren Vermögen gehört nicht das im Auslande[2]) befindliche[3]) Grund- und Betriebsvermögen[4]).

1. § 5. Die Ausnahme entspricht, wenn auch nicht ihrem ganzen Inhalte nach — siehe Anm. 3 — der Vorschrift im § 10 I des Wehrbeitragsgesetzes: „Beitragspflichtig sind mit ihrem ge-

samten Vermögen mit Ausnahme des ausländischen Grund- und Betriebsvermögens", und der dem begrenzten Geltungsgebiet entsprechenden Vorschrift im § 4 II des preuß. Ergänzungssteuergesetzes: „Von der Besteuerung sind jedoch ausgeschlossen: 1. die außerhalb Preußens belegenen Grundstücke, 2. das dem Betriebe der Land- oder Forstwirtschaft, des Bergbaues oder eines stehenden Gewerbes dienende Anlage- und Betriebskapital."

2. **Im Auslande,** d. h. außerhalb Deutschlands. Die deutschen Schutzgebiete sind im Sinne der Reichsverfassung (Art. 1) Ausland. Zum steuerbaren Vermögen gehört also auch das in deutschen Schutzgebieten befindliche Grund- und Betriebsvermögen nicht. Vgl. Begründung des Wehrbeitragsgesetzes III Abs. 2 Ziff. 1.

3. **Befindliche.** Danach kommt es auf den Ort an, wo sich der betreffende Gegenstand des Grund- oder Betriebsvermögens „befindet", nicht aber darauf, ob er einem in- oder ausländischen solchen Vermögen angehört. Hierin weicht die Vorschrift von den entsprechenden Bestimmungen im Wehrbeitragsgesetz und im preuß. Ergänzungssteuergesetz ab; siehe Anm. 1.

Das Grundvermögen umfaßt alle Grundstücke einschließlich des Zubehörs und die rechtlich den Grundstücken gleichstehenden Berechtigungen (§ 2 Nr. 1 und § 3). Ob ein Gegenstand (Sache oder Recht) als ein Bestandteil oder Zubehör eines Grundstücks anzusehen ist, entscheidet sich nach dem Rechte des Ortes, wo das Grundstück liegt. Für die Zugehörigkeit zum steuerbaren Vermögen aber kommt es weiter darauf an, ob der Bestandteil oder das Zubehörstück im In- oder Auslande sich befindet. Im ersteren Falle handelt es sich um inländisches, im letzteren Falle um ausländisches Grundvermögen.

Die gleichen Grundsätze müssen für das Betriebsvermögen gelten. Befindet sich der einem ausländischen Unternehmen dienende Gegenstand (bewegliche oder unbewegliche Sachen und Rechte) im Inlande, so gehört er, auch wenn es sich nur um einen einzigen Gegenstand handelt, zum inländischen und deshalb steuerbaren Betriebsvermögen. Ebenso umgekehrt bei inländischen

Unternehmungen beschränkt sich das steuerbare Betriebsvermögen auf die im Inlande befindlichen Gegenstände des Anlage- und Betriebskapitals.

Gegenstände, welche nach ihrer Bestimmung in verschiedenen Orten Verwendung finden, werden als an dem Orte befindlich anzusehen sein, von welchem aus sie zur Verwendung kommen. Bei Schiffen wird als dieser Ort der Heimathafen zu gelten haben (§ 480 HGB.).

Bares Geld und Wertpapiere „befinden" sich am Orte ihrer Verwahrung.

Unkörperliche Gegenstände, wie Forderungen und Schulden, sind dem Orte anzurechnen, an welchem das Unternehmen oder die Zweigniederlassung ihren Sitz hat. Siehe auch Anm. 8 zu § 6.

Reserve- und Betriebsfonds können ebensowenig wie das Kapitalkonto Gegenstände des Betriebsvermögens bilden, stehen vielmehr den letzteren als bloße Rechnungsposten in der Bilanz gegenüber.

4. **Grund- und Betriebsvermögen.** Nur für diese Vermögensgruppen besteht die Ausnahme, nicht auch für die Bestandteile des Kapitalvermögens. Deshalb ist es für die Steuerpflicht ohne Belang, wenn z. B. ein ausländisches Grundstück den Gegenstand eines Nießbrauchs bildet, oder wenn Aktien, Geschäftsanteile, Kuxe usw. eine ausländische Gesellschaft oder Gewerkschaft betreffen, oder wenn die Lebensversicherung bei einer ausländischen Versicherungsgesellschaft genommen ist (vgl. Urt. des preuß. OVG. V W-B 44/15 vom 15. Juni 1916).

§ 6[1]).

Als Kapitalvermögen (§ 2 Nr. 3)[2]) kommen insbesondere[3]), soweit die einzelnen Vermögensgegenstände nicht unter § 2 Nr. 1, § 3 oder unter § 2 Nr. 2, § 4 fallen[4]), in Betracht:

1. selbständige Rechte[5]) und Gerechtigkeiten[6]);
2. verzinsliche und unverzinsliche Kapitalforderungen jeder Art[7]);

3. Aktien oder Anteilscheine[8]), Kuxe[9]), Geschäftsguthaben bei Genossenschaften[10]), Geschäftsanteile[11]) und andere Gesellschaftseinlagen[12]);
4. bares Geld deutscher Währung, fremde Geldsorten, Banknoten und Kassenscheine[13]), ausgenommen die aus den laufenden Jahreseinkünften vorhandenen Bestände[14]) und Bank- oder sonstige Guthaben[15]), soweit sie zur Bestreitung der laufenden Ausgaben[16]) für drei Monate[17]) dienen[18]), sowie Gold und Silber in Barren;
5. der Kapitalwert der Rechte[19]) auf Renten[20]) und andere wiederkehrende Nutzungen und Leistungen[21]), welche dem Berechtigten auf seine Lebenszeit oder auf die Lebenszeit eines anderen, auf unbestimmte Zeit oder auf die Dauer von mindestens zehn Jahren entweder[22]) vertragsmäßig als Gegenleistung für die Hingabe von Vermögenswerten[23]) oder aus letztwilligen Verfügungen[24]), Schenkungen[25]) oder Familienstiftungen[26]) oder vermöge hausgesetzlicher Bestimmungen[27]) zustehen;
6. noch nicht fällige Ansprüche[28]) aus Lebens-[29]) und Kapitalversicherungen oder Rentenversicherungen, aus denen der Berechtigte noch nicht in den Rentenbezug eingetreten ist[30]).

1. § 6 stimmt wörtlich überein mit § 5 des Gesetzes über einen einmaligen außerordentlichen Wehrbeitrag vom 3. Juli 1913. Dagegen enthält die Vorschrift Abweichungen von der entsprechenden Bestimmung im § 7 des preuß. Ergänzungssteuergesetzes. Die unter Nr. 1 aufgeführten selbständigen Rechte und Gerechtigkeiten werden im § 4 I 1 des Ergänzungssteuergesetzes neben den Grundstücken genannt. — Nach § 7b des Ergänzungssteuergesetzes umfaßt das steuerbare Kapitalvermögen bares Geld deutscher

Währung, fremde Geldsorten, Banknoten und Kassenscheine „mit Ausschluß der aus den laufenden Jahreseinkünften vorhandenen Bestände". Im § 6 Nr. 4 des Besitzsteuergesetzes sind von der Besteuerung ausgenommen: „die aus den laufenden Jahreseinkünften vorhandenen Bestände und Bank- oder sonstige Guthaben, soweit sie zur Bestreitung der laufenden Ausgaben für drei Monate dienen". — Nach § 6 Nr. 5 des Besitzsteuergesetzes ist der Kapitalwert der Rechte auf Renten und andere wiederkehrende Leistungen, welche dem Berechtigten auf seine Lebenszeit, auf die Lebenszeit eines anderen, auf unbestimmte Zeit oder auf die Dauer von mindestens zehn Jahren zustehen, dem Empfänger auch dann anzurechnen und bei dem Geber in Abzug zu bringen, wenn die Leistungen auf Grund einer S c h e n k u n g erfolgen. Der Kapitalwert einer auf einem Schenkungsversprechen beruhenden Rente ist also für die Besitzsteuer dem Beschenkten anzurechnen, während bei dem Schenker nach § 10 des Gesetzes entsprechender Abzug stattfindet (Art. 3 Nr. 1—3 der preuß. Ausf.-Vorschr.).

2. **Als Kapitalvermögen (§ 2 Nr. 3).** Solches ist das gesamte sonstige Vermögen, das nicht Grund- oder Betriebsvermögen ist und in einem der weiter unten zu 1 bis 6 aufgeführten Gegenstände (Sachen und Rechte) besteht. Ausgenommen sind die im § 7 als steuerfrei bezeichneten Bezüge.

Maßgebend für die Zugehörigkeit eines Gegenstandes (Sache oder Recht) zum Kapitalvermögen oder zu einer Vermögenseinheit, Grundvermögen oder Betriebsvermögen ist der im § 18 bestimmte Stichtag. Jene Zugehörigkeit kann an den einzelnen Stichtagen verschieden sein; ein Gegenstand, der bisher zum Grundvermögen gehörte oder Kapitalvermögen war, kann Bestandteil des Betriebsvermögens geworden sein. Die Zugehörigkeit ist nach den tatsächlichen Umständen am Stichtage zu beurteilen.

W o d u r c h der S t e u e r p f l i c h t i g e das K a p i t a l v e r m ö g e n e r w o r b e n hat, ist ohne Belang (Urt. des VI. Senats des preuß. OVG. VI W-B 162/15 vom 3. November 1915). Ebenso kommt es nicht darauf an, wo — ob im In- oder im Auslande — das

Kapitalvermögen sich befindet und ob die Nutzungen daraus verbraucht werden (Urt. des V. Senats des preuß. OVG. E X a 4/15 vom 11. März 1916). Auch selbständige Rechte und Gerechtigkeiten sowie das Recht auf Nutzungen und Leistungen, denen ein im Auslande befindlicher Gegenstand (Sache oder Recht) unterworfen ist, unterliegen der Steuerpflicht; vgl. Urt. des V. Senats des preuß. OVG. E III 4/15 vom 15. Juni 1916. Dasselbe gilt von Aktien usw. einer ausländischen Gesellschaft, von Kapitalforderungen und Renten, bei denen der Gläubiger im Auslande wohnt, und von noch nicht fälligen Ansprüchen aus einer Versicherung im Auslande.

3. **Insbesondere.** Der Ausdruck ist nicht dahin aufzufassen, daß in den nachfolgend zu 1 und 6 aufgeführten Sachen und Rechten nur Beispiele gegeben wären. Vielmehr umfaßt die Aufzählung daselbst sämtliche Gegenstände des steuerbaren Kapitalvermögens. In Frage können nämlich nur Rechte und bewegliche körperliche Sachen kommen, weil unbewegliche Sachen, sofern sie nicht zu einem Betriebsvermögen gehören, Grundvermögen darstellen. Hinsichtlich der Rechte ist die Zugehörigkeit zum Kapitalvermögen in den Nr. 1—6 an bestimmte Voraussetzungen geknüpft, so daß Rechte, auf welche jene Voraussetzungen nicht zutreffen, ausscheiden. Bewegliche körperliche Sachen aber, die nicht in der Aufzählung des Paragraphen aufgeführt sind, gelten nach der ausdrücklichen Vorschrift im § 8 nicht als steuerbares Vermögen.

4. **Soweit die einzelnen Gegenstände nicht unter § 2 Nr. 1, § 3 oder unter § 2 Nr. 2, § 4 fallen,** nämlich im ersteren Falle als Bestandteil oder Zubehör eines Grundstücks, im letzteren Falle wegen des wirtschaftlichen Zusammenhanges mit einem Betriebe.

5 a. **Selbständige Rechte.** Voraussetzung ist, daß die Rechte einen in Geld schätzbaren Wert haben, denn sonst kommen sie schon deshalb für die Berechnung des Vermögens nicht in Betracht.

Die Selbständigkeit kann nicht in dem Sinne gedacht sein, daß die Rechte nicht zu einem Grund- oder Betriebsvermögen gehören, weil diese Voraussetzung für die Anrechnung als Kapitalvermögen schon mit den unmittelbar vorausgehenden Worten vorgeschrieben ist und überdies auch für alle anderen der nachfolgend aufgeführten Sachen und Rechte gilt. Vielmehr sind unter selbständigen Rechten solche zu verstehen, welche für sich allein begründet oder wenigstens veräußert werden können, sei es auch nur hinsichtlich ihrer Ausübung. Es gehören hierzu insbesondere die Rechte aus Schuldverhältnissen, soweit diese nicht unter die Bestimmungen der Nummern 2, 4 und 5 fallen. Ein selbständiges Recht ist insbesondere der Nießbrauch (§§ 1030, 1068 BGB.); siehe hierüber auch die Anm. 5b, 5c und 21. Ferner bilden selbständige Rechte die subjektiv dinglichen Rechte sowie die Ansprüche des Pflichtteilsberechtigten (§ 2317 BGB.) und des Vermächtnisnehmers nach dem Erbfalle (§ 2176 BGB.), das letztere, solange der Bedachte das Vermächtnis ausschlagen darf, als ein resolutiv bedingtes Recht, sofern das Vermächtnis nicht etwa selbst unter einer aufschiebenden Bedingung angeordnet ist (§§ 2177, 2180 BGB.).

Selbständige Rechte sind insbesondere Mutungen (Kommissionsbericht über das Wehrbeitragsgesetz, S. 31), Patentrechte, Verlags- und Urheberrechte (siehe über diese die Anm. 5d).

Zu den „selbständigen Rechten" gehören insbesondere nicht: polizeiliche oder obrigkeitliche Konzessionen, Approbationen, Genehmigungen, welche die Befugnis oder Erlaubnis zur Ausübung eines Gewerbebetriebs, nicht aber ein ausschließliches Recht hierzu begründen, z. B. Schankkonzessionen, bloße Apothekerkonzession (siehe aber Anm. 3 zu § 29); ferner Familien-, Standes-, Ehren- und andere solche nicht zu den Vermögensrechten gehörige Rechte (Art. 8 II 2 der Ausf.-Anw. zum preuß. Ergänzungssteuergesetze).

5b. Für die auf familienrechtlicher Grundlage beruhenden Nießbrauchs- und Nutznießungsrechte kann das Merkmal der Selbständigkeit nicht anerkannt werden. Dies ist in der Begründung des Entwurfes zum Wehrbeitragsgesetze (Abs. 7 zu II S. 17) besonders hervorgehoben, und bei den Beratungen ist dieser Bemerkung der Begründung von keiner Seite widersprochen worden; sie kann deshalb unbedenklich zur Ermittelung des Willens des Gesetzgebers herangezogen werden, und zwar um so mehr, als auch der verschiedene Wortlaut im § 5 des Wehrbeitragsgesetzes und § 4 I des preuß. Ergänzungssteuergesetzes darauf hinweist. Während nach letzterem zu den Gegenständen des steuerbaren Vermögens auch Nießbrauchs- und andere selbständige Rechte und Gerechtigkeiten gehören, welche einen in Geld schätzbaren Wert haben, sind im § 5 des Wehrbeitragsgesetzes unter dem Kapitalvermögen nur selbständige Rechte und Gerechtigkeiten aufgeführt. **Da die Selbständigkeit des Rechtes wesentliche Voraussetzung für die Unterstellung unter § 5 Ziff. 1 des Wehrbeitragsgesetzes ist, müssen die auf familienrechtlicher Grundlage beruhenden Nießbrauchs- und Nutzungsrechte von der Heranziehung zum Wehrbeitrag ausgeschlossen werden** (Urt. des VI. Senats des preuß. OVG. VI W-B 30/15 vom 28. Juni 1916).

Dagegen gelten Nießbrauchs- oder Nutznießungsrechte auf erbrechtlicher Grundlage immer als selbständige Rechte. Im gesetzlichen Erbrechte sind — abgesehen von dem subsidiären Erbrechte des Fiskus und der ihm gleichgestellten Korporationen — Beziehungen auf Grund der Verwandtschaft, also der Familienzusammenhang, immer von maßgebender Bedeutung für das Bestehen und den Umfang der subjektiven Erbrechte; dadurch werden letztere aber nicht zu familienrechtlichen Einrichtungen. Für die auf Erbrecht beruhenden Nießbrauchs- oder Nutznießungsrechte kommt daher nicht in Betracht, ob sie ihren Grund in der Familienbeziehung haben; sie sind im Sinne des § 5 Ziff. 1 des Wehrbeitragsgesetzes immer selbständige Rechte (Urt. der vereinigten Steuersenate des preuß. OVG. VI W-B 17/15 vom 31. Mai 1916).

Dieselben Grundsätze müssen für das Besitzsteuergesetz gelten, dessen Vorschrift im § 6 Ziff. 1 mit der im § 5 Ziff. 1 des Wehrbeitragsgesetzes gleichlautend ist.

5c. Fortgesetzte Gütergemeinschaft. Ihr Wesen nach dem Gesetze vom 16. April 1860, betr. das eheliche Güterrecht in der

Provinz Westfalen und in den Kreisen Rees, Essen und Duisburg (G.-S. S. 165), das durch Art. 48 des preuß. Ausführungsgesetzes zum BGB. vom 20. September 1899 aufrecht erhalten ist, ist dasselbe wie nach dem Bürgerlichen Gesetzbuche. Der Unterschied besteht nur darin, daß die Anteile der Kinder an der auf den verstorbenen Ehegatten entfallenden Hälfte an dem gemeinschaftlichen Vermögen sich nach dem Bürgerlichen Gesetzbuch erst nach dem Tode des Überlebenden bestimmen, nach dem ersteren Gesetze dagegen schon mit dem Tode des Erstversterbenden, so daß nach diesem Gesetze die Kinder schon während der fortgesetzten Gemeinschaft mit der im § 16 vorgesehenen Beschränkung über ihren Anteil unter Lebenden und von Todes wegen verfügen dürfen. Dieser Unterschied ist aber für das Wesen der fortgesetzten Gütergemeinschaft ohne Bedeutung, weil er einerseits die rechtliche Stellung des überlebenden Ehegatten überhaupt nicht berührt und andererseits die Anteile der Kinder trotz ihrer ziffermäßigen Bestimmtheit und ihrer beschränkten Übertragbarkeit während der Dauer der Gemeinschaft zu Gunsten des überlebenden Ehegatten gebunden sind (Böttrich, Die westfälische Gütergemeinschaft, 3. Aufl. S. 67). Dementsprechend beruht nach § 10 Abs. 2 des Gesetzes vom 16. April 1860 der Nießbrauch des überlebenden Ehegatten im Falle auch der fortgesetzten Gütergemeinschaft darauf, daß die während der Ehe bestehende Gütergemeinschaft durch den Tod eines Ehegatten nicht erlischt, sondern von ihm mit anderen Personen fortgesetzt wird; von einem Erbrecht auf seiner Seite ist keine Rede. Die eheliche Gütergemeinschaft ist aber ein Institut des Familienrechts, nicht ein solches des Erbrechts; von der fortgesetzten Gütergemeinschaft kann daher nichts anderes gelten. Demgemäß ist auch der dem überlebenden Ehegatten nach § 10 Abs. 2 zustehende Nießbrauch als unmittelbar und nur auf familienrechtlicher und nicht auf erbrechtlicher Grundlage beruhend anzusehen (Urt. des VI. Senats des preuß. OVG. VI W-B 1/15 vom 28. Juni 1916).

Nach § 19 Abs. 1 des Gesetzes vom 16. April 1860 darf der überlebende Ehegatte nach der Schichtung den Nießbrauch an dem den Kindern zugeteilten Vermögen bis zu deren Großjährigkeit oder — sofern diese Fälle früher eintreten sollten — bis zu deren Verheiratung oder eigenen Wirtschaftseinrichtung verlangen, wogegen sie die Verpflichtung übernehmen müssen, bis dahin die Kinder ohne Anrechnung auf die Substanz ihres Vermögens zu ernähren und zu erziehen. Das dem schichtenden Elternteile hiernach zustehende Recht hat keine erbrechtliche, sondern lediglich familienrechtliche Grundlage. Der auf § 19 a. a. O. beruhende Nießbrauch ist nicht zu verwechseln mit demjenigen, der dem überlebenden Ehegatten nach § 7 Abs. 3 in allen Fällen zusteht, in welchen er mit anderen **Verwandten als Abkömmlingen des Verstorbenen aus früherer Ehe an dessen Nachlaß teilnimmt; dieser letztere Nießbrauch gehört nach Abs. 4 a. a. O. zum Pflichtteile des überlebenden Ehegatten** und hat demnach erbrechtliche Grundlage (Urt. des VI. Senats des preuß. OVG. VI W-B 21/15 vom 28. Juni 1916).

Das Frankfurter Statutarrecht (Benders Handbuch des Frankfurter Privatrechts, § 128 S. 495) gewährt dem überlebenden Ehegatten in Frankfurt a. M. einen echten, auf Erbrecht beruhenden Nießbrauch, nicht ein familienrechtliches Nutznießungsrecht, wie es nach §§ 1373 ff. BGB. dem Ehemann am Frauengut und nach §§ 1649 ff. BGB. dem Gewalthaber am Kindesvermögen zusteht (Urt. des preuß. OVG. VI W-B 27/15 vom 31. Mai 1916).

Dagegen wird das Nassauische Leibzuchtsrecht des überlebenden Ehegatten wiederum als ein familienrechtliches Nutznießungsrecht angesehen (Urt. des preuß. OVG. VI W-B 53/16 vom 8. November 1916).

5 d. Das Urheberrecht ist nach dem hier allein in Frage kommenden Reichsgesetze, betr. das Urheberrecht an Werken der Literatur und Tonkunst, vom 19. Juni 1901 (Reichsgesetzblatt S. 227) das vererbliche wie veräußerliche Recht des Urhebers (Verfassers) eines Werkes der Literatur oder Tonkunst, darüber zu verfügen und es ausschließlich wirtschaftlich zu nutzen, insbesondere es zu vervielfältigen und gewerbsmäßig zu verbreiten, und bei Bühnenwerken auch, sie öffentlich aufzuführen (§ 11). Das Urheberrecht gehört demnach zu den Vermögensrechten, und zwar sofort mit seiner Entstehung, also mit der Vollendung des Werkes, nicht erst mit der für die Einkommensteuer allein in Betracht kommenden Verwertung. Die abweichende Ansicht Fuistings (2. Auflage des Ergänzungssteuergesetzes S. 19 Anm. 11A), daß ein Vermögensrecht des Urhebers erst mit der von ihm bewirkten oder gestatteten Vervielfältigung usw. entstehe, kann nicht für zutreffend erachtet werden (vgl. Dernburg, Das bürgerliche Recht des Deutschen Reichs und Preußens, Bd. 6 S. 41). Auf dem entgegengesetzten Standpunkte steht auch das Reichsgericht (Entsch. in St. Bd. 17 S. 274).

Einen Bestandteil des steuerbaren Vermögens im Sinne des Ergänzungssteuergesetzes bildet das Urheberrecht, falls es zu den selbständigen Rechten oder Gerechtigkeiten gehört, die einen in Geld schätzbaren Wert haben (§ 4 I 1). Daß es ein selbständiges Recht ist, unterliegt keinen Bedenken. Einen Geldwert braucht es nicht immer zu haben. Ob einen solchen die zur Vervielfältigung oder Veräußerung zum Zwecke der Gewinnerzielung bestimmten literarischen Erzeugnisse eines Schriftstellers haben, wird im Einzelfalle durch Sachverständige schon vor der Veröffentlichung leicht festzustellen sein.

Es fragt sich daher lediglich, wie und nach welchen Vorschriften des Ergänzungssteuergesetzes das Urheberrecht zu bewerten ist. Nach § 9 dieses Gesetzes kommt es nur auf den gemeinen Wert an. Die Ansicht Fuistings (a. a. O. S. 20 Abs. 5), daß die Bewertung des Urheberrechts nach dem gemeinen Werte mit Ausnahme des gewerblichen Selbstverlags ausgeschlossen sei und im übrigen nach den Sonderbestimmungen des § 13 zu erfolgen habe, findet weder in der Natur der Sache noch nach den gesetzlichen Vorschriften eine Begründung.

Allerdings mag es schwierig sein, den gemeinen Wert eines Urheberrechts zuverlässig zu schätzen, diese Schwierigkeit liegt aber auch bei anderen Gegenständen des steuerbaren Vermögens vor und rechtfertigt jedenfalls nicht die Nichtanwendung einer gesetzlichen Vorschrift, die nach ihrem unzweifelhaften Sinne auf die Ermittelung des Wertes des Urheberrechts zutrifft. Die Wertermittelung hat auch bei solchen Rechten nach den in der Rechtsprechung des Oberverwaltungsgerichts für die Ermittelung des gemeinen Wertes anerkannten Grundsätzen zu erfolgen, also, falls andere Hilfsmittel versagen, im Wege freier Schätzung nach Anhörung von Sachverständigen unter Berücksichtigung aller Umstände, durch welche nach ihrer Erfahrung der gemeine Wert derartiger Rechte bestimmt oder beeinflußt wird. Dazu gehören jedenfalls die Schätzung des Schriftstellers und seiner Werke im Publikum, die pekuniären Erfolge derselben bis in die neueste Zeit, die Dauer des Rechtes und vor allem der Umfang, in welchem das einzelne Urheberrecht dem Steuerpflichtigen beim Beginne der Steuerperiode noch zustand. Denn Urheberrechte werden von dem Urheber in der Regel nicht auf einmal im ganzen, sondern meist mit sachlicher, räumlicher oder zeitlicher Beschränkung auf andere übertragen (vgl. auch § 8 Abs. 3 des Reichsgesetzes, betr. das Urheberrecht an Werken der Literatur und Tonkunst, vom 19. Juni 1901). Auch bleiben trotz der Übertragung des Urheberrechts dem Urheber beim Fehlen anderer Vereinbarungen gewisse ausschließliche Befugnisse (vgl. § 14 a. a. O. und § 2 des Gesetzes über das Verlagsrecht vom 19. Juni 1901), die einen Vermögenswert darstellen. Letzteres gilt insbesondere von den Fällen, wo der Verlagsvertrag nur für eine bestimmte Zeit geschlossen oder auf eine bestimmte Zahl von Auflagen beschränkt ist, weil vom Ablaufe jener Zeit ab bezw. nach Verkauf der dem Verleger überlassenen Auflagen der Urheber (Verfasser) von neuem über sein Urheberrecht verfügen und es durch Übertragung an andere nutzbar machen kann. Von Bedeutung für die Bewertung des Urheberrechts ist ferner die Dauer seines gesetzlichen Schutzes (vgl. § 29 des ersteren Gesetzes), die für jedes einzelne Schriftwerk besonders zu berechnen ist. Handelt es sich um das Urheberrecht an Bühnenwerken, für welche als Mittel der Verwertung die Übertragung des Rechtes der öffentlichen Aufführung in Betracht kommt, so ist für die Ermittelung des Wertes wesentlich, in welcher Weise der Verfasser einzelnen oder mehreren Bühnen in beschränkter oder unbeschränkter Weise das Aufführungsrecht übertragen hat; die Art und Höhe der Tantiemen, die in solchen Fällen die Gegenleistung für die Gestattung der Aufführung des Werkes zu bilden pflegen, geben hier die Grundlage für die Wertermittelung. Mag es sich um Verlagsverträge im Sinne des § 1 des Gesetzes über das Verlagsrecht vom 19. Juni 1901 oder um Verträge über die Übertragung des Aufführungsrechts bei Bühnenwerken handeln, immer wird festzustellen sein, ob etwa der Urheber (Verfasser) durch die Art des Entgelts, das er sich hat zusichern lassen, einen Rechtsanspruch auf periodisch wiederkehrende Bezüge erworben hat, z. B. durch Ausbedingung sich wiederholender Honorare bei neuen Auflagen eines Schriftwerkes, durch Zusicherung von Tantiemen vom Erlöse jeder Aufführung eines Bühnenwerkes und dergleichen ähnliche Abreden. Gemäß dem Inhalte der geschlossenen Verträge bleibt dann zu prüfen, ob und in welcher Höhe dem Steuerpflichtigen für die von ihm hingegebenen Vermögenswerte periodische geldwerte Hebungen zustehen. Ihr Kapitalwert gehört, wenn die sonstigen gesetzlichen Voraussetzungen vorliegen, zum steuerbaren Vermögen im Sinne des § 7c des Ergänzungssteuergesetzes, dessen Wert gemäß § 13 Nr. I und V daselbst mit dem 12½fachen des einjährigen im letzten Leistungsjahre bezogenen Betrags und bei bestimmter zeitlicher Begrenzung auf Grund des § 13 Nr. IV zu berechnen ist. Sollte auch ein gewerblicher Selbstverlag, auf den am Schlusse der Berufungsentscheidung hingewiesen wird, bei dem Steuerpflichtigen in Betracht kommen, weil er für einzelne Schriftwerke die Drucklegung und den Vertrieb selbst bewirkt oder zu bewirken beabsichtigt, so müßte auch der Wert des Urheberrechts für diese Werke einzeln, und zwar durch Schätzung des Verkaufswerts, ermittelt werden. Ein selbständiges Verlagsrecht im Sinne des Gesetzes vom 19. Juni 1901 über das Verlagsrecht steht dabei nicht in Frage, da der Selbstverlag lediglich ein Ausfluß des Urheberrechts ist (Urt. des VI. Senats des preuß. OVG. E VIIb 11/15 vom 29. Januar 1916).

6. **Gerechtigkeiten** hat dieselbe Bedeutung wie „Rechte".

7a. **Verzinsliche und unverzinsliche Kapitalforderungen jeder Art,** also im weitesten Umfange gedacht, verbriefte und unverbriefte. Ob der Schuldner im In- oder Auslande wohnt oder die für die Forderung verpfändete Sache im Auslande sich befindet, ist ohne Belang. Solche Kapitalforderungen sind Darlehnsforderungen, Kaufgeldforderungen, Hypotheken, Grundschulden, Sparkassenguthaben, Genußscheine bei Aktiengesellschaften, sofern ihr Inhaber der Gesellschaft lediglich als Gläubiger gegenübersteht, für Rechnung der Pfandbriefschuldner aufgesammelte Amortisations- und Reservefonds, Dividendenansammlungen bei Versicherungsgesellschaften, Wechsel- und Scheckforderungen, Schuldverschreibungen, Ansprüche aus einer Enteignung, Regreßforderungen aus einem Gesamtschuldverhältnisse (§ 426 BGB.) oder aus einer Bürgschaft (§ 774 a. a. O.). Siehe auch Anm. 4.

7b. **Kapitalforderungen sind Geldforderungen.** Forderungen auf andere Leistungen fallen unter Ziff. 1 oder 5. Als Kapitalforderung kommt nur das Stammvermögen in Betracht, so daß die laufenden Nutzungen daraus nicht noch daneben zur Anrechnung kommen dürfen.

„Inwiefern Rückstände an Zinsen, Pachten und anderen periodischen Hebungen infolge ausdrücklicher oder stillschweigender Übereinkunft die Natur von Kapitalforderungen, also von neuem Stammvermögen angenommen haben und deshalb als solche gleichfalls anzusetzen sind, ist nach den Verhältnissen des Einzelfalls zu beurteilen. Wird durch die vorliegenden Umstände nicht eine andere Annahme begründet, so sind zweijährige oder noch ältere Rückstände sowie Rückstände, zu deren Zahlung der Schuldner rechtskräftig verurteilt ist, den Kapitalforderungen gleichzustellen (Art. 15 II der Ausf.-Anw. zum preuß. Ergänzungssteuergesetze). Dasselbe muß von allen Geldforderungen gelten, welche laufende Einkünfte aus einem anderen Stammrecht als einer Geldforderung oder aus einer gewinnbringenden Beschäftigung darstellen, z. B. Dividendenforderungen, Honorar- oder Gehaltsansprüche.

Im übrigen kommt es auf den Rechtsgrund der Forderung

nicht an. Daß die Forderung vom Schuldner nicht anerkannt oder nicht als verzinsliche sichergestellt ist, steht ihrer Hinzurechnung zum steuerbaren Vermögen nicht entgegen; erforderlich ist nur, daß sie am Stichtage bestanden hat und schätzbar gewesen ist" (Urt. des VI. Senats des preuß. OVG. E XII b 2/16 vom 24. März 1916).

7 c. **Die Fälligkeit der Kapitalforderung.** Ob die Forderung am Stichtage bereits fällig ist, ist ohne Belang. Der Steuerpflichtige hat z. B. nach seinem Dienstvertrag ein unbedingtes und unbefristetes Recht darauf, daß sein Dienstherr ihm jährlich einen gewissen Betrag gutschreibt — d. h., sich in dieser Höhe als Schuldner bekennt — und diesen Betrag verzinst, sowie darauf, daß er ihm auch die Zinsen daran gutschreibt. Beschränkt ist der Steuerpflichtige nur dadurch, daß sein Dienstherr die gutgeschriebenen Beträge vor Beendigung des Dienstverhältnisses nicht auszuzahlen braucht. Das durch die Gutschrift erworbene Forderungsrecht, d. h. das Recht auf Barzahlung, ist also lediglich an ein Ereignis geknüpft, dessen künftiger Eintritt feststeht und das nur hinsichtlich des Eintritts ungewiß ist. Im übrigen ist der Steuerpflichtige nicht beschränkt, insbesondere durch nichts behindert, darüber unter Lebenden oder von Todes wegen zu verfügen (Urt. des VI. Senats des preuß. OVG. VII c 3/15 vom 22. September 1915). In einem Falle, wie hier, bilden auch die Zinsen gleich mit der Gutschrift nach dem Willen der Beteiligten Stammvermögen.

Auch der Anteil der Reichsbankbeamten am Tantiemefonds bildet steuerbares Kapitalvermögen (Entsch. des preuß. OVG. in Staatsstſ. Bd. 6 S. 280).

7 d. **Die Grundschuld** setzt nicht wie die Hypothek das Bestehen einer Forderung voraus (§ 1192 BGB.); sie ist rechtsgültig entstanden, wenn Einigung der Beteiligten und Eintragung im Grundbuch erfolgt sind. Die Einigung bedarf keiner Form und kann sowohl vor der Eintragung wie nachträglich erfolgen; sie liegt also auch dann vor, wenn der Gläubiger die Eintragung nachträglich formlos annimmt (vgl. Dernburg, Das bürgerliche Recht des Deutschen Reichs und Preußens, Bd. 3 3. Aufl. S. 131 zu 3;

Kommentar der Reichsgerichtsräte zum Bürgerlichen Gesetzbuche, 2. Aufl. Bd. 2 S. 1139, 1143) (Urt. des VI. Senats des preuß. OVG. VI W-B 10/15 vom 6. Oktober 1915).

8. **Aktien oder Anteilscheine.** In Aktien ist das Grundkapital der Gesellschaft bei der Aktiengesellschaft und der Kommanditgesellschaft auf Aktien zerlegt (§§ 178, 320 HGB.).

Anteilscheine sind die Interimsscheine, die den Aktionären vor der Ausgabe der Aktien ausgestellt werden (§ 179 Abs. 3, § 320 Abs. 3 HGB.), die Reichsbankanteilscheine, die Anteilscheine der deutschen Kolonialgesellschaften sowie die Genußscheine bei Aktiengesellschaften, sofern ihre Inhaber die Eigenschaft von Mitgliedern der Gesellschaft haben.

Siehe auch oben die Anm. 2. Nur wenn die Aktien oder Anteilscheine keinen Gegenstand des Kapitalvermögens bilden, weil sie zu einem Betriebsvermögen gehören, kommt es für ihre Zurechnung zum steuerbaren Vermögen darauf an, ob sie sich im In- oder im Auslande „befinden". Für die Beantwortung dieser Frage kommt die „Aktie" wie auch der „Anteilschein" nicht als Urkunde für das Anteilsrecht, sondern als die Bezeichnung des letzteren selbst in Betracht. Das Anteilsrecht befindet sich an dem Orte, wo der Betrieb des Berechtigten, zu dem es gehört, seinen Sitz hat.

9. **Kuxe** heißen die Beteiligungseinheiten an einem Bergwerke. Im übrigen siehe Anm. 8.

Wenn das Gesetz hier die Kuxe ohne jede Einschränkung anführt, so hat es diesen Gegenstand erschöpfend regeln wollen. Deshalb gehören auch die Kuxe des älteren Rechtes in Preußen, obwohl für sie nach § 228 des Allgem. Berggesetzes in Verbindung mit Art. 67 des Ausf.-Ges. zum BGB. die sich auf Grundstücke beziehenden Vorschriften des bürgerlichen Rechtes gelten, zum Kapitalvermögen.

Siehe auch Anm. 4 und Anm. 8 Abs. 3.

10. **Geschäftsguthaben bei Genossenschaften** jeder Art. Das Geschäftsguthaben des Genossen besteht in seinen Einzahlungen auf den Geschäftsanteil zuzüglich der zugeschriebenen Gewinn-

anteile und abzüglich der abgeschriebenen Verlustanteile (§ 19 des Gesetzes, betr. die Erwerbs- und Wirtschaftsgenossenschaften, vom 1. Mai 1889/20. Mai 1898).

Siehe Anm. 4 und Anm. 8 Abs. 3.

11. **Geschäftsanteile der Gesellschafter einer Gesellschaft m. b. H.** Der Geschäftsanteil jedes Gesellschafters bestimmt sich nach dem Betrage der von ihm übernommenen Stammeinlage (§ 14 des Gesetzes, betr. die Gesellschaften m. b. H., vom 20. April 1892 in der Fassung vom 20. Mai 1898).

Siehe Anm. 4 und Anm. 8 Abs. 3.

12. **Andere Gesellschaftseinlagen.** Hierher gehört die Einlage des stillen Gesellschafters (§ 335 HGB.). Auch außerhalb des Handelsrechts können Gesellschaften mit denselben Pflichten und Rechten der Gesellschafter wie bei der stillen Gesellschaft gebildet werden, die sich als eine besondere Art von Gesellschaften des bürgerlichen Rechtes (§§ 705 ff. BGB.) darstellen; vgl. Entsch. des RG. in Ziv. Bd. 77 S. 226). Die Vermögenseinlage eines solchen stillen Gesellschafters gehört wie bei der stillen Gesellschaft des Handelsrechts zu den „anderen Gesellschaftseinlagen", die zum steuerbaren Kapitalvermögen gehören (Urt. des VI. Senats des preuß. OVG. VI W-B 20/14 vom 24. März 1915).

Siehe Anm. 4.

13. **Bares Geld deutscher Währung, fremde Geldsorten, Banknoten und Kassenscheine.** Hierher gehören nur gangbare Stücke (kurrentes Geld). Sammlungen fallen nicht unter jene Bestimmung, auch wenn sich darunter einzelne gangbare Stücke befinden (Art. 13 Anm. 10 der Ausf.-Anw. zum preuß. Ergänzungssteuergesetze).

Siehe auch Anm. 4.

14. **Ausgenommen die aus den laufenden Jahreseinkünften vorhandenen Bestände,** nämlich an barem Gelde deutscher Währung, fremden Geldsorten, Banknoten und Kassenscheinen. Aber die Steuerfreiheit dieser Bestände ist beschränkt durch die weiter unten folgende Vorschrift: „soweit sie zur Bestreitung der laufenden Ausgaben für drei Monate dienen". Das ergibt sich aus der

Entstehung dieser Vorschriften (Kommissionsbericht, betr. das Wehrbeitragsgesetz, Stenograph. Berichte S. 5792 C und D).

Der Begriff der „laufenden Jahreseinkünfte" ist gleichbedeutend mit dem von Erträgen aus Einkommensquellen. Da es sich um ein Reichsgesetz handelt, werden die bundesstaatlichen Vorschriften darüber, was als Einkommensquelle und als Ertrag daraus zu gelten hat, nicht ohne weiteres maßgebend sein, sondern nur zum Anhalte genommen werden können: entscheidend kann vielmehr nur der *wirtschaftliche* Begriff sein. So wird man gelegentliche Spekulationsgewinne auch in Preußen, wo sie steuerpflichtiges Einkommen sind, *nicht* darunter rechnen dürfen.

Aus dem preußischen Einkommensteuergesetze kommen hier folgende Bestimmungen in Betracht:

§ 6. Als Einkommen gelten die gesamten Jahreseinkünfte der Steuerpflichtigen in Geld und Geldeswert aus:

1. Kapitalvermögen,
2. Grundvermögen, Pachtungen und Mieten, einschließlich des Mietwerts der Wohnung im eigenen Hause,
3. Handel und Gewerbe einschließlich des Bergbaues,
4. gewinnbringender Beschäftigung sowie aus Rechten auf periodische Hebungen und Vorteile irgend welcher Art, soweit diese Einkünfte nicht schon unter Nr. 1 bis 3 begriffen sind.

§ 7. Außerordentliche Einnahmen aus Erbschaften, Schenkungen, Lebensversicherungen, aus dem nicht gewerbsmäßig oder zu Spekulationszwecken unternommenen Verkaufe von Grundstücken und ähnliche Erwerbungen gelten nicht als Vermehrung des Stammvermögens und kommen ebenso wie Verminderungen des Stammvermögens nur insofern in Betracht, als die Erträge des letzteren dadurch vermehrt oder vermindert werden.

Laufende Jahreseinkünfte sind nur die Einkünfte aus dem letzten, mit dem Stichtage für die Berechnung des Vermögenszuwachses endigenden Jahre (§ 18).

15. Bank- und sonstige Guthaben. Bei den letzteren ist an die Guthaben des Überweisungs-, Giro- und Scheckverkehrs gebacht worden (Stenogr. Berichte des Reichstags, 169. Sitzung vom 25. Juni 1913 S. 5792D). Die Zusammenfassung von Bank- und „sonstigen" Guthaben weist darauf hin, daß hier nur solche Kapitalforderungen zu verstehen sind, die sich, wie im Verkehre mit einer Bank, an einer bestimmten Stelle aus der Einzahlung flüssiger und der Abhebung erforderlicher Geldmittel in laufender Rechnung ergeben.

16. **Zur Bestreitung der laufenden Ausgaben.** Laufende Ausgaben sind nicht nur wiederkehrende, sondern auch einmalige Aufwendungen. Kapitalanlagen, Kapitalabtragungen und sonstige Verfügungen über den Vermögensstamm wird man nicht hierzu rechnen dürfen. Deshalb fällt die Ausgabe zur Tilgung einer fälligen Hypothekenschuld oder die Ausstattung eines Kindes nicht unter die laufenden Ausgaben.

17. **Für drei Monate.** Das ist das auf den Stichtag (§ 18) folgende Vierteljahr. Die Ausgaben müssen in diesem Zeitabschnitte bei ordentlicher Wirtschaftsführung zu machen sein; ob sie tatsächlich gemacht werden, ist ohne Belang. So zählen zu jenen Ausgaben die in dem maßgebenden Zeitabschnitte fälligen Hypothekenzinsen (Urt. des V. Senats des preuß. OVG. V W-B 70/14 vom 13. November 1915). Die Bezahlung von Schulden, die vor dem Stichtage entstanden sind, wird mitzurechnen sein, wenn sie erst in dem maßgebenden Vierteljahre fällig geworden sind. Die Fälligkeit ist z. B. bei Reparaturkosten in der Regel erst dann anzunehmen, wenn der Unternehmer die Höhe seines Anspruchs in irgend einer Weise, insbesondere durch Übersendung der Rechnung, dem Hausbesitzer mitgeteilt hat (Urt. des preuß. OVG. VII a 95/10 vom 9. Oktober 1910). Das Nähere hierüber siehe bei Mrozek, Handkommentar zum preuß. Einkommensteuergesetze, S. 93.

18. **Dienen.** Die Steuerfreiheit hängt davon ab, ob die Beträge an Barmitteln und Bankguthaben zur Bestreitung laufender Ausgaben „dienen". Für die Prüfung dieser Frage sind nur wirtschaftliche Rücksichten maßgebend; auf die Bestimmung, welche der Steuerpflichtige jenen Beträgen geben will, kommt es nicht an.

Wirtschaftlich „dienen“ zur Bestreitung der laufenden Ausgaben die laufenden Einkünfte; zur Deckung der laufenden Ausgaben in den drei Monaten sind daher in erster Linie die laufenden Einkünfte in derselben Zeit bestimmt, wobei freilich zu berücksichtigen bleibt, daß diese Einkünfte die Barmittel für den Zeitpunkt liefern müssen, in welchem die laufende Ausgabe zu bestreiten ist. Es kann also für die Bezahlung von Hypothekenzinsen, die am 2. Januar fällig werden, nicht eine später eingehende Einnahme in Betracht kommen. Selbstverständlich dürfen auch nur solche Einkünfte zur Anrechnung kommen, die mit Sicherheit zu erwarten sind. Mit diesen Einschränkungen aber müssen die laufenden Ausgaben in den drei Monaten zunächst den laufenden Einkünften in derselben Zeit gegenübergestellt werden, und erst ein überschießender Betrag der Ausgaben ist derjenige, zu dessen Deckung die Barbestände aus den laufenden Jahreseinkünften vor dem Stichtage samt den Bankguthaben „dienen“. In diesem Sinne hat auch bereits das preußische Oberverwaltungsgericht die mit der Vorschrift im Besitzsteuergesetze gleichlautende Bestimmung des § 5 Nr. 4 des Gesetzes über einen einmaligen außerordentlichen Wehrbeitrag ausgelegt (Urteil VI W-B 93/15 vom 12. Juni 1915).

Beispiel: Einem Steuerpflichtigen stehen am 31. Dezember 1916 an Barmitteln 6000 ℳ und an Bankguthaben 4000 ℳ zur Verfügung. Er hat am 2. Januar 4000 ℳ Hypothekenzinsen sowie an Versicherungsprämien am 1. Februar 700 ℳ und am 1. März 1000 ℳ zu bezahlen. Die Verheiratung einer Tochter im März wird einen Aufwand von 30 000 ℳ erfordern. Es sind Rechnungen über Reparaturkosten in Höhe von 1500 ℳ zu erwarten. Die laufenden Unkosten der Hausverwaltung erfordern in jedem Winterviertеljahr 1000 ℳ, welcher Betrag immer zur Verfügung stehen muß. An Einnahmen sind mit Sicherheit zu erwarten am 2. Januar 6000 ℳ Mieteinnahmen, am 1. Februar 1500 ℳ Zinsen von Wertpapieren, am 1. März die Auszahlung eines Versicherungskapitals von 10 000 ℳ und am 31. März 2500 ℳ Gehalt. Die Rechnung ist dann folgende:

Anfang Januar: Ausgaben; Hypothekenzinsen 4000 ℳ, Reparaturkosten 1500 ℳ, Hausunkosten 1000 ℳ, Haushaltung 600 ℳ, zusammen 7100 ℳ. Einnahmen: Mieteinnahmen 6000 ℳ. Mehrbetrag der Ausgaben 1100 ℳ.

Anfang Februar: Ausgaben: Versicherungsprämie 700 ℳ, Haushaltung 600 ℳ, zusammen 1300 ℳ. Einnahmen: Zinsen von Effekten 1500 ℳ. Einnahmeüberschuß: 200 ℳ.

Anfang März: Ausgaben: Versicherungsprämie 1000 ℳ, Haushalt 600 ℳ, zusammen 1600 ℳ. Einnahmen: Einnahmeüberschuß aus dem Februar 200 ℳ. Mehrbetrag der Ausgaben 1400 ℳ.

Außer Ansatz sind geblieben als keine laufende Ausgabe der für die Verheiratung der Tochter erforderliche Aufwand, ferner als außerordentliche Einnahme das fällige Versicherungskapital, endlich die Gehaltszahlung Ende März, weil diese für die Deckung der früheren Ausgaben nicht zur Verfügung steht. Es sind danach der Summe der Barmittel und Bankguthaben von 10 000 ℳ gegenüberzustellen an ungedeckten Ausgaben 1100 ℳ und 1400 ℳ, zusammen 2500 ℳ, so daß von jenem Betrage 2500 ℳ steuerfrei, 7500 ℳ aber steuerpflichtig sind.

Es wird auffallen, daß in dem Beispiele gewerbliche oder landwirtschaftliche Ausgaben nicht aufgeführt sind. Solche Ausgaben kommen aber für die Berechnung des steuerbaren Kapitalvermögens ebensowenig in Betracht wie die zu dem betreffenden Betriebsvermögen gehörigen Barbestände und Bankguthaben (s. Anm. 4). Sie stehen mit dem Privatvermögen des Unternehmers in keinem wirtschaftlichen Zusammenhange, so daß nicht davon die Rede sein kann, daß das Privatvermögen zu ihrer Bestreitung „diene".

19. **Der Kapitalwert der Rechte** auf Renten usw., das ist des in sich geschlossenen einheitlichen Rechtes, des Stammrechts, das den Anspruch auf die fortlaufenden Einzelbezüge nur vermöge seines Bestehens aus sich selbst hervorbringt (Entsch. des RG. in Ziv. Bd. 80 S. 209). Ist ein solches Stammrecht (Vertrag, Verschreibung, letztwillige Verfügung) nicht vorhanden, so kann auch keine Anrechnung zum steuerbaren Vermögen erfolgen. Letzteres gilt insbesondere von Unterstützungen und anderen Zuwendungen,

die freiwillig gewährt werden, auch wenn sie sich wiederholen.

20. **Renten** sind periodische Hebungen in Geld oder Geldeswert, die nicht eine Verzinsung oder Rückzahlung eines bargeliehenen oder abgetretenen Kapitals darstellen (Strutz, Anm. 31 zu § 7 des Ergänzungssteuerges. S. 44 f.). Hierzu gehört insbesondere die Leibrente, welche dem Berechtigten für die Lebensdauer eines Menschen eingeräumt ist. Zur Gültigkeit eines Vertrags, durch den eine Leibrente versprochen wird, ist, soweit nicht für den Kausalvertrag, z. B. eine Schenkung (§ 518 Abs. 1 BGB.), eine andere Form, gerichtliche oder notarielle Beurkundung, vorgeschrieben ist, schriftliche Erteilung des Versprechens erforderlich (§ 761 BGB.; Entsch. des RG. in Ziv. Bd. 67 S. 212). Wegen der Ausstattungsrenten siehe unten Anm. 23 u. 25.

Ob die Rente dem Berechtigten zu seiner Unterstützung bestellt worden ist, kommt für ihre Anrechnung nicht in Betracht (Urt. des preuß. OVG. VI W-B 3/14 vom 10. März 1915). Siehe jedoch § 7.

21. **Und andere wiederkehrende Nutzungen und Leistungen.** Nutzungen sind die Früchte einer Sache oder eines Rechtes sowie die Vorteile, welche der Gebrauch der Sache oder des Rechtes gewährt (§ 100 BGB.). Hier bestimmt also eine Sache oder ein Recht den Umfang des dem Berechtigten zustehenden Vorteils, während „Leistungen" an den Berechtigten in anderer Weise umgrenzt sind. Voraussetzung für die Nutzungen im obigen Sinne ist, daß der der Nutzung unterworfene Gegenstand mit dem Rechte auf die Nutzung nicht derart belastet ist, daß ein Nießbrauch an ihr besteht (§§ 1030, 1068 BGB.); ein solcher ist ohne jede Einschränkung als ein „selbständiges Recht" nach Nr. 1 steuerbares Vermögen. Zu den Rechten auf wiederkehrende Nutzungen und Leistungen gehört auch der Altenteil (Leibgedinge, Leibzucht, Auszug, Ausgedinge). Ob der Altenteil als dingliche Last auf dem Grundstücke selbst ruht oder eine persönliche Verpflichtung des Erwerbers darstellt, macht für seine Anrechnung als steuerbares Kapitalvermögen keinen Unterschied.

Zu den Nutzungen im Sinne der Nr. 5 gehört der Anspruch

auf einen Anteil an dem Gewinn eines fremden Unternehmens insbesondere auch das Gewinnbeteiligungsrecht, das zuweilen den Gründern einer Aktiengesellschaft eingeräumt ist (Urt. des preuß. OVG. VA 1/16 vom 11. März 1916).

22. **Welche dem Berechtigten auf seine Lebenszeit oder auf die Lebenszeit eines anderen oder auf die Dauer von mindestens zehn Jahren entweder — oder.** Für die Anrechnung als steuerbares Kapitalvermögen müssen beide Voraussetzungen zutreffen, der oben vorgeschriebene zeitliche Umfang des Rechtes und einer der weiter angeführten Rechtsgründe. Maßgebend ist die ganze Dauer des Bezugsrechts; die Dauer des Bezugsrechts nach dem Stichtage kommt erst für die Bewertung in Betracht (Begründung des Wehrbeitragsgesetzes S. 18). Hat z. B. der Steuerpflichtige ein Rentenrecht auf zehn Jahre, beginnend am 1. Januar 1910, so muß es für das am 31. Dezember 1916 festzustellende Vermögen zur Anrechnung kommen, obwohl es von jenem Zeitpunkt ab nur noch vier Jahre laufen wird; für den Kapitalwert dieses Rentenrechts können aber nur noch die Nutzungen in den vier Jahren, die es noch bestehen wird, gerechnet werden (§ 37).

23. **Vertragsmäßig als Gegenleistung für die Hingabe von Vermögenswerten.** Diese Voraussetzung trifft nicht zu bei einer Rente, welche Eltern ihren Kindern als Ausstattung bestellen — siehe aber unten Anm. 25 —, und bei einer Unfallrente, bei der Unterhaltsrente der unehelichen Kinder sowie regelmäßig auch nicht bei der Rente an die geschiedene Ehefrau (Urt. des preuß. OVG. V W-B 291/15 vom 15. Januar 1916), wohl aber bei einer Rente, welche als Gegenleistung für einen Erbverzicht gewährt wird (Urt. des preuß. OVG. V W-B 291/15 vom 15. Januar 1916).

24. **Aus letztwilligen Verfügungen** im weiteren Sinne, wozu alle Verfügungen von Todes wegen gerechnet werden, d. h. alle diejenigen Willenserklärungen, welche den Zweck haben, die Verhältnisse des Erklärenden, sei es durch einseitige letztwillige Verfügungen, sei es durch Verträge, für den Fall seines Todes zu regeln, im Gegensatze zu den Geschäften unter Lebenden,

welche eine solche Bestimmung nicht haben. Als letztwillige Verfügung gilt danach auch der Erbvertrag (Entsch. des preuß. OVG. Bd. 13 S. 357), durch den der Erblasser einen Erben einsetzt sowie Vermächtnisse und Auflagen anordnet (§ 1941 BGB.).

25. Schenkungen. Hierin weicht das Besitzsteuergesetz vom preuß. Ergänzungssteuergesetz ab, das auf Schenkungen beruhende Rentenrechte nicht zum steuerbaren Vermögen rechnet (§ 7c a. a. O.).

Für Schenkungen kommen folgende Vorschriften des Bürgerlichen Gesetzbuchs in Betracht:

§ 516. Eine Zuwendung, durch die jemand aus seinem Vermögen einen anderen bereichert, ist Schenkung, wenn beide Teile darüber einig sind, daß die Zuwendung unentgeltlich erfolgt.

§ 517. Eine Schenkung liegt nicht vor, wenn jemand zum Vorteil eines anderen einen Vermögenserwerb unterläßt oder auf ein angefallenes, noch nicht endgültig erworbenes Recht verzichtet oder eine Erbschaft oder ein Vermächtnis ausschlägt.

§ 518. Zur Gültigkeit eines Vertrags, durch den eine Leistung schenkungsweise versprochen wird, ist die gerichtliche oder notarielle Beurkundung des Versprechens erforderlich. Das gleiche gilt, wenn ein Schuldversprechen oder ein Schuldanerkenntnis der in den §§ 780, 781 bezeichneten Art schenkungsweise erteilt wird, von dem Versprechen oder der Anerkennungserklärung.

Der Mangel der Form wird durch die Bewirkung der versprochenen Leistung geheilt.

§ 534. Schenkungen, durch die einer sittlichen Pflicht oder einer auf den Anstand zu nehmenden Rücksicht entsprochen wird, unterliegen nicht der Rückforderung und dem Widerrufe.

Im Falle der formlosen Übernahme einer schenkungsweisen Verpflichtung zu wiederkehrenden Leistungen wird durch die Bewirkung der einzelnen Leistungen der Mangel der Form gemäß § 518 Abs. 2 a. a. O. nur bezüglich dieser, nicht aber bezüglich der zukünftigen Leistungen und des diese hervorbringenden Stammrechts geheilt (Entsch. des preuß. OVG. in Staatsstf. Bd. 12 S. 205).

Bestellen Eltern einem Kinde als Ausstattung, d. h. mit Rücksicht auf seine Verheiratung oder auf die Erlangung einer selbständigen Lebensstellung zur Begründung oder Erhaltung der Wirtschaft oder der Lebensstellung eine Rente, so gilt sie, auch wenn eine Verpflichtung nicht besteht, nur insoweit als Schenkung, als die Ausstattung das den Umständen, insbesondere den Vermögensverhältnissen des Vaters oder der Mutter, entsprechende Maß übersteigt (§ 1624 BGB.).

26. **Familienstiftungen.** Solche sind rechtsfähige Stiftungen, die nach der Stiftungsurkunde ausschließlich dem Interesse der Mitglieder einer bestimmten Familie oder mehrerer bestimmter Familien dienen (Entsch. des preuß. OVG. in Staatsstf. Bd. 15 S. 387).

27. **Hausgesetzlicher Bestimmungen.** Rentenrechte, welche auf einem Reichs- oder einem Landesgesetze beruhen, sind steuerfreies Vermögen. Jene Voraussetzung ist nicht gegeben, wenn das betreffende Gesetz lediglich in Erfüllung einer vom Reiche oder vom Staate übernommenen vertraglichen Verpflichtung ergangen ist.

Hausgesetzliche Bestimmungen können nur die Familien des hohen Adels treffen (Art. 57 und 58 des Einführungsgesetzes zum BGB.).

28. **Noch nicht fällige Ansprüche.** Sie sind dem steuerbaren Vermögen aber nicht zuzurechnen, wenn nach Eintritt des Versicherungsfalls § 7 des Gesetzes Anwendung findet (§ 47 der Ausf.-Best. des Bundesrats).

Ist der Anspruch fällig, so handelt es sich um andere Gegenstände des Kapitalvermögens, z. B. wenn die Versicherungssumme bereits ausgezahlt und in Wertpapieren angelegt ist, um diese (Nr. 3), oder wenn sie noch nicht ausbezahlt ist, um eine Kapitalforderung (Nr. 2), oder wenn das versicherte Rentenrecht bereits begonnen hat, um ein solches; das letztere gehört nur dann zum steuerbaren Kapitalvermögen, wenn es den in Nr. 5 angegebenen Zeitumfang hat.

Der Anspruch ist demjenigen anzurechnen, welcher die rechtliche Befugnis hat, hinsichtlich des durch den Versicherungsschein beurkundeten Anspruchs wirksam zu verfügen (Entsch. des preuß. OVG. in Staatsstf. Bd. 7 S. 202).

29. **Aus Lebensversicherungen.** Zu diesen gehören insbesondere nicht nur die einfachen Versicherungen auf den Todesfall, sondern auch die Versicherungen auf den Überlebensfall, auf den Erlebensfall, die sog. abgekürzte sowie die kurze Versicherung sowie alle Kombinationen dieser Versicherungsformen (Art. 16 Nr. 1 der Ausf.-Anw. zum preuß. Ergänzungssteuergesetz), unter Umständen auch der Einkauf in sog. Sterbe- oder Begräbniskassen. Das Nähere hierüber siehe bei Mrozek, Handkommentar zum preuß. Einkommensteuergesetze, S. 136 ff.

30. **Aus denen der Berechtigte noch nicht in den Rentenbezug eingetreten ist,** weil sonst sein Anspruch unter die Nr. 5 fällt. Siehe oben die Anm. 29.

§ 7[1].

Die Vorschrift im § 6 Nr. 5 gilt nicht[2]):

a) für Ansprüche an Witwen-, Waisen- und Pensionskassen[3]);

b) für Ansprüche aus einer Kranken- oder Unfallversicherung[4]), aus der Reichsversicherung[5]) oder der gesetzlichen Versicherung der Angestellten;

c) für Renten und ähnliche Bezüge, die mit Rücksicht auf ein früheres Arbeits- oder Dienstverhältnis gewährt werden[6]).

1. **§ 7.** Die Fassung ist die gleiche wie im § 6 des Wehrbeitragsgesetzes, nur mit dem Zusatze unter b wegen der Angestelltenversicherung; sie ist etwas weiter als die des § 7 Schlußsatz des preuß. Ergänzungssteuergesetzes (Art. 3 Nr. 4 der preuß. Ausf.-Vorschriften).

2. **Gilt nicht.** Es handelt sich hier unter allen Umständen um steuerfreies Vermögen.

3. **Witwen-, Waisen- und Pensionskassen,** privaten und öffentlichen. Vorausgesetzt ist nur das Bestehen einer „Kasse“, d. i. einer Einrichtung, welche auf einen bestimmt umgrenzten

Kreis der Bezugsberechtigten beschränkt ist. Nicht erforderlich ist es, daß die Kasse ein selbständiges Rechtssubjekt ist. Auch ist es ohne Belang, auf Grund welcher Umstände der Berechtigte den Anspruch erworben hat.

4. **Aus einer Kranken- oder Unfallversicherung,** ohne Unterschied, ob es sich um gesetzlich vorgeschriebene oder um freiwillige Versicherungen handelt (Art. 14 Nr. 1b der Ausf.-Anw. zum preuß. Ergänzungssteuergesetze).

5. **Aus der Reichsversicherung,** d. i. auf Grund der Reichsversicherungsgesetze, also aus der Krankenversicherung, der Unfallversicherung und der Hinterbliebenenversicherung (§ 1 der Reichsversicherungsordnung vom 19. Juli 1911), und zwar auch Ansprüche aus der Selbstversicherung (Art. 14 Nr. 1c der Ausf.-Anw. zum preuß. Ergänzungssteuergesetze).

6. **Die mit Rücksicht auf ein früheres Arbeits- oder Dienstverhältnis gewährt werden.** Das Arbeits- oder Dienstverhältnis kann ein öffentliches oder privates gewesen sein. Es ist ferner ohne Belang, ob der Anspruch im Dienstvertrage zugesichert war oder erst bei Beendigung des Dienst- oder Arbeitsverhältnisses schenkungsweise oder in einer letztwilligen Verfügung zugewendet worden ist. Nicht nur Ansprüche des früheren Angestellten oder Bediensteten, sondern auch solche seiner Hinterbliebenen fallen unter die Bestimmung (Urt. des preuß. OVG. V W-B 55/14 vom 9. Juli 1915).

§ 8[1].

Als steuerbares Vermögen gelten nicht Möbel, Hausrat und andere nicht unter § 6 fallende bewegliche körperliche Gegenstände[2]), sofern sie nicht als Zubehör eines Grundstücks (§ 2 Nr. 1, § 3) oder als Bestandteil eines Betriebsvermögens (§ 2 Nr. 2, § 4) anzusehen sind[3]).

1. § 8. Im Entwurfe war es § 9. Die Vorschrift ist dieselbe wie im § 7 des Wehrbeitragsgesetzes und stimmt inhaltlich mit § 4 III des preuß. Ergänzungssteuergesetzes überein.

2. **Und andere nicht unter § 6 fallende bewegliche körperliche Sachen.** Hiernach werden bei der Berechnung des steuerbaren Vermögens mit ihrem Werte außer Ansatz gelassen: Möbel, Hausrat, Kleidungsstücke, Schmucksachen und andere Kostbarkeiten, Bücher, Reit- und Wagenpferde, Equipagen, Sammlungen und Vorräte aller Art, sofern diese Gegenstände nicht Erwerbszwecken dienen, sondern lediglich zum persönlichen Gebrauch oder zum Verbrauch im Haushalte, zur Ausschmückung der Wohnräume, zur Belehrung, Unterhaltung oder Erhöhung des Lebensgenusses bestimmt sind (Art. 4 III Ausf.-Anw. zum preuß. Ergänzungssteuergesetze). Die Freilassung dieser Sachen erfolgte, weil eine einigermaßen zutreffende Wertermittelung und Veranlagung außerordentlich schwierig und nicht möglich ist ohne lästiges und unerwünschtes Eindringen in rein persönliche Verhältnisse (Begründung des Wehrbeitragsgesetzes S. 18/19).

Es bleiben ferner außer Ansatz alle der Ausübung einer künstlerischen, wissenschaftlichen oder einer sonstigen nicht unter den Begriff eines Gewerbebetriebs fallenden Berufstätigkeit gewidmeten beweglichen Sachen (Bibliotheken der Gelehrten und Beamten, Instrumente der Ärzte und Musiker, Arbeitsmittel der Künstler, Bureaueinrichtungen der Rechtsanwälte usw.); Art. 4 III der Ausf.-Anw. zum preuß. Ergänzungssteuergesetze; Begründung des Wehrbeitragsgesetzes S. 18/19.

3. **Sofern sie nicht als Zubehör eines Grundstücks (§ 2 Nr. 1, § 3) oder als Bestandteil eines Betriebsvermögens (§ 2 Nr. 2, § 4) anzusehen sind.** Die in Anm. 1 aufgeführten Gegenstände gehören also mit ihren Werten zum steuerbaren Vermögen, wenn sie Zubehör eines Grundstücks oder dem Betriebe der Land- oder Forstwirtschaft, des Bergbaues oder eines Gewerbes gewidmet sind.

§ 9[1].

Das zu einem Lehen, Fideikommiß oder Stammgute gehörige Vermögen[2]) gilt als Vermögen des Inhabers[3]).

1. § 9. Im Entwurfe war es § 10. Die Vorschrift stimmt mit § 8 Abs. 1 des Wehrbeitragsgesetzes überein. Die entsprechende Bestimmung im § 5 Nr. 1 des preuß. Ergänzungssteuergesetzes lautet: „Behufs der Steuerveranlagung werden hinzugerechnet: 1. die zu einer Fideikommißstiftung (§ 3 des Erbschaftssteuergesetzes in der Fassung vom 24. Mai 1891, Gesetzsammlung S. 78) gehörigen Vermögen oder Vermögensteile dem jeweiligen Fideikommißbesitzer . . ."

2a. **Das zu einem Lehen, Fideikommiß oder Stammgute gehörige Vermögen,** und zwar sowohl das Aktiv- wie das Passivvermögen. Welche Vermögen darunter fallen, entscheidet sich nach Landesrecht, das vom Bürgerlichen Gesetzbuch unberührt gelassen worden ist (Art. 59 des Einf.-Ges. zum BGB.).

Als Fideikommißstiftungen sind alle von Todes wegen oder unter Lebenden getroffenen Anordnungen anzusehen, kraft deren gewisse Vermögensgegenstände der Familie für immer oder für mehr als zwei Generationen erhalten bleiben sollen (§ 3 des Erbschaftssteuergesetzes). Nach den Grundsätzen des gemeinen Rechtes ist der Fideikommißbesitzer der alleinige wahre Eigentümer des Fideikommisses, der in seinem Eigentumsrechte nur durch die Anordnungen des Stifters und die Rechte der Fideikommißnachfolger beschränkt ist (Entsch. des preuß. OVG. in Staatsstſ. Bd. 11 S. 188). Im ehemaligen Geltungsbereiche des Allgemeinen Landrechts für die preußischen Staaten gebührt dagegen dem Besitzer eines Fideikommisses nur das nutzbare Eigentum, während das Obereigentum sich bei der ein selbständiges Rechtssubjekt bildenden Familie befindet (a. a. O. Bd. 16 S. 217).

Zwischen einem Fideikommißvermögen und einer Familienstiftung im Sinne des § 6 Nr. 5 besteht der wesentliche Unterschied, daß die letztere eine besondere juristische Person bildet, was bei dem ersteren nicht der Fall ist (a. a. O. Bd. 15 S. 385).

Eine Sache, deren nutzbares Eigentum jemand unter der Bedingung einer dem Obereigentümer zu erweisenden besonderen Treue gegen den von diesem ihm zu leistenden Schutz besitzt, wird ein Lehen genannt (§ 2 I 18 des Allg. Landrechts f. d. preuß.

Staaten). Der Lehensbesitzer hat nach § 13 a. a. O. das nutzbare Eigentum an der Sache; er ist Miteigner der Proprietät, während dem Obereigentümer nur ein Miteigentum an der Proprietät, aber kein Anteil an dem zum Eigentume gehörenden Nutzungsrechte zukommt. Dies gilt noch für Thronlehen, während der gewöhnliche Vasall durch das Gesetz vom 2. März 1850 zum vollen Eigentümer gemacht worden und nur noch durch die Rechte der Agnaten und die Lehnfolgeordnung beschränkt ist (Entsch. des preuß. OVG. in Staatsstſ. Bd. 7 S. 126; vgl. auch a. a. O. Bd. 11 S. 366).

Stammgüter sind Güter, die nach Gesetz oder Herkommen in der Familie vererbt werden und bei welchen der Eigentümer in der freien Veräußerung durch die Rechte der Erben beschränkt ist. Sie kommen insbesondere in Westfalen, Hannover, in dem früheren Kurhessen, im Großherzogtume Hessen und in Württemberg vor.

2 b. Dem Fideikommißbesitzer sind auch diejenigen Teile des Fideikommißvermögens, die er selbst nicht nutzt, anzurechnen (Entsch. des preuß. OVG. in Staatsstſ. Bd. 5 S. 78).

Ein für mehrere Fideikommisse bestehender gemeinsamer sog. Ausstattungsfonds, zu dem die beteiligten Fideikommißbesitzer jährliche, verschieden bemessene Beiträge zu leisten haben, gehört zum Vermögen aller beteiligten Fideikommisse. Der Anteil jedes Fideikommisses an dem gemeinsamen Fonds bemißt sich nach der verschiedenen Höhe der Beiträge, welche die Fideikommißbesitzer jährlich zu leisten haben. Die Beitragslast selbst stellt eine auf dem Fideikommiß lastende Auflage dar, deren Kapitalwert von dem Fideikommißvermögen in Abzug zu bringen ist. Der Kapitalwert ist nach dem Lebensalter des jeweiligen Fideikommißbesitzers zu berechnen (Urt. des preuß. OVG. VI W-B 141/15 vom 13. Januar 1916).

3 a. Gilt als Vermögen des Inhabers. Diese Gleichstellung des gebundenen Besitzes mit dem ungebundenen wird damit gerechtfertigt: „Bei einer dem § 18 des Erbschaftssteuergesetzes entsprechenden Regelung würde der Nutzungswert bei späteren Veranlagungen mit einem niedrigeren Betrag anzusetzen sein, so daß infolgedessen etwaiges Allodialvermögen des Inhabers der Zuwachsbesteuerung entzogen werden könnte. Erhebliche Härten werden in den meisten Fällen für den zu Besitz und Nutzung Berechtigten nicht vorliegen, da die Belastung gegenüber der Erbschaftssteuer eine verhältnismäßig milde ist, die Steuerpflicht nicht sofort mit dem Anfall eintritt und da die Zahlung der Steuer in Raten vorgesehen ist." Begründung des Gesetzes S. 39.

Das Wehrbeitragsgesetz hatte im § 8 Abs. 2 noch folgende Bestimmung: „Der Inhaber ist berechtigt, den Betrag des Wehrbeitrags, soweit er nicht auf den nach diesem Gesetze zu berechnenden Wert seiner Nutzung entfällt, aus dem Lehens-, Fideikommiß- oder Stammvermögen zu entnehmen oder dieses Vermögen in gleicher Weise zu belasten, ohne daß es einer besonderen Genehmigung Dritter bedarf." Eine ähnliche Erleichterung für den Inhaber des gebundenen Besitzes ist in das Besitzsteuergesetz nicht aufgenommen worden.

3b. Ist jemand in das Fideikommiß nicht berufen, also nicht Fideikommißbesitzer, sondern hat er nur ein Nießbrauchsrecht an dem zu der Fideikommißstiftung gehörigen Vermögen, so kann ihm auch nur der Kapitalwert des Nießbrauchsrechts als Vermögen angerechnet werden (Entsch. des preuß. OVG. in Staatsstſ. Bd. 8 S. 299).

§ 10[1]).

Von dem Vermögen sind abzuziehen[2]) die dinglichen und persönlichen Schulden[3]) des Steuerpflichtigen[4]) sowie der Wert der dem Steuerpflichtigen obliegenden oder auf einem Lehen, Fideikommiß oder Stammgute ruhenden[5]) Leistungen[6]) der im § 6 Nr. 5 bezeichneten Art.

Nicht abzugsfähig sind

a) Schulden, die zur Bestreitung der laufenden Haushaltungskosten eingegangen sind (Haushaltungsschulden)[7]);

b) Schulden und Lasten, welche in wirtschaftlicher Beziehung zu nicht steuerbaren Vermögensteilen stehen[8]).

Beschränkt sich die Zuwachsbesteuerung auf das inländische Grund- und Betriebsvermögen (§ 11 Nr. II), so sind nur die in einer wirtschaftlichen Beziehung zu diesen Vermögensteilen stehenden Schulden und Lasten abzugsfähig[6]).

1. **§ 10.** Im Entwurfe war es § 11. Die Vorschrift ist gleichlautend mit der im § 9 des Wehrbeitragsgesetzes und stimmt inhaltlich im wesentlichen mit § 8 des preußischen Ergänzungssteuergesetzes überein.

2. **Von dem Vermögen sind abzuziehen,** nämlich von der Summe der Aktivwerte des Vermögens (Grundstücke, Betriebsvermögen und Kapitalvermögen), die schon nach der Vorschrift im § 2 um den Betrag der Schulden gekürzt werden soll. Selbstverständlich kann der Abzug der Schulden nur einmal erfolgen, so daß Schulden und Lasten, die bereits bei der Feststellung der Aktivwerte berücksichtigt worden sind — siehe Anm. 3 zu § 4 —, nicht noch einmal von der Summe jener Werte abgezogen werden dürfen. Der § 10 betrifft also lediglich diejenigen Kapitalschulden und Werte, die, um das reine (steuerbare) Vermögen zu finden, von dem anderweit bereits ermittelten Gesamtwerte des Aktivvermögens abgesetzt werden müssen.

Siehe auch die Anm. 6a.

3a. **Die dinglichen und persönlichen Schulden.** Dinglich ist eine Schuld, wenn sie auf einem Gegenstande des Schuldners derartig lastet, daß sie ohne weiteres auf jeden Erwerber jenes Gegenstandes übergeht (Hypothek, Grundschuld), während die persönliche Schuld allein die Person des Schuldners belastet. Zum Abzuge kommen also alle Schulden, mögen sie persönliche oder dingliche sein. Die Schuld muß aber am Stichtage bereits bestehen. Bloße Vormerkungen im Grundbuche zur Erhaltung des Rechtes auf Eintragung einer Hypothek oder des Vorrechts für eine einzutragende Hypothek begründen noch keine Schulden, welche vom Aktivvermögen abzuziehen sind (Entsch. des preuß. OVG. in Staatsstf. Bd. 6 S. 137).

Daß der Schuldner niemals imstande sein wird, seine Schulden zu bezahlen, hindert ihren Abzug nicht. Der Abzug muß auch stattfinden, wenn das Aktivvermögen lediglich in einem gemäß § 38 durch Kapitalisierung eines lebenslänglichen Unterhaltsrechts errechneten Vermögen besteht (Urt. des preuß. OVG. VI W-B 3/14 vom 10. März 1915).

3b. **Schulden.** Darunter sind nur Kapitalschulden gemeint, d. h. Verpflichtungen zu einer einmaligen Leistung, gleichviel ob diese ungeteilt im ganzen oder ratenweise zu erfolgen hat. Es gehören also nicht dazu die Zinsen, die infolge einer fortbestehenden Verbindlichkeit periodisch bezahlt werden müssen (Urt. des preuß. OVG. E IVa 25/14 vom 29. September 1915). Ob Rückstände an Zinsen, Pachten und anderen periodischen Hebungen infolge ausdrücklicher oder stillschweigender Übereinkunft die Natur von Kapitalschulden angenommen haben, ist nach den Verhältnissen des Einzelfalls zu beurteilen. Wird durch die vorliegenden Umstände nicht eine andere Annahme begründet, so sind zweijährige oder noch ältere Rückstände sowie Rückstände, zu deren Zahlung der Schuldner rechtskräftig verurteilt ist, den Kapitalschulden gleichzustellen; vgl. Art. 15 II und 17 I 1 der Ausf.-Anw. zum preuß. Ergänzungssteuergesetze).

Bereits angefallene Vermächtnisse vermindern auch schon vor ihrer Fälligkeit das Vermögen des mit dem Vermächtnisse Belasteten und sind deshalb von dessen Vermögen gemäß § 10 abzuziehen (Urt. des preuß. OVG. VI W-B 36/14 vom 12. Mai 1915).

3c. **Gesamtschuldverhältnis.** „Schulden mehrere eine Leistung in der Weise, daß jeder die ganze Leistung zu bewirken verpflichtet, der Gläubiger aber die Leistung nur einmal zu fordern berechtigt ist, so kann der Gläubiger die Leistung nach seinem Belieben von jedem der Schuldner ganz oder zu einem Teile fordern. Bis zur Bewirkung der ganzen Leistung bleiben sämtliche Schuldner verpflichtet" (§ 421 BGB.). Diese Verpflichtung ist für jeden Schuldner eine unbedingte, weshalb auch jeder Schuldner die ganze Schuld in Abzug bringen kann. Das etwaige Rückgriffsrecht des Schuldners gegenüber den übrigen Schuldnern (§ 426 a. a. O.) ist ein durch die eigene Zahlung der Schuld aufschiebend bedingtes und kann deshalb gemäß § 42 des Gesetzes erst nach erfolgter Zahlung der Schuld als ein Gegenstand des Kapitalvermögens (§ 6 Nr. 2) in Ansatz kommen.

3d. Bürgschaft. „Durch den Bürgschaftsvertrag verpflichtet sich der Bürge gegenüber dem Gläubiger eines Dritten, für die Erfüllung der Verbindlichkeit des Dritten einzustehen" (§ 765 BGB.). „**Der Bürge kann die Befriedigung des Gläubigers verweigern, solange nicht der Gläubiger eine Zwangsvollstreckung gegen den Hauptschuldner ohne Erfolg versucht hat**" (§ 771 a. a. O.). **In bestimmten Fällen, insbesondere wenn sich der Bürge als Selbstschuldner verbürgt hat, ist die Einrede der Vorausklage ausgeschlossen** (§ 773 a. a. O.). „Soweit der Bürge den Gläubiger befriedigt, geht die Forderung des Gläubigers gegen den Hauptschuldner auf ihn über" (§ 774). Hiernach ist die Stellung des Bürgen, dem die Einrede der Vorausklage nicht zur Seite steht, die gleiche wie die eines Schuldners beim Gesamtschuldverhältnisse; siehe oben die vorstehende Anm. 3c. Daß etwa die Schuld eines solchen Bürgen zweifelhaft (§ 44 Abs. 3 des Gesetzes) wäre, weil es noch nicht feststehe, ob ihn der Gläubiger in Anspruch nehmen werde (Urt. des preuß. OVG. V W-B 345/15 vom 12. Februar 1916), kann diesem nicht entgegengehalten werden; dasselbe träfe sonst auch auf jeden Schuldner beim Gesamtschuldverhältnisse zu, so daß dann keiner von ihnen den Abzug machen könnte. Dagegen kann ein Bürge, dem die Einrede der Vorausklage zusteht, nur eine aufschiebend bedingte Schuld geltend machen, die nach § 44 Abs. 1 des Gesetzes nicht abgezogen werden darf.

4. Des Steuerpflichtigen, d. h. desjenigen, dessen Vermögen den Gegenstand der Besteuerung bildet. Für die Veranlagung zur Besitzsteuer wird das Vermögen der Ehegatten, die nicht dauernd voneinander getrennt leben, zusammengerechnet (§ 14). Hier bildet also das Vermögen beider Ehegatten zusammen einen einzigen Gegenstand der Besteuerung, und deshalb gelten im Sinne des § 9 auch beide Ehegatten als die Steuerpflichtigen. Es sind also sowohl die Schulden des Mannes wie die der Frau zum Abzuge zu bringen, und zwar selbst dann, wenn bei einem von beiden den Schulden überhaupt kein oder kein den Schulden gleichkommendes Aktivvermögen gegenübersteht.

5. **Der dem Steuerpflichtigen obliegenden oder auf einem Lehen, Fideikommiß oder Stammgute ruhenden** Leistungen. Diese Gleichstellung rechtfertigt sich aus der Vorschrift im § 9, daß das zu einem Lehen, Fideikommiß oder Stammgute gehörige Vermögen als Vermögen des Inhabers gilt.

Besteht für mehrere Fideikommisse ein gemeinsamer sog. Ausstattungsfonds, zu welchem die beteiligten Fideikommißbesitzer jährliche Beiträge zu leisten haben, so ist jeder Fideikommißbesitzer berechtigt, den Kapitalwert seiner Jahresleistung als eine dauernde Last im Sinne des § 5 Nr. 5 und § 10 in Abzug zu bringen (vgl. Urt. des preuß. OVG. VI W-B 141/15 vom 13. Januar 1916).

6a. **Leistungen der im § 6 Nr. 5 bezeichneten Art.** Hierunter fallen nur die Lasten. Die Beschränkung der Abzugsfähigkeit der Lasten auf die hier bezeichneten gilt nur für die Gegenüberstellung des Aktiv- und des Passivvermögens zur Darstellung des reinen (steuerbaren) Vermögens (§ 2). Dagegen kommen schon bei der Ermittelung des Bestandes und des gemeinen Wertes der wirtschaftlichen Einheiten, aus denen sich das Aktivvermögen zusammensetzt, insbesondere der Grundbesitzungen, auch solche im § 10 nicht vorgesehene dauernde Lasten in Betracht, welche — weil sie den Grundstücken anhaften und auf jeden Erwerber übergehen — deren gemeinen Wert mindern und im Verkehre bei der Wert- und Preisbestimmung berücksichtigt werden. Dies gilt wie für Erbpachtskanon, Ablösungsrenten, Reallasten und Servituten, Renten an die Kirche, Domänenrenten, Deichbaurenten, Patronats- und Sozietätslasten, so auch für sonstige Rechte auf den Gebrauch oder auf die Nutzung, insbesondere für den Nießbrauch, wenn solche als dingliche gegen jeden dritten Erwerber bestehen. Wenn aber die Verpflichtung zur Gestattung des Nießbrauchs usw. nicht für jeden Erwerber eines Grundstücks, sondern nur für die Person des zeitigen Besitzers besteht, so vermindert sie nicht den gemeinen Wert des Grundstücks, sondern nur das Interesse des Besitzers an seinem Besitze. Eine solche Last ist keine Last des Grundstücks; sie ist beim Verkauf, im Verkehre, hinsichtlich der Bemessung des Kaufpreises ohne Bedeutung, kommt bei der Ermittelung des gemeinen Wertes nicht in Betracht und ist daher mit ihrem Kapitalwert erst von dem Gesamt-(Aktiv-)vermögen abzugsfähig, und zwar nur dann, wenn die im § 6 Nr. 5 bezeichneten Voraussetzungen auf den Anspruch des Berechtigten zutreffen; vgl. Entsch. des preuß. OVG. in Staatsstſ. Bd. 5 S. 138 und 144, Bd. 7 S. 384.

6b. Der im § 6 Nr. 5 bezeichneten Art. Die Vorschrift im § 6 Nr. 5 gilt nicht für die im § 7 aufgeführten Ansprüche. Dieselbe Einschränkung muß auch für den Abzug der entsprechenden Last gelten (Urt. des preuß. OVG. V W-B 55/14 vom 9. Juli 1915).

Voraussetzung für den Abzug ist nur, daß es sich bei dem Berechtigten um einen Anspruch handelt, der die im § 6 Nr. 5 aufgestellten Bedingungen erfüllt. Dagegen ist nicht erforderlich, daß der Berechtigte zur Besitzsteuer herangezogen ist.

7a. Schulden, die zur Bestreitung der laufenden Haushaltungskosten eingegangen sind (Haushaltungsschulden), ohne Unterschied, ob es sich um periodisch wiederkehrende oder um einmalige Aufwendungen handelt. Für den Begriff der Haushaltungskosten wird man die Vorschrift im § 8 III 2 des preuß. Einkommensteuergesetzes heranziehen können. Danach sind Haushaltungskosten Ausgaben zur Bestreitung des Haushalts des Steuerpflichtigen und zum Unterhalte seiner Haushaltungsangehörigen gemachte Ausgaben, insbesondere alle Aufwendungen zur Befriedigung persönlicher Bedürfnisse, wie die für Wohnung, Nahrung, Kleidung, Bedienung, Pflege und Erziehung. Hierzu gehört auch das der noch nicht geschiedenen Ehefrau gewährte Unterhaltsgeld (Urt. des preuß. OVG. IVa 169/15 vom 18. April 1916).

Die Nichtabzugsfähigkeit der laufenden Haushaltungsschulden entspricht der Beschränkung der Anrechnung der Geldbestände sowie der Bank- und sonstigen Guthaben im § 6 Nr. 4.

Inwieweit Rückstände an Haushaltungsschulden aus früheren Wirtschaftsjahren den Charakter laufender Schulden verloren und den abzugsfähiger Kapitalschulden angenommen haben, ist nach den Umständen des einzelnen Falles zu beurteilen (Art. 17 III Ausf.-Anw. zum preuß. Ergänzungssteuergesetze).

Zur „Bestreitung der laufenden Haushaltungskosten eingegangene Schulden" sind auch solche, welche aufgenommen werden, um daraus die laufenden Haushaltungsausgaben bestreiten zu können. Dagegen werden Schulden, die gemacht werden, um Rückstände an jenen Kosten zu decken, zum Abzuge zuzulassen sein.

7b. **Beweislast.** Auf Grund der Bestimmung im § 10 zu a wird einer Schuld nur dann der Abzug versagt werden dürfen, wenn die Steuerbehörde den entsprechenden Tatbestand einwandfrei festgestellt hat.

8a. **Welche in wirtschaftlicher Beziehung zu nicht steuerbaren Vermögensteilen stehen.** In der Begründung des Entwurfes zum Wehrbeitragsgesetze ist auf S. 19 gesagt, daß eine wirtschaftliche Beziehung der Schuld zu dem in Grundstücken bestehenden Vermögen namentlich dann gegeben sei, wenn die betreffenden Grundstücke für die Schulden und Lasten dinglich haften. In der Kommission empfahl jedoch der Berichterstatter der Auslegung des Gesetzes die preußische Praxis zugrunde zu legen, worauf der Reichsschatzsekretär erklärte, daß jener Satz der Begründung nicht eine unbedingt maßgebende Auslegungsregel, sondern nur einen Fingerzeig für die Behörden geben solle, an den sie sich zu halten hätten, solange nicht besondere Umstände für die gegenteilige Annahme sprächen (Kommissionsbericht S. 37). Das ist in den Ausführungsbestimmungen des Bundesrats durch die folgende Vorschrift im § 51 zum Ausdrucke gekommen:

„Bei der Veranlagung von beschränkt steuerpflichtigen Personen (§ 11 Nr. II des Gesetzes) mit ihrem inländischen Grund- und Betriebsvermögen sind nur die in einer wirtschaftlichen Beziehung zu diesen Vermögensteilen stehenden Schulden und Lasten abzugsfähig. Sofern nicht besondere Umstände eine gegenteilige Annahme rechtfertigen, ist eine wirtschaftliche

Beziehung zu dem in Grundstücken bestehenden Vermögen anzuerkennen, wenn die Schulden und Lasten auf den betreffenden Grundstücken ruhen."

Eine wirtschaftliche Beziehung zwischen Schuld und Grundbesitz ist insbesondere anzunehmen, wenn die Schuld für den Erwerb oder zum Zwecke der Verbesserung oder Bebauung des Grundbesitzes aufgenommen ist (§ 8 Abs. 3 des preuß. Ergänzungssteuergesetzes).

8b. Beweislast. Siehe die Anm. 7b.

8c. Die Verpfändung eines Gegenstandes für eine Schuld begründet für sich allein noch keine wirtschaftliche Beziehung zwischen der Schuld und dem Pfande. Es kann z. B. ein Steuerpflichtiger sein Grundstück mit einer Hypothek belasten, um mit dem aufgenommenen Gelde seine Tochter auszustatten. Sind für ein Darlehen Juwelen verpfändet, so hindert das die Abzugsfähigkeit des Darlehens nicht, weil zwischen der Schuld und den keinen Gegenstand des steuerbaren Vermögens bildenden Juwelen eine wirtschaftliche Beziehung nicht besteht.

8d. Eine Darlehnsschuld, die das Mitglied einer im Deutschen Reiche domizilierten offenen Handelsgesellschaft aufgenommen hat, um die Valuta als Einlage in die Gesellschaft einzubringen, haftet wirtschaftlich auf der gesellschaftlichen Beteiligung (Entsch. des preuß. OVG. in Staatsstf. Bd. 10 S. 20).

8e. Eine Hypothek, die auf einem durch Erbschaft erworbenen Grundstück in Deutschland haftet, steht zu diesem insoweit in wirtschaftlicher Beziehung, als sie bereits vor dem Erbanfall auf dem Grundstücke lastete oder von dem Steuerpflichtigen zum Zwecke der Bezahlung der inländischen Erbschaftssteuer oder der Tilgung einer von ihm bei dem Erwerbe des Grundstücks übernommenen Hypothek aufgenommen ist (Entsch. des preuß. OVG. in Staatsstf. Bd. 14 S. 218).

8f. Reallasten. Eine wirtschaftliche Beziehung zwischen einer Verbindlichkeit und einem Grundstücke liegt nicht bloß vor bei denjenigen Verbindlichkeiten, die bereits zur Zeit des Erwerbes des Grundstücks durch den gegenwärtigen Eigentümer darauf hafteten und von ihm übernommen sind, sondern auch bei denjenigen neu von ihm eingegangenen Verbindlichkeiten, inhalts deren er nicht persönlicher Schuldner sein, sondern das Grundstück belastet, durch die also nicht eine persönliche, sondern eine dingliche Verpflichtung, insbesondere eine Reallast, begründet werden sollte. Dies gilt in der Regel namentlich bei Altenteilen sowie bei den von den Besitzern von Stamm- und Fideikommißgütern zu entrichtenden Apanagen, Wittümern, Deputaten und Nadelgeldern. Eine dadurch bestehende wirtschaftliche Beziehung zwischen einer Schuld und einem Grundstücke wird nicht dadurch aufgehoben, daß letzteres einem Fideikommiß als Bestandteil einverleibt wird (Entsch. des preuß. OVG. in Staatsstf. Bd. 14 S. 207).

Aus den vorstehenden Erwägungen wird man auch der Grundschuld (§§ 1191 ff. BGB.) sowie der Rentenschuld (§§ 1199 ff. a. a. O.) die wirtschaftliche Beziehung zu dem damit belasteten Grundstücke nicht absprechen dürfen.

9. **Nur die in einer wirtschaftlichen Beziehung zu diesen Vermögensteilen stehenden Schulden und Lasten.** Siehe die Anmerkungen 8a bis 8f. Andere Schulden und Lasten sind also bei der beschränkten Steuerpflicht unter keinen Umständen abzugsfähig. Wegen der Beweislast siehe Anm. 7b.

§ 11[1a]).

Steuerpflichtig sind[1b])

I. mit dem Zuwachs[2]) an dem gesamten steuerbaren Vermögen[3]):

1. die Angehörigen des Deutschen Reichs[4]), mit Ausnahme derer[5]), die sich seit länger als zwei Jahren dauernd im Ausland[6]) aufhalten[7]), ohne einen Wohnsitz[8]) in einem deutschen Bundesstaate zu haben. Die Ausnahme findet keine Anwendung auf Reichs- und Staatsbeamte[9]), die im Ausland[6]) ihren dienstlichen

Wohnsitz[10]) haben. Wahlkonsuln[11]) gelten nicht als Beamte im Sinne dieser Vorschrift;

2. Ausländer[12]), wenn sie im Deutschen Reiche einen Wohnsitz[8]) oder in Ermangelung eines Wohnsitzes ihren dauernden Aufenthalt[13]) haben;

II. mit dem Zuwachs an dem inländischen[14]) Grund- und Betriebsvermögen[15]):

alle natürlichen Personen[16]) ohne Rücksicht auf Staatsangehörigkeit, Wohnsitz oder Aufenthalt.

Der Reichskanzler kann zum Zwecke der Vermeidung einer Doppelbesteuerung[17]) oder der Anwendung eines Vergeltungsrechts gegenüber außerdeutschen Staaten mit Zustimmung des Bundesrats Anordnungen treffen, die von den Vorschriften in Nr. I und dem § 5 abweichen.

1a. § 11. Im Entwurfe war es § 12.

1b. **Steuerpflichtig sind.** Der Paragraph ordnet die subjektive Steuerpflicht. Diese ist eine unbeschränkte oder eine beschränkte; erstere wird zu I, letztere zu II behandelt. Nach Abs. 2 kann der Reichskanzler unter bestimmten Voraussetzungen Anordnungen treffen, welche den Kreis der unbeschränkt steuerpflichtigen Personen oder den Umfang des steuerbaren Vermögens abweichend von den gesetzlichen Vorschriften zu I und im § 5 (Steuerfreiheit des im Auslande befindlichen Grund- oder Betriebsvermögens) bestimmen.

„Die Bestimmungen über die subjektive Steuerpflicht der physischen Personen entsprechen im wesentlichen den nach § 2 I des preußischen Ergänzungssteuergesetzes für die Ergänzungssteuerpflicht der physischen Personen maßgebenden Bestimmungen im § 1 des preußischen Einkommensteuergesetzes mit der aus der Natur des Besitzsteuergesetzes als eines Reichsgesetzes sich als selbstverständlich ergebenden Maßgabe, daß die Beitragspflicht sich nicht auf die preußischen Staatsangehörigen beschränkt, sondern sich auf die Reichsangehörigen erstreckt.

Ausländer sind steuerpflichtig, wenn sie im Deutschen Reiche einen Wohnsitz oder in Ermangelung eines Wohnsitzes ihren dauernden Aufenthalt haben.

Wie bei dem Ergänzungssteuergesetz erstreckt sich die Steuerpflicht nach dem Besitzsteuergesetze nur auf physische Personen.

Die Bestimmung im § 5 Nr. 5 des Ergänzungssteuergesetzes, nach der dem Haushaltungsvorstande dasjenige Vermögen des Haushaltungsangehörigen zuzurechnen ist, an welchem ihm die Nutznießung zusteht, findet sich in dem Besitzsteuergesetze nicht. Insbesondere sind also Vermögen, die minderjährigen Kindern gehören, nicht bei dem Vater oder der Mutter, denen die Nutznießung zusteht, sondern bei den Kindern beitragspflichtig." Art. 3 Nr. 5 bis 7 der preuß. Ausführungsvorschriften.

Maßgebend für die Steuerpflicht sind die Verhältnisse am Stichtage, dem letzten Tage des Veranlagungszeitraums (§ 18). Nur wenn an diesem Tage die Steuerpflicht besteht, kommt weiter in Frage, seit wann sie bestanden hat; hiervon hängt es ab, von welchem Vermögensstande bei der Berechnung des Zuwachses auszugehen ist (§§ 18 und 22).

Die subjektive Steuerpflicht der Ehegatten, auch wenn sie nicht dauernd voneinander getrennt leben, ist aus der Person jedes einzelnen zu beantworten. Ist danach nur die Ehefrau subjektiv steuerpflichtig, so kann sie auch nur allein zur Besitzsteuer veranlagt werden (vgl. Urt. des preuß. OVG. V W-B 290/15 vom 18. April 1916).

2. **Mit dem Zuwachse.** Was als Zuwachs gilt, ist in den §§ 19 ff. bestimmt.

3. **An dem gesamten steuerbaren Vermögen.** Siehe hierüber die §§ 2 bis 10.

4. **Die Angehörigen des Deutschen Reichs.** Zu diesen gehört, wer die Staatsangehörigkeit in einem Bundesstaat oder die unmittelbare Reichsangehörigkeit besitzt (§ 1 des Reichs- und Staatsangehörigkeitsgesetzes vom 22. Juli 1913).

Die Bundesfürsten unterliegen nicht der Besitzsteuer (Kommissionsbericht S. 68 ff.).

5. **Mit Ausnahme derer.** Angehörige des Deutschen Reichs, die sich länger als zwei Jahre dauernd im Ausland aufhalten, ohne einen Wohnsitz in einem deutschen Bundesstaate zu haben, unterliegen also nicht der unbeschränkten Steuerpflicht, sondern sind nur beschränkt steuerpflichtig, nämlich mit dem Zuwachs an dem inländischen Grund- und Betriebsvermögen (§ 9 II).

6. **Im Auslande.** Hierzu gehören auch die deutschen Schutzgebiete (Begründung des Wehrbeitragsgesetzes III Abs. 2 Nr. 1).

7a. **Die sich seit länger als zwei Jahren dauernd im Ausland aufhalten.** Bei Berechnung der zweijährigen Dauer werden die verschiedenen Abschnitte eines unterbrochenen Aufenthalts im Auslande nicht zusammengerechnet. Eine nur vorübergehende, z. B. besuchsweise, Rückkehr nach dem Inland unterbricht weder den Lauf der zweijährigen Frist noch begründet sie, wenn jene Frist bereits abgelaufen ist, den Wiedereintritt der einmal erloschenen Steuerpflicht (Art. 1 Nr. 1 Abs. 2 der Ausf.-Anw. zum preuß. Einkommensteuergesetze).

Vielmehr ist ein Aufgeben des dauernden Aufenthalts im Ausland erst dann anzunehmen, wenn der Deutsche den Entschluß, seinen Aufenthalt im Auslande nicht mehr dauernd fortzusetzen, gefaßt und betätigt hat (Urt. des preuß. OVG. V W-B 9/15 vom 30. Oktober 1915).

Deutsche, welche sich dauernd im Ausland aufhalten, bleiben während der zweijährigen Frist nach ihrem Weggang aus Deutschland auch dann steuerpflichtig, wenn sie vorher nicht steuerpflichtig waren (vgl. Entsch. des preuß. OVG. in Staatsst. Bd. 16 S. 1).

7b. **Flüchtlinge.** Rechtsirrtümlich ist es, bei einem deutschen Flüchtinge, der eine Anstellung in Deutschland angenommen hat, das Wiederaufleben der Steuerpflicht anzunehmen, weil sein hiesiger Aufenthalt eine gewisse Stetigkeit und Dauer angenommen habe, und den Willen, ins Ausland zurückzukehren, nur dann für steuerrechtlich entscheidend anzusehen, wenn auch die Möglichkeit zur Ausführung des Beschlusses gegeben sei. Denn es kommt nicht auf die Stetigkeit und Dauer des hiesigen Aufenthalts, sondern nur darauf an, ob der Deutsche aus freiem Willen seinen Aufenthalt im Ausland aufgegeben; ein durch die Zwangslage des Krieges verursachter vorübergehender Aufenthalt hat den Wiedereintritt der Steuerpflicht nicht zur Folge (Urt. des preuß. OVG. E III 2/16 vom 26. Februar 1916).

Ob ein Flüchtling mit seiner Rückkehr nach Deutschland die Absicht verbindet, den Aufenthalt im Ausland aufzugeben oder einen Wohnsitz im Inlande zu begründen, ist Tatfrage. Auf die Länge des durch die Kriegsereignisse bedingten Aufenthalts und die Ungewißheit der Kriegsdauer kommt es hierbei nicht an (Urt. des preuß. OVG. E XII b 5/16 vom 26. Februar 1916).

7 c. **Grenzverkehr.** Der dauernde Aufenthalt im Auslande wird nicht unterbrochen, wenn z. B. ein Arzt, der deutscher Reichsangehöriger ist, aber im Ausland an der Grenze eines Bundesstaats wohnt, wenn auch vielleicht täglich, das Gebiet des Bundesstaats zum Zwecke der Ausübung der ärztlichen Praxis betritt (Entsch. des preuß. OVG. in Staatsstf. Bd. 14 S. 6).

8 a. **Ohne einen Wohnsitz in einem deutschen Bundesstaate zu haben.** Der Wegfall der Steuerpflicht ist also an zwei Voraussetzungen geknüpft. Sie lebt wieder auf, sobald eine der beiden Voraussetzungen fortfällt, also entweder ein Wohnsitz in einem deutschen Bundesstaate begründet oder der Aufenthalt im Auslande wieder aufgegeben wird.

8 b. **Der Begriff „Wohnsitz"** im Sinne der Steuergesetzgebung bestimmt sich lediglich nach dem Doppelsteuergesetze vom 22. März 1909. Nach dessen § 1 Abs. 1 hat ein Deutscher einen Wohnsitz an dem Orte, an welchem er eine Wohnung unter Umständen inne hat, welche auf die Absicht der dauernden Beibehaltung einer solchen — es braucht nicht eine und dieselbe zu sein — schließen lassen. Zu einer „Wohnung" gehört, daß zum dauernden Aufenthalte Wohnräume eingerichtet sind, welche dem Steuerpflichtigen für sich und seinen Haushalt standesgemäße Unterkunft gewähren (vgl. Entsch. des preuß. OVG. in Staatsstf. Bd. 2 S. 341). Nach der ständigen neueren Rechtsprechung des preußischen Oberverwaltungsgerichts kommt es für die Frage, ob eine Wohnung geeignet ist, die Voraussetzungen für das Vorliegen eines Wohn-

sitzes zu erfüllen, darauf an, ob die Wohnung so eingerichtet und von solcher baulichen Beschaffenheit ist, daß sie jederzeit von ihrem Inhaber ohne wesentliche Veränderung benutzt werden kann. Ist das der Fall, und steht dem Inhaber auch die rechtliche Verfügungsgewalt darüber dauernd zu, so hat er dadurch einen Wohnsitz, mag er sich auch nur zeitweise in der Wohnung aufhalten. Haften dagegen nach der baulichen Beschaffenheit der Wohnung solche Eigenschaften an, welche ihre Bewohnbarkeit gänzlich oder doch zu gewissen Jahreszeiten ausschließen, und ist diesem Mangel auch nicht jederzeit ohne wesentliche Veränderungen und in kurzer Frist abzuhelfen, so daß die Räume nicht dauernd, d. h. zu jeder Jahreszeit, bewohnbar gemacht werden können, so ist darin ein Umstand im Sinne des § 1 Abs. 2 des Doppelsteuergesetzes vom 22. März 1909 zu finden, der geeignet ist, die Absicht einer dauernden Beibehaltung einer Wohnung auszuschließen (Urt. des preuß. OVG. E XIIb 6/15 vom 29. Januar 1916).

Durch bloße Abwesenheit geht der Wohnsitz nicht verloren. Er ist aber nicht mehr vorhanden, wenn eines seiner Begriffsmerkmale wegfällt, sei es das tatsächliche Innehaben einer Wohnung, sei es die Absicht, eine solche beizubehalten (vgl. Entsch. des preuß. OVG. in Staatsstf. Bd. 1 S. 84).

8c. Auf einem Schiffe ist eine Wohnung auch möglich. Als Wohnort gilt dann für die Seeschiffahrt der Heimathafen, d. h. derjenige Hafen, von dem aus die Schiffahrt mit dem Schiffe betrieben werden soll, und für die Binnenschiffahrt der Heimatsort des Schiffes (§ 6 des Reichsgesetzes, betr. die privatrechtlichen Verhältnisse der Binnenschiffahrt, vom 15. Juni 1895; Entsch. des preuß. OVG. in Staatsstf. Bd. 10 S. 9).

8d. Die Ehefrau teilt den Wohnsitz des Mannes. Sie teilt den Wohnsitz nicht, wenn der Mann seinen Wohnsitz im Ausland an einem Orte begründet, an den die Frau ihm nicht folgt oder zu folgen nicht verpflichtet ist. Solange der Mann keinen Wohnsitz hat oder die Frau seinen Wohnsitz berechtigterweise nicht teilt, kann die Frau selbständig einen Wohnsitz haben (§ 10 BGB.). Der Wohnsitz des Mannes ist nicht mehr der seiner Frau, wenn ihr der Mann erlaubt, eine eigene Wohnung zu haben, und die Frau infolgedessen die Wohnung des Mannes verläßt (Entsch. des preuß. OVG. in Staatsstf. Bd. 14 S. 64).

8e. **Kinder.** Ein eheliches Kind teilt den Wohnsitz des Vaters, ein uneheliches Kind den der Mutter, ein an Kindes Statt angenommenes Kind den des Annehmenden (§ 11 BGB.).

8f. **Geschäftsunfähige** oder in der Geschäftsfähigkeit beschränkte Personen können ohne den Willen des gesetzlichen Vertreters einen Wohnsitz weder begründen noch aufgeben (§ 8 BGB.), vielmehr muß die zur Begründung eines Wohnsitzes entsprechende Willenstätigkeit von dem gesetzlichen Vertreter ausgehen (Entsch. des preuß. OVG. in Staatsstf. Bd. 1 S. 84).

9. **Reichs- und Staatsbeamte** im Sinne der Vorschrift sind auch die Offiziere sowie die Schutzgebietsbeamten und die Offiziere der Schutztruppen (Verfg. des preuß. Finanzministeriums vom 27. Februar 1914, II 2760).

10. **Ihren dienstlichen Wohnsitz.** Voraussetzung für einen solchen ist die dauernde Verleihung der amtlichen oder dienstlichen Stelle. Durch kommissarische Abordnung eines Beamten wird ein dienstlicher Wohnsitz noch nicht begründet. Die unter Bewilligung des gesetzlichen Wartegeldes einstweilig in den Ruhestand versetzten Reichsbeamten haben weder in Berlin noch anderswo einen dienstlichen Wohnsitz (Entsch. des preuß. OVG. in Staatsstf. Bd. 11 S. 17). Durch die Einschiffung an Bord eines Schiffes zur Ausreise oder durch den Austritt des Schiffes aus den heimischen Gewässern wird der dienstliche Wohnsitz der Eingeschifften nicht verändert (a. a. O. Bd. 8 S. 6).

Bleiben Reichs- oder Staatsbeamte, die ihren dienstlichen Wohnsitz im Auslande haben, nach ihrem Ausscheiden aus dem Dienste im Auslande, ohne einen Wohnsitz im Deutschen Reiche zu haben, so sind sie nicht steuerpflichtig, wenn sie sich, ohne einen Wohnsitz in Deutschland, seit mehr als zwei Jahren im Ausland aufgehalten haben (a. a. O. Bd. 11 S. 7).

11. **Wahlkonsuln.** Berufskonsuln, welche vom Deutschen Reiche entsendet werden und für ihren Beruf besonders vorge-

bildet sind, gehören zu den Reichsbeamten, die einen dienstlichen Wohnsitz im Auslande haben. Dagegen gelten im Sinne der Vorschrift **nicht** als Reichsbeamte die Wahlkonsuln, d. s. im Konsularbezirk angesessene Angehörige des Deutschen Reichs, regelmäßig Kaufleute. Diese sind also steuerfrei, sofern sie sich seit länger als zwei Jahren dauernd im Ausland aufhalten und keinen Wohnsitz in einem deutschen Bundesstaate haben.

12. **Ausländer.** Der Umstand, daß es sich beim Besitzsteuergesetze nicht um ein außerordentliches einmaliges vaterländisches Opfer wie beim Wehrbeitrage, sondern um eine dauernde Abgabe für staatliche Zwecke handelt, rechtfertigt eine etwas weitergehende Heranziehung der nicht reichsangehörigen Personen als im Wehrbeitragsgesetze. Begründung des Gesetzentwurfes S. 40. Da zu Gunsten der Ausländer, mit deren Heimatstaaten besondere Verträge über Abgabenfreiheit bestehen, keine Ausnahme gemacht worden ist, so folgt daraus, daß es der Wille des Gesetzgebers gewesen ist, auf dergleichen beim Inkrafttreten des Gesetzes bestehende Staatsverträge **keine** Rücksicht zu nehmen (vgl. Urt. des preuß. OVG. VI W-B 75/15 vom 6. Oktober 1915 u. V W-B 32/14 vom 5. Mai 1915). Siehe aber Anm. 17.

13. **Dauernden Aufenthalt.** Über die Art und Dauer des „Aufenthalts" als Vorbedingung der Zulässigkeit der Besteuerung fehlt es an gesetzlichen Bestimmungen. Man wird aber eine gewisse Stetigkeit und Dauer des Aufenthalts an demselben Orte oder wenigstens in dem Gebiete des Deutschen Reichs als notwendige Vorbedingung für die Zulässigkeit der Besteuerung verlangen müssen (vgl. Entsch. des OVG. in Staatsstf. Bd. 6 S. 21). Aufenthalt und körperliche Anwesenheit brauchen nicht zusammenzufallen. Voraussetzung für die Annahme, daß eine zeitweilige körperliche Abwesenheit den an dem Orte einmal begründeten Aufenthalt **nicht** unterbrochen hat, ist indessen, daß bei ihr der Wille bestand, der Entfernung ungeachtet dort regelmäßig zu verweilen (Entsch. des preuß. OVG. Bd. 62 S. 399). Die Vollzugsvorschriften zum bayer. Einkommensteuergesetze fordern für den Begriff des dauernden

Aufenthalts insbesondere eine zur regelmäßigen Benutzung bestimmte Schlafstätte.

Näheres über den Begriff „Aufenthalt“ siehe bei Mrozek, Handkommentar zum preußischen Einkommensteuergesetze, S. 25 ff. Ob sich der Ausländer im Deutschen Reiche des Erwerbes wegen oder aus irgend einem anderen Grunde aufhält, kommt nicht in Betracht.

14. **Inländischen.** Zum Inland in diesem Sinne gehören die deutschen Schutzgebiete nicht (Begründung des Wehrbeitragsgesetzes III Abs. 2 Ziff. 1).

15. **Grund- und Betriebsvermögen.** Siehe §§ 2—4.

16. **Alle natürlichen Personen.** Erwerbsgesellschaften sind unter allen Umständen steuerfrei.

17. **Der Vermeidung einer Doppelbesteuerung.** Das bezieht sich nur auf das Verhältnis des Reichs zum Auslande (Kommissionsbericht S. 36). Die Vorschrift gibt dem Reichskanzler das Recht, den Umfang der Steuerpflicht auf Grund bestehender oder künftiger Staatsverträge einzuschränken oder durch Anwendung des Vergeltungsrechts zu erweitern. Begründung des Gesetzentwurfes S. 40.

Wenn nach Ansicht des Besitzsteueramts die Besteuerung von nachweislich aus der Veräußerung ausländischen Grund- oder Betriebsvermögens herrührenden Vermögensbeträgen oder von solchen zum ausländischen Grund- oder Betriebsvermögen gehörigen Gegenständen, die während des Veranlagungszeitraums ins Inland verbracht worden sind, eine besondere Härte darstellt, so kann das Besitzsteueramt die Erhebung des Mehrbetrags, der von dem Steuerpflichtigen zu zahlen ist, weil ausländisches Grund- oder Betriebsvermögen vom Wehrbeitrage freigeblieben ist, vorläufig aussetzen und dem Steuerpflichtigen anheimstellen, binnen einem Monate den Erlaß dieses Betrags zu beantragen. Derartige Anträge sind bei dem Besitzsteueramt anzubringen und mit einer gutachtlichen Äußerung der Oberbehörde durch Vermittelung der obersten Landesfinanzbehörde dem Bundesrate vorzulegen (§ 69 Abs. 6 der Ausf.-Best. des Bundesrats).

§ 12[1].

Die Abgabe wird nicht erhoben[2]) von dem Zuwachse, der den Betrag von zehntausend Mark nicht übersteigt.[3])

1. § 12. Im Entwurfe war es § 13.

2. **Die Abgabe wird nicht erhoben,** d. h. der betreffende subjektiv Steuerpflichtige (§ 11) ist „frei" zu veranlagen.

Die Steuerbefreiung ist aber nur dann endgültig, wenn der Steuerpflichtige auch späterhin keinen Vermögenszuwachs hat, der mit dem seither steuerfreien Zuwachse zusammen den Betrag von zehntausend Mark überschreitet. Tritt dieser Fall später ein, so wird die Besteuerung des früher steuerfrei gebliebenen Zuwachses gemäß § 21 Abs. 2 nachgeholt (Begründung des Gesetzentwurfes S. 40). Siehe die Anmerkungen zu § 21 Abs. 2.

3. **Zuwachs, der den Betrag von zehntausend Mark nicht übersteigt.** Nach dem Entwurfe des Gesetzes war die steuerfreie Grenze 2000 *M*. Die Grenze wurde heraufgesetzt, um dem Hauptvorwurfe, der gegen das Gesetz erhoben wurde, daß in der Besteuerung eine Bestrafung des Arbeits- und Sparsinns des Mittelstandes liege, zu begegnen (Kommissionsbericht S. 37).

Der Zuwachs kommt immer in vollen Tausenden zur Darstellung, weil nach § 28 Abs. 3 bei der Wertermittelung das Vermögen an den in Betracht kommenden Stichtagen (§§ 18 und 22) auf volle Tausende abzurunden ist.

Beispiel: Reinvermögen am 31. Dezember 1916	100900 *M*
abgerundet	100000 „
Anfangsvermögen	90000 „
Vermögenszuwachs	10000 „

gemäß § 12 steuerfrei.

§ 13[1].

Vermögen[2]), die den Gesamtwert von zwanzigtausend Mark nicht übersteigen[3]), unterliegen der Zuwachsbesteuerung nicht[4]).

Bei Vermögen[2]) über zwanzigtausend Mark, aber nicht über dreißigtausend Mark Gesamtwert[5]), unterliegt der nach § 12 steuerpflichtige Zuwachs nur insofern der Steuer, als durch ihn die steuerfreie Grenze (Abs. 1) überschritten wird[6]).

1. § 13. Im Entwurfe war es § 14.

2. **Vermögen** nach dem Stande am Ende des Veranlagungszeitraums (§ 18).

3. **Die den Gesamtwert von zwanzigtausend Mark nicht übersteigen,** und zwar nach ihrer Abrundung auf volle Tausende nach unten. Denn die Vorschrift im § 28 Abs. 3 ist für die Wertermittelung gegeben. Vermögen also, die niemals 20000 ℳ übersteigen, sind von der Zuwachsbesteuerung gänzlich befreit.

4. **Unterliegen der Zuwachsbesteuerung nicht,** auch wenn der Zuwachs den Betrag von zehntausend Mark (§ 12) übersteigt. Siehe das Beispiel 1 in Anm. 6.

5. **Über zwanzigtausend Mark, aber nicht über dreißigtausend Mark Gesamtwert,** wenn die Abrundung auf volle Tausende nach unten gemäß der im § 28 Abs. 3 enthaltenen Bewertungsvorschrift erfolgt ist.

Unter dem „Gesamtwert" ist der Wert des „gesamten" beweglichen und unbeweglichen Vermögens nach Abzug der Schulden im Sinne des § 2 zu verstehen.

6. **Unterliegt der nach § 12 steuerpflichtige Zuwachs nur insofern der Steuer, als durch ihn die steuerfreie Grenze (Abs. 1) überschritten wird.** Danach ist bei einem Vermögen, das am Ende des Veranlagungszeitraums über 20000 ℳ, aber nicht mehr als 30000 ℳ beträgt, der darin enthaltene Zuwachs

a) sofern er den Betrag von 10000 ℳ nicht übersteigt (§ 12), ganz steuerfrei,

b) sofern er mehr als 10000 ℳ beträgt, insoweit steuerfrei, als er das Vermögen bis auf einen Betrag von 20000 ℳ gebracht hat.

Beispiele.

Nr.	Gesamtwert des Vermögens am 1. Jan. 1914	Gesamtwert des Vermögens am 31. Dez. 1916	Der Betrag des Zuwachses, wirklicher	Der Betrag des Zuwachses, steuerpflichtiger	Gesamtwert des Vermögens am 31. Dez. 1919	Der Betrag des Zuwachses, wirklicher	Der Betrag des Zuwachses, steuerpflichtiger
	ℳ	ℳ	ℳ	ℳ	ℳ	ℳ	ℳ
1.	3 000	19 000	16 000	0 (§ 13 Abs. 1)	31 000	12 000	28 000 (§ 21 Abs. 2)
2.	3 000	21 000	18 000	1 000 (§ 13 Abs. 2)	31 000	10 000	0 (§ 12)
3.	20 000	30 000	10 000	0 (§ 12)	31 000	1 000	11 000 (§ 21 Abs. 2)
4.	2 000	31 000	29 000	29 000 (§§ 18 ff.)	—	—	—
5.	— 80 000 (mehr Schulden als Vermögenswerte)	— 5 000	75 000	0 (§ 19 Abs. 2)	29 000	34 000	9000 (§ 13 Abs. 2) und (§ 19 Abs. 2)
6.	— 5 000	35 000	40 000	35 000 (§ 19 Abs. 2)	—	—	—

§ 14[1]).

Für die Veranlagung der Besitzsteuer[2]) wird das Vermögen[3]) der Ehegatten[4]) zusammengerechnet[5]), sofern sie nicht dauernd voneinander getrennt leben[6]). Die Ehegatten sind, falls ihr Vermögen hiernach zusammenzurechnen ist[7]), der Staatskasse als Gesamtschuldner der Steuer verpflichtet[8]).

1. **§ 14.** Im Entwurfe war es § 15. Der Wortlaut ist derselbe wie im § 13 des Wehrbeitragsgesetzes. Satz 1 entspricht der Vorschrift im § 5 Nr. 4 des preuß. Ergänzungssteuergesetzes.

2. **Für die Veranlagung zur Besitzsteuer,** d. h. für die Fragen, ob ein besitzsteuerpflichtiges Vermögen vorhanden ist (§ 13 Abs. 1), ob der Zuwachs die steuerpflichtige Grenze erreicht (§ 12), in welcher Höhe der Zuwachs der Besteuerung unterliegt (§ 13 Abs. 2), wann die Abrundung auf volle Tausende nach unten zu erfolgen hat (§ 28 Abs. 3) und wie hoch die Steuer festzusetzen ist (§§ 25 ff.), kommt erst das zusammengerechnete Vermögen, nicht der Betrag des Vermögens jedes einzelnen Ehegatten, in Betracht.

3. **Das Vermögen** im Sinne des § 2, also sowohl das Aktiv- wie auch das Passivvermögen, und ohne daß es darauf ankommt, ob bei dem einzelnen Ehegatten die Gegenüberstellung seines Aktiv- und Passivvermögens ein positives oder negatives Ergebnis haben würde.

4. **Der Ehegatten,** sofern beide der unbeschränkten (§ 11 I) oder beide der beschränkten Steuerpflicht (§ 11 II) unterworfen sind. Wenn dagegen hinsichtlich der subjektiven Steuerpflicht die Eheleute verschieden zu beurteilen sind, so unterbleibt die Zusammenrechnung, und jeder Ehegatte ist besonders zu veranlagen, auch wenn die Ehegatten nicht dauernd voneinander getrennt leben.

Wird im Laufe des Rechtsmittelverfahrens die Ehe für nichtig erklärt, so müssen die Ehegatten so angesehen werden, als hätte die Ehe niemals bestanden; § 14 kommt dann überhaupt nicht zur Anwendung (Urt. des preuß. OVG. VI W-B 158/15 vom 15. Dezember 1915).

Das Vermögen der sonstigen Haushaltungsangehörigen darf dem Haushaltungsvorstand unter keinen Umständen angerechnet werden, vielmehr ist jedes Kind für die Besitzsteuer als selbständiges Steuersubjekt zu behandeln.

5. **Zusammengerechnet,** d. h. ohne Rücksicht auf das für die Eheleute geltende Güterrecht sind das Aktiv- und das Passivvermögen (§§ 2—10) so zu berechnen, als ob es sich nur um einen einzigen Steuerpflichtigen handeln würde. Es findet nur diese Zusammenrechnung statt, nicht eine gemeinsame Veranlagung beider Ehegatten, vielmehr ist allein der Ehemann zu veranlagen. Siehe jedoch unten die Anm. 8.

Es soll hiermit dem Wesen der Ehe nach ihrer wirtschaftlichen Seite Rechnung getragen werden. Die steuerliche Behandlung der Eheleute wird durch folgende Beispiele (Begründung des Gesetzentwurfes S. 41) klargestellt:

Beispiel A.

Die Eheleute A und B besitzen am 1. Januar 1914 ein Gesamtgut von 100000 ℳ, die Ehefrau B außerdem ein Vorbehaltsgut von 40000 ℳ. Sie sind mit 140000 ℳ zum Wehrbeitrage herangezogen worden. Am 31. Dezember 1916 beträgt das Gesamtgut 110000 ℳ, das Vorbehaltsgut der Ehefrau B 40000 ℳ. Der steuerpflichtige Vermögenszuwachs der Eheleute beträgt somit (150000 ℳ —140000 ℳ =) 10000 ℳ; für die Staffelung nach § 24 Abs. 2 ist ein Gesamtvermögen von 150000 ℳ maßgebend.

Beispiel B.

A und B heiraten am 1. Juli 1914. A hatte am 1. Januar 1914 ein Vermögen von 50000 ℳ, mit dem er zum Wehrbeitrage herangezogen worden ist. Die Ehefrau B hatte am 1. Januar 1914 kein eigenes Vermögen, sie erhält aber von ihrem Vater eine Mitgift von 100000 ℳ. Die Eheleute leben im gesetzlichen Güterrechte (§§ 1363 ff. BGB.). Im Jahre 1915 beerbt die Ehefrau einen Onkel. Die Erbschaft beträgt nach Abzug der Erbschaftssteuer 60000 ℳ, sie bleibt Vorbehaltsgut der Ehefrau. Am 31. Dezember 1916 beträgt das Vermögen des Mannes 60000 ℳ, das eingebrachte Vermögen der Ehefrau 100000 ℳ, ihr Sondergut 60000 ℳ, hiernach ergibt sich ein steuerpflichtiger Zuwachs von (220000 ℳ — 50000 ℳ =) 170000 ℳ und für die Staffelung der Steuer nach § 25 Abs. 2 ein Gesamtvermögen von 220000 ℳ.

Ist das Vermögen von Ehegatten gemäß § 14 des Gesetzes für den Schluß des Veranlagungszeitraums zusammenzurechnen, ohne daß die Voraussetzungen der Zusammenrechnung für den Beginn des Veranlagungszeitraums gegeben sind, so ist als Anfangsvermögen maßgebend die Summe des für den Beginn des Veranlagungszeitraums festgestellten oder nachträglich zu ermittelnden Vermögens jedes der beiden Ehegatten. War dagegen das Vermögen von Ehegatten früher zusammengerechnet worden (§ 13 des Wehrbeitragsgesetzes, § 14 des Besitzsteuergesetzes) und sind die Voraussetzungen der Zusammenrechnung für den Schluß des Veranlagungszeitraums nicht mehr gegeben, so ist das Vermögen, das der betreffende Ehegatte bei Beginn des Veranlagungszeitraums besessen hat, nachträglich zu ermitteln und als Anfangsvermögen zugrunde zu legen (§ 26 Abs. 1 und 2 der Ausf.-Best. des Bundesrats).

6. **Sofern sie nicht dauernd voneinander getrennt leben,** und zwar am Ende des Veranlagungszeitraums (Urt. des preuß. OVG. VI W-B 77/15 vom 12. Mai 1915).

Der Begriff der dauernden Trennung der Ehegatten voneinander läßt sich nicht für alle Fälle in gleichartige allgemeine Erfordernisse auflösen. Indessen wird immer die Tatsache völligen Getrenntseins, wie im ehelichen Leben, so im Haushalt und in der Wirtschaftsführung, und zwar, das ist das Wesentlichste, herbeigeführt in der erkennbaren Absicht, die Trennung vorzunehmen und diesen Zustand für längere Zeit festzuhalten, unerläßlich sein (Entsch. des preuß. OVG. in Staatsstf. Bd. 1 S. 253). Diese Absicht fehlt regelmäßig, wenn die Trennung herbeigeführt wird durch ein zweijähriges Kommando an Bord eines Kriegsschiffs (a. a. O. Bd. 13 S. 87), durch die Vollstreckung einer Freiheitsstrafe (a. a. O. Bd. 3 S. 171), durch den Kriegsdienst des Ehemanns oder seine Gefangennahme. Eine dauernde Trennung im Sinne des Gesetzes ist nicht schon allein damit gegeben, daß die Krankheit eines Ehegatten seine Unterbringung außerhalb der ehelichen Wohnung nötig macht; sie wird nach der Gesamtheit der Verhältnisse einer Prüfung und Beurteilung zu unterziehen sein (a. a. O. Bd. 2 S. 175). Hat sich ein Ehegatte von dem anderen mit der Absicht der Herbeiführung der Ehescheidung getrennt, auch die Ehescheidungsklage erhoben, so erscheint die Annahme einer dauernden Trennung gerechtfertigt (a. a. O. Bd. 12 S. 63). Ist der Ehemann kurz vor dem Ende des Veranlagungszeitraums verurteilt worden, das eheliche Leben wiederherzustellen, so kann nicht für festgestellt erachtet werden, daß die Ehefrau zu jenem Zeitpunkte von ihrem Manne dauernd getrennt gelebt habe (a. a. O. Bd. 14 S. 61).

7. **Falls ihr Vermögen hiernach zusammenzurechnen ist;** nur in diesem Falle, nicht auch im Falle der getrennten Veranlagung der Ehegatten.

8. **Der Staatskasse als Gesamtschuldner der Steuer verpflichtet.** Der Steuergläubiger kann die Steuer nach seinem Belieben von jedem der Schuldner ganz oder zum Teil fordern (§ 421 BGB.). Bis zur Bewirkung der ganzen Leistung bleiben sämtliche Schuldner verpflichtet (§ 421 a. a. O.). Die Erfüllung durch einen Gesamtschuldner wirkt auch auf die übrigen Schuldner (§ 422 a. a. O.).

Gesamtschuldner sind im Verhältnisse zueinander zu gleichen Anteilen verpflichtet, soweit nicht ein anderes bestimmt ist (§ 426 BGB.). Letzteres ist bei der Steuerschuld anzunehmen; die Eheleute werden im Verhältnisse ihres steuerbaren Vermögens einander verpflichtet sein. Die Ehefrau hat deshalb, soweit ihr Vermögen mit veranlagt ist, ein selbständiges Interesse an der Veranlagung des Ehemanns und wird deshalb auch zur selbständigen Anfechtung der Veranlagung mittels der ordentlichen Rechtsmittel zuzulassen sein, auch wenn ihr ein Steuerschreiben nicht zugestellt worden ist. Vor der Benachrichtigung (§ 65) kann aber die Steuer nicht fällig, also auch nicht gefordert werden (vgl. Mitteilungen aus der Verwaltung der direkten Steuern Heft 47 S. 12). Will sich also der Fiskus an die Ehefrau halten, so muß er dieser erst ebenfalls einen Besitzsteuerbescheid zustellen lassen, womit dann für die Ehefrau der Lauf der Rechtsmittelfrist beginnt.

§ 15[1]).

Ist ein Ehegatte[2]) innerhalb des Veranlagungszeitraums (§§ 18 bis 22) gestorben, so ist der aus dem Erbfalle herrührende Zuwachs des überlebenden Ehegatten[3]) insoweit steuerfrei, als das ererbte Vermögen[4]) in der Hand des anderen Eheteils[5]) oder gemäß § 14[6]) nicht mehr der Zuwachsbesteuerung unterliegen würde[7]).

1. **§ 15.** In der Gesetzesvorlage war es § 16.

2. **Ein Ehegatte.** Ob bei seiner Veranlagung der § 14 zur Anwendung gekommen war oder nicht, ist ohne Belang; die Vorschrift findet stets Anwendung, wenn nur einer der beiden Ehegatten das Ende des Veranlagungszeitraums erlebt.

3. **Der aus dem Erbfalle herrührende Zuwachs des überlebenden Ehegatten.** Nur für diesen Zuwachs gilt die Sondervorschrift.

4. **Insoweit steuerfrei, als das ererbte Vermögen usw.** Die Bestimmung will die Zuwachssteuer beim Erbgange der Ehegatten ausschließen (Kommissionsbericht S. 42). Der Abzug besteht in dem dem Anteile des überlebenden Ehegatten am Nachlaßvermögen entsprechenden Teilbetrage desjenigen Vermögens, das als Anfangsvermögen gegolten hätte, wenn der verstorbene Ehegatte auf den Zeitpunkt des Todes zur Besitzsteuer zu veranlagen gewesen wäre (§ 26 Abs. 4 der Ausf.-Best. des Bundesrats). Siehe die Beispiele der Anm. 7. Es soll damit dem Wesen der Ehe nach ihrer wirtschaftlichen Seite Rechnung getragen werden (Begründung der Gesetzesvorlage S. 41).

Die Ausscheidung des steuerfreien Zuwachses hat in der Weise zu erfolgen, daß er von dem noch nicht abgerundeten Endvermögen erfolgt (§ 26 Abs. 3 der Ausf.-Best. des Bundesrats).

5. **In der Hand des anderen Eheteils,** wenn er nämlich selbständig zu veranlagen gewesen wäre.

6. **Oder gemäß § 14,** also bei einer gemeinsamen Veranlagung der Eheleute.

7. **Nicht mehr der Zuwachssteuer unterliegen würde,** wenn nämlich der verstorbene Ehegatte das Ende des Veranlagungszeitraums erlebt hätte.

Beispiel A: Die Eheleute A und B heiraten im Mai 1914. Beide Eheleute hatten am 1. Januar 1914 kein eigenes Vermögen, die Frau erhält aber von ihrem Vater eine Mitgift von 200000 *M*. Die Ehefrau B stirbt im Dezember 1915 und hinterläßt als Erben ihren Ehemann A und ein gemeinsames Kind C. Der Ehemann erbt $^1/_4$, das Kind $^3/_4$ von 200000 *M*. Am 31. Dezember 1916 besitzt A ein Vermögen von 60000 *M*, das Kind C ein solches von 150000 *M*, somit steuerpflichtiger Zuwachs des A (60000 *M* — 0 =) 60000 *M*, des C (150000 *M* — 0 =) 150000 *M* (Begründung des Gesetzentwurfes S. 41/42).

Bei Beginn des Veranlagungszeitraums hatte der verstorbene Ehegatte noch kein Vermögen; hätte er das Ende des Veranlagungszeitraums erlebt, so wäre das ganze Vermögen als Zuwachs steuerpflichtig gewesen. Deshalb kann sich auch der überlebende Ehegatte keinen Abzug vom ererbten Vermögen machen; siehe Anm. 4.

Beispiel B: Die Eheleute A und B besitzen am 1. Januar 1914 ein Gesamtgut von 100000 *M*, die Ehefrau B außerdem ein Vorbehaltsgut von 40000 *M*. Sie sind mit 140000 *M* zum Wehrbeitrage herangezogen worden. Der Ehemann stirbt im Jahre 1915. Bei seinem Tode beträgt das Gesamtgut 120000 *M*. Die Ehefrau ist zu $^1/_4$ Erbe; 3 Kinder — bisher ohne eigenes Vermögen — sind zu je $^1/_4$ Erben. Am Gesamtgute war die Ehefrau zur Hälfte berechtigt. Am 31. Dezember 1916 hat die Ehefrau B ein Vermögen von 115000 *M*. Vermögensstand der Ehefrau am 1. Januar 1914: Anteil am Gesamtgute 50000 *M*, Vorbehaltsgut

40000 ℳ, zusammen 90000 ℳ, somit Vermögenszuwachs (115000 ℳ — 90000 ℳ =) 25000 ℳ; nach § 15 sind steuerfrei 1/4 des Anteils des Ehemanns am Gesamtgute nach dem Stande vom 1. Januar 1914 (also 1/4 von 50000 ℳ =) 12500 ℳ. Der steuerpflichtige Zuwachs beträgt nur 12500 ℳ. Der Vermögenszuwachs eines Kindes beträgt 15000 ℳ; er bleibt steuerfrei, weil das Vermögen jedes Kindes überhaupt nicht mehr beträgt und deshalb der Zuwachsbesteuerung überhaupt noch nicht unterliegt (§ 13; Begründung des Gesetzentwurfes S. 41/42).

Beispiel C: Im Kommissionsberichte heißt es auf S. 53/54: Es sei zu unterscheiden zwischen dem allgemeinen (dreijährigen) und dem individuellen für den einzelnen Zensiten in Betracht kommenden Veranlagungszeitraume. Die Steuerpflicht gestalte sich bei dem Beispiele des Abgeordneten folgendermaßen: Die Ehegatten sind zum Wehrbeitrage mit einem Gesamtgute von 100000 ℳ veranlagt worden, die Frau habe demnach an dem maßgebenden ersten Zeitpunkt ein Vermögen von 50000 ℳ besessen. Ist nun der Ehemann zwischen 1914 und 1917 gestorben und besitzt die Frau am 1. Januar 1917 ein Vermögen von 56250 ℳ, so ergibt sich zunächst, da von der Veranlagung zum Wehrbeitrag auszugehen ist, ein Zuwachs von 6250 ℳ. Dieser wäre allerdings schon nach § 12 steuerfrei, insofern sei das Beispiel nicht glücklich gewählt. Abgesehen hiervon wären von dem festgestellten Zuwachse bei der Annahme, daß die Witwe ihren Ehemann zu 1/4 beerbt habe, 11250 ℳ gemäß § 15 abzuziehen. Es verbleibe also kein steuerpflichtiger Zuwachs. Bei der Veranlagung im Jahre 1920 sei demnach zurückzugehen auf die Veranlagung beim Wehrbeitrage. Bei der Veranlagung 1920 soll das Vermögen der Witwe 80000 ℳ, der Zuwachs also 30000 ℳ betragen. Davon rühre ein Zuwachs aus der Erbschaft des Mannes in Höhe von 11250 ℳ her, diesen Betrag könne die Witwe auch 1920 noch abziehen, da der für sie maßgebende Veranlagungszeitraum von 1914 bis 1920 laufe. Sie habe daher nur einen Zuwachs von 18750 ℳ zu versteuern. Für die späteren Veranlagungen sei dann von einem Vermögen von 80000 ℳ auszugehen.

§ 16[1]).

Von dem nach den Vorschriften dieses Gesetzes festgestellten Vermögenszuwachs[2]) ist abzuziehen der Betrag einer Kapitalabfindung[3]), die als Entschädigung für den durch Körperverletzung herbeigeführten gänzlichen oder teilweisen Verlust der Erwerbsfähigkeit gezahlt worden oder zu zahlen ist.

1. § 16. Im Gesetzentwurfe war es § 17 Abs. 2.

2. **Von dem nach den Vorschriften dieses Gesetzes festgestellten Vermögenszuwachse.** Gemeint sind hier die Vorschriften in den §§ 18 ff.

3. **Ist abzuziehen der Betrag einer Kapitalabfindung.** Die Vorschrift hat den Fall im Auge, daß als Entschädigung für den durch Körperverletzung herbeigeführten gänzlichen oder teilweisen Verlust der Erwerbsfähigkeit nicht eine Rente, sondern eine Kapitalabfindung gezahlt wird. Da derartige Renten nach § 6 Nr. 5, § 7 nicht zum Kapitalvermögen zählen, sollen auch die an deren Stelle tretenden Kapitalabfindungen steuerlich nicht ungünstiger behandelt werden (Begründung der Gesetzesvorlage S. 42).

Die Ausscheidung des steuerfreien Zuwachsbetrags hat in der Weise zu erfolgen, daß er von dem noch nicht abgerundeten Endvermögen abgezogen wird (§ 26 Abs. 3 der Ausf.-Best. des Bundesrats).

§ 17[1]).

Steht das der Besteuerung unterliegende Vermögen in Nutznießung[2]), so fällt, wenn nicht rechtsgeschäftlich etwas anderes bestimmt ist[3]), die Besitzsteuer dem Eigentümer zur Last[4]).

1. § 17. Die Vorschrift ist erst durch den Beschluß des Reichstags in zweiter Beratung als § 17a in den Entwurf aufgenommen worden. Sie entspricht der Vorschrift im § 14 des Wehrbeitragsgesetzes.

2. **Steht das der Besteuerung unterliegende Vermögen in Nutznießung.** In Frage kommt hier nur die Nutznießung auf familienrechtlicher Grundlage, z. B. die Nutznießung des Ehemanns an dem eingebrachten Vermögen der Ehefrau (§ 1383 BGB.) und des Vaters oder der Mutter am Kindervermögen (§§ 1649, 1686 a. a. O.). In allen diesen Fällen bildet die Nutznießung für den Berechtigten keinen Bestandteil des Kapitalvermögens und für den Verpflichteten keine abzugsfähige Last (§§ 6 und 10). Das der Nutznießung unterworfene Vermögen wird vielmehr ohne Rücksicht auf seine Belastung mit der Nutznießung zum vollen Werte dem Eigentümer angerechnet. Diesem soll auch die Besitzsteuer zur Last fallen.

3. **Wenn nicht rechtsgeschäftlich etwas anderes bestimmt ist.** Durch Vertrag zwischen den Beteiligten kann also auch der Nutznießer die Besitzsteuer ganz oder zum Teil übernehmen. Siehe auch die nächste Anmerkung.

4. **So fällt die Besitzsteuer dem Eigentümer zur Last.** Die Vorschrift im § 17 kommt für die Frage, wer der Staatskasse gegenüber zur Entrichtung der Besitzsteuer verpflichtet und wie diese zu berechnen ist, überhaupt nicht in Betracht, weil er lediglich eine privatrechtliche Bestimmung trifft und in dem Verhältnisse zwischen Eigentümer und Nutznießer regeln soll, wem von ihnen die Besitzsteuer zur Last fällt. Die Veranlagung zur Besitzsteuer erfolgt daher ohne Rücksicht auf etwaige Abmachungen zwischen den Beteiligten über die Steuerlast (Urt. des preuß. OVG. V W-B 36/15 vom 1. Dezember 1915 und VI W-B 96/15 vom 20. Oktober 1915).

Feststellung des Vermögenszuwachses, Veranlagungs- und Erhebungszeitraum.

§ 18.

Die Feststellung des Vermögenszuwachses[1]) erfolgt erstmals zum 1. April 1917[2]) für den in der Zeit vom 1. Januar

1914[3]) bis zum 31. Dezember 1916[4]) entstandenen Zuwachs, späterhin in Zeitabständen von drei zu drei Jahren[5]) für den in den vorangegangenen drei Kalenderjahren entstandenen Zuwachs.

1. **Des Vermögenszuwachses.** Er ergibt sich nach § 19 aus der Vergleichung des Vermögensstandes zu zwei verschiedenen Zeitpunkten. Der dazwischen liegende Zeitraum ist der Veranlagungszeitraum.

2. **Zum 1. April 1917.** Das ist der Beginn des ersten Erhebungszeitraums (§ 24).

3. **Vom 1. Januar 1914.** Dieser Tag sowie der entsprechende Tag alle drei Jahre ist regelmäßig der Beginn des Veranlagungszeitraums. Ausnahmen hiervon sind in den §§ 21 und 22 vorgesehen.

4. **Zum 31. Dezember 1916.** An diesem Tage und an dem entsprechenden Tage alle drei Jahre endigt regelmäßig der Veranlagungszeitraum. Ausnahmevorschriften enthält der § 21.

Die Tatsache des Vermögensbesitzes an jenem Tage begründet die Steuerschuld in ihrem ganzen Umfange (§ 74): Begründung des Gesetzentwurfes S. 44. Die Abgabeschuld wird also nicht erst durch die Veranlagung begründet, vielmehr wirkt diese nur deklaratorisch, nicht konstitutiv. Nur die Zahlungspflicht des von ihr Betroffenen tritt erst mit der Fälligkeit der Schuld ein, das ist keinesfalls vor der Zustellung des Veranlagungsschreibens an den zur Zahlung Verpflichteten (§ 31; vgl. auch Mitteilungen aus der Verwaltung der direkten Steuern Heft 47 S. 12). Stirbt der Steuerpflichtige, so geht seine Abgabeschuld, mag sie nach obigem bereits durch Veranlagungsbeschluß festgestellt sein oder nicht, als Nachlaßverbindlichkeit auf die Erben über, welche sie demgemäß zu erfüllen haben (§§ 1967, 2058 des Bürgerlichen Gesetzbuchs). Die Erben haften für die gemeinschaftlichen Nachlaßverbindlichkeiten als Gesamtschuldner (§§ 2058, 2059 a. a. O.). Bei einer Gesamtschuld kann der Gläubiger die Leistung nach seinem Belieben von jedem der Schuldner ganz oder zu einem Teile erfordern (§ 421 a. a. O.). Es steht deshalb auch in dem Belieben des Abgabegläubigers, gegen welchen der Miterben er seinen Anspruch auf Zahlung der Abgabeschuld des Erblassers richten will. Zur Geltendmachung des Anspruchs genügt es, wenn der Veranlagungsbeschluß die Abgabeschuld des Verstorbenen ersehen läßt und das die Zahlungsaufforderung enthaltende Benachrichtigungsschreiben dem für die Zahlung der Steuerschuld in Anspruch genommenen Miterben zugestellt wird. Ob man bei dieser Rechtslage von der Veranlagung des Toten sprechen darf oder von der des Erben sprechen muß, ist ohne Belang; die Hauptsache bleibt, daß die durch das Gesetz begründete Abgabeschuld des Verstorbenen der Höhe nach festgestellt werden muß und die Erben es sind, welche sie zu zahlen haben. Deshalb bleibt auch die Veranlagungskommission, welche zu Lebzeiten des Abgabepflichtigen zu dessen Veranlagung zuständig gewesen wäre, für die Feststellung der Abgabeschuld des Erblassers gegenüber den zahlungspflichtigen Erben zuständig (vgl. Urteil des preuß. OVG. VI W-B 129/15 vom 24. März 1916).

4. **Von drei zu drei Jahren.** Nach dem Entwurfe sollte der Veranlagungszeitraum nur zwei Jahre umfassen.

§ 19.

Als Vermögenszuwachs gilt der Unterschied zwischen dem reinen Werte des steuerbaren Gesamtvermögens[1]) am Ende des jeweiligen Veranlagungszeitraums[2]) (§ 18) und dem reinen Werte des steuerbaren Gesamtvermögens[1]) am Anfang dieses Zeitraums[3]), soweit in den §§ 21, 22 nichts anderes bestimmt ist.

Der Unterschied (Abs. 1) verringert sich um[4]) den Betrag, um den die Summe der abzugsfähigen Schulden und Lasten den Gesamtwert des Aktivvermögens des Steuerpflichtigen zu Beginn des maßgebenden Zeitraums überstiegen hat.

1. **Dem reinen Werte des steuerbaren Vermögens.** Siehe § 2.

2. **Des jeweiligen Veranlagungszeitraums.** Siehe Anm. 1 zu § 18.

3. **Am Anfange dieses Zeitraums.** Der Vermögenszuwachs ergibt sich aus der Vergleichung des Vermögensstandes am Ende des Veranlagungszeitraums (Endvermögen) mit dem Vermögensstand am Anfange des Veranlagungszeitraums (Anfangsvermögen). Als Anfang des Veranlagungszeitraums gilt der 1. Januar 1914, wenn der Steuerpflichtige damals schon zu den im § 11 des Gesetzes aufgeführten Personen gehört hat, oder, wenn dies nicht der Fall war, der Zeitpunkt, an dem später die persönliche Steuerpflicht eingetreten ist (§ 22). **Der Vermögensstand an diesem Zeitpunkt ist als Anfangsvermögen so lange maßgebend, bis eine Besitzsteuer zu veranlagen ist. Ist es zu einer** Besitzsteuerveranlagung gekommen, so ist das hierbei festgestellte Endvermögen später wieder so lange als Anfangsvermögen maßgebend, bis erneut eine Besitzsteuer zu veranlagen ist (§ 21). Ist die persönliche Steuerpflicht in der Folgezeit weggefallen und wird sie später neu begründet, so ist für die weitere Besitzsteuerveranlagung das zur Zeit der Neubegründung der persönlichen Steuerpflicht vorhandene Vermögen als Anfangsvermögen maßgebend (§ 21 der Ausf.-Best. des Bundesrats).

Über die Begründung der persönlichen Steuerpflicht siehe § 22 Anm. 2.

4. **Der Unterschied verringert sich um usw.** soll heißen: „Haben zu Beginn des Veranlagungszeitraums die abzugsfähigen Schulden und Lasten den Gesamtwert des Aktivvermögens überstiegen, so gilt das für den Schluß des Veranlagungszeitraums festgestellte Reinvermögen als Vermögenszuwachs" (§ 23 Abs. 2 der Ausf.-Best. des Bundesrats). (Siehe folgende Tabelle.)

Dem Umstande, daß nichtsteuerbares Vermögen (§§ 5, 8 und 11 II) in steuerbares Vermögen verwandelt und der Zuwachs hierdurch herbeigeführt ist, darf nur bei der beschränkten Steuerpflicht Rechnung getragen werden (§ 23). Unbeschränkt Steuerpflichtige können in einem solchen Falle nur den Bundesrat um Erlaß der

Beispiele.

Vermögen am 1. Jan. 1914	Vermögen am 31. Dez. 1916	Wirklicher Zuwachs	Der Betrag, um den die Summe der abzugsfähigen Schulden und Lasten den Gesamtwert des Aktivvermögens am 1. Januar 1914 überstiegen hat	Verbleibender Zuwachs	Steuerpflichtiger Zuwachs
ℳ	ℳ	ℳ	ℳ	ℳ	ℳ
a) Aktivvermögen 20000 Schulden . . 26000 Reinvermögen — 6000	Reinvermögen + 25000	31000	6000	25000	5000 (§ 13 Abs. 2)
b) Wie zu a	Reinvermögen + 20000	26000	6000	20000	0 (§ 13 Abs. 1)
c) Wie zu a	Reinvermögen 33000	39000	6000	33000	33000

Steuer aus Billigkeitsrücksichten angehen. Die Ausführungsbestimmungen des Bundesrats (§ 69 Abs. 6) schreiben hierfür folgendes Verfahren vor:

„Wenn nach Ansicht des Besitzsteueramts die Besteuerung von nachweislich aus der Veräußerung ausländischen Grund- oder Betriebsvermögens herrührenden Vermögensbeträgen oder von solchen zum ausländischen Grund- oder Betriebsvermögen gehörigen Gegenständen, die während des Veranlagungszeitraums ins Inland verbracht worden sind, eine besondere Härte darstellt, so kann das Besitzsteueramt die Erhebung des Mehrbetrags, der von dem Steuerpflichtigen zu zahlen ist, weil ausländisches Grund- oder Betriebsvermögen vom Wehrbeitrage freigeblieben ist, vorläufig aussetzen und dem Steuerpflichtigen anheimstellen, binnen einem Monate den Erlaß dieses Betrags zu beantragen. Derartige Anträge sind bei dem Besitzsteueramt anzubringen und mit einer gutachtlichen Äußerung der Oberbehörde durch Vermittelung der obersten Landesfinanzbehörde dem Bundesrate vorzulegen."

In Preußen sind solche Anträge mit gutachtlichen Äußerungen des Vorsitzenden der Veranlagungskommission und des Vorsitzenden der Berufungskommission dem Finanzminister vorzulegen (Art. 27 der preuß. Ausführungsvorschriften).

§ 20[1].

Als Wert des steuerbaren Vermögens am 1. Januar 1914 gilt das nach dem Wehrbeitragsgesetze festgestellte Vermögen[2]). Ist im Wege des aus Billigkeitsrücksichten gewährten gänzlichen oder teilweisen Erlasses des rechtskräftig veranlagten Wehrbeitrags[3]) das Vermögen anderweit ermittelt, so ist das anderweit ermittelte Vermögen maßgebend[4]).

1. § 20. Die Vorschrift ist erst von der Kommission als § 19a dem Entwurf eingefügt worden, um eine rückwärtige Veranlagung zu verhindern (Kommissionsbericht S. 53). Siehe auch Anm. 3.

2. **Gilt das nach dem Wehrbeitragsgesetze festgestellte Vermögen.** Bei der Besitzsteuerveranlagung ist in der Regel nur das Vermögen des Steuerpflichtigen für das Ende des Veranlagungszeitraums, erstmals für den 31. Dezember 1916 (§ 18 des Gesetzes), neu festzustellen. Das Anfangsvermögen ist nur dann gleichzeitig mit der Ermittelung des Endvermögens nachträglich festzustellen, wenn eine rechtskräftige Feststellung durch Erteilung eines Veranlagungs- oder Feststellungsbescheids gemäß § 47 des Wehrbeitragsgesetzes oder später durch Erteilung eines Steuer- oder Feststellungsbescheids gemäß § 65 des Besitzsteuergesetzes nicht stattgefunden hat (§ 22 der Ausf.-Best. des Bundesrats).

War jemand nur gemäß § 10 Nr. II des Wehrbeitragsgesetzes beschränkt beitragspflichtig, dagegen schon seit dem 1. Januar 1914 gemäß § 11 Nr. I des Besitzsteuergesetzes unbeschränkt steuerpflichtig, so ist für den 1. Januar 1914 das damals vorhandene steuerbare Vermögen neu festzustellen. Maßgebendes Anfangsvermögen ist in diesem Falle das nachträglich für den 1. Januar 1914 festgestellte Vermögen, es sei denn, daß dieses niedriger ist als das früher festgestellte, gemäß § 10 Nr. II des Wehrbeitragsgesetzes beitragspflichtige Vermögen (§ 24 der Ausf.-Best. des Bundesrats).

Wenn das Vermögen am Ende des Veranlagungszeitraums den nach § 28 Abs. 3 des Gesetzes abgerundeten Betrag von dreißigtausend Mark nicht übersteigt, so genügt die Angabe des Steuerpflichtigen, daß die Vermögenszunahme während des Veranlagungszeitraums mehr als zehntausend Mark betragen hat. Eine Feststellung des tatsächlich vorhanden gewesenen Anfangsvermögens ist in diesem Falle nicht erforderlich (§ 23 Abs. 1 der Ausf.-Best. des Bundesrats). Denn der steuerpflichtige Zuwachs besteht dann nur in dem die steuerpflichtige Grenze von 20000 ℳ übersteigenden Betrage (§ 13 Abs. 2, § 21 Abs. 2).

3. **Aus Billigkeitsrücksichten gewährter gänzlicher oder teilweiser Erlaß des rechtskräftig veranlagten Wehrbeitrags.** Der zweite Satz im § 20 ist eine Abänderung des Besitzsteuergesetzes durch § 39 Abs. 1 des Kriegssteuergesetzes. In der ursprünglichen Fassung des Besitzsteuergesetzes hatte Satz 1 die Fort-

setzung: „mit der Maßgabe, daß Abweichungen in der Vermögensfeststellung, die sich bei Anwendung der Vorschriften des Besitzsteuergesetzes ergeben hätten, entsprechend zu berücksichtigen sind". Da dieser Zusatz fallen gelassen worden ist, darf also eine Nachprüfung der Veranlagung zum Wehrbeitrage für die **Besitzsteuer** nicht stattfinden. War die Veranlagung zum Wehrbeitrage zu Unrecht unterblieben oder zu niedrig erfolgt, so wird erst jener zu veranlagen oder zu berichtigen sein, falls er noch nicht verjährt ist (§§ 54 und 55 des Wehrbeitragsgesetzes).

Der neue Satz im § 21 wird in der Begründung des Entwurfes eines Kriegssteuergesetzes (S. 29) damit gerechtfertigt:

„Anläßlich der Behandlung von Gesuchen um Erlaß oder Ermäßigung eines rechtskräftig veranlagten Wehrbeitrags aus Billigkeitsgründen sind Zweifel entstanden, ob trotz des Erlasses oder der Ermäßigung des Wehrbeitrags das rechtskräftig festgestellte Vermögen der späteren Besitzsteuerveranlagung zugrunde zu legen sei und nicht das nachträglich ermittelte Vermögen, dessen Stand für den Erlaß oder die Ermäßigung des Wehrbeitrags maßgebend war. Durch § 39 Abs. 2 und 3 des Gesetzes soll eine sichere Rechtsgrundlage geschaffen werden, ohne die der Gewährung eines Erlasses oder einer Ermäßigung des rechtskräftig veranlagten Wehrbeitrags oder später der rechtskräftig veranlagten Besitzsteuer erhebliche grundsätzliche Bedenken entgegenstünden."

4. **So ist das anderweit ermittelte Vermögen maßgebend,** nämlich das Vermögen, nach dem der Nachlaß am Wehrbeitrage berechnet ist.

§ 21[1]).

War der Steuerpflichtige[2]) zu dieser Besitzsteuer veranlagt[3]), so gilt in der Folgezeit als Vermögenszuwachs der Unterschied zwischen dem reinen Werte[4]) des steuerbaren Gesamtvermögens am Ende des jeweiligen neuen Veranlagungszeitraums[5]) und dem letzten Vermögensstande, der zu einer Steuererhebung geführt hat[6]). § 20 Satz 2 gilt entsprechend[7]).

Hat sich bei den früheren Veranlagungen[8]) kein steuerpflichtiger Vermögenszuwachs[9]) ergeben, so gilt als Vermögenszuwachs der Unterschied zwischen dem reinen Werte des steuerbaren Gesamtvermögens am Ende des jeweiligen neuen Veranlagungszeitraums[5]) und dem Vermögensstand an dem ersten für die Steuerpflicht in Betracht kommenden Zeitpunkte[10]).

1. § 21. Im Entwurfe war es § 20. Er behandelt die beiden Ausnahmefälle, in denen, abweichend von der Regel in den §§ 18 und 19, nicht von dem Vermögensstande des Steuerpflichtigen am Anfange des unmittelbar vorangegangenen Veranlagungszeitraums auszugehen ist, sondern auf einen früheren Zeitpunkt zurückgegriffen wird. Der Veranlagungszeitraum umfaßt in diesen Fällen mehr als drei Jahre.

2. **Der Steuerpflichtige.** Nur auf diesen kommt es an, nicht etwa auf den Erblasser, außer im Falle des § 15.

3. **War der Steuerpflichtige zu dieser Besitzsteuer veranlagt.** Die Vorschrift kann also niemals bereits nach Ablauf des ersten für den Steuerpflichtigen in Betracht kommenden Veranlagungszeitraums zur Anwendung kommen, sondern erst nach Ablauf mindestens noch eines weiteren Veranlagungszeitraums.

4. **Dem reinen Werte,** d. i. nach Abzug der Schulden und Lasten (§§ 2 und 10).

5. **Des jeweiligen neuen Veranlagungszeitraums,** d. i. im Falle der ordentlichen Veranlagung des dem Erhebungszeitraume (§ 70) unmittelbar vorangegangenen Veranlagungszeitraums, also bei der Veranlagung im Jahre 1920 des mit dem 31. Dezember 1919 endenden Veranlagungszeitraums.

6. **Dem letzten Vermögensstande, der zu einer Veranlagung geführt hat.** Die Begründung des Gesetzentwurfes (S. 43) veranschaulicht die Vorschrift in folgender Weise:

Vermögensstand am

1. 1. 1914. *31. 12. 1916.* *31. 12. 1919.* *31. 12. 1922.* *31. 12. 1925.*

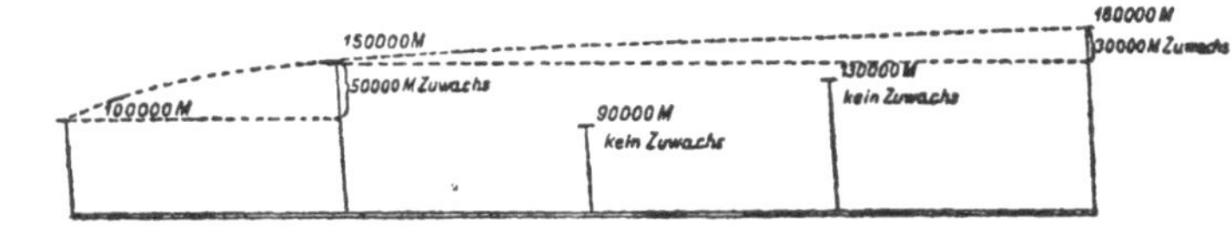

Auf diese Weise soll ein späterer Vermögensverlust ausgeglichen, das Vermögen in der Hand eines und desselben Steuerpflichtigen also nur einmal der Zuwachsbesteuerung unterworfen werden.

7. **§ 20 Satz 2 gilt entsprechend.** War also einem Steuerpflichtigen vom Bundesrat auf Grund seiner allgemeinen Befugnis zum Erlasse von Reichsabgaben aus Billigkeitsgründen die veranlagte Besitzsteuer ganz oder teilweise erlassen worden, so ist das anderweit ermittelte Vermögen maßgebend.

Beispiel:

1. Jan. 14	31. Dez. 1916				31. Dez. 1919	
	Bei der Veranlagung festgestellt:		Aus Billigkeitsrücksichten „anderweit" berechnet:			
Festgestelltes Vermögen	Vermögen	Zuwachs	Vermögen	Zuwachs	Festgestelltes Vermögen	Zuwachs
ℳ	ℳ	ℳ	ℳ	ℳ	ℳ	ℳ
100 000	150 000	50 000	115 000	15 000	130 000	15 000
100 000	150 000	50 000	90 000	0	130 000	30 000

8. **Bei den früheren Veranlagungen.** Siehe Anm. 3.

9. **Kein steuerpflichtiger Vermögenszuwachs,** sei es, daß der Zuwachs nicht den Betrag von 10 000 ℳ überstiegen hat (§ 12), sei es, daß der Gesamtwert des steuerbaren Vermögens (§ 2) nicht mehr als 20 000 ℳ betragen hat (§ 13).

10. Und dem Vermögensstand an dem ersten für die Steuerpflicht in Betracht kommenden Zeitpunkte. In der Begründung des Gesetzentwurfes (S. 43) wird dies in folgender Weise zur Darstellung gebracht.

Vermögensstand am

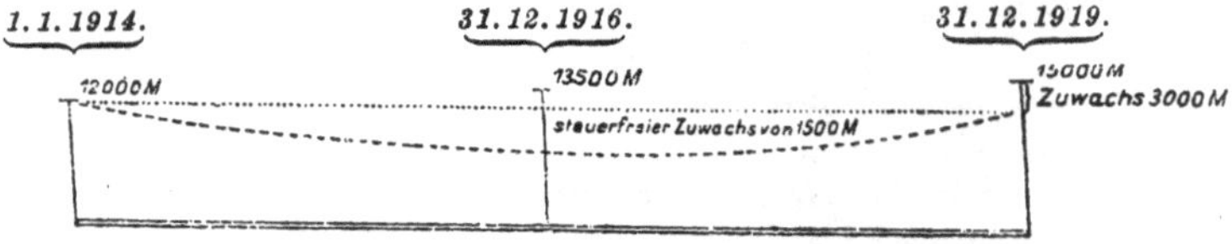

Die Vorschrift soll verhindern, daß die Befreiung eines kleineren Vermögenszuwachses oder eines solchen innerhalb der Grenzen eines steuerfreien Vermögens (§§ 12, 13) eine endgültige wird.

§ 22[1]).

Wird die persönliche Steuerpflicht (§ 11) erst innerhalb eines Veranlagungszeitraums (§ 18) begründet[2]), so erfolgt die erste Feststellung des Vermögens[3]) für das zur Zeit des Eintritts der Steuerpflicht vorhandene steuerbare Vermögen des Steuerpflichtigen[4]).

Die Vorschrift des Abs. 1 gilt im Falle der Erweiterung der Steuerpflicht entsprechend[5]) für das durch die erweiterte Steuerpflicht neu erfaßte Vermögen[6]) des Steuerpflichtigen.

1. § 22. Im Entwurfe war es § 21. Die Vorschrift betrifft den Ausnahmefall, daß der erste für den Steuerpflichtigen in Betracht kommende Veranlagungszeitraum kürzer als drei Jahre ist (§ 18).

2. **Wird die persönliche Steuerpflicht (§ 11) begründet.** Die die persönliche Steuerpflicht begründenden Tatsachen sind nach § 11 die Geburt des Steuerpflichtigen (Kommissionsbericht S. 55), seine Reichsangehörigkeit, Wohnsitz und Aufenthalt. Insbesondere gilt die beschränkte Steuerpflicht nicht erst mit dem Erwerb eines inländischen Grund- oder Betriebsvermögens (§ 11 II) als

begründet, weshalb bei ihr — außer für den Veranlagungszeitraum, in welchen die Geburt des Steuerpflichtigen fällt — stets mit dem regelmäßigen Veranlagungszeitraume von drei Jahren (§§ 18, 19) zu rechnen ist. Siehe hierüber § 23 Anm. 3.

3. **So erfolgt die erste Feststellung des Vermögens.** Diese Feststellung wird aber erst nach Ablauf des ersten Veranlagungszeitraums bei der Veranlagung getroffen.

4. **Für das zur Zeit des Eintritts der Steuerpflicht vorhandene steuerbare Vermögen des Steuerpflichtigen.** Dieses Vermögen ist das erste Anfangsvermögen, das nach § 19 oder § 21 Abs. 2 für die Berechnung des Zuwachses in Betracht kommt.

5. **Gilt im Falle der Erweiterung der Steuerpflicht entsprechend,** aber nicht im Falle der Einschränkung der Steuerpflicht (§ 11 II) innerhalb eines Veranlagungszeitraums (§§ 18, 19); vielmehr umfaßt in dem letzteren Falle der Veranlagungszeitraum immer volle drei Jahre. Bei dem Übergange der unbeschränkten Steuerpflicht in die beschränkte muß deshalb das Anfangsvermögen immer so ermittelt werden, als ob der Steuerpflichtige bereits bei Beginn des dreijährigen Veranlagungszeitraums nur der beschränkten Steuerpflicht unterworfen gewesen wäre. Siehe auch § 23 Anm. 3.

Die Steuerpflicht wird erweitert, wenn bei einem bisher nach § 11 II Steuerpflichtigen Umstände eintreten, welche seine Steuerpflicht nach § 11 I begründen. Die Einschränkung der persönlichen Steuerpflicht tritt ein, wenn bei einem bisher unbeschränkt Steuerpflichtigen, der inländisches Grund- oder Betriebsvermögen besitzt, die Voraussetzungen für die unbeschränkte Steuerpflicht (§ 11 I) wegfallen.

6. **Für das durch die erweiterte Steuerpflicht neu erfaßte Vermögen.** Bei dem Übergange der beschränkten Steuerpflicht in die unbeschränkte wird das steuerbar bleibende Vermögen regelmäßig höher sein als das früher festgestellte; es kann aber auch geringer sein, wenn nämlich der Steuerpflichtige mit Schulden und Leistungen belastet ist, die er bei der beschränkten Steuerpflicht gemäß § 10 Abs. 3 nicht abziehen darf und deren Kapitalbetrag das nunmehr steuerfrei werdende Aktivvermögen

übersteigt. Der Steuerpflichtige hat z. B. ein inländisches Grund- und Betriebsvermögen im Werte von 50000 ℳ, ein Kapitalvermögen von 5000 ℳ und persönliche Schulden, die 20000 ℳ ausmachen. Bei *unbeschränkter* Steuerpflicht beträgt das Vermögen 50000 + 5000 — 20000 = 35000 ℳ, bei *beschränkter* Steuerpflicht stellt es sich aber auf 50000 ℳ. Für einen solchen Fall schreibt § 24 Abs. 2 der Ausf.-Best. des Bundesrats vor, daß, wenn *beim Übergange der beschränkten Steuerpflicht in die unbeschränkte* das neu festgestellte Vermögen *niedriger* ist als das früher für die beschränkte Steuerpflicht festgestellte, dieses höhere Vermögen, in dem obigen Beispiele also der Betrag von 50000 ℳ, das Anfangsvermögen auch für die unbeschränkte Steuerpflicht darstelle. Diese Vorschrift kann dem Steuerpflichtigen einen im Gesetze nicht begründeten Vorteil bringen, wie folgendes Beispiel zeigt: Der Steuerpflichtige mit dem oben angegebenen Vermögen erbt von seinem Vater im Veranlagungszeitraum, aber nach der Veränderung der Steuerpflicht inländisches Grund- und Betriebsvermögen in Höhe von 100000 ℳ. Die Zuwachsberechnung wäre dann folgende:

		Anfangsvermögen	Endvermögen	Zuwachs
		ℳ	ℳ	ℳ
Bei *beschränkter* Steuerpflicht während des *ganzen* Veranlagungszeitraums		50000	150000	100000
Bei *unbeschränkter* Steuerpflicht während des *ganzen* Veranlagungszeitraums		35000	135000	100000
Beim Übergange der beschränkten Steuerpflicht in die unbeschränkte innerhalb des regelmäßigen (§ 18) Veranlagungszeitraums	*ohne* Beachtung der Vorschrift des Bundesrats	35000	135000	100000
	nach der Vorschrift des Bundesrats	50000	135000	**85000**

§ 23[1].

Ist die Steuerpflicht nur nach § 11 Nr. II begründet[2]), so werden dem ersten maßgebenden Vermögensstand[3]) alle nachweislich[4]) aus dem der Besteuerung nicht unterworfenen Vermögen des Steuerpflichtigen[5]) gemachten, nicht zu den laufenden Wirtschaftsausgaben[6]) zählenden Aufwendungen[7]) für steuerpflichtige Vermögensteile[8]) hinzugerechnet[9]).

Die Anrechnung nach Abs. 1 erfolgt insoweit nicht, als den Aufwendungen ein Vermögen gegenübersteht[10]), das im maßgebenden Zeitraume[11]) der Besteuerung entzogen worden ist[12]).

1. **§ 23.** Im Entwurfe war es § 22.

2. **Ist die Steuerpflicht nur nach § 11 Nr. II begründet,** also nur im Falle der beschränkten Steuerpflicht, nicht auch bei unbeschränkter Steuerpflicht; siehe hierüber § 19 Anm. 4 letzter Absatz.

3. **Dem ersten maßgebenden Vermögensstande,** d. i. dem Vermögensstand am Anfange des dreijährigen Veranlagungszeitraums im Gegensatze zu dem zweiten für die Berechnung des Zuwachses maßgebenden Vermögensstand am Ende des Veranlagungszeitraums, dem Endvermögen Als Anfangsvermögen ist jener Vermögensstand nicht bezeichnet, weil erst die Summe, die sich aus der Zusammenrechnung dieses Vermögensstandes mit den später erwähnten Aufwendungen ergibt, das Anfangsvermögen ausmacht.

Die Bedeutung der Vorschrift erhellt nach der Begründung des Gesetzentwurfes (S. 44) aus folgendem Beispiele: „A, der der unbeschränkten Steuerpflicht nicht unterworfen ist, kauft ein inländisches Grundstück für 50000 ℳ. Nach § 23 Abs. 1 in Verbindung mit § 30 hat er keine Vermögenszuwachssteuer zu zahlen. Eine solche ist nur zu entrichten, wenn das Grundstück unentgeltlich (durch Erbschaft, Schenkung) oder erheblich unter seinem Werte

(§ 32) erworben worden ist.“ Diese Heranziehung zur Besitzsteuer wäre nicht möglich, wenn bei der beschränkten Steuerpflicht der Veranlagungszeitraum erst mit dem Zeitpunkte des Erwerbes eines inländischen Grund- oder Betriebsvermögens beginnen würde. Denn dann bestände schon das Anfangsvermögen in dem Werte des ererbten Grundstücks, und es wäre kein Zuwachs vorhanden, wenn das ererbte Grundstück auch das ganze Endvermögen ausmachen würde. Auf diese Weise wäre es nicht möglich, den Erbanfall mit der Besitzsteuer zu erfassen. Letzteres kann nur erreicht werden, wenn die beschränkte Steuerpflicht bereits mit dem 1. Januar 1914 als begründet angesehen wird, so daß für den beschränkt Steuerpflichtigen, abgesehen von dem Falle seiner Geburt innerhalb eines Veranlagungszeitraums, stets der regelmäßige Veranlagungszeitraum von drei Jahren (§§ 18, 19) maßgebend ist.

Der Eigenart der beschränkten Steuerpflicht entspricht es ferner, daß für die Berechnung des Vermögenszuwachses den Verschiebungen zwischen dem steuerpflichtigen und steuerfreien Vermögen, die in dem maßgebenden Veranlagungszeitraume stattgefunden haben, bei jeder neuen Veranlagung Rechnung getragen wird. Sonst könnte sich an dem inländischen Grund- und Betriebsvermögen ein Zuwachs ergeben, obwohl lediglich steuerfreies Kapitalvermögen in inländischem Grund- oder Betriebsvermögen angelegt worden ist und vielleicht das Gesamtvermögen sogar einen erheblichen Rückgang aufzuweisen hat. Danach muß unter dem „ersten maßgebenden Vermögensstande“ der Vermögensstand am Anfange des *jeweiligen* Veranlagungszeitraums verstanden werden. Nur so können die Verschiebungen zwischen dem steuerpflichtigen und steuerfreien Vermögen die im Gesetze zugelassene Berücksichtigung finden.

4. **Nachweislich.** Der Steuerpflichtige hat die Beweispflicht; mit bloßen tatsächlichen Angaben braucht sich die Steuerbehörde nicht zu begnügen, sie kann aber jene dem Steuerpflichtigen glauben.

5. **Aus dem der Besteuerung nicht unterworfenen Vermögen des Steuerpflichtigen.** Es müssen zu den betreffenden

Ausgaben Gegenstände verwendet worden sein, die nicht dem inländischen Grund- oder Betriebsvermögen entnommen worden sind. Ob diese Gegenstände bei unbeschränkter Steuerpflicht zu dem steuerbaren Kapitalvermögen (§ 6) gehören oder ebenfalls steuerfreies Vermögen (§§ 5 und 8) bilden würden, macht keinen Unterschied; es fallen also darunter auch Aufwendungen aus dem ausländischen Grund- oder Betriebsvermögen.

Schulden, die für Aufwendungen im Sinne des § 23 aufgenommen werden, kommen nicht in Betracht, weil sie gemäß § 10 Abs. 3 vom Endvermögen abgesetzt werden und auf diese Weise in Höhe ihres Betrags keinen Zuwachs entstehen lassen.

6. **Zu den laufenden Wirtschaftsausgaben.** Der Begriff ist enger als der der „laufenden Ausgaben" im Sinne des § 6 Nr. 4. Laufende Wirtschaftsausgaben sind nichts anderes als Betriebskosten, also alle Aufwendungen, welche unmittelbar oder mittelbar zum Zwecke der Gewinnerzielung gemacht werden. Auch die Zinsen und Leistungen für Schulden und aus Lasten, die mit dem Gegenstande der Bewirtschaftung in einem wirtschaftlichen Zusammenhange stehen, werden hierzu zu rechnen sein. Laufend sind die Ausgaben, wenn sie keine Kapitalanlage darstellen und bei ordentlicher Wirtschaftsführung in dem betreffenden Zeitraume zu decken sind.

7. **Aufwendungen.** Ihr Betrag ist in voller Höhe anzurechnen, nicht bloß der etwaige Mehrwert, den die Aufwendungen herbeigeführt haben. Sie müssen innerhalb des für die jeweilige Veranlagung maßgebenden Veranlagungszeitraums (§§ 19, 21 und 22) entstanden sein.

8. **Für steuerpflichtige Vermögensteile,** d. i. für das inländische Grund- oder Betriebsvermögen (§ 11 II).

9. **Hinzuzurechnen.** Hierdurch vergrößert sich das maßgebende Anfangsvermögen, und dementsprechend verringert sich ein etwaiger Zuwachs.

10. **Als den Aufwendungen ein Vermögen gegenübersteht.** Die Summe der im Abs. 1 gedachten Aufwendungen und die

Summe der der Besteuerung entzogenen Vermögensgegenstände werden einander gegenübergestellt; nur der überschießende Betrag der Aufwendungen darf zugerechnet werden.

11. **Im maßgebenden Zeitraume,** d. i. in dem für die jeweilige Veranlagung maßgebenden Veranlagungszeitraume (§§ 19, 21 und 22).

12. **Der Besteuerung entzogen worden ist.** Als der Besteuerung entzogen in diesem Sinne gilt jedes Vermögen, das auf irgend eine Weise während des Veranlagungszeitraums aus steuerbarem Vermögen in nicht steuerbares Vermögen umgewandelt worden ist (§ 25 der Ausf.-Best. des Bundesrats). Die Umwandlung kann in Kapitalvermögen, in ausländisches Grund- oder Betriebsvermögen oder in Vermögen erfolgt sein, das nach § 8 auch bei der unbeschränkten Steuerpflicht von der Steuerpflicht ausgenommen ist. Die Begründung des Gesetzentwurfes (S. 44) führt folgendes Beispiel an: „Hat jemand im Inland ein Grundstück geerbt und noch vor Ablauf des Veranlagungszeitraums gegen ein anderes, ebenfalls im Inlande belegenes Grundstück eingehandelt, so muß er sich nach Abs. 2 den Wert des ererbten Grundstücks auf den für das neue Grundstück gezahlten Erwerbspreis anrechnen lassen."

§ 24[1].

Die Entrichtung der Besitzsteuer verteilt sich[2]) auf einen dem Veranlagungszeitraume (§ 18) folgenden, mit dem 1. April beginnenden dreijährigen[3]) Zeitraum (Erhebungszeitraum).

1. § 24. Im Entwurfe war es § 23.

2. **Die Entrichtung der Besitzsteuer verteilt sich.** In Preußen ist die Besitzsteuer in Halbjahrsteilen zu entrichten. Siehe § 70.

3. **Dreijährigen.** Im Gesetzentwurfe war der Erhebungszeitraum auf zwei Jahre bemessen.

Steuersätze.

§ 25[1]).

Die Steuer beträgt[2]) für den ganzen Erhebungszeitraum (§ 24)[3]) bei einem steuerpflichtigen Vermögenszuwachse[4]) von

nicht mehr als	50000 Mark			0,75	
mehr als	50000 Mark	bis zu	100000 „	0,90	vom
„ „	100000 „	„ „	300000 „	1,05	Hundert
„ „	300000 „	„ „	500000 „	1,20	des Zu-
„ „	500000 „	„ „	1000000 „	1,35	wachses.
„ „	1000000 „			1,50	

Übersteigt der Gesamtwert des steuerbaren Vermögens eines Steuerpflichtigen den Betrag von[5])

100000	Mark, so erhöht sich der Steuersatz um	0,1	
200000	„ „ „ „ „ „ „	0,2	
300000	„ „ „ „ „ „ „	0,3	
400000	„ „ „ „ „ „ „	0,4	vom
500000	„ „ „ „ „ „ „	0,5	Hundert
750000	„ „ „ „ „ „ „	0,6	des Zu-
1000000	„ „ „ „ „ „ „	0,7	wachses.
2000000	„ „ „ „ „ „ „	0,8	
5000000	„ „ „ „ „ „ „	0,9	
10000000	„ „ „ „ „ „ „	1	

1. § 25. Im Entwurfe war es § 24.

2. **Die Steuer beträgt.** Siehe die „Hilfstafel zur Berechnung der Besitzsteuer", Anlage 2 zum Texte der Ausf.-Best. des Bundesrats.

3. **Für den ganzen Erhebungszeitraum** (§ 24) von drei Jahren, d. h. der Steuerpflichtige hat in den drei Jahren zusammen nicht mehr als den veranlagten Steuerbetrag zu zahlen. Die Erhebung dieses Betrags erfolgt in Preußen in Halbjahrs-

teilen, die in den **drei auf den Veranlagungszeitraum folgenden** Rechnungsjahren **am 10. Juli und 10. Januar fällig** werden (§§ 24, 70 des Gesetzes; Art. 20 der preuß. Ausführungsvorschriften). Der Steuerpflichtige ist aber auch berechtigt, die Steuer im voraus zu bezahlen (§ 70 Abs. 5 des Gesetzes). Wird der im dritten Jahre des Erhebungszeitraums am 10. Januar fällige Steuerteil bereits vor dem 31. Dezember gezahlt, so wird dadurch das für diesen Stichtag festzustellende, für die nächste Veranlagung maßgebende Endvermögen vermindert, da eine Wiederzurechnung der im voraus bezahlten Steuer zu jenem Vermögen nur für die Kriegssteuer vorgeschrieben ist (§ 6 Abs. 3 des Kriegssteuergesetzes in der vom Reichstag in seiner Vollsitzung vom 1. Dezember 1916 angenommenen Fassung).

Beispiel: Der am 10. Januar 1920 fällige Steuerbetrag wird am 30. Dezember 1919 im voraus bezahlt.

4. **Bei einem steuerpflichtigen Vermögenszuwachse.** Die Steuer bemißt sich nach einem vorgeschriebenen Prozentsatze des Zuwachses. Der Prozentsatz wird zunächst durch die Höhe des Zuwachses bestimmt; er steigt je nach der Höhe des Zuwachses von 0,75 bis auf 1,50 und erhöht sich außerdem bei einem Gesamtwerte des steuerbaren Vermögens von mehr als 100000 ℳ je nach der Größe dieses Vermögens bis zu 2,50. Mit dieser doppelten Staffelung der Steuer sollte der wirtschaftlichen Leistungsfähigkeit des Steuerpflichtigen Rechnung getragen werden (Begründung des Gesetzentwurfes S. 40).

5. **Übersteigt der Gesamtwert des steuerbaren Vermögens eines Steuerpflichtigen den Betrag von ...** Bei der beschränkten Steuerpflicht (§ 11 II) kommt nur das inländische Grund- und Betriebsvermögen abzüglich der in wirtschaftlicher Beziehung mit jenem Vermögen stehenden Schulden und Lasten in Betracht. Im übrigen siehe Anm. 4.

§ 26[1]).

Der Unterschied zwischen der Steuer, die zu zahlen wäre, wenn der Vermögenszuwachs nur die vorangehende, im

§ 25 Abs. 1 bezeichnete Wertgrenze erreicht hätte, und zwischen der Steuer, die nach dem gesetzlichen Satze berechnet ist, wird nur insoweit erhoben, als er aus der Hälfte des jene Wertgrenze übersteigenden Betrags des Zuwachses gedeckt werden kann[2]).

1. **§ 26.** Im Entwurfe war es § 25. Die Bestimmung ist der im § 10 Abs. 4 des Erbschaftssteuergesetzes nachgebildet. Sie soll Härten mildern, die sich bei der Besteuerung ergeben, wenn man in eine höhere Stufe kommt (Kommissionsbericht S. 58).

2. **Beispiel.** Nach § 25 beträgt bei einem Vermögen von 2000000 ℳ die Steuer für einen Zuwachs von 1000000 ℳ 2,05 % davon, d. s. 20500 ℳ, und für einen die nächste Steuerstufe erreichenden Zuwachs von 1001000 ℳ 2,20 % hiervon, d. s. 22022 ℳ. Der Unterschied zwischen den beiden Steuersätzen macht 1522 ℳ aus, obwohl der Unterschied im Zuwachs nur 1000 ℳ beträgt. Das Mehr an Steuer darf nur mit der Hälfte des Mehrzuwachses von 1000 ℳ, also nur mit 500 ℳ erhoben werden, so daß die Steuer nur zum Gesamtbetrage von 21000 ℳ zur Veranlagung kommt.

Die „Hilfstafel zur Berechnung der Besitzsteuer", Anlage 2 zum Texte der Ausführungsbestimmungen des Bundesrats — siehe diesen Text —, berücksichtigt bereits die Vorschrift im § 26, so daß die aus ihr ersichtlichen Steuerbeträge diejenigen sind, die nach dem Gesetze zu veranlagen sind.

§ 27[1]).

Gewährt[2]) der Steuerpflichtige, dessen Vermögen den Betrag von hunderttausend Mark nicht übersteigt[3]), Kindern[4]) auf Grund gesetzlicher Verpflichtung (§§ 1601 bis 1615 des Bürgerlichen Gesetzbuchs)[5]) Unterhalt, so ermäßigt sich die Steuer für das dritte und jedes weitere minderjährige Kind um fünf vom Hundert ihres Betrags[6]).

Fällt in den Veranlagungszeitraum[7]) der Erwerb einer

Erbschaft[8]), so ermäßigt sich, wenn der Erbe[8]) ein Abkömmling des Erblassers[9]) ist und zur Zeit des Erbfalls das 21. Lebensjahr noch nicht vollendet hat[10]), und wenn das steuerbare Vermögen den Gesamtwert von fünfzigtausend Mark nicht übersteigt[11]), die Abgabe um einen Betrag, der für jedes bis zur Vollendung des 21. Lebensjahrs fehlende volle Jahr auf fünf vom Hundert der Abgabe[12]) berechnet wird. Die Gesamtermäßigung darf fünfzig vom Hundert der Abgabe nicht übersteigen[13]).

1. § 27. Die Vorschrift ist erst in der Kommission als § 25a in den Entwurf aufgenommen worden. Im Abs. 1 wird der Familienvater, der minderjährige Kinder hat, bevorzugt, während der Abs. 2 für das Kindeserbe eine gewisse Erleichterung schafft (Kommissionsbericht S. 40 ff.).

Abs. 1 ist dem § 33 Abs. 1 des Wehrbeitragsgesetzes nachgebildet.

2. **Gewährt der Steuerpflichtige Unterhalt.** Voraussetzung für den Genuß der Wohltat des Abs. 1 ist neben der Vermögensgrenze und der gesetzlichen Verpflichtung zum Unterhalte dessen tatsächliche Gewährung. Deshalb kann die Vorschrift keine Anwendung finden, wenn die Unterhaltspflicht zwar besteht, die Kinder aber von einem anderen, z. B. von den Großeltern, unterhalten werden. Der Unterhalt muß in der Hauptsache vom Steuerpflichtigen gewährt werden (Urt. des preuß. OVG. VI W-B 112/15 vom 22. Sept. 1915). Denn daß nach der Absicht des Gesetzgebers schon ein geringfügiger Zuschuß zum Unterhalte, wenn auch die Verpflichtung hierzu in dem vom Gesetze nicht ausgenommenen § 1602 BGB. begründet ist, die Wohltat des § 27 begründen sollte, kann nicht angenommen werden.

Maßgebend sind die Verhältnisse am Ende des Veranlagungszeitraums (§ 53 der Ausf.-Best. des Bundesrats).

3. **Dessen Vermögen den Betrag von hunderttausend Mark nicht übersteigt,** und zwar am Ende des Veranlagungszeitraums

(§ 53 der Ausf.-Best. des Bundesrats). Ist das Vermögen der Ehegatten gemäß § 14 zusammengerechnet, so kommt es auf die Höhe dieses gemeinsamen Vermögens an.

Maßgebend ist das auf volle Tausende nach unten abgerundete Vermögen (§ 28 Abs. 3), so daß erst bei einem Endvermögen von 101 000 ℳ und mehr die Ermäßigung des Steuersatzes ausgeschlossen ist.

4. **Kindern,** nicht Enkeln oder Urenkeln, denn das Gesetz unterscheidet zwischen Kindern und Abkömmlingen (Abs. 2).

Den Kindern stehen gleich die an Kindes Statt Angenommenen, die nach § 1757 BGB. die rechtliche Stellung eines ehelichen Kindes haben.

Der Unterhalt unehelicher Kinder kann nur für die Mutter (§ 1705 BGB.), niemals für den Vater den Anspruch auf Steuererleichterung begründen, weil die Unterhaltspflicht des Vaters nicht nach §§ 1601—1615 a. a. O., sondern gemäß § 1708 a. a. O. besteht.

Ist das Vermögen der Ehegatten gemäß § 14 zusammengerechnet, so kommen die Kinder jedes der beiden Ehegatten in Betracht (Mitt. aus der Verwaltung der direkten Steuern Heft 53 S. 10).

5. **Auf Grund gesetzlicher Verpflichtung (§§ 1601 bis 1615 des Bürgerlichen Gesetzbuchs).** Besteht nach diesen Vorschriften für den Steuerpflichtigen oder seine Ehefrau keine Unterhaltspflicht, so kann der Steuerpflichtige, auch wenn er die Kinder tatsächlich unterhält, die Steuerermäßigung nicht verlangen. Jene Vorschriften sind folgende:

§ 1601. Verwandte in gerader Linie sind verpflichtet, einander Unterhalt zu gewähren.

§ 1602. Unterhaltsberechtigt ist nur, wer außerstande ist, sich selbst zu unterhalten.

Ein minderjähriges unverheiratetes Kind kann von seinen Eltern, auch wenn es Vermögen hat, die Gewährung des Unterhalts insoweit verlangen, als die Einkünfte seines Vermögens und der Ertrag seiner Arbeit zum Unterhalte nicht ausreichen.

§ 1603. Unterhaltspflichtig ist nicht, wer bei Berücksichtigung seiner sonstigen Verpflichtungen außerstande ist, ohne Gefährdung seines standesmäßigen Unterhalts den Unterhalt zu gewähren.

Befinden sich Eltern in dieser Lage, so sind sie ihren minderjährigen unverheirateten Kindern gegenüber verpflichtet, alle verfügbaren Mittel zu ihrem und der Kinder Unterhalte gleichmäßig zu verwenden. Die Verpflichtung tritt nicht ein, wenn ein anderer unterhaltspflichtiger Verwandter vorhanden ist; sie tritt auch nicht ein gegenüber einem Kinde, dessen Unterhalt aus dem Stamme seines Vermögens bestritten werden kann.

§ 1604. Soweit die Unterhaltspflicht einer Frau ihren Verwandten gegenüber davon abhängt, daß sie zur Gewährung des Unterhalts imstande ist, kommt die dem Manne an dem eingebrachten Gute zustehende Verwaltung und Nutznießung nicht in Betracht.

Besteht allgemeine Gütergemeinschaft, Errungenschaftsgemeinschaft oder Fahrnisgemeinschaft, so bestimmt sich die Unterhaltspflicht des Mannes oder der Frau Verwandten gegenüber so, wie wenn das Gesamtgut dem unterhaltspflichtigen Ehegatten gehörte. Sind bedürftige Verwandte beider Ehegatten vorhanden, so ist der Unterhalt aus dem Gesamtgute so zu gewähren, wie wenn die Bedürftigen zu beiden Ehegatten in dem Verwandtschaftsverhältnisse ständen, auf dem die Unterhaltspflicht des verpflichteten Ehegatten beruht.

§ 1605. Soweit die Unterhaltspflicht eines minderjährigen Kindes seinen Verwandten gegenüber davon abhängt, daß es zur Gewährung des Unterhalts imstande ist, kommt die elterliche Nutznießung an dem Vermögen des Kindes nicht in Betracht.

§ 1606. Die Abkömmlinge sind vor den Verwandten der aufsteigenden Linie unterhaltspflichtig. Die Unterhaltspflicht der Abkömmlinge bestimmt sich nach der gesetzlichen Erbfolgeordnung und dem Verhältnisse der Erbteile.

Unter den Verwandten der aufsteigenden Linie haften die näheren vor den entfernteren, mehrere gleich nahe zu gleichen Teilen. Der Vater haftet jedoch vor der Mutter; steht die Nutznießung an dem Vermögen des Kindes der Mutter zu, so haftet die Mutter vor dem Vater.

§ 1607. Soweit ein Verwandter auf Grund des § 1603 nicht unterhaltspflichtig ist, hat der nach ihm haftende Verwandte den Unterhalt zu gewähren.

Das gleiche gilt, wenn die Rechtsverfolgung gegen einen Verwandten im Inland ausgeschlossen oder erheblich erschwert ist. Der Anspruch gegen einen solchen Verwandten geht, soweit ein anderer Verwandter den Unterhalt gewährt, auf diesen über. Der Übergang kann nicht zum Nachteile des Unterhaltsberechtigten geltend gemacht werden.

§ 1608. Der Ehegatte des Bedürftigen haftet vor dessen Verwandten. Soweit jedoch der Ehegatte bei Berücksichtigung seiner sonstigen Verpflichtungen außerstande ist, ohne Gefährdung seines standesmäßigen Unterhalts den Unterhalt zu gewähren, haften die Verwandten vor dem Ehegatten. Die Vorschriften des § 1607 Abs. 2 finden entsprechende Anwendung.

Das gleiche gilt von einem geschiedenen unterhaltspflichtigen Ehegatten sowie von einem Ehegatten, der nach § 1351 unterhaltspflichtig ist.

§ 1609. Sind mehrere Bedürftige vorhanden und ist der Unterhaltspflichtige außerstande, allen Unterhalt zu gewähren, so gehen unter ihnen die Abkömmlinge den Verwandten der aufsteigenden Linie, unter den Abkömmlingen diejenigen, welche im Falle der gesetzlichen Erbfolge als Erben berufen sein würden, den übrigen Abkömmlingen, unter den Verwandten der aufsteigenden Linie die näheren den entfernteren vor.

Der Ehegatte steht den minderjährigen unverheirateten Kindern gleich; er geht anderen Kindern und den übrigen Verwandten vor. Ein geschiedener Ehegatte sowie ein Ehegatte, der nach § 1351 unterhaltsberechtigt ist, geht den volljährigen oder verheirateten Kindern und den übrigen Verwandten vor.

§ 1610. Das Maß des zu gewährenden Unterhalts bestimmt sich nach der Lebensstellung des Bedürftigen (standesmäßiger Unterhalt).

Der Unterhalt umfaßt den gesamten Lebensbedarf, bei einer der Erziehung bedürftigen Person auch die Kosten der Erziehung und der Vorbildung zu einem Berufe.

§ 1611. Wer durch sein sittliches Verschulden bedürftig geworden ist, kann nur den notdürftigen Unterhalt verlangen.

Der gleichen Beschränkung unterliegt der Unterhaltsanspruch der Abkömmlinge, der Eltern und des Ehegatten, wenn sie sich einer Verfehlung schuldig machen, die den Unterhaltspflichtigen berechtigt, ihnen den Pflichtteil zu entziehen, sowie der Unterhaltsanspruch der Großeltern und der weiteren Voreltern, wenn ihnen gegenüber die Voraussetzungen vorliegen, unter denen Kinder berechtigt sind, ihren Eltern den Pflichtteil zu entziehen.

Der Bedürftige kann wegen einer nach diesen Vorschriften eintretenden Beschränkung seines Anspruchs nicht andere Unterhaltspflichtige in Anspruch nehmen.

§ 1612. Der Unterhalt ist durch Entrichtung einer Geldrente zu gewähren. Der Verpflichtete kann verlangen, daß ihm die Gewährung des Unterhalts in anderer Art gestattet wird, wenn besondere Gründe es rechtfertigen.

Haben Eltern einem unverheirateten Kinde Unterhalt zu gewähren, so können sie bestimmen, in welcher Art und für welche Zeit im voraus der Unterhalt gewährt werden soll. Aus besonderen Gründen kann das Vormundschaftsgericht auf Antrag des Kindes die Bestimmung der Eltern ändern.

Im übrigen finden die Vorschriften des § 760 Anwendung.

§ 1613. Für die Vergangenheit kann der Berechtigte Erfüllung oder Schadensersatz wegen Nichterfüllung nur von der Zeit an fordern, zu welcher der Verpflichtete in Verzug gekommen oder der Unterhaltsanspruch rechtshängig geworden ist.

§ 1614. Für die Zukunft kann auf den Unterhalt nicht verzichtet werden.

Durch eine Vorausleistung wird der Verpflichtete bei erneuter Bedürftigkeit des Berechtigten nur für den im § 760 Abs. 2 bestimmten Zeitabschnitt oder, wenn er selbst den Zeitabschnitt zu bestimmen hatte, für einen den Umständen nach angemessenen Zeitabschnitt befreit.

§ 1615. Der Unterhaltsanspruch erlischt mit dem Tode des Berechtigten oder des Verpflichteten, soweit er nicht auf Erfüllung oder Schadensersatz wegen Nichterfüllung für die Vergangenheit oder auf solche im voraus zu bewirkende Leistungen gerichtet ist, die zur Zeit des Todes des Berechtigten oder des Verpflichteten fällig sind.

Im Falle des Todes des Berechtigten hat der Verpflichtete die Kosten der Beerdigung zu tragen, soweit ihre Bezahlung nicht von dem Erben zu erlangen ist.

6. **So ermäßigt sich die Steuer für das dritte und jedes weitere minderjährige Kind um fünf vom Hundert ihres Betrags.** Eine Höchstgrenze der Steuerermäßigung wie im Abs. 2 ist hier nicht vorgesehen. Unterhält also der Steuerpflichtige auf Grund der Vorschriften in den §§ 1601 bis 1615 BGB. vierzehn minderjährige Kinder, so ist die Steuer um (12 × 5 =) 60 vom Hundert ihres Betrags zu ermäßigen.

7. **Veranlagungszeitraum,** der regelmäßig drei Jahre umfaßt, aber auch länger oder kürzer sein kann (§§ 18, 21 und 22).

8. **Der Erwerb einer Erbschaft ..., wenn der Erbe.** Voraussetzung ist danach, daß der Steuerpflichtige die Eigenschaft eines Erben hat. Jedoch wird man, nach der ausgesprochenen Absicht des Gesetzgebers, mit der Vorschrift den Steuerdruck für das Kindeserbe zu vermindern (Anm. 1), die Wohltat des Gesetzes in jedem Falle auch dem nur auf einen Pflichtteil gesetzten Abkömmlinge zukommen lassen müssen (§ 2304 BGB.). Vermächtnisse (§ 2147 a. a. O.) kommen nicht in Betracht.

Voraussetzung für die Anwendung des Abs. 2 ist der Erwerb der Erbschaft (§§ 1942, 2032 und 2106 BGB.). Dagegen ist es ohne Belang, welchen Wert das ererbte Vermögen gehabt hat und ob dieses noch vollständig vorhanden ist. Hat der Erwerb der Erbschaft überhaupt keine Vermehrung des steuerbaren Vermögens herbeigeführt, weil der Nachlaß überschuldet war oder nur aus nicht steuerbarem Vermögen bestand, so kann auch der Abs. 2 nicht zur Anwendung kommen, weil die Vorschrift nur den Zweck verfolgt, die Steuer für das Kindeserbe zu erleichtern.

9. **Abkömmling des Erblassers**, also sein Kind, Enkel oder Urenkel.

10. **Und zur Zeit des Erbanfalls das 21. Lebensjahr noch nicht vollendet hat.** Auf das Alter am Ende des Veranlagungszeitraums kommt es nicht an. Beispiel: Der am 1. Februar 1896 geborene Steuerpflichtige besaß am 1. Januar 1914 ein Vermögen von 20000 ℳ. Am 15. Dezember 1914, also erst 18 Jahre alt, erbt er von seiner Großmutter ein Vermögen von 10000 ℳ. Dieser für den 31. Dezember 1916 festgestellte Zuwachs ist gemäß § 12 steuerfrei, die Veranlagung ist aber nach § 21 Abs. 2 nicht endgültig. Am 31. Dezember 1919 beträgt das Endvermögen 31000 ℳ. Der Veranlagungszeitraum reicht gemäß § 21 Abs. 2 bis zum 1. Januar 1914 zurück, so daß ein Zuwachs von 11000 ℳ festzustellen ist. Der Steuerpflichtige ist also zur Besitzsteuer zu veranlagen. Die Steuer muß aber, obwohl der Steuerpflichtige bereits am 1. Februar 1917 volljährig geworden war, noch für jedes der beiden seit dem Erbanfalle am 15. Dezember 1914 bis zum 1. Februar 1917 laufenden vollen Lebensjahre um fünf, zusammen also um zehn vom Hundert ermäßigt werden. Die ordentliche Steuer von 82,50 ℳ (§ 25) ist demnach um 8,25 ℳ auf 74,25 ℳ herabzusetzen.

11. **Und wenn das steuerbare Vermögen den Gesamtwert von fünfzigtausend Mark nicht übersteigt.** Auf das steuerbare Endvermögen kommt es an, nicht auf den Betrag der Erbschaft; siehe aber Anm. 8. Es müssen fünf Voraussetzungen zusammentreffen, um den Ermäßigungsanspruch aus Abs. 2 zu begründen: 1. der Steuerpflichtige muß Erbe geworden sein (Anm. 8); 2. er muß ein Abkömmling des Erblassers sein (Anm. 9); 3. zur Zeit

des Erbanfalls darf er das 21. Lebensjahr noch nicht vollendet haben (Anm. 10); 4. sein steuerbares Vermögen am Ende des Veranlagungszeitraums darf 50000 ℳ nicht übersteigen; 5. die Zeit zwischen dem Erbanfall und dem Tage, an welchem der Steuerpflichtige großjährig wird, muß mindestens ein volles Jahr sein. Maßgebend ist das auf volle Tausende nach unten abgerundete Vermögen (§ 28 Abs. 3), so daß erst bei einem Endvermögen von 51000 ℳ und mehr die Ermäßigung des Steuersatzes ausgeschlossen ist.

12. **Auf fünf vom Hundert der Abgabe.** Den Gegenstand des Abzugs bildet ein fester Prozentsatz der Abgabe, ohne daß es darauf ankommt, in welchem Verhältnisse der Zuwachs aus der Erbschaft zum ganzen Zuwachse steht.

13. **Die Gesamtermäßigung darf fünfzig vom Hundert der Abgabe nicht übersteigen,** auch wenn zur Zeit des Erbanfalls an der Großjährigkeit des Erben mehr als zehn Jahre fehlten.

Wertermittelung[1]).

§ 28[2]).

Für die Steuerpflicht[3]) und die Ermittelung der Vermögenswerte[4]) ist maßgebend[5]) der Stand in den in §§ 18 bis 22 bezeichneten Zeitpunkten[6]).

Für Betriebe[7]), bei denen regelmäßige jährliche Abschlüsse stattfinden[8]), kann[9]) der Vermögensfeststellung[10]) der Vermögensstand[11]) am Schlusse des letzten Wirtschafts- oder Rechnungsjahrs[12]) zugrunde gelegt werden[13]).

Bei der Veranlagung der Besitzsteuer[14]) wird das Vermögen des Steuerpflichtigen auf volle Tausende nach unten abgerundet.

1. **Wertermittelung.** Der Abschnitt umfaßt die §§ 28 bis 47. Er enthält nicht nur Vorschriften darüber, wie die vorhandenen Gegenstände des Aktiv- und des Passivvermögens zu bewerten sind,

vielmehr wird in den §§ 42—46 auch bestimmt, unter welchen Voraussetzungen bedingte, befristete oder unsichere Rechte oder Lasten als Vermögensgegenstände überhaupt in Betracht kommen; vor allem aber bestimmt der § 28 den Stichtag für die subjektive und die objektive Steuerpflicht.

Die Vorschriften über die Ermittelung des Vermögenswerts stimmen im allgemeinen mit den Vorschriften des Wehrbeitragsgesetzes überein; auf Abweichungen wird bei den einzelnen Vorschriften hingewiesen werden.

2. § 28. Im Entwurfe war es § 26. Die Vorschrift entspricht der im § 15 des Wehrbeitragsgesetzes. Der Abs. 2 ist dem § 10 des preußischen Ergänzungssteuergesetzes nachgebildet.

3. **Für die Steuerpflicht,** die subjektive (§ 11) wie die objektive (§§ 2—10, 42—46).

4. **Und die Ermittelung der Vermögenswerte,** sowohl für den Bestand des steuerbaren Vermögens (§ 2) wie für den Wert der dazu gehörigen Gegenstände, insbesondere auch bei der Bewertung von Betriebsvermögen jeder Art.

Wie bei der Beratung des Wehrbeitragsgesetzes in der Kommission der Berichterstatter ohne Widerspruch feststellte, soll die Praxis, wie sie sich bei der Anwendung des preußischen Ergänzungssteuergesetzes durch die Entscheidungen des Oberverwaltungsgerichts und durch die Ministerialanweisungen herausgebildet hat, auch für die Anwendung des Wehrbeitragsgesetzes maßgebend sein (Kommissionsbericht S. 31). Derselbe Grundsatz muß auch für das Besitzsteuergesetz gelten, da dessen Bewertungsvorschriften mit denen des Wehrbeitragsgesetzes übereinstimmen.

5. **Ist maßgebend** derart, daß später eingetretene Umstände weder die subjektive oder objektive Steuerpflicht noch den Vermögensstand berühren. Siehe aber § 38 Abs. 3, § 45 und § 46.

Das Erleben des Stichtags begründet für die im § 11 aufgeführten Personen ihre Steuerpflicht und ihre Steuerschuld in dem durch das Besitzsteuergesetz vorgeschriebenen Umfange. Siehe § 18 Anm. 4.

Hat der Steuerpflichtige ein Fideikommißgut besessen, so sind seine Erben die alleinigen Schuldner der Besitzsteuer der Reichskasse gegenüber, nicht der Fideikommißnachfolger, denn die Besitzsteuer ist eine Personal-, keine Realsteuer; sie haftet also nicht auf dem beitragspflichtigen Vermögen (vgl. Urt. des preuß. OVG. V W-B 91/15 vom 14. April 1915).

6. **Der Stand in den in §§ 18 bis 22 bezeichneten Zeitpunkten.** Danach sind die Stichtage für die einzelnen Veranlagungszeiträume der 1. Januar 1914 und der 31. Dezember 1916, der 1. Januar 1917 und der 31. Dezember 1919, der 1. Januar 1920 und der 31. Dezember 1922 und so fort in Zeitabständen von drei zu drei Jahren (§ 18). In den Fällen des § 21 umfaßt der Veranlagungszeitraum mehr, in den des § 22 weniger als drei Jahre.

7. Für **Betriebe.** Nur Betriebe der Land- oder Forstwirtschaft, des Bergbaues oder eines Gewerbes kommen in Betracht, nicht aber die Betätigung in einem freien Beruf oder in einem Angestelltenverhältnisse. Siehe Anm. 11 zu § 2.

Nur die Betriebsinhaber können sich auf die Abschlüsse berufen; für Teilhaber an einer offenen Handelsgesellschaft oder einer anderen Erwerbsgesellschaft, bei welcher der Gesellschafter als Unternehmer (Mitunternehmer) des Betriebs anzusehen ist, gilt die Gesellschaftsbilanz (§ 4).

Die Anwendung des § 28 Abs. 2 ist nicht davon abhängig, daß der Steuerpflichtige zur Führung von Handelsbüchern verpflichtet ist (§ 28 Abs. 2 der Ausf.-Best. des Bundesrats), vielmehr genügt die Tatsache, daß ordnungsmäßige Buchführung vorliegt. Siehe Anm. 8 und 11.

8. **Bei denen regelmäßige jährliche Abschlüsse stattfinden.** Die Abschlüsse müssen regelmäßig alljährlich aufgestellt werden; mehr wird nicht verlangt (siehe auch Anm 11). Die Abschlüsse brauchen also nicht den für Handelsbücher in den §§ 38 ff. HGB. gegebenen Vorschriften zu entsprechen. Jene Voraussetzung ist

auch erfüllt, wenn wegen der Verlegung des Geschäftsjahrs der Abschluß für das Übergangsjahr eine kürzere Zeit als zwölf Monate umfaßt; sie ist nicht erfüllt, wenn aus dem gleichen Anlaß oder aus einem anderen Grunde seit der Aufstellung des letzten Abschlusses mehr als zwölf Monate vergangen sind (Entsch. des preuß. OVG. in Staatsstſ. Bd. 7 S. 267). Keinesfalls darf die Anwendung des § 28 Abs. 2 dazu führen, daß die Besitzsteuerveranlagung nur zwei Jahresabschlüsse erfassen würde (§ 28 Abs. 3 der Ausf.-Best. des Bundesrats). Im übrigen ist es unwesentlich, welcher Zeitraum zwischen den beiden Abschlüssen liegt, von denen der eine beim Anfangsvermögen, der andere beim Endvermögen Berücksichtigung findet.

9. **Kann**, braucht also nicht. Maßgebend ist der Wille des Steuerpflichtigen (Entsch. des preuß. OVG. in Staatsstſ. Bd. 7 S. 267), wie er in der für die Besitzsteuererklärung aufgestellten Berechnung zum Ausdrucke kommt. Macht der Steuerpflichtige von der ihm gegebenen Befugnis keinen Gebrauch, so kommen auch für die Feststellung des Betriebsvermögens nur die im Abs. 1 bestimmten Stichtage in Betracht; siehe Anm. 12. Ist es nach den Erklärungen des Steuerpflichtigen fraglich, ob dieser die Vorschrift im Abs. 2 für sich in Anspruch nimmt, so muß die Steuerbehörde den Zweifel hierüber durch sachgemäße Befragung des Steuerpflichtigen lösen (Urt. des preuß. OVG. V W-B 149/15 vom 13. Nov. 1915).

Macht der Steuerpflichtige von dem Rechte nach Abs. 2 Gebrauch, so hat er der Steuererklärung den Abschluß für das letzte Wirtschafts- oder Rechnungsjahr beizufügen (§ 28 Abs. 4 der Ausf.-Best. des Bundesrats).

Unterbleibt die Einreichung des Abschlusses trotz Erinnerung, so kann der Steuerpflichtige den § 28 Abs. 2 nicht für sich in Anspruch nehmen, weil er die Voraussetzungen für die Anwendung jener Vorschrift nicht nachgewiesen hat. Die Nachholung im Berufungsverfahren wird berücksichtigt werden müssen, nicht aber die im Beschwerdeverfahren, weil sie auf tatsächlichem Gebiete liegt.

10. **Der Vermögensfeststellung,** d. h. der Feststellung des Betriebsvermögens. Als im Betrieb angelegt gilt dasjenige Vermögen, auf welches die Buchführung sich erstreckt (vgl. § 23 Abs. 2 der Ausf.-Best. des Bundesrats zum Wehrbeitragsgesetze). Die seit dem Schlusse des letzten Wirtschafts- oder Rechnungsjahrs bis zum gesetzlichen Stichtag eingetretenen Verschiebungen zwischen dem im Betrieb angelegten Vermögen und dem sonstigen Vermögen des Steuerpflichtigen sind zu berücksichtigen (§ 28 Abs. 1 der Ausf.-Best. des Bundesrats). Siehe Anm. 13.

11. **Der Vermögensstand.** Es kommen also nur Abschlüsse in Betracht, aus denen der Vermögensstand ersichtlich ist; Abschlüsse, welche lediglich in einer Gegenüberstellung der Einnahmen und Ausgaben bestehen, rechtfertigen keine Abweichung von der allgemeinen Regel im Abs. 1.

Die Abschlüsse sind für den Bestand der Anlage- und Betriebsgegenstände und deren Bewertung nur insofern maßgebend, als dafür nicht der gesetzliche Stichtag, sondern der Schluß des letzten Wirtschafts- oder Rechnungsjahrs entscheidend ist. Die Bewertung muß im übrigen den hierüber im Besitzsteuergesetz aufgestellten Grundsätzen entsprechen.

Bestand und Bewertung des Betriebsvermögens unterliegen der Nachprüfung der Steuerbehörde (§§ 55 und 57). Siehe auch Anm. 10 und 13.

12. **Am Schlusse des letzten Wirtschafts- oder Rechnungsjahrs.** Als letztes Wirtschafts- oder Rechnungsjahr (Betriebsjahr) gilt dasjenige, dessen Ergebnis bei Abgabe der Besitzsteuererklärung feststand. Will der Beitragspflichtige seiner Erklärung den noch nicht festgestellten Abschluß vom 31. Dezember 1916 zugrunde legen, so ist ihm eine angemessene, keinesfalls über den 15. April 1917 hinausgehende Frist zu gewähren (Art. 7 Nr. 6 der preuß. Ausführungsvorschriften). Danach kann ein Betriebsjahr, das über den Schluß des Veranlagungszeitraums hinausgreift, keinesfalls maßgebend sein.

Ist für das spätestens mit dem Schlusse des Veranlagungszeitraums ablaufende Geschäftsjahr der Abschluß zur Zeit der Abgabe der Steuererklärung noch nicht fertiggestellt, so kommt es darauf an, ob nach den besonderen Umständen des Falles der Abschluß hätte fertig sein können oder nicht. Hätte der Abschluß fertig sein können, ist er also schuldhafterweise nicht aufgestellt, so ist die Voraussetzung für die Anwendung des Abs. 2, daß „regelmäßige jährliche Abschlüsse stattfinden", nicht erfüllt, und es verbleibt bei der allgemeinen Regel des Abs. 1; war dagegen die rechtzeitige Fertigstellung des Abschlusses nicht möglich, so ist der Abschluß für das vorangegangene Geschäftsjahr maßgebend.

13. **Zugrunde gelegt werden.** Siehe die Anm. 10 und 11. Das Recht der Berichtigung des Vermögensstandes, wie er sich aus den Abschlüssen ergibt, steht auch dem Steuerpflichtigen zu (Urt. des preuß. OVG. V W-B 149/15 vom 13. November 1915).

Verschiebungen zwischen dem im Betrieb angelegten Vermögen und dem sonstigen Vermögen des Steuerpflichtigen finden statt, wenn Gegenstände des Betriebsvermögens aus diesem ausgeschieden werden, so daß sie selbständig zu bewerten sind, oder umgekehrt, wenn dem Betriebsvermögen neue Gegenstände einverleibt werden.

Beispiel A: Ein Kaufmann, dessen Geschäftsjahr am 30. Juni abläuft, hat seinem nach dem letzten Abschlusse 3000000 ℳ betragenden Betriebsvermögen 1000000 ℳ entnommen und hierfür am 1. Oktober 1916 ein Rittergut erworben. Vom Betriebsvermögen sind 1000000 ℳ abzusetzen und der Wert des Ritterguts ist besonders zu ermitteln und anzusetzen.

Beispiel B: Ein Grubenbesitzer, dessen Geschäftsjahr am 30. September abläuft, entnimmt seinem nach dem letzten Abschlusse 2000000 ℳ betragenden Betriebsvermögen 300000 ℳ und gibt diese im November 1916 seiner Tochter als Mitgift. Er wird den entnommenen Betrag von seinem Betriebsvermögen absetzen dürfen.

Beispiel C: Ein Grundstückshändler besitzt nach seinem letzten Jahresabschluß am 30. September 1916 ein Betriebsvermögen von 4000000 M. Anfang Oktober gelingt es ihm, ein nur 500000 M wertes Grundstück für 1000000 M zu verkaufen. Den ganzen Erlös aus dem Verkaufe läßt er im Geschäfte. Seinem Betriebsvermögen nach dem Stande am 30. September 1916 darf nichts zugerechnet werden, denn das nicht zum Betriebsvermögen gehörige sonstige Vermögen des Steuerpflichtigen ist von jenem Geschäftsvorfalle unberührt geblieben.

Beispiel D: Ein Landwirt schließt seine Bücher am 30. Juni ab. Der letzte Abschluß weist ein Betriebsvermögen von 100000 M nach. Im November 1916 gewinnt er in der Lotterie 20000 M. Das Geld verwendet er zur Anschaffung von landwirtschaftlichen Maschinen und lebendem Inventar. Der Wert dieser Neuanschaffungen am Ende des Veranlagungszeitraums ist dem Betriebsvermögen von 100000 M zuzurechnen.

14. **Bei der Veranlagung zur Besitzsteuer wird das Vermögen des Steuerpflichtigen.** Gegenstand der Veranlagung ist nicht das Vermögen, sondern der Zuwachs. Als Zuwachs gilt nach § 19 der Unterschied zwischen den beiden Vermögensbeständen am Anfang und am Ende des Veranlagungszeitraums. Diese Unterlagen für die Veranlagung unterliegen der vorgeschriebenen Abrundung. Der Zuwachs stellt dann gleichfalls einen Betrag von vollen Tausenden dar.

Die Ausscheidung der nach §§ 15 und 16 des Gesetzes steuerfreien Zuwachsbeträge hat in der Weise zu erfolgen, daß diese Beträge von dem noch nicht abgerundeten Endvermögen abgezogen werden (§ 26 Abs. 3 der Ausf.-Best. des Bundesrats).

§ 29[1]).

Bei der Feststellung des Vermögens[2]) ist der gemeine Wert (Verkaufswert)[3]) seiner einzelnen Bestandteile[4]) zugrunde zu legen, sofern das Gesetz nichts anderes vorschreibt[5]).

1. **§ 29.** Im Entwurfe war es § 27. Der § 16 des Wehrbeitragsgesetzes hat den gleichen Wortlaut und der § 9 des preuß. Ergänzungssteuergesetzes den gleichen Inhalt.

2. **Bei der Feststellung des Vermögens.** Siehe die §§ 2—10.

3. **Der gemeine Wert (Verkaufswert).** Er wird durch den Preis bestimmt, der im gewöhnlichen Geschäftsverkehre nach der Beschaffenheit des Gegenstandes ohne Rücksicht auf ungewöhnliche oder lediglich persönliche Verhältnisse zu erzielen ist (§ 27 Abs. 2 der Ausf.-Best. des Bundesrats).

Nicht maßgebend ist also der außerordentliche Wert (Interesse) einer Sache, der aus der Berechnung des Nutzens erwächst, welchen die Sache nur unter gewissen Bestimmungen oder Verhältnissen erreichen kann (§ 114 I 2 des Allg. Landrechts f. d. preuß. Staaten), oder der Wert der besonderen Vorliebe (Affektionswert), der aus bloß zufälligen Eigenschaften oder Verhältnissen einer Sache entsteht, die ihr in der Meinung des Besitzers einen Vorzug vor allen anderen Sachen gleicher Art beilegen (§ 115 I 2 a. a. O.).

4a. **Seiner einzelnen Bestandteile.** Hierzu bemerkt § 27 Abs. 3 der Ausführungsbestimmungen des Bundesrats: „Ein Vermögensbestandteil, dessen Wert im ganzen zu ermitteln ist, umfaßt alle Gegenstände, die in einem wirtschaftlichen Zusammenhange zueinander stehen.“ Die bloß zufällige Vereinigung von mehreren wirtschaftlich selbständigen Vermögensgegenständen in der Hand eines Besitzers als Grund-, Betriebs- oder Kapitalvermögen kommt für die Bewertung nicht weiter in Betracht. Ebenso bestimmt Art. 5 Nr. 4 der Ausf.-Anw. zum preuß. Ergänzungssteuergesetze: „Die Wertermittelung muß für jeden einzelnen Teil des Vermögens besonders erfolgen. Unter den einzelnen Teilen sind die wirtschaftlich nicht zusammengehörigen selbständigen Bestandteile des Vermögens zu verstehen, z. B. die verschiedenen Einzelposten, aus denen das Kapitalvermögen sich zusammensetzt, sofern sie bekannt sind, oder mehrere, unabhängig voneinander bewirtschaftete Landgüter. Dagegen sind die zu einer wirtschaftlichen Einheit gehörigen Vermögensteile bei der Würdigung des Wertes im ganzen zutreffend zu erfassen."

Steht ein Gegenstand im Miteigentume mehrerer, so ist zunächst sein gemeiner Wert zu ermitteln. Der gemeine Wert des ideellen Anteils des Miteigentümers wird dann durch die zwischen den Miteigentümern bestehenden Rechte und Pflichten bestimmt und besteht in dem Betrage, welcher bei Auflösung der Gemeinschaft voraussichtlich auf ihn entfällt (Entsch. des preuß. OVG. in Staatsstſ. Bd. 5 S. 332).

4b. Grundstücke als Bestandteile.

a) Land- und Forstwirtschaft. Jedes Gut, welches nach seiner baulichen Ausstattung und sonstigen Beschaffenheit den Charakter einer selbständigen Nährstelle hat und sich auch nicht nach der Anschauung des Verkehrs als wirtschaftlicher Bestandteil (Vorwerk) eines anderen Gutes darstellt, gilt der Regel nach als besondere wirtschaftliche Einheit, gleichviel ob es zufällig mit einem anderen Gute zusammen bewirtschaftet wird oder nicht (Urt. des preuß. OVG. E Vb 12/12 vom 15. März 1913). So ist auch die wirtschaftliche Einheit in einem Falle verneint worden, wo die Besitzung von 20 ha Umfang in sechs verschiedenen Gemeinden zerstreut lag, von dem Besitzer nach und nach erworben war und aus den verschiedensten Kulturarten — Weinbergen, Holzungen, Schälwald, Acker, Ödland — bestand (Urt. des preuß. OVG. E XIIIa 115 vom 28. Oktober 1897).

Holzungen gehören in der Regel zu der landwirtschaftlichen Einheit des Landguts. Treten sie jedoch nach dem Verhältnis ihrer Fläche zu dem sonstigen Areal aus dem Rahmen der üblichen Zusammensetzung der Landgüter heraus, so sind bei der einheitlichen Bewertung des Gesamtguts zwei getrennte Einheitssätze für die sonstigen Kulturarten und für die Holzungen, jedoch nur als Rechnungsfaktoren, anzuwenden (Entsch. des preuß. OVG. in Staatsstſ. Bd. 5 S. 118).

Inventar und landwirtschaftliche Nebenbetriebe. Bei der Veranschlagung des Wertes von Grundstücken, welche dem Betriebe der Land- oder Forstwirtschaft, der Viehzucht, dem Wein-, Obst- oder Gartenbaue dienen, sind auch das lebende und tote Wirtschaftsinventar sowie die sonst zum Betriebsvermögen (§ 2 Nr. 2 und § 4) gehörigen Werte — einschließlich der den gewerblichen Nebenbetrieben dienenden Gegenstände — mit der Maßgabe zu berücksichtigen, daß Mehr- oder Minderwerte des Inventars gegenüber einem wirtschaftlich normalen Bestand in Zu- oder Abrechnung zu bringen sind. Aus den wirtschaftlichen Vorjahren noch vorhandene, zum Verkaufe bestimmte Vorräte kommen als selbständige Vermögensstücke in Anrechnung (Art. 6 Nr. 2 der Technischen Anleitung vom 26. Dezember 1893 für die erstmalige Schätzung usw. zur Ergänzungssteuer in Preußen). Stehen gewerbliche Unternehmungen nicht in unmittelbarer Verbindung mit einem landwirtschaftlichen usw. Betriebe, stellen sie sich vielmehr als selbständige Betriebe dar, so ist das ihnen gewidmete Vermögen als eine selbständige wirtschaftliche Einheit (Betriebsvermögen) besonders zu bewerten. Siehe weiter unten zu d.

b) Baustellen und Bauterrains. Über die Bewertungsweise solcher Grundstücke sind in der Rechtsprechung des preuß. OVG. (Entsch. in Staatsstſ. Bd. 5 S. 151—157) folgende Grundsätze aufgestellt:

Über die Wertbestimmung eines Vermögensteils entscheidet dessen Zustand am Stichtage; daraus folgt einmal, daß Tatumstände, wie die Möglichkeit künftiger Bebauung, durch welche der Wert beeinflußt werden kann, nur insoweit zu berücksichtigen sind, als sie schon jetzt, im gegenwärtigen Verkehre, den Preis beeinflußt haben, und ferner, daß diejenigen Grundstücke, welche zur Zeit einen selbständigen Vermögensteil (wirtschaftliche Einheit) bilden, als ein Ganzes zu bewerten sind.

Baustelle ist das zum sofortigen Anbau reife, d. i. an einer fertiggestellten Straße belegene Grundstück, das sich in der vom Besitzer bestimmten oder durch die örtlichen Verhältnisse bedingten Größe als besonderes Verkehrsobjekt darstellt. Bauterrain ist ein größerer, zusammenhängender Komplex von Grundstücken, der in absehbarer Zeit Gegenstand der Bebauung werden kann, vorausgesetzt, daß ein diese Grundstücke umfassender und noch gegenwärtig zur Ausführung geeigneter Bebauungsplan festgestellt ist.

In der Regel ist jede einzelne Baustelle für sich und ebenso jede innerhalb des Bauterrains belegene, wenn auch viele künftige Baustellen umfassende, zusammenhängende Besitzung als eine selbständige Einheit zu bewerten. Dabei sind zur Vergleichung unmittelbar anwendbar bei Baustellen die Kaufpreise, die für andere, nach Lage, Größe und Beschaffenheit (Straßenfront und Tiefe) möglichst gleichartige Baustellen gezahlt sind, bei Bauterrains dagegen nur die für möglichst gleichartige Komplexe gezahlten Preise, nicht jedoch die für Baustellen in ähnlicher Lage gezahlten, die nur mittelbar und aushilfsweise in Betracht kommen; denn die Summe der künftighin möglicherweise zu erzielenden Baustellen-(Detail-)Preise stellt keineswegs den gegenwärtigen (Engros-)Preis des ganzen Komplexes dar, welcher erst durch Unternehmertätigkeit und mannigfachen Kapitalaufwand aus einem Bauterrain in anbaureife Baustellen umgewandelt werden soll.

Für Grundstücke, die Teile einer größeren Besitzung sind und außerhalb eines Bebauungsplans liegen, kann nur die allgemeine Wertsteigerung wegen Nähe der Ortschaft und wegen der etwa erwarteten Einbeziehung in den Bebauungsplan den Anlaß und einen Rechnungsfaktor für die höhere Bewertung der Gesamtbesitzung bilden.

c) Hausbesitz. Hier bilden die Gebäude mit dem Grund und Boden, auf dem sie errichtet sind, sowie mit den dazu gehörenden Nebengebäuden, Hofräumen und Gärten eine wirtschaftliche Einheit (Art. 7 A der Technischen Anleitung vom 26. Dezember 1893 behufs Veranlagung zur preuß. Ergänzungssteuer).

d) Gewerbliche Grundstücke. Der Wert derjenigen Grundstücke, welche einem bergbaulichen, einem Handels- oder Gewerbebetriebe gewidmet sind, ist bei der Ermittelung des dem betreffenden

Betriebe gewidmeten Betriebsvermögens zu berücksichtigen (vgl. § 11 Abs. 3 des preuß. Ergänzungssteuergesetzes). Bei den auf einem Landgute befindlichen gewerblichen Unternehmungen (Ziegeleien, Brennereien usw.) bildet deren Betriebsvermögen entweder einen Rechnungsfaktor für die Bewertung der wirtschaftlichen Einheit der Gesamtbesitzung oder es ist als eine besondere wirtschaftliche Einheit zu bewerten, je nachdem das Unternehmen als ein Nebenbetrieb der Landwirtschaft oder als ein selbständiger Gewerbebetrieb sich darstellt (Entsch. des preuß. OVG. in Staatsstſ. Bd. 5 S. 112). Ein landwirtschaftlicher Nebenbetrieb kann nur dann angenommen werden, wenn die dazu verwendeten Mittel von dem Betriebe der Landwirtschaft vollständig gesondert sind (Entsch. des preuß. OVG. in Staatsstſ. Bd. 5 S. 181, Bd. 11 S. 75).

Landwirtschaftliche Nebenbetriebe können sein: Brennereien, Brauereien, Stärke- und Krautfabriken, Mühlen, Ziegeleien, Sand-, Lehm-, Tongruben, Stein-, Schiefer-, Kalk- oder Kreidebrüche, Torfstiche und andere Betriebe, bei welchen die Erträgnisse der Substanz des Bodens entnommen werden.

5. **Sofern das Gesetz nichts anderes vorschreibt.** Solche Vorschriften sind in den §§ 30 ff. enthalten.

§ 30[1].

Bei Grundstücken[2]) tritt auf Antrag[3]) des Steuerpflichtigen an die Stelle des gemeinen Wertes[4]) der Betrag der nachgewiesenen oder glaubhaft gemachten[5]) Gestehungskosten[6]).

Zu den Gestehungskosten[6]) sind zu rechnen der Gesamtwert der Gegenleistungen beim Erwerb (Erwerbspreis), sonstige Anschaffungskosten sowie alle auf das Grundstück gemachten besonderen Aufwendungen während der Besitzzeit, soweit sie nicht zu den laufenden Wirtschaftsausgaben[7] gehören und soweit die durch die Aufwendungen hergestellten Bauten und Verbesserungen noch vorhanden sind[8]). Von den Gestehungskosten sind die durch **Verschlechterung** entstandenen Wertminderungen[9]) abzuziehen.

1. § 30. Im Entwurfe war es § 28 Abs. 1 und 2. Die Vorschrift findet sich weder im Wehrbeitragsgesetze noch im preußischen Ergänzungssteuergesetze.

2. **Bei Grundstücken,** ohne Unterschied, welchen Zwecken sie dienen. Der § 30 enthält eine wesentliche Abweichung vom Wehrbeitragsgesetz und dem preußischen Ergänzungssteuergesetz, insofern Grundstücke, auch land- und forstwirtschaftliche, mit dem **gemeinen Werte oder statt dessen auf Antrag des Steuerpflichtigen mit dem Betrage der Gestehungskosten anzusetzen sind.** Damit ist die Möglichkeit gegeben, daß der noch nicht realisierte Konjunkturgewinn bei Grundstücken der steuerlichen Erfassung entzogen bleibt (Begründung des Gesetzentwurfes S. 38). Darin liegt allerdings eine Begünstigung des Grundbesitzes. Diese soll sachlich gerechtfertigt sein, weil der Grundstücksbesitzer von der Wertsteigerung oft keinen Vorteil habe, ehe er zur Veräußerung schreitet (Kommissionsbericht S. 61). Wer ein Grundstück kauft, legt vorhandenes Vermögen an, ohne daß dieses zunächst nach der Auffassung des Besitzers eine Zu- oder Abnahme erfährt (Begründung des Gesetzentwurfes S. 45).

Nach § 30 und den Vorschriften in den folgenden §§ 31 und 32 ergeben sich folgende Grundsätze für die Bewertung von Grundstücken:

A. Die Regel für alle Grundstücke bildet der Ansatz zum gemeinen Werte.

B. Der Steuerpflichtige kann für alle Grundstücke oder für das eine oder das andere den bloßen Ansatz der Gestehungskosten wählen; hierbei tritt aber in zwei Fällen anstatt des Erwerbspreises eine andere Wertgröße ein, nämlich

a) beim Erwerbe von Todes wegen, beim Erwerb im Wege der Erbteilung, ferner wenn der Veräußerer zu den Eltern, Großeltern oder entfernteren Voreltern des Steuerpflichtigen gehört sowie beim Erwerb auf Grund einer ohne entsprechende Gegenleistung erfolgten Zuwendung unter Lebenden (§ 31);

b) in anderen Erwerbsfällen, wenn der vereinbarte Preis um mehr als 10 vom Hundert hinter dem gemeinen Werte zur Zeit des Erwerbes und gegebenenfalls zugleich auch hinter dem Ertragswerte zur Zeit des Erwerbes zurückgeblieben ist.

C. In den vorstehend zu **Ba** und **Bb** erwähnten Ausnahmefällen tritt der Wert zur Zeit des Erwerbes an die Stelle des Erwerbspreises, und zwar bei gewissen Grundstücken unter bestimmten Voraussetzungen der Ertragswert, falls der Steuerpflichtige nicht den gemeinen Wert wählt, bei allen übrigen Grundstücken aber der gemeine Wert (§ 31).

3. **Auf Antrag.** An den einmal gestellten Antrag bleibt der Steuerpflichtige gebunden (§ 46 Abs. 1 der Ausf.-Best. des Bundesrats). Der Antrag kann bis zum Ablaufe der mit der Zustellung des Steuer- oder des Feststellungsbescheids eröffneten Rechtsmittelfrist gestellt werden. Bei gleichzeitiger Feststellung des Anfangs- und Endvermögens kann der Antrag nicht auf eine Feststellung beschränkt werden (§ 29 Abs. 2 a. a. O.). Wird ein solcher Antrag noch rechtzeitig nach Zustellung des Steuer- oder des Feststellungsbescheids gestellt, so ist die Veranlagung zunächst zu berichtigen. In diesem Falle wird mit der Zustellung des berichtigten Steuer- oder Feststellungsbescheids oder der Mitteilung, daß sich an dem Veranlagungsergebnisse nichts ändere, eine neue Rechtsmittelfrist eröffnet (§ 46 Abs. 2 a. a. O.).

4a. Des gemeinen Wertes. Siehe § 29 Anm. 3.

Bei der Ermittelung des gemeinen Wertes von Grundstücken ist, falls nicht von einem früheren Kaufpreise der zu bewertenden Grundstücke ausgegangen werden kann, was zunächst der Prüfung bedarf, der Wert jeder klarzustellenden wirtschaftlichen Einheit — siehe § 29 Anm. 4a und 4b — durch Vergleichung mit normalen Kaufpreisen, die für gleichartige Grundstücke in neuerer Zeit erzielt worden sind, unter Annahme eines passenden Vergleichsmaßstabs und unter Ausgleichung etwaiger Verschiedenheiten zwischen den Vergleichsgrundstücken und dem zu bewertenden Grundstücke zu suchen. Zwecks Ermittelung von geeigneten Vergleichsgrundstücken, die nur im wesentlichen — nach der Anschauung im Verkehre — gleichartig zu sein brauchen, sind die amtlichen Kaufpreissammlungen einzusehen, das Katasteramt und die Ortsbehörde zu befragen, auch die Vergleichsgrundstücke und die Preise mit dem Steuerpflichtigen zu erörtern. Sind am Orte, wo das Grundstück belegen ist, Vergleichsgrundstücke nicht zu ermitteln, so ist nach solchen in Nachbarorten zu forschen (Entsch. des preuß. OVG. in Staatsstf. Bd. 8 S. 342, Bd. 9 S. 363 ff.). **Nur wenn Vergleichsobjekte nicht zu ermitteln sind, darf auf die nach Einheitssätzen aufgestellten Schätzungsbogen zurückgegriffen werden. In diesem Falle muß aber dem Steuerpflichtigen mitgeteilt werden, für welche Art von Grundstücken nach Fläche** und Grundsteuerreinertrag der Einheitssatz ermittelt worden ist, um ihm Gelegenheit zur Prüfung zu geben (a. a. O. Bd. 5 S. 86, 90 ff., 331; Bd. 6 S. 37, 56, 61, 328; Bd. 7 S. 128).

Bei einem alten, in überaus schlechtem Bauzustande befindlichen, abbruchreifen Hause ist der Gebäudesteuernutzungswert kein geeigneter Vergleichsmaßstab (Urt. des preuß. OVG. VI W-B 4/16 vom 12. Februar 1916).

Ob dem Gutachten des Katasteramts, dem die gesamten Kaufpreissammlungen zu Gebote stehen, das ständig mit der Bewertung von Grundstücken und mit deren Fortschreibung befaßt ist und dem die maßgebenden Grundsätze für die Bewertung bekannt sind, der Vorzug vor anderen Gutachten zu geben ist, ist reine Tatfrage (Urt. des preuß. OVG. VI W-B 47/16 vom 27. September 1916).

4b. Apothekengrundstücke. Es entspricht den allgemeinen Anschauungen des Verkehrs, daß für Hausgrundstücke, in denen gewinnreiche Geschäfte seit längerer Zeit betrieben werden und die nach ihrer Lage und Einrichtung hierfür besonders geeignet sind, zumal wenn dies durch behördliche Konzessionen für den betreffenden Geschäftsbetrieb noch besonders anerkannt ist, höhere Verkaufspreise verlangt und erzielt werden als für Hausgrundstücke ohne jene Eigenschaft. Solche Umstände dürfen deshalb nach feststehender Rechtsprechung bei der Ausmittelung des gemeinen Wertes des betreffenden Grundstücks nicht unberücksichtigt bleiben (Urt. des preuß. OVG. E XIIIc 7/15 vom 3. Juli 1915 und die dort aufgeführten früher ergangenen Urteile). Das gleiche muß für Grundstücke gelten, auf denen Schankwirtschaften betrieben werden.

5. **Der nachgewiesenen oder glaubhaft gemachten.** Den Nachweis hat der Steuerpflichtige zu führen. Es genügt, daß die betreffenden Kosten „glaubhaft" gemacht sind; ob sie glaubhaft sind, ist Tatfrage. Eine Ablehnung tatsächlicher Angaben wird aber im Rechtsmittelverfahren von der Behörde näher zu begründen sein.

6. **Gestehungskosten.** Der Begriff wird im § 30 der Ausf.-Best. des Bundesrats dahin erläutert:

„Die Gestehungskosten zerfallen in die Gestehungskosten beim Erwerb und in die weiteren Gestehungskosten während der Besitzzeit.

Zu den Gestehungskosten beim Erwerbe sind zu rechnen

1. der Gesamtwert der Gegenleistungen beim Erwerb (Erwerbspreis). Der Wert einer Gegenleistung ist erforderlichenfalls in entsprechender Anwendung der §§ 29, 34 ff. des Gesetzes festzusetzen;
2. die sonstigen Anschaffungskosten einschließlich der öffentlichen Abgaben und etwaiger Vermittlergebühren.

Zu den weiteren Gestehungskosten zählen alle auf das Grundstück gemachten besonderen Aufwendungen während der Besitzzeit, soweit sie nicht zu den laufenden Wirtschaftsausgaben gehören. Die Zurechnung zu den weiteren Gestehungskosten entfällt für solche Aufwendungen, durch die nicht mehr vorhandene Bauten und Verbesserungen hergestellt worden sind.

Von den Gestehungskosten (Abs. 2 und 3) sind die durch Verschlechterung entstandenen Wertminderungen abzuziehen (§ 30 Abs. 2 Satz 2 des Gesetzes). Als Verschlechterung ist jede Beeinträchtigung des Bestandes und der Beschaffenheit eines Grundstücks anzusehen, so daß auch Wertminderungen infolge Abnutzung, infolge mangelhafter Bodenbestellung oder Verringerung des lebenden und toten Inventars zu berücksichtigen sind. Eine Verschlechterung, die bereits nach Abs. 3 Satz 2 berücksichtigt worden ist, bleibt außer Betracht."

Als Preis eines Grundstücks kommt nur dasjenige in Betracht, was für die Übereignung des Grundstücks zu leisten ist. Demnach kann die vertragliche Übernahme einer an den bisherigen **Mieter oder Pächter des veräußerten Grundstücks** zu zahlenden **Abfindung**, auch wenn sie vom Erwerber zu zahlen ist, **nicht in den Grundstückspreis einbezogen** werden (**Urt. des preuß. OVG. VII C 353/14 vom 22. Juni 1915, mitgeteilt im Preuß. Verwaltungsblatte, Jahrgang 37 Nr. 34 vom 20. Mai 1916**).

7. **Zu den laufenden Wirtschaftsausgaben.** Siehe § 23 Anm. 6.

8. **Und soweit die durch die Aufwendungen hergestellten Bauten und Verbesserungen noch vorhanden sind.** Es ist dies ein Zusatz, der in der Kommission angenommen worden ist. Zur Begründung führte ein Vertreter der antragstellenden Partei folgendes an: „Abs. 2 der Vorlage führe die Besteuerung der Meliorationen herbei. Könne man diesen Gedanken auch nicht ganz aus dem Gesetze herausnehmen, so solle man doch eine offenbare Ungerechtigkeit vermeiden, die darin liege, daß jemand sogar etwas besteuern solle, was er aufgewendet habe, was aber gar nicht mehr vorhanden sei. Er erinnere an das Beispiel, daß jemand auf einem Grundstück ein Bauwerk errichtet habe, das durch einen Brand vernichtet worden sei, oder an ein anderes Beispiel, daß eine kostspielige Wiesenmelioration durch Überschwemmung zerstört wurde. Es sei daher gerechtfertigt, in den Abs. 2 einzufügen, daß zu den Gestehungskosten nur Bauten und Verbesserungen gerechnet werden dürfen, die noch vorhanden sind" (Kommissionsbericht S. 90). Siehe auch Anm. 6.

9. **Durch Verschlechterung entstandene Wertminderungen.** In der ursprünglichen Fassung des Gesetzes war anstatt

des Ausdrucks „Verschlechterung“ das Wort „Abnutzung“ gebraucht. Die Abänderung ist durch § 39 Abs. 4 des Kriegssteuergesetzes erfolgt.

Die durch Verschlechterung entstandenen Wertverminderungen gehen weiter als solche durch bloße Abnutzung; sie können insbesondere auch am Grund und Boden eintreten; siehe Anm. 6. Über den Begriff der Verschlechterung hat sich der Reichsschatzsekretär nach dem Kommissionsberichte (S. 24 ff.) eingehend geäußert:

„Nehme man einmal das Beispiel, es habe jemand in Ostpreußen nach Kriegsausbruch, aber vor dem zweiten Russeneinfall ein Grundstück gekauft, so finde zunächst die Bewertung nach den Gestehungskosten statt. Wenn aber durch den zweiten Einfall der Russen dieses Grundstück beschädigt worden sei, wenn also eine materielle Verschlechterung eingetreten sei, so dürfe diese Wertverminderung von den Gestehungskosten abgezogen werden. Das gleiche gelte natürlich auch für Grundstücke, die vor dem 1. August 1914 erworben wurden, soweit der Versteuerung der Gestehungspreis überhaupt zugrunde gelegt wird, und zwar sowohl hinsichtlich der Besitzsteuer als auch der besonderen Kriegsabgabe.

Wenn man alle diese Bestimmungen zusammenhalte, so werde man zugeben müssen, daß diese Regelung die Interessen des Fiskus wahrnimmt und auch im Hinblick auf die beteiligten Steuerzahler als billig zu bezeichnen ist.

Mit dem Begriffe ‚Verschlechterung‘ sei jede materielle Verschlechterung gemeint, eine Verschlechterung, die durch Beschädigung infolge der Kriegsereignisse, Brand usw., durch Abnahme des Inventars, aber auch durch Abnutzung, mangelhafte Bestellung hervorgerufen sein könne. Allerdings sei eine materielle Verschlechterung vorausgesetzt, so daß ein Minderwert, der lediglich durch die allgemeine Konjunktureinwirkung des Krieges bei unveränderter Substanz entstanden sei, nicht in Berücksichtigung gezogen werde.“

§ 31[1].

Beim Erwerbe von Todes wegen im Sinne der §§ 1 bis 4 des Erbschaftssteuergesetzes[2a]), beim Erwerb im Wege der Erbteilung[2b]), beim Erwerbe von Eltern, Großeltern oder entfernteren Voreltern[3]) sowie beim Erwerb auf Grund einer ohne entsprechende Gegenleistung erfolgten Zuwendung unter Lebenden[4]) tritt an die Stelle des Erwerbspreises[5]), soweit die Grundstücke dauernd land- oder forstwirtschaftlichen oder gärtnerischen Zwecken zu dienen bestimmt sind[6]), oder soweit bebaute Grundstücke Wohnzwecken oder gewerblichen Zwecken zu dienen bestimmt sind[7]) und ihre Bebauung und Benutzung der ortsüblichen Bebauung und Benutzung entspricht[8]), der Ertragswert[9]), sonst[10]) der gemeine Wert[11]) zur Zeit des Erwerbes[12]).

Als Ertragswert[9]) gilt bei land-[14a]) oder forstwirtschaftlichen[14b]) oder Gärtnereigrundstücken[14a]) das Fünfundzwanzigfache des Reinertrags[13]), den sie nach ihrer bisherigen wirtschaftlichen Bestimmung bei ordnungsmäßiger Bewirtschaftung mit entlohnten fremden Arbeitskräften nachhaltig gewähren können[14a u. b]).

Die der Land- und Forstwirtschaft oder der Gärtnerei dienenden Gebäude und Betriebsmittel[15]) werden nicht besonders veranlagt, sondern sind in der Veranlagung des Ertragswerts einbegriffen[16]).

Bei bebauten Grundstücken, die Wohnzwecken oder gewerblichen Zwecken zu dienen bestimmt sind[7]), gilt als Ertragswert das Fünfundzwanzigfache des Miet- oder Pachtertrags[17]), der in den letzten drei Jahren im Durchschnitt erzielt worden ist oder im Falle der Vermietung oder Verpachtung hätte erzielt werden können[18]), nach Abzug von einem Fünftel für Nebenleistungen und Instandhaltungskosten[19]) oder von dem als erforderlich nachgewiesenen höheren Betrage für Nebenleistungen und Instandhaltungskosten[20]) ohne Rücksicht darauf, ob die hierzu notwendigen Arbeiten von dem Steuerpflichtigen selbst oder durch entlohnte fremde Arbeitskräfte geleistet worden sind[21]).

In allen Fällen kann der Steuerpflichtige verlangen, daß statt des Ertragswerts[9]) der gemeine Wert[11]) der Veranlagung zugrunde gelegt wird[22]). Dieses Recht erlischt[23]), wenn es nicht spätestens bis zum Ablaufe der mit der Zustellung des Steuer- oder des Feststellungsbescheids eröffneten Rechtsmittelfrist[24]) geltend gemacht wird[25]).

1. § 31. Er ist aus § 28 Abs. 2 des Gesetzentwurfes hervorgegangen, wo der Ersatz des Erwerbspreises durch den Ertragswert nur für land- oder forstwirtschaftliche Grundstücke vorgesehen war. Diesen Grundstücken sind durch die Kommissionsbeschlüsse Gärtnereigrundstücke und bebaute Grundstücke, die Wohnzwecken und gewerblichen Zwecken dienen, gleichgestellt worden (Kommissionsbericht S. 105, 106). In der zweiten Beratung des Reichstags sind die dem Abs. 2 in der Fassung der Kommission zugefügt gewesenen Worte: „wobei neben dem Ertrag auch die Verwertbarkeit eines Jagd- oder Fischereirechts zu berücksichtigen ist" infolge getrennter Abstimmung hierüber gestrichen worden (Drucksachen des Reichstags, 13. Legislaturperiode, I. Session 1912/13 Nr. 1150 S. 3).

2a. **Beim Erwerbe von Todes wegen im Sinne der §§ 1 bis 4 des Erbschaftssteuergesetzes.** Diese Gesetzesvorschriften lauten:

„§ 1. Gegenstand der Erbschaftssteuer ist der Erwerb von Todes wegen.

Als Erwerb von Todes wegen gilt, außer demjenigen, was durch Erbfolge, durch Vermächtnis oder als Pflichtteil erworben wird:

1. ein Erwerb, auf welchen die für Vermächtnisse geltenden Vorschriften des bürgerlichen Rechtes Anwendung finden, sowie dasjenige, was durch eine nach den Vorschriften des bürgerlichen Rechtes als Verfügung von Todes wegen zu beurteilende Schenkung erworben wird;
2. ein Erwerb, welcher infolge der Vollziehung einer durch Verfügung von Todes wegen angeordneten Auflage oder infolge der Bewirkung einer Leistung, von welcher der Erblasser einen Erwerb von Todes wegen abhängig gemacht hat, oder, sofern der Erwerb der Genehmigung einer Behörde bedarf, infolge der Vollziehung einer Anordnung dieser Behörde erlangt wird.

§ 2. Als Erwerb von Todes wegen ist außerdem anzusehen:
1. was durch Rechtsgeschäft unter Lebenden mit der Bestimmung zugewendet wird, daß es auf den Pflichtteil angerechnet werden soll;
2. was als Abfindung für einen Erbverzicht (§§ 2346, 2352 des BGB.) oder für die Ausschlagung einer Erbschaft oder eines Vermächtnisses gewährt wird.

§ 3. Als Erwerb von Todes wegen sind ferner anzusehen:
1. was durch den Eintritt eines Lehens- oder Fideikommißfalls erworben wird;
2. Bezüge aus Familienstiftungen, sofern sie infolge Todesfalls an den stiftungsmäßig oder gesetzlich dazu Berufenen gelangen, sowie der Erwerb des Vermögens einer solchen Stiftung, sofern das Vermögen infolge Erlöschens der Stiftung an den stiftungsmäßig oder gesetzlich dazu Berufenen gelangt;
3. Vermögensvorteile, die auf Grund eines von dem Erblasser geschlossenen Vertrags unter Lebenden von einem Dritten mit dem Tode des Erblassers unmittelbar erworben werden;
4. was als Abfindung für den Verzicht auf einen Erwerb der unter Nr. 1, 2 bezeichneten Art gewährt wird.

§ 4. Für die Steuerpflicht an Kindes Statt angenommener Personen und ihrer Abkömmlinge, soweit sich auf diese die Wirkungen der Annahme an Kindes Statt erstrecken, gelten außerdem folgende besondere Vorschriften.

Als Erwerb von Todes wegen ist auch anzusehen:

1. ein Erwerb, auf welchen die für den Pflichtteilsanspruch geltenden Vorschriften des bürgerlichen Rechtes Anwendung finden;
2. was durch eine Zuwendung unter Lebenden erworben wird, sofern die Zuwendung von dem Erwerber bei einer Erbauseinandersetzung mit anderen Abkömmlingen des Zuwendenden nach gesetzlicher Vorschrift oder auf Grund einer bei der Zuwendung getroffenen Anordnung des letzteren zur Ausgleichung zu bringen sein würde.

Im Falle der Fortsetzung der ehelichen Gütergemeinschaft (§§ 1483 ff. des BGB.) ist nach der Beendigung der fortgesetzten Gütergemeinschaft der einem anteilsberechtigten Abkömmling an dem Gesamtgute der fortgesetzten Gütergemeinschaft zustehende Anteil Gegenstand der Erbschaftssteuer in gleicher Weise, wie wenn der erstverstorbene Ehegatte zur Zeit der Beendigung der Gütergemeinschaft gestorben und der Anteil an dem Gesamtgute der gesetzliche Erbteil des Abkömmlings wäre. Als Erwerb von Todes wegen ist auch eine Zuwendung anzusehen, die einem anteilsberechtigten Abkömmling unter Lebenden gemacht wird, soweit die Zuwendung bei der Auseinandersetzung zur Ausgleichung kommen würde, sowie eine Abfindung, die einem Abkömmlinge dafür gewährt wird, daß er vor oder nach dem Eintritte der fortgesetzten Gütergemeinschaft auf seinen Anteil am Gesamtgute verzichtet."

Die im § 2 Nr. 2 des Erbschaftssteuergesetzes angezogenen Vorschriften des Bürgerlichen Gesetzbuchs bestimmen folgendes:

„§ 2346. Verwandte sowie der Ehegatte des Erblassers können durch Vertrag mit dem Erblasser auf ihr gesetzliches Erbrecht verzichten. Der Verzichtende ist von der gesetzlichen

Erbfolge ausgeschlossen, wie wenn er zur Zeit des Erbfalls nicht mehr lebte, er hat kein Pflichtteilsrecht.

Der Verzicht kann auf das Pflichtteilsrecht beschränkt werden.

§ 2352. Wer durch Testament als Erbe eingesetzt oder mit einem Vermächtnisse bedacht ist, kann durch Vertrag mit dem Erblasser auf die Zuwendung verzichten. Das gleiche gilt für eine Zuwendung, die in einem Erbvertrag einem Dritten gemacht ist. Die Vorschriften der §§ 2347, 2348 finden Anwendung."

Nach § 2348 BGB. bedarf der Erbverzichtsvertrag der gerichtlichen oder notariellen Beurkundung. Der § 2347 a. a. O. betrifft gewisse Beschränkungen der Beteiligten in dem Abschlusse des Erbverzichtsvertrags.

2b. Beim Erwerbe im Wege der Erbteilung. Hinterläßt nämlich der Erblasser mehrere Erben, so wird der Nachlaß gemeinschaftliches Vermögen der Erben (§ 2032 BGB.), die sich erst auseinandersetzen müssen (§§ 2042 ff.).

3. Beim Erwerbe von Eltern, Großeltern und entfernteren Voreltern. Der Stiefvater oder die Stiefmutter usw. gehören nicht zu jenen Verwandten. Es genügt, wenn eines von den Eltern usw. der Veräußerer ist.

4. Beim Erwerb auf Grund einer ohne entsprechende Gegenleistung erfolgten Zuwendung unter Lebenden, ohne daß es darauf ankommt, in welchem Verhältnisse diese zueinander stehen. Hier kommen insbesondere Schenkungen in Betracht; aber auch Gegenleistungen aus einem Dienst- oder Werkvertrage, Belohnungen, die in einer Auslobung ausgesetzt sind, usw. können darunter fallen. Ist in der Vereinbarung der Geldwert der Handlung, für welche das Grundstück als Gegenleistung bestimmt worden ist, angegeben, so fällt der Erwerb unter die Bestimmung im § 32.

5. An die Stelle des Erwerbspreises. Gemeint sind sämtliche Unkosten (Gestehungskosten) beim Erwerb, also auch einschließlich der öffentlichen Abgaben, die beim Erwerbe zu entrichten waren (§ 30 Abs. 2 und § 32 der Ausf.-Best. des Bundesrats). Nur dieser

Teil der Gestehungskosten im Sinne des § 30 Abs. 2 des Gesetzes wird durch den Ertragswert oder den gemeinen Wert ersetzt. Diesem Werte sind dann die seit dem Erwerbe gemachten Aufwendungen, die sog. weiteren Gestehungskosten, hinzuzurechnen, und es sind von ihm die etwa seit dem Erwerbe durch Verschlechterung entstandenen Wertverminderungen abzuziehen (§ 30 Abs. 2 des Gesetzes, § 30 Abs. 3 und § 32 der Ausf.-Best. des Bundesrats).

6. **Soweit die Grundstücke dauernd land- oder forstwirtschaftlichen oder gärtnerischen Zwecken zu dienen bestimmt sind.** Das ist nicht mehr der Fall, wenn der gemeine Wert des Grundstücks schon zur Zeit des Erwerbes — auf den Endzeitpunkt des Veranlagungszeitraums kommt es nicht an — trotz der noch fortdauernden land- oder forstwirtschaftlichen oder gärtnerischen Benutzung durch seine Lage als Bauland oder als Land zu Verkehrszwecken bestimmt wird, oder bei dem nach den sonstigen Umständen, z. B. nach seiner Lage und Beschaffenheit, dem Erwerbspreis oder der Belastung, anzunehmen ist, daß es in absehbarer Zeit anderen als land- oder forstwirtschaftlichen oder gärtnerischen Zwecken dienen werde (§ 34 Abs. 1 der Ausf.-Best. des Bundesrats).

Die Annahme, daß allein der Eigentümer zu entscheiden habe, ob er ein Grundstück dauernd für die Landwirtschaft bestimmen wolle, ist rechtsirrig. Zwar hängt die jeweilige Nutzungsart des Grundstücks allein von seiner Entschließung ab: ob diese Nutzung aber als dauernde anzusehen ist, diese Frage ist nicht nach der subjektiven Auffassung des Eigentümers, sondern allein nach rein objektiven Momenten, insbesondere der Auffassung des wirtschaftlichen Verkehrs zu beurteilen (Entsch. des preuß. OVG. in Staatsstf. Bd. 16 S. 386).

Entscheidend ist nicht die augenblickliche Benutzungsart, sondern es müssen alle in Betracht kommenden Umstände, insbesondere die örtliche Lage des Grundstücks, seine voraussichtliche künftige Verwendungsart und die Anschauungen des wirtschaftlichen Verkehrs gewürdigt werden. Der bloße Umstand, daß ein Grundstück im Gebiet eines erst projektierten Bebauungsplans liegt, kann hierbei allein nicht als ausschlaggebend angesehen werden (a. a. O. Bd. 16 S. 387).

Bei einem im Mittelpunkt einer aufstrebenden, sich stetig ausdehnenden, städtisch organisierten Gemeinde gelegenen Grundstück ist eine dauernde Bestimmung für land- oder forstwirtschaftliche Zwecke, denen in diesem Falle der Obst- und Gartenbau nicht ohne weiteres gleichzustellen ist, nicht mehr anzunehmen (a. a. O. Bd. 16 S. 387).

Wird für eine wirtschaftliche Einheit die Frage bejaht, daß es sich um Grundstücke handelt, die dauernd land- oder forstwirtschaftlichen oder gärtnerischen Zwecken zu dienen bestimmt sind, so ist ihr Ertragswert im ganzen zu ermitteln, auch wenn sich unter den Grundstücken „Bauland" befinden sollte.

7. **Soweit bebaute Grundstücke Wohnzwecken oder gewerblichen Zwecken zu dienen bestimmt sind.** Hierzu wird im § 34 Abs. 2 der Ausf.-Best. des Bundesrats ausgeführt:

„Bebaute Grundstücke, die Wohnzwecken oder gewerblichen Zwecken zu dienen bestimmt sind, können nach dem Ertragswerte gemäß § 31 des Gesetzes nur dann bewertet werden, wenn ihre Bebauung und Benutzung zur Zeit des Erwerbes der ortsüblichen Bebauung und Benutzung entspricht. Dies ist dann zu verneinen, wenn die Art der Benutzung und die Höhe der Aufwendungen für die Herstellung und Unterhaltung von baulichen und sonstigen Anlagen erkennen lassen, daß ein Grundstück außergewöhnlichen Zwecken, insbesondere dem Luxus des Besitzers, zu dienen bestimmt ist, oder wenn der gemeine Wert eines Grundstücks durch eine wirtschaftliche Verwertbarkeit bestimmt wird, die eine wesentlich andere Bebauung und Benutzung als die tatsächliche voraussetzt."

Die Vorschrift ist gleichlautend mit der im § 24 Abs. 2 der Ausf.-Best. des Bundesrats zum Wehrbeitragsgesetze. Das erste Wort „dies" im zweiten Satze ist irreführend, es hätte „jenes" heißen müssen. Beim Gebrauche des Wortes „dies" kann die weitere Ausführung nur als eine Erläuterung des Begriffs der „ortsüblichen Bebauung und Benutzung" verstanden werden. Für diesen Begriff können aber die dort hervorgehobenen Umstände nicht in Betracht kommen, vielmehr ist hier allein die ortsübliche Bebauung und Benutzung maßgebend; andere Gesichtspunkte müssen ausscheiden (Urt. des preuß. OVG. VI W-B 34/16 vom 27. September 1916). Wird aber das Wort „dies" durch „jenes" ersetzt, so wird der Sinn der Vorschrift klar. Dann beziehen sich die weiteren Ausführungen darauf, was unter bebauten Grundstücken, die Wohnzwecken oder gewerblichen Zwecken zu dienen bestimmt sind, zu verstehen ist. Die Vorschrift will dann nichts weiter sagen, als daß es unter Umständen auf die gegenwärtige Benutzung zu Wohnzwecken oder gewerblichen Zwecken nicht ankommt. Wie es vom Bundesrat, ohne Widerspruch in der Rechtsprechung gefunden zu haben, unter den oben in Anm. 6 aufgeführten Umständen verneint wird, daß Grundstücke dauernd landwirtschaftlichen usw. Zwecken zu dienen bestimmt sind, so erkennt er auch für bebaute Grundstücke die Bestimmung, zu Wohnzwecken, d. i. vornehmlich zu Wohnzwecken, oder zu gewerblichen Zwecken, nämlich den gegenwärtig verfolgten, zu dienen, unter gewissen Umständen nicht an; die ortsübliche Bebauung und Benutzung kommen dann überhaupt nicht erst in Frage. Auch wenn ein ganzer Ortsteil aus Luxusbauten besteht, handelt es sich bei allen um bebaute Grundstücke, deren Bestimmung nicht einzig darin besteht, Wohnzwecken zu dienen; die Besitzer wollen vielmehr durch die Bauten ihrem Luxus frönen.

8. **Und ihre Bebauung und Benutzung der ortsüblichen Bebauung und Benutzung entspricht.** Diese Voraussetzung kommt erst in Frage, wenn die unmittelbar vorangehende gegeben ist, daß nämlich die bebauten Grundstücke Wohnzwecken oder gewerblichen Zwecken zu dienen bestimmt sind; siehe hierüber die Anm. 7.

Die Frage, was ortsüblich ist, ist Tatfrage. Es kommt nicht darauf an, ob etwa die bestehende Baupolizeiordnung zuläßt, daß ein Grundstück baulich noch mehr ausgenutzt werden durfte, sondern lediglich darauf, ob seine Bebauung und Benutzung ortsüblich ist, d. h. der üblichen Bebauung und Benutzung, wenn auch nur in der betreffenden Straße oder deren in Betracht kommendem Teile, entspricht. Hierfür sind die wirklich vorhandenen tatsächlichen Verhältnisse maßgebend, ohne daß es darauf ankommt, ob nach den baupolizeilichen Vorschriften eine anderweite Bebauung und Benutzung zulässig sein würde. Es muß also festgestellt werden, welche Art der Bebauung und Benutzung in dem betreffenden Ortsteil als üblich anzusehen ist. Dann ist zu prüfen, ob das zu bewertende Grundstück unter die Regel fällt. Bei Annahme einer nicht ortsüblichen Bebauung und Benutzung muß nicht nur dargelegt werden, worin die ortsübliche Bebauung und Benutzung besteht, sondern es sind auch im einzelnen die tatsächlichen Verhältnisse darzutun, welche die Bebauung und Benutzung als der ortsüblichen nicht entsprechend erscheinen lassen (Urt. des preuß. OVG. V W-B 235/15 vom 26. Februar 1916).

9. **Der Ertragswert.** Für seine Ermittelung wird unterstellt, daß sich der Kapitalwert des Grundstücks mit vier vom Hundert verzinst, der Reinertrag des Grundstücks also sich auf vier vom Hundert des Grundstückswerts stellt. Bleibt der Reinertrag unter jenem Prozentsatze oder übersteigt er ihn, so besteht dementsprechend auch ein Unterschied zwischen dem Ertragswert und dem Kapitalwerte des Grundstücks, dem gemeinen Werte. Dieser Unterschied findet für die Besitzsteuer erst bei einer Veräußerung des Grundstücks seine steuerliche Berücksichtigung.

Da der Ertragswert an die Stelle des Erwerbspreises treten soll — siehe Anm. 5 —, so kann nur der Ertragswert zur Zeit des Erwerbes in Frage kommen; siehe auch die Schlußworte im § 32 des Gesetzes. Dieser Ertragswert kann ein anderer sein als der am Ende des Veranlagungszeitraums, wenn nämlich der Steuerpflichtige in seiner Besitzzeit bereits erhebliche Aufwendungen für das Grundstück gemacht hat, die nicht zu den laufenden Ausgaben gehören. Solche Aufwendungen müssen dem Ertragswerte noch zugerechnet werden. Sie würden also doppelt besteuert werden, wenn der Ertragswert nach dem Zustande des Grundstücks am Ende des Veranlagungszeitraums ermittelt werden müßte. Siehe auch den in Anm. 14a wiedergegebenen § 45 der Ausführungsbestimmungen des Bundesrats.

10. **Sonst,** nämlich bei allen Grundstücken, die nicht dauernd land- oder forstwirtschaftlichen oder gärtnerischen Zwecken zu dienen bestimmt sind, und bei allen bebauten Grundstücken, die weder Wohnzwecken noch gewerblichen Zwecken zu dienen bestimmt sind, oder, sofern diese Voraussetzung gegeben sein sollte, bei denen die Bebauung und Benutzung nicht der ortsüblichen Bebauung und Benutzung entspricht.

11. **Der gemeine Wert.** Siehe § 29 Anm. 3.

12. **Zur Zeit des Erwerbes,** weil ein Ersatz für den Erwerbspreis für die Berechnung der Gestehungskosten (§ 30 Abs. 2) geschaffen werden soll; siehe Anm. 5. Die nähere Bestimmung „zur Zeit des Erwerbes" bezieht sich sowohl auf den Ertragswert wie auf den gemeinen Wert.

13. **Des Reinertrags.** Unter Reinertrag im allgemeinen versteht man den Überschuß der in einem Geschäftsbetrieb in einer gewissen Periode entstandenen Einnahmen über die Ausgaben unter Zu- oder Abrechnung der bei den Anlage- und Betriebsgegenständen eingetretenen Wertveränderungen. Dieser individuelle Reinertrag, dessen Höhe von der Tüchtigkeit des Unternehmers und seiner Kapitalkraft sowie von den in der betreffenden Periode herrschenden Preis-, Witterungs- und sonstigen Verhältnissen abhängig ist, kommt hier nicht in Betracht; vielmehr bildet die Grundlage für die Ermittelung des Ertragswerts ein normaler Reinertrag. Siehe Anm. 14.

14a. **Des Reinertrags, den die Grundstücke nach ihrer bisherigen wirtschaftlichen Bestimmung bei ordnungsmäßiger Bewirtschaftung mit entlohnten fremden Arbeitskräften gewähren können.** Maßgebend ist danach ein ideeller, fingierter Reinertrag, der nur schätzungsweise ermittelt werden kann. Eine Berechnung des Ertragswerts aus dem von den Grundstücken wirklich erzielten Reinertrage findet nicht statt (§ 39 der Ausf.-Best. des Bundesrats). Das schließt aber nicht aus, daß der wirklich erzielte Reinertrag zum Anhalte für die Schätzung des normalen Reinertrags genommen wird. Sind aber bei einem Gute Verbesserungen vorgenommen worden oder Verschlechterungen eingetreten, welche seine Ertragsfähigkeit wesentlich beeinflussen, so werden Aufstellungen über die wirklichen Einnahmen und Ausgaben **vor** jener Veränderung keine Berücksichtigung finden können.

Für die Schätzung des Reinertrags sind in den Ausführungsbestimmungen des Bundesrats folgende Vorschriften gegeben:

„§ 35. Bei der Ermittelung des Ertragswerts von land- oder forstwirtschaftlichen oder Gärtnereigrundstücken sind die der Land- oder Forstwirtschaft oder der Gärtnerei einschließlich etwaiger Nebenbetriebe dienenden Gebäude und Betriebsmittel mitzuberücksichtigen. Hierbei wird ein angemessener Bestand an lebendem und totem Inventar und an sonstigem Betriebskapitale vorausgesetzt. Ein Mehr- oder Minderwert an Gebäuden und Betriebsmitteln gegenüber einem wirtschaftlich normalen Bestand ist dem Ertragswerte hinzu- oder von ihm abzurechnen, **insoweit er geeignet ist, den Ertrag zu beeinflussen.**

§ 36. Der Berechnung des Ertragswerts bei landwirtschaftlich oder gärtnerisch genutzten Grundstücken ist der Reinertrag zugrunde zu legen, den ein ordentlicher Unternehmer von den Grundstücken nach ihrer bisherigen wirtschaftlichen Bestimmung bei gemeinüblicher Bewirtschaftung und unter gewöhnlichen Verhältnissen im Durchschnitt einer Reihe von Jahren für ein Wirtschaftsjahr erzielen kann.

Bei Grundstücken, bei denen die Ergebnisse des Wirtschaftsbetriebs dem Boden unmittelbar entnommen werden, wie bei Sand-, Lehm-, Tongruben, Stein-, Schiefer-, Kalk- oder Kreidebrüchen, Torfstichen usw., deren Ausbeutung in unmittelbarer Verbindung mit einem land- oder forstwirtschaftlichen oder Gärtnereibetrieb erfolgt, ist die Jahresgewinnung um einen der fortschreitenden Erschöpfung des Bodens entsprechenden Betrag zu kürzen.

Sind Grundstücke zu einer wirtschaftlichen Einheit verbunden, so ist der Reinertrag unter Berücksichtigung dieser Zusammengehörigkeit von den Grundstücken als einheitlichem Ganzen zu berechnen.

§ 37. In die zur Ermittelung des Reinertrags vom Rohertrag abzuziehenden Bewirtschaftungskosten sind alle Kosten einzurechnen, die aufzuwenden sind, um mit entlohnten fremden Arbeitskräften den Rohertrag zu erzielen. Ist bei Zugrundelegung der Verhältnisse einer ordnungsmäßigen Bewirtschaftung zur Oberleitung des gesamten Betriebs eine besondere Arbeitskraft für erforderlich zu erachten, so ist bei selbstbewirtschafteten Betrieben der Wert der Tätigkeit des Selbstbewirtschafters vom Rohertrag insoweit in Abzug zu bringen, als diese Tätigkeit des Selbstbewirtschafters eine solche besondere Arbeitskraft ersetzt und der dafür angesetzte Wertbetrag die angemessene Entlohnung einer solchen Arbeitskraft nicht übersteigt.

Zum Rohertrag ist auch der Mietwert der vom Eigentümer oder vom Pächter und deren Angehörigen selbst bewohnten oder zur Führung des Haushalts benutzten Gebäude zu rechnen.

Was zur Bestreitung des Haushalts des Besitzers aus den Ergebnissen des Wirtschaftsbetriebs zu entnehmen ist, darf aus dem Rohertrage nicht ausgeschieden werden.

§ 45. In den Bundesstaaten, in denen eine Einschätzung der Grundstücke nach dem Reinertrag oder dem Nutzungswerte zu steuerlichen Zwecken stattgefunden hat und aktenmäßig festgestellt ist, können als Hilfsmittel bei der Ermittelung der Ertragswerte die landesrechtlichen Einschätzungen benutzt werden, sofern die Beschaffenheit des Grundstücks sich nicht wesentlich geändert hat und entweder anzunehmen ist, daß die landesrechtliche Schätzung den Ertragsverhältnissen zur Zeit des Erwerbes entspricht, oder ausreichende Anhaltspunkte vorhanden sind, um aus ihnen den Ertragswert zur Zeit des Erwerbes zu ermitteln."

Die preußischen Ausführungsvorschriften (Art. 4 Nr. 1, 2 und 3) heben für die Schätzung folgendes hervor:

„1. Wird der gemäß § 31 des Besitzsteuergesetzes für die Bewertung maßgebende Ertrag nach den Betriebsergebnissen selbstbewirtschafteter Besitzungen geschätzt, so ist nach Abs. 2 a. a. O. der Wert der Tätigkeit des Selbstbewirtschafters gemäß § 37 der Ausf.-Best. des Bundesrats in Abzug zu bringen.

2. Wird der Ertragswert selbstbewirtschafteter Betriebe

aus Pachtpreisen anderer Besitzungen abgeleitet (§ 37 der Ausf.-Best. des Bundesrats), so darf der Wert der Tätigkeit des Selbstbewirtschafters vom Rohertrage nicht in Abzug gebracht werden, da in den Pachtpreisen der Wert der Arbeit des Pächters nicht enthalten ist.

3. Der Grundsteuerreinertrag kann der Ermittelung des Ertragswerts vom Grundbesitze nicht unmittelbar zugrunde gelegt werden, da er den gegenwärtigen Verhältnissen nicht mehr entspricht."

Die oben angeführten Ausführungsbestimmungen des Bundesrats stimmen wörtlich überein mit den §§ 25—27 in den zum Wehrbeitragsgesetz ergangenen Ausführungsbestimmungen. Es sind hier im wesentlichen dieselben Grundsätze aufgestellt, wie sie für die Ermittelung des Reinertrags nach § 11 des Ergänzungssteuergesetzes gelten (Urt. des preuß. OVG. V W-B 66/14 vom 13. März 1915). Die Ausführung des § 11 des Ergänzungssteuergesetzes betrifft der Runderlaß des Finanzministers vom 15. Mai 1910 — II 6774 — der unter anderem folgendes bestimmt:

„I. 2. Die Grundlage für die Bewertung der unter die Bestimmung des § 11 Abs. 1 fallenden Grundstücke bildet der Reinertrag, den die Grundstücke als solche nach ihrer wirtschaftlichen Bestimmung bei gemeinüblicher Bewirtschaftung im Durchschnitte nachhaltig gewähren können. Gemeint ist der Reinertrag, der sich nach Abzug der Bewirtschaftsunkosten vom Rohertrag in einem Wirtschaftsjahr ergibt, aber nicht der Reinertrag eines bestimmten Jahres, sondern der, den die Grundstücke als solche, d. h. ohne Rücksicht auf die Tüchtigkeit oder Untüchtigkeit des zeitigen Wirtschafters, im Durchschnitte nachhaltig, d. h. im Durchschnitt einer Reihe von Jahren, jedem Besitzer gewähren können. Hierbei ist vorausgesetzt eine gemeinübliche Bewirtschaftung, so daß der Reinertrag, der nur unter ausnahmsweisen, besonderen Verhältnissen herausgewirtschaftet werden kann, bei der Bewertung der Grundstücke außer Betracht bleibt. Der „Normalreinertrag", wie ihn § 11 Abs. 1 begrifflich bestimmt, setzt endlich nach Abs. 2 daselbst auch einen wirtschaftlich normalen Bestand an lebendem und totem Wirtschaftsinventare sowie an den sonst zum Anlage- und Betriebskapitale gehörigen Werten voraus.

3. Der Reinertrag des § 11 findet im allgemeinen in den Pachtpreisen seinen Ausdruck. Die Pachtpreise setzen sich zusammen neben dem bar zu entrichtenden Pachtzins aus dem Geldwerte der dem Pächter etwa obliegenden Natural- und sonstigen Nebenleistungen und aus den dem Verpächter vorbehaltenen Nutzungen. Um den Normalreinertrag eines land- oder forstwirtschaftlich genutzten Grundstückes zu erhalten, sind dem Pachtpreise außerdem noch hinzuzurechnen die Zinsen für das vom Pächter zu stellende Betriebskapital (bewegliches Inventar).

Für die Feststellung des Reinertrags können aber nur solche Pachtpreise Verwendung finden, die im gewöhnlichen Verkehre gezahlt zu werden pflegen und in deren Summe die Pacht für ein normales Wirtschafts-, bei Hofbesitz auch für ein normales Gebäudeinventar mitenthalten ist. Pachtpreise, bei denen diese Voraussetzungen nicht zutreffen, müssen außer Betracht bleiben. Insbesondere gilt dies für Pachtverträge, bei denen die Beteiligten aus Verwandtschafts- oder aus anderen, nur in den Umständen des Einzelfalls beruhenden Rücksichten einen den allgemeinen Ertragsverhältnissen nicht entsprechenden — sei es höheren, sei es niedrigeren — Pachtpreis vereinbart haben.

4. Als der bei der Einschätzung dauernd land- oder forstwirtschaftlich genutzter Grundstücke zugrunde zu legende Ertragswert gilt nach dem Gesetze das 25fache des Reinertrags oder nach den Ausführungen zu 3 das 25fache des normalen Pachtpreises einschließlich der Zinsen für das Betriebskapital (bewegliches Inventar).

In dem Ertragswert ist inbegriffen der Wert der zu dem land- oder forstwirtschaftlich genutzten Grundstücke gehörenden, denselben Zwecken dienenden Gebäude und des Zubehörs, sowie der den gewerblichen Nebenbetrieben dienenden Gegenstände, jedoch mit der im § 11 Abs. 2 gegebenen Maßgabe, daß Mehr-

und Minderwerte des unbeweglichen oder des beweglichen Inventars gegenüber einem wirtschaftlich normalen Bestand in Zu- oder Abrechnung zu bringen sind.

Die Zu- oder Abrechnung der Mehr- oder Minderwerte erfolgt nach den bisherigen Vorschriften.

Stehen gewerbliche Unternehmungen nicht in unmittelbarer Verbindung mit einem Landwirtschaftsbetriebe, stellen sie sich vielmehr als selbständige Betriebe dar, so ist der Wert der ihnen dienenden Grundstücke, der Gebäude und des Zubehörs nach den für Schätzung von gewerblichem Anlage- und Betriebskapitale gegebenen Vorschriften zu ermitteln und in Ansatz zu bringen.

II. Um der neuen Vorschrift des § 11 gerecht zu werden und bei der bevorstehenden Veranlagung zur Ergänzungssteuer den Schätzungsausschüssen und Veranlagungskommissionen die sachgemäße Bewertung der ländlichen Besitzungen nach dem Ertragswerte zu ermöglichen, sind aus dem ganzen Staatsgebiete die vorhandenen Pachtpreise ermittelt und zusammengestellt worden.

2. Wie bereits oben bemerkt, deckt sich der Pachtpreis nicht mit dem im § 11 begrifflich bestimmten Reinertrage, weil der letztere auch die Verzinsung des Betriebskapitals (des beweglichen Inventars) mitumfaßt. Das Betriebskapital bringt der Pächter in die Wirtschaft ein, der Pachtpreis kann daher die Zinsen für dasselbe nicht mitenthalten; diese Zinsen müssen mithin, um den normalen Reinertrag und damit den Ertragswert der Besitzung zu ermitteln, dem Pachtpreise noch hinzugefügt werden.

3. Bei Ermittelung des Ertragswerts nach Vorschrift des § 11 sind folgende Fälle zu unterscheiden:

a) Ist für eine dauernd land- oder forstwirtschaftlich genutzte Besitzung der Reinertrag im Sinne des § 11 Abs. 1 ziffermäßig bekannt, dann gilt als Ertragswert unmittelbar das Fünfundzwanzigfache dieses Reinertrags nach Zu- und Abrechnung des aus dem Schätzungsbogen ersichtlichen Mehr- oder Minderwerts des beweglichen und unbeweglichen, lebenden und toten Wirtschaftsinventars gegenüber dem wirtschaftlich normalen Bestande.

b) Ist eine Besitzung verpachtet und der vereinbarte Pachtpreis ein normaler, so ist der dieser Größenklasse und dem Pachtpreis entsprechende Zinseinheitssatz für das bewegliche Inventar der Anlage 1 oder 2 (nicht abgedruckt), je nachdem es sich um Hof- oder Landbesitz handelt, zu entnehmen, nach der Größe der Besitzung umzurechnen und dem Pachtpreise zuzusetzen.

Das Fünfundzwanzigfache dieser Summe ergibt den Ertragswert, nachdem die zu a erläuterte Zu- oder Abrechnung des Mehr- oder Minderwerts vorgenommen ist.

c) Liegt weder der Fall zu a noch zu b vor, so ist zunächst die Wert- und Größenklasse der Besitzung nach den Angaben des Schätzungsbogens zu ermitteln, demnächst aus der Anlage 1 oder 2 der Pachteinheitssatz für je 1 ha zu entnehmen und diesem Pachteinheitssatze, der ebenfalls aus Anlage 1 oder 2 ersichtliche Zinseinheitsbetrag zuzurechnen. Die so gefundene Summe ergibt, mit 25 multipliziert, den Ertragswert für je 1 ha.

Die Zu- oder Abrechnung eines etwaigen Mehr- oder Minderwerts des Inventars ist hierbei nicht zulässig, weil bei Ermittelung des Pachteinheitssatzes sowohl wie auch des Zinssatzes die durch den gemeinen Wert bestimmte Wertklasse maßgebend ist und in dem gemeinen Werte die Mehr- oder Minderwerte des Inventars bereits berücksichtigt sind.

4. Die in den Anlagen 1 und 2 aus den gesammelten Pachtpreisen abgeleiteten Schätzungsmerkmale lassen in ihrer Anwendung auf den einzelnen Fall den Wert des Grundstücks zunächst nur in roher Annäherung finden, und es bleibt daher jederzeit noch zu prüfen, ob und inwieweit die besonderen Umstände des einzelnen Falles etwa eine Abänderung bedingen. Die letztere muß dem sachverständigen Ermessen der Veranlagungsorgane unter Berücksichtigung der örtlichen Ertrags- und sonstigen Verhältnisse überlassen bleiben. Die durch die Anlagen gebotenen Merkmale erscheinen daher lediglich als Hilfsmittel der Schätzung, die den Zweck haben, die gleichmäßige Schätzung des Ertragswerts der Grundstücke sowohl im ganzen für die verschiedenen Landesteile als auch im einzelnen von Besitzung zu Besitzung gegen erhebliche Mißgriffe zu sichern."

Die Rechtsprechung hat für die Ermittelung des Ertragswerts nach § 11 des preußischen Ergänzungssteuergesetzes folgende Grundsätze aufgestellt.

A. Jede wirtschaftliche Einheit ist besonders zu bewerten (Entsch. des preuß. OVG. in Staatsstſ. Bd. 15 S. 390). Für den Begriff der wirtschaftlichen Einheit ist es nicht von Erheblichkeit, ob die gesamten Liegenschaften auf einem einzigen Grundbuchblatte stehen. Denn die Frage ist nicht rechtlicher, sondern wirtschaftlicher Natur. Ebensowenig können der einheitliche Name einer ganzen Standesherrschaft und die räumlich zusammenhängende Geschlossenheit ausschlaggebend sein. Vielmehr kommt es darauf an, ob die einzelnen Bestandteile der Standesherrschaft für sich selbständige Wirtschaftsobjekte darstellen, was nach den gesamten Umständen des Falles und der Verkehrsanschauung zu beurteilen ist. Verpachtete Güter, die nach ihrem Umfang und ihrer baulichen Beschaffenheit den Charakter einer selbständigen Nährstelle haben, werden in der Regel als selbständige Wirtschaftseinheiten gelten müssen, ebenso selbstbewirtschaftete Güter von gleicher Beschaffenheit, wenn ihre Bewirtschaftung ganz getrennt von der Bewirtschaftung anderer Güter desselben Besitzers stattfindet. Hierbei kann der Umstand, daß öfters ein Austausch von Maschinen, Vieh usw. bei den Gütern stattfindet, nicht ausschlaggebend sein. Ein Vorwerk gilt nach der Anschauung des Verkehrs als ein wirtschaftlicher Bestandteil des Hauptguts (a. a. O. Bd. 16 S. 388).

Wenn das zu einem Gute gehörige Herrschaftshaus mit dem Parke nur vorübergehend von dem Gute abgesondert und mit diesem nicht mitverpachtet ist, so berechtigt dieser Umstand allein ohne weiteres noch nicht dazu, in dem Herrschaftshaus eine besondere Einheit zu erblicken (a. a. O. Bd. 16 S. 388).

Der Normalreinertrag hat den Ertrag der landwirtschaftlichen Nebenbetriebe — siehe § 29 Anm. 4 b zu a — mit zu umfassen; andere Umstände kommen bei der Bewertung dieser Betriebe überhaupt nicht in Betracht (Entsch. des preuß. OVG. in Staatsstſ. Bd. 16 S. 387). Siehe auch den letzten Absatz der Anm. 6.

Maßgebend ist der Bestand am Stichtage, bei Betrieben mit regelmäßigen Abschlüssen aber am Schlusse des letzten Wirtschafts- oder Rechnungsjahrs (a. a. O. Bd. 16 S. 380).

B. Der zu ermittelnde Normalreinertrag der wirtschaftlichen Einheit im Sinne der neuen Gesetzesvorschrift ist ein ideeller, fingierter Reinertrag, den ein Grundstück nach seiner wirtschaftlichen Bestimmung als Ganzes im Falle seiner gemeinüblichen Bewirtschaftung, d. h. bei einer in der Gegend üblichen Bewirtschaftungsweise, und bei einem wirtschaftlich normalen Bestande des lebenden und toten Wirtschaftsinventars und des sonstigen Anlage- und Betriebskapitals im Durchschnitte nachhaltig, also z. B. ohne Raubbau und andererseits ohne Vernachlässigung, jedem Besitzer gewähren kann (a. a. O. Bd. 15 S. 390).

C. Der Normalreinertrag wird dargestellt durch den Überschuß der durchschnittlichen Einnahmen über die durchschnittlichen Ausgaben, die einer normalen Bewirtschaftung entsprechen. — Welche Einnahmen und Ausgaben zu berücksichtigen sind, entscheidet sich nach dem Ertragsbegriff im wirtschaftlichen Sinne, nicht nach den Bestimmungen des Einkommensteuergesetzes (a. a. O. Bd. 15 S. 390).

Ebenso sind Abschreibungen zu berücksichtigen, welche einer normalen Wertverminderung entsprechen (a. a. O. Bd. 16 S. 381).

Die Fideikommißabgabe ist als direkte Staatssteuer schon nach dem Einkommensteuergesetz abzugsfähig (Urt. des preuß. OVG. XI a 4/16 vom 11. Oktober 1916).

Es ist Tatfrage, ob nach der bisherigen wirtschaftlichen Bestimmung des Gutes bei gemeinüblicher Bewirtschaftung und unter gewöhnlichen Verhältnissen neben den vorhandenen Aufsichtsbeamten noch eine besondere Arbeitskraft für die Oberleitung des Betriebs erforderlich ist (Urt. des preuß. OVG. VI W-B 98/15 vom 22. September 1915).

D. In jedem Falle ist zu prüfen, auf welchem Wege der Normalreinertrag für die einzelne Wirtschaftseinheit am zuverlässigsten gefunden werden kann.

a) Weist der Steuerpflichtige die unter normalen Verhältnissen entstandenen durchschnittlichen Einnahmen und Ausgaben durch eine ordnungsmäßige Buchführung nach oder bringt er eine in ähnlicher Weise von ihm selbst oder von Sachverständigen aufgestellte Taxe bei, gegen welche begründete Bedenken nicht erhoben werden können, so ist der rechnungsmäßige Überschuß als der Normalreinertrag anzusehen (a. a. O. Bd. 15 S. 391).

Ein für eine Reihe von Jahren angegebener, mit Wirtschaftsbüchern belegter Wirtschaftsertrag ist aber nicht ohne weiteres als ein maßgebender Ziffernnachweis zu behandeln. Vielmehr hat die Steuerbehörde die Zulänglichkeit eines solchen Nachweises nach Lage des Falles zu prüfen und ihr Augenmerk darauf zu richten, ob die Ziffern einen Anspruch auf Zuverlässigkeit und Vollständigkeit haben und ob die Bewirtschaftung während jener Zeit, sei es durch den Steuerpflichtigen selbst oder durch seinen Wirtschaftsvorgänger, was unerheblich ist, eine gemeinübliche gewesen ist. Eine Vermutung, daß die Wirtschaftsweise keine gemeinübliche gewesen sei, erscheint nicht berechtigt; eher noch könnte in Frage kommen, ob nicht allgemein eine Vermutung der Gemeinüblichkeit der Wirklichkeit näher kommen würde. Aber dies kann auf sich beruhen bleiben. Die Steuerbehörde darf jedenfalls, sobald der Steuerpflichtige die Gemeinüblichkeit für sich in Anspruch nimmt, sich ihrer amtlichen Ermittelungspflicht nicht entziehen, muß vielmehr den wahren Sachverhalt ermitteln und, soweit sie der Ansicht des Steuerpflichtigen nicht beitreten will, ihre gegenteilige Auffassung durch Angabe von Tatsachen begründen (a. a. O. Bd. 16 S. 389).

b) Liegt weder Berechnung noch Taxe vor, so ist der Normalreinertrag unmittelbar zu schätzen, und es sind hierzu geeignete Unterlagen zu suchen. Als eine solche kommt in erster Linie der für das zu bewertende Grundstück vom Steuerpflichtigen selbst unter normalen Verhältnissen erzielte Pachtertrag in Betracht. Dabei ist jedoch, um den Normalreinertrag zu ermitteln, das Pachtverhältnis im ganzen in Berechnung zu ziehen. Geschieht das, so wird der Steuerpflichtige im allgemeinen nicht beschwert sein, wenn ihm nach der Rundverfügung des Finanzministers vom 15. Mai 1910 nur der volle Pachtpreis und daneben eine angemessene Verzinsung des Pächterinventars angerechnet wird (a. a. O. Bd. 15 S. 391).

Der Normalreinertrag landwirtschaftlich genutzter Grundstücke setzt sich aus vier Faktoren zusammen:

a) aus der Verzinsung des Grund- und Bodenkapitals,
b) aus der Verzinsung des Gebäudekapitals,
c) aus der Verzinsung des sonstigen Inventar- und Betriebskapitals,
d) aus der Vergütung für die eigene Arbeit, dem sogenannten Unternehmergewinne.

Die Pacht mit allen Nebenleistungen des Pächters umfaßt nur die beiden ersten Faktoren (a und b), vielleicht auch einen Teil des dritten (c), während der Pächter den Rest für sich herauswirtschaften will. Werden entsprechend der Verfügung des Finanzministers vom 15. Mai 1910 zu II Nr. 3b nur der Pachtzins und eine angemessene Verzinsung des Pächterinventars in Ansatz gebracht, so ist es also das mindeste, was als Normalreinertrag angerechnet werden muß. Daneben ist kein Raum für Abzüge irgend welcher Art, vielmehr müssen solche sämtlich durch die Außerachtlassung des Unternehmergewinns als abgegolten angesehen werden (a. a. O. Bd. 16 S. 381).

Insbesondere kann auch kein Abzug für eine „Oberleitung" erfolgen (Entsch. des preuß. OVG. VI W-B 45/16 vom 27. September 1916).

Besteht deshalb der Steuerpflichtige auf irgend welchen Abzügen, so muß von jener rohen Schätzung des Normalreinertrags abgesehen werden. Es hat dann eine Berechnung der normalen Einnahmen und Ausgaben einzutreten; ist dies aber nicht ausführbar, so sind die einzelnen Schätzungsunterlagen genauer zu ermitteln. Es müssen auf der einen Seite der Pachtzins mit allen Nebenleistungen des Pächters und die Verzinsung des Pächterinventars eingestellt sowie der Unternehmergewinn des Pächters ermittelt und auf der anderen Seite alle wirtschaftlichen Ausgaben oder die ihnen gleichstehenden Beträge, welche dem Verpächter zur Last fallen, berücksichtigt werden (Entsch. des preuß. OVG. in Staatsstf. Bd. 16 S. 381). Hierzu gehören keinesfalls Zusammenlegungskosten (Urt. des preuß. OVG. VI W-B 40/16 vom 11. Oktober 1916).

c) In allen anderen Fällen kann der in jener Rundverfügung zu II 3c vorgesehene Ermittelungsweg nach Pacht- und Zinseinheitssätzen eingeschlagen werden, insoweit über die Schätzungsunterlagen eine Verständigung mit dem Steuerpflichtigen erzielt wird. Anderenfalls hat die Berufungskommission unter Zuziehung geeigneter Sachverständigen einen anderen Weg unmittelbarer Schätzung zu suchen (Entsch. des preuß. OVG. in Staatsstf. Bd. 15 S. 391).

14b. Der Reinertrag forstwirtschaftlicher Grundstücke. Für seine Ermittelung schreibt § 38 der Ausf.-Best. des Bundesrats folgenden Weg vor:

„Bei Forsten (Holzungen) ist, soweit eine ordnungsmäßige Bewirtschaftung auf Grund eines nach forstwirtschaftlichen Grundsätzen aufgestellten Bewirtschaftungsplans stattgefunden hat und außergewöhnliche, nicht innerhalb der regelmäßigen Nutzung liegende Abtriebe nicht vorgekommen sind, zunächst der Gesamtreinertrag während des vorangegangenen, der Zahl der Jahre der Wirtschaftsperiode entsprechenden Zeitraums zu berechnen. Hierbei sind in Einnahme zu stellen der Erlös für die in dem maßgebenden Zeitraum aus dem regelmäßigen Abtriebe sowie den Zwischen- und Nebennutzungen erzielten Erzeugnisse, in Ausgabe als Bewirtschaftungskosten die Aufwendungen für Aufsicht und Verwaltung, Schlagen, Aufbereitung, Rücken und Flößen der Hölzer, für Aufforstung sowie für Unterhaltung der Baulichkeiten (Forsthäuser, Brücken, Wege usw.). Der Berechnung des Ertragswerts ist der Reinertrag zugrunde zu legen, der durchschnittlich auf ein Jahr des der Berechnung des Gesamtreinertrags zugrunde gelegten

Zeitraums entfällt. Von der Berechnung des Ertragswerts nach dem wirklichen Reinertrage sind diejenigen Flächen auszuscheiden, auf denen während des maßgebenden Zeitraums Neubeforstungen behufs Erweiterung des Forstbestandes oder Abtriebe behufs Änderung der Kulturart stattgefunden haben."

Eine Beschränkung der anzurechnenden Einnahmen und Ausgaben kann vom Bundesrate nicht beabsichtigt gewesen sein (§ 39 a. a. O.), weil sie aus dem Rahmen einer bloßen Ausführungsvorschrift (§ 88) herausfallen würde und deshalb unverbindlich wäre. Die Vorschrift zählt vielmehr nur diejenigen Einnahmen und Ausgaben auf, die jedenfalls in die Berechnung des Normalreinertrags aufzunehmen sind. Hinsichtlich der Einnahmen und Ausgaben, die zu berücksichtigen sind, muß vielmehr dasselbe gelten, wie für die Ermittelung des Normalreinertrags landwirtschaftlicher Grundstücke; siehe Anm. 14a. Insbesondere können die tatsächlichen Einnahmen und Ausgaben nur bei einer „ordnungsmäßigen" Bewirtschaftung maßgebend sein, d. h. bei gemeinüblicher Bewirtschaftung und unter gewöhnlichen Verhältnissen.

Als Wirtschaftsausgaben sind auch anerkannt die Leistungen an Pension einschließlich der Lebensversicherungsprämie für den Oberförster und an Pension für einen Waldarbeiter (Urt. des preuß. OVG. E Xd 3/15 vom 11. März 1916); ferner das Gehalt für den Waldwärter, wenn das Halten eines solchen bei der Größe und der Beschaffenheit der Forst als gemeinüblich anzusehen ist (Entsch. des preuß. OVG. in Staatsstf. Bd. 16 S. 381).

Werden von der Berechnung des Ertragswerts nach dem wirklichen Reinertrage Flächen ausgeschieden, auf denen in dem maßgebenden Zeitraume Neubeforstungen behufs Erweiterung des Forstbestandes oder Abtriebe behufs Änderung der Kulturart stattgefunden haben, so dürfen weder Einnahmen noch Ausgaben, welche jene Flächen betreffen, berücksichtigt werden.

15. **Betriebsmittel.** Welche sind gemeint? § 35 der Ausführungsbestimmungen des Bundesrats lautet:

„Bei der Ermittelung des Ertragswerts von land- oder forstwirtschaftlichen oder Gärtnereigrundstücken sind die der Land- oder Forstwirtschaft oder der Gärtnerei einschließlich etwaiger Nebenbetriebe dienenden Gebäude und Betriebsmittel mitzuberücksichtigen. Hierbei wird ein angemessener Bestand an lebendem und totem Inventar und an sonstigem Betriebskapitale vorausgesetzt. Ein Mehr- oder Minderwert an Gebäuden und Betriebsmitteln gegenüber einem wirtschaftlich normalen Bestand ist dem Ertragswerte hinzu- oder von ihm abzurechnen, insoweit er geeignet ist, den Ertrag zu beeinflussen."

Was hier nur für den Ertragswert bestimmt ist, schreibt das preuß. Ergänzungssteuergesetz ganz allgemein für die Bewertung von landwirtschaftlich usw. genutzten Grundstücken vor, also auch für den Fall ihres Ansatzes zum gemeinen Werte. Der § 11 Abs. 2 a. a. O. lautet nämlich:

„Bei der Veranschlagung des Wertes von Grundstücken, welche dem Betriebe der Land- oder Forstwirtschaft, der Viehzucht, dem Wein-, Obst- oder Gartenbaue dienen, sind auch das lebende und tote Wirtschaftsinventar sowie die sonst zum Anlage- und Betriebskapitale (§ 6) gehörigen Werte — einschließlich der den gewerblichen Nebenbetrieben dienenden Gegenstände — mit der Maßgabe zu berücksichtigen, daß Mehr- oder Minderwerte des Inventars gegenüber einem wirtschaftlich normalen Bestand in Zu- oder Abrechnung zu bringen sind. Aus den wirtschaftlichen Vorjahren noch vorhandene, zum Verkaufe bestimmte Vorräte kommen als selbständige Vermögensstücke in Anrechnung."

Wenn hier vorgeschrieben ist: „das lebende und tote Wirtschaftsinventar sowie die sonst zum Anlage- und Betriebskapitale gehörigen Werte" seien bei der Schätzung des Grundstücks mitzuberücksichtigen, aber mit der Maßgabe, daß Mehr- oder Minderwerte „des Inventars" gegenüber einem wirtschaftlich normalen Bestand in Zu- oder Abrechnung zu bringen seien, so kann unter dem zuletzt gebrauchten Begriffe „Inventar" nur das verstanden werden, was unmittelbar vorher als „Inventar“ bezeichnet und ihm gleichgestellt worden ist, nämlich das lebende und tote Inventar sowie die sonst zum Anlage- und Betriebskapitale gehörigen Werte. Der § 6 a. a. O. aber bestimmt: „Das Anlage- und Betriebskapital umfaßt die sämtlichen dem betreffenden Betriebe gewidmeten Gegenstände und Rechte, welche einen in Geld schätzbaren Wert haben.“

Danach sind unter den „Betriebsmitteln“ nicht nur das lebende und tote Inventar, sondern auch das sonstige Betriebskapital zu verstehen. Letzteres ist das sog. umlaufende Kapital, das bestimmungsmäßig fortwährend dem Verbrauch im Betriebe, dem Wechsel und der Formveränderung dient, wie Vorräte an Erzeugnissen, Heizungs-, Beleuchtungs-, Futter- und Dungmitteln, bares Geld, Wechsel, Außenstände, Schulden, auch Bankguthaben und Bankschulden, die mit der Bewirtschaftung des Gutes im Zusammenhange stehen.

Für den Umfang des Betriebskapitals kommt folgendes in Betracht. Den Gegenstand eines Gutskaufs bildet nur das Gut mit dem zur Zeit des Kaufs im Gute verwendeten Betriebskapitale. Diese Verwendung kann in der Düngung, der Aussaat und den zur ordnungsmäßigen Fortführung der Wirtschaft erforderlichen Vorräten an Erzeugnissen, Futtermitteln, Heiz- und Brennstoffen bestehen. Schulden und ausstehende Forderungen sowie Bankguthaben verbleiben dem Verkäufer. Soll der Käufer das Gut mit Erfolg bewirtschaften, so muß er neben dem Erwerbspreise noch über ein bares Betriebskapital verfügen, das erfahrungsmäßig auf etwa ein Sechstel des Erwerbspreises zu bemessen ist. Dieser Teil des Betriebskapitals wird vom Ertragswerte mitumfaßt. Denn der Ertragswert wird durch ein Vielfaches des normalen Reinertrags dargestellt, und dieser ergibt sich aus der Gegenüberstellung der Einnahmen und Ausgaben. Die Einnahmen aber enthalten auch die Verzinsung des neben dem Kaufpreis in dem Gute werbenden Kapitals. Danach bringt der Ertragswert nicht nur den Erwerbspreis, sondern auch das weitere in der Bewirtschaftung des Gutes angelegte Kapital zum Ausdrucke.

Beispiel: Das zu bewertende Gut würde bei einem Verkaufe den Preis von 120000 ℳ bringen. So hoch wäre also der gemeine Wert des Gutes. Zu dessen Bewirtschaftung ist noch ein besonderes Kapital von 20000 ℳ erforderlich, so daß in der Wirtschaft ein Kapital von 140000 ℳ angelegt ist. Bei ordentlicher Wirtschaftsführung soll der Reinertrag 4 % des werbenden Kapitals betragen, also $\frac{4 \cdot 140000}{100} = 5600$ ℳ. Das Fünfundzwanzigfache dieses Reinertrags gibt wiederum 140000 ℳ als Ertragswert, d. s. 20000 ℳ über den gemeinen Wert.

Von dem gemeinen Werte wird also das neben dem Erwerbspreise werbende Kapital nicht mitumfaßt. **Offenbar zu dem Zwecke, eine solche Erfassung zu ermöglichen, ist die Vorschrift im Ergänzungssteuergesetze gegeben**, die aus den wirtschaftlichen Vorräten vorhandenen, zum Verkaufe bestimmten Vorräte als selbständige Vermögensstücke in Anrechnung zu bringen. Hierbei wird übersehen, daß solche Vorräte noch Bestandteile des Betriebsvermögens sind, dem Wirtschaftsschulden gegenüberstehen können, so daß das Betriebskapital zum Reinbetrage doch einen „normalen" oder „angemessenen" Bestand nicht überschreitet, hinter diesem sogar noch zurückbleiben kann. Sodann genügt jene Vorschrift nicht, um das neben dem Erwerbspreise werbende weitere Kapital vollständig zu erfassen, weil daneben noch Wirtschaftsaußenstände oder Bankguthaben bestehen können, die beide doch gleichfalls zum landwirtschaftlichen Betriebsvermögen gehören können. Es bleibt also nichts übrig, als das Betriebsvermögen im ganzen zu berechnen und daraus das neben dem im gemeinen Werte zum Ausdrucke kommenden Kaufwerte des Gutes werbende weitere Kapital festzustellen und als landwirtschaftliches Betriebsvermögen neben dem gemeinen Werte des Gutes in Anrechnung zu bringen. Geschieht das nicht, so ist der Besitzer, der nur den gemeinen Wert des Gutes besteuert, wie das obige Beispiel zeigt, besser gestellt als derjenige, dessen Gut zum Ertragswerte veranschlagt wird, und als alle anderen Steuerpflichtigen, die sich ihr gesamtes Vermögen anrechnen lassen müssen.

16. **Werden nicht besonders veranlagt, sondern sind in der Veranlagung des Ertragswerts einbegriffen.** Ein Mehr- oder Minderwert an Gebäuden und Betriebsmitteln — siehe Anm. 15 — gegenüber einem wirtschaftlich normalen Bestand ist dem Ertragswerte hinzu- oder von ihm abzurechnen, insoweit er geeignet ist, den Ertrag zu beeinflussen (§ 35 der Ausf.-Best. des Bundesrats; Entsch. des preuß. OVG. in Staatsstf. Bd. 15 S. 391). Das Mehr oder Weniger ist in der Weise zu ermitteln, daß der vorhandene Wert des ganzen lebenden, des ganzen toten oder des gesamten Inventars an Baulichkeiten dem Gesamtwerte für ein entsprechendes normales Inventar gegenübergestellt wird. Unzulässig ist es aber, ein einzelnes Gebäude, wie das Schloßgebäude, als einen Mehrwert in Ansatz zu bringen; denn die Möglichkeit ist nicht ausgeschlossen, daß die übrigen Gebäude zusammen mit dem Schlosse bezüglich ihres Wertes noch hinter dem Gesamtwert eines normalen Gebäudeinventars zurückbleiben (a. a. O. Bd. 16 S. 393).

Der „normale" oder „angemessene" Bestand ist bei einem und demselben Gute verschieden, je nachdem die Bewertung zum Ertragswert oder zum gemeinen Werte erfolgt. Im ersteren Falle gehört dazu noch ein angemessenes Betriebskapital, das neben dem Gute vorhanden sein muß, im letzteren Falle dagegen nur das im Gute verwendete Kapital, das bei der Veräußerung des Gutes vom Käufer miterworben wird. Siehe Anm. 15.

17. **Gilt als Ertragswert das Fünfundzwanzigfache des Miet- oder Pachtertrags.** Für die Ermittelung des Reinertrags bebauter Grundstücke, die zum Ertragswert anzusetzen sind, werden hier besondere Vorschriften gegeben. Danach ist der Reinertrag in erster Linie zu berechnen; Schätzung tritt nur ein, wenn es an Unterlagen für eine Berechnung mangelt.

Der Miet- und Pachtertrag setzt sich zusammen aus dem bar zu entrichtenden Zinse, dem Geldwerte der dem Pächter oder Mieter etwa obliegenden Natural- und sonstigen Nebenleistungen und aus den dem Vermieter oder Verpächter vorbehaltenen Nutzungen.

Erst der reine Miet- und Pachtertrag, also der Überschuß des

Rohertrags über die abzugsfähigen Ausgaben — Anm. 19 und 20 — bildet die Grundlage für die Berechnung des Ertragswerts.

18. Der in den letzten drei Jahren im Durchschnitt erzielt worden ist oder im Falle der Vermietung oder Verpachtung hätte erzielt werden können. Diese Vorschrift wird in den §§ 40 bis 45 der Ausführungsbestimmungen des Bundesrats dahin näher erläutert:

„§ 40. Bei bebauten Grundstücken, die Wohnzwecken oder gewerblichen Zwecken zu dienen bestimmt sind, wird der Berechnung des Ertragswerts der Miet- oder Pachtreinertrag zugrunde gelegt, der im Durchschnitte der letzten drei Jahre erzielt worden ist oder im Falle der Vermietung oder Verpachtung hätte erzielt werden können. Der Miet- oder Pachtreinertrag ergibt sich aus dem Miet- oder Pachtrohertrage nach Abzug von einem Fünftel des Rohertrags für Nebenleistungen und Instandhaltungskosten oder von dem als erforderlich nachgewiesenen höheren Betrage für Nebenleistungen und Instandhaltungskosten.

§ 41. Ist das Grundstück vermietet oder verpachtet gewesen, so ist der durchschnittliche Jahresmiet- oder -pachtrohertrag aus dem Miet- oder Pachterlöse zu berechnen, der auf Grund der Miet- oder Pachtverträge in den letzten drei Jahren zu erzielen war. Ausfälle an Miet- oder Pachtgeldern infolge Zahlungsunfähigkeit des Schuldners oder aus anderen Gründen dürfen nicht berücksichtigt werden. Soweit das Grundstück zum Teil oder zeitweise nicht vermietet oder nicht verpachtet war, ist für den vom Eigentümer selbst benutzten oder aus einem anderen Grunde unvermietet oder unverpachtet gebliebenen Teile des Grundstücks ein dem Nutzungswerte dieses Teiles und des vermieteten oder verpachteten Teiles entsprechender oder ein dem Zeitraum entsprechender Verhältnisbetrag dem erzielten Miet- oder Pachtpreise zuzurechnen.

Ist das Grundstück in den letzten drei Jahren überhaupt nicht oder nur zu einem unwesentlichen Teile oder für einen unwesentlichen Zeitraum vermietet oder verpachtet gewesen, so ist der Miet-

oder Pachtertrag nach den ortsüblichen Miet- oder Pachtpreisen für gleiche oder ähnliche Grundstücke zu berechnen.

§ 42. Beansprucht der Steuerpflichtige einen höheren Abzug ls ein Fünftel von dem Miet- oder Pachtrohertrage, so hat er den erforderlichen tatsächlichen Aufwand für Nebenleistungen und Instandhaltungskosten nachzuweisen. Soweit für Nebenleistungen und für die Instandhaltung des Grundstücks die eigene Arbeitskraft des Eigentümers oder die seiner Angehörigen in Anspruch genommen worden ist, kann für diese Tätigkeit ein angemessener Betrag angesetzt werden, der aufzuwenden gewesen wäre, wenn die Arbeiten durch entlohnte fremde Arbeitskräfte verrichtet worden wären. Abzugsfähig sind nur die Kosten, die durch die ordnungsmäßige Instandhaltung des Grundstücks notwendig geworden sind, nicht dagegen die Kosten für außergewöhnliche Maßnahmen, für Umbauten, Erweiterungsbauten usw.

Ist das Grundstück durch solche außergewöhnliche Maßnahmen, Umbauten, Erweiterungs- oder Neubauten wesentlich geändert worden, so kommt für die Berechnung des Miet- oder Pachtertrags nur der neue Zustand des Grundstücks in Betracht.

§ 43. Im Falle des § 41 Abs. 2 bleiben bei der Berechnung des Ertragswerts für bebaute Grundstücke, die gewerblichen Zwecken dienen, Betriebsmittel, die nicht herkömmlicherweise mit dem Grundstücke mitvermietet oder mitverpachtet werden, unberücksichtigt. Diese Betriebsmittel sind besonders mit ihrem gemeinen Werte anzusetzen.

§ 44. Ist im Falle des § 41 Abs. 2 der Grundstückseigentümer zu einer zuverlässigen Angabe des Ertragswerts außerstande und stehen dem Besitzsteueramt ortsübliche Miet- oder Pachtpreise für gleiche oder ähnliche Grundstücke nicht zu Gebote, so ist als Ertragswert der gemeine Wert zugrunde zu legen.

§ 45. In den Bundesstaaten, in denen eine Einschätzung der Grundstücke nach dem Reinertrag oder dem Nutzungswerte zu steuerlichen Zwecken stattgefunden hat und aktenmäßig festgestellt ist, können als Hilfsmittel bei der Ermittelung der Ertragswerte die landesrechtlichen Einschätzungen benutzt werden, sofern die Beschaffenheit des Grundstücks sich nicht wesentlich geändert hat und entweder anzunehmen ist, daß die landesrechtliche Schätzung den Ertragsverhältnissen zur Zeit des Erwerbes entspricht, oder ausreichende Anhaltspunkte vorhanden sind, um aus ihnen den Ertragswert zur Zeit des Erwerbes zu ermitteln."

Die Bestimmungen in dem letztangeführten § 45 finden für **Preußen** bei der Ermittelung des Ertragswerts von Gebäuden keine Anwendung, da bei der letztmaligen Revision der Gebäudesteuer der Nutzungswert der Gebäude aus Mietpreisen abgeleitet ist, die in den Jahren 1898 bis 1907 bedungen worden sind (Art. 4 Nr. 3 der preuß. Ausführungsvorschriften).

In dem voraufgeführten § 44 der Ausf.-Best. des Bundesrats wird unterstellt, daß sich der gemeine Wert des Grundstücks mit (4 — $^4/_5$ =) $3^1/_5$ vom Hundert bei einer Verpachtung oder Vermietung verzinsen würde; denn ohne weiteres für den gegebenen Fall den gemeinen Wert anstatt des Ertragswerts vorzuschreiben, wäre der Bundesrat bei der ihm durch § 88 der Gesetzes nur gewährten Ausführungsbefugnis nicht berechtigt.

Die „letzten drei Jahre" ist ein dreijähriger Zeitraum, der mit dem Tage vor dem Erwerbe des Grundstücks durch den Steuerpflichtigen endet.

19. **Nach Abzug von einem Fünftel für Nebenleistungen und Instandhaltungskosten,** auch wenn diese beiden in dem maßgebenden Zeitraum ein Fünftel des Miet- oder Pachtzinses nicht erreicht haben sollten.

20. **Oder von dem als erforderlich nachgewiesenen höheren Betrage für Nebenleistungen und Instandhaltungskosten.** Begehrt der Steuerpflichtige einen höheren Abzug als ein Fünftel des Miet- und Pachtertrags, so obliegt ihm der Nachweis dafür, nicht nur daß die Nebenleistungen und Instandhaltungskosten durchschnittlich wirklich mehr als ein Fünftel des durchschnittlichen Miet- und Pachtertrags betragen haben, sondern auch daß die geltend

gemachten Ausgaben „erforderlich" waren. Nicht abzugsfähig sind insbesondere Instandsetzungskosten. Instandhaltungskosten sind nur solche Ausgaben, die den Zweck haben, das Gebäude als Quelle des Einkommens in demselben Zustande der Ertragsfähigkeit zu erhalten, in welchem es als Vermögensstück in das Eigentum des betreffenden Besitzers gelangt ist. Dagegen können Ausgaben, welche eine über diesen Zweck hinausgehende Verbesserung des Gebäudes zum Gegenstande haben, auch dann nicht als abzugsfähig erachtet werden, wenn sie zur Wiederherstellung des Zustandes dienten, in welchem sich das Gebäude zu früherer Zeit in der Hand eines Vorbesitzers befunden hat (Entsch. des preuß. OVG. in Staatsstf. Bd. 5 S. 30).

Zu den Instandhaltungskosten gehören auch die Straßenreinigungskosten. Dagegen dürfen Abschreibungen wegen Wertverminderung nicht abgezogen werden, weil sie weder unter den Begriff der Nebenleistungen noch unter den der Instandsetzungskosten fallen (Urt. des preuß. OVG. VI W-B 7/14 vom 10. April 1915).

21. Ohne Rücksicht darauf, ob die hierzu notwendigen Arbeiten von dem Steuerpflichtigen selbst oder durch entlohnte fremde Arbeitskräfte geleistet worden sind. Der Ertragswert tritt an Stelle des Erwerbspreises (Abs. 1). Es kann deshalb auch nur der Ertragswert zur Zeit des Erwerbes in Frage kommen, und deshalb wird auch der Ertragswert nach den Ergebnissen der drei Jahre zu berechnen sein, welche von dem Tage des Erwerbes durch den Steuerpflichtigen nach rückwärts zu berechnen sind. Daß aber der Steuerpflichtige in dieser vor dem Erwerbe liegenden Zeit an der Instandhaltung des Hauses gearbeitet haben sollte, wird selten vorkommen. Gemeint ist wohl auch die Mitarbeit des jeweiligen Besitzers. Diese soll mit ihrem Geldwert in Anrechnung kommen.

Der Mitarbeit des Besitzers wird die Mitarbeit solcher Personen gleichzustellen sein, welche die Arbeit unentgeltlich geleistet haben, ohne daß es darauf ankommt, ob sie in einem Verwandtschafts- oder Dienstverhältnisse zum Besitzer gestanden haben.

22. **Daß statt des Ertragswerts der gemeine Wert der Veranlagung zugrunde gelegt wird.** In den Fällen also, in denen der **Ansatz des** Ertragswerts zulässig ist, soll dieser durch den gemeinen **Wert ersetzt** werden. Da nach Abs. 1 der Ertragswert an die **Stelle des** Erwerbspreiss in die Berechnung der Gestehungskosten **aufzunehmen** ist, so muß das gleiche vom gemeinen Werte im **Sinne des** Abs. 5 gelten; dieser ist also kein anderer als der gemeine **Wert** zur Zeit des Erwerbes, der auch sonst anzusetzen **ist**, wenn ein Ertragswert nicht in Frage kommt (Abs. 1). **Es ist des**halb ungenau, wenn es heißt, der gemeine Wert solle „der **Veranlagung**" zugrunde gelegt werden; es hätte heißen müssen: **daß statt des Ertragswerts der gemeine Wert zur Zeit des Erwerbes an die Stelle des Erwerbspreises tritt.**

Man könnte vielleicht daran denken, jener Vorschrift die Auslegung zu geben, daß der Steuerpflichtige in allen Fällen eines Erwerbes im Sinne des § 31 seinen Antrag auf die Bewertung nach den Gestehungskosten (§ 30 und § 31 Abs. 1) zurückziehen kann, so daß dann gemäß § 29 der „Veranlagung" der gemeine Wert am Ende des Veranlagungszeitraums zugrunde zu legen ist. Dem steht aber entgegen, daß der gemeine Wert eben nur „statt des Ertragswerts" gewählt werden darf und der Steuerpflichtige an einen gemäß § 30 Abs. 1 des Gesetzes gestellten Antrag gebunden sein soll (§ 46 der Ausf.-Best. des Bundesrats). Das zwingt zu der oben im Abs. 1 gegebenen Auslegung des Gesetzes.

23. **Dieses Recht erlischt.** Gegen die Versäumung des Antrags gibt es also keinen Behelf. Es empfiehlt sich deshalb, den Antrag mittels eingeschriebenen Briefes oder in der Schreibstube des Besitzsteueramts zu Protokoll zu erklären und sich von der Aufnahme in das Protokoll zu überzeugen. Siehe aber Anm. 25.

24. **Rechtsmittelfrist.** Siehe § 66.

25. **Geltend gemacht wird.** Eine bestimmte Form ist für den Antrag nicht vorgeschrieben, dieser kann deshalb auch mündlich in der Schreibstube des Besitzsteueramts gestellt werden. Wenn ein diensttuender Beamter des Besitzsteueramts mit dem zur protokollarischen Aufnahme des Antrags innerhalb der Ausschluß-

frist dort erschienenen Steuerpflichtigen hierüber verhandelt, so ist, auch wenn der Beamte die Stellung des Antrags nicht aktenkundig macht, doch der Antrag zur amtlichen Kenntnis gelangt und hiermit die Frist gewahrt (vgl. Urt. des preuß. OVG. XIIIc 30 vom 27. Juni 1901). Allerdings hat in diesem Falle der Steuerpflichtige den Beweis für den Vorgang zu erbringen.

§ 32[1]).

Die Vorschrift des § 31 findet in anderen Erwerbsfällen[2]) entsprechende Anwendung[3]), wenn der vereinbarte Preis[4]) um mehr als 10 vom Hundert hinter dem gemeinen Werte[5]) zur Zeit des Erwerbes und, sofern bei Grundstücken der Ertragswert zugrunde gelegt werden kann, zugleich auch hinter dem Ertragswerte zur Zeit des Erwerbes zurückgeblieben ist[6]).

1. § 32. Im Entwurfe war es § 28 Abs. 4. Die Vorschrift erscheint zweckmäßig und gerechtfertigt, denn wer ein Grundstück zu einem außergewöhnlich billigen Preise erwirbt, der ist schon durch den Erwerb als bereichert anzusehen. Außerdem hat die Festsetzung einer bestimmten Grenze, bis zu welcher das Zurückbleiben des gezahlten Preises hinter dem geschätzten gemeinen Werte noch nachgesehen wird, den Vorteil, daß dadurch die Veranlagungsbehörden der schwierigen Aufgabe überhoben sind, zu prüfen, ob und inwieweit etwa zugleich eine teilweise Schenkung oder etwas Ähnliches vorliegt (Begründung des Gesetzentwurfes S. 45).

2. **In anderen Erwerbsfällen** als in den im § 31 erwähnten.

3. **Entsprechende Anwendung.** Es tritt also an die Stelle der Gestehungskosten beim Erwerb ebenfalls der gemeine Wert zur Zeit des Erwerbes und bei den unter der Voraussetzung des § 31 Abs. 1 des Gesetzes mit dem Ertragswert anzusetzenden Grundstücken der Ertragswert zur Zeit des Erwerbes oder auf Antrag des Steuerpflichtigen der gemeine Wert zur Zeit des Erwerbes.

Diesem Werte sind die seit dem Erwerbe gemachten besonderen Aufwendungen hinzuzurechnen, und es sind von ihm die etwa seit dem Erwerbe durch Verschlechterung entstandenen Wertverminderungen abzuziehen (§ 30 Abs. 2 und § 32 Satz 2 der Ausf.-Best. des Bundesrats).

4. **Wenn der vereinbarte Preis.** Hat eine Vereinbarung über den Preis nicht stattgefunden, so kommt § 32 nicht zur Anwendung, sondern § 31; es muß dann geprüft werden, ob die Gegenleistung „entsprechend" war.

5. **Hinter dem gemeinen Werte.** Siehe § 29 Anm. 3.

6. **Zugleich auch hinter dem Ertragswerte zur Zeit des Erwerbes.** Beide Voraussetzungen müssen im gegebenen Falle (§ 31 Abs. 1) zusammentreffen, um die Anwendung des § 32 zu rechtfertigen.

§ 33[1]).

Hat der Erwerb[2]) vor dem 1. Januar 1914[3]) stattgefunden, so gilt der bei der Veranlagung des Wehrbeitrags festgestellte Wert eines Grundstücks als Betrag der bis dahin entstandenen Gestehungskosten[4]).

1. **§ 33.** Die Vorschrift ist aus dem § 28 Abs. 5 des Gesetzentwurfes hervorgegangen und hat seine jetzige Fassung in der Kommission erhalten.

2. **Der Erwerb** eines Grundstücks.

3. **Vor dem 1. Januar 1914,** also spätestens an dem für die Ermittelung des wehrbeitragspflichtigen Vermögens maßgebenden Stichtage, dem 31. Dezember 1913 (§ 15 Abs. 1 des Wehrbeitragsgesetzes).

4. **So gilt der bei der Veranlagung des Wehrbeitrags festgestellte Wert als Betrag der bis dahin entstandenen Gestehungskosten,** weil der Vermögensstand eines Steuerpflichtigen aus früherer Zeit auch sonst in keinem Falle berücksichtigt wird (Begründung des Gesetzentwurfes S. 46). Jener Wert tritt an die Stelle der

Gestehungskosten beim Erwerb und an die Stelle der bis zum 1. Januar 1914 zu berücksichtigenden weiteren Gestehungskosten während der Besitzzeit, so daß ihm nur die seit dem 1. Januar 1914 gemachten besonderen Aufwendungen hinzuzurechnen und von ihm die seit dem 1. Januar 1914 durch Verschlechterung etwa entstandenen Wertminderungen abzuziehen sind (§ 31 der Ausf.-Best. des Bundesrats).

§ 34[1]).

Wertpapiere[2]), die in Deutschland einen Börsenkurs haben[3]), sind mit dem Kurswerte[4]), Forderungen, die in das Schuldbuch einer öffentlichen Körperschaft eingetragen sind, mit dem Kurswerte der entsprechenden Schuldverschreibungen der öffentlichen Körperschaft anzusetzen.

Der Steuerpflichtige ist berechtigt[5]), von dem Werte der mit Dividendenschein[6]) gehandelten Wertpapiere (§ 6)[7]) den Betrag in Abzug zu bringen, der für die seit Auszahlung[8]) des letzten Gewinns abgelaufene Zeit[9]) dem letztmalig verteilten Gewinn entspricht[9]).

1. § 34. Im Entwurfe war es § 29. Der Entwurf enthielt nur den ersten Absatz. Der zweite Absatz ist erst vom Reichstag in der zweiten Beratung des Gesetzes beschlossen worden (Nr. 1150 der Drucksachen des Reichstags, 13. Legislaturperiode, 1. Session 1912/13 S. 3).

Die Vorschrift stimmt wörtlich überein mit der im § 18 des Wehrbeitragsgesetzes.

Die dem Abs. 1 entsprechende Vorschrift im § 12 Abs. 2 des preuß. Ergänzungssteuergesetzes lautet allgemeiner, nämlich: „Im übrigen sind Wertpapiere, wenn sie in Deutschland einen Börsenkurs haben, nach diesem zu veranschlagen.“ Eine dem Abs. 2 entsprechende Bestimmung enthält zwar nicht das Ergänzungssteuergesetz, wohl aber der Art. 15 IV 2 der Ausf.-Anw. dazu; siehe Anm. 6.

2. **Wertpapiere,** inländische und ausländische, sofern sie nur in Deutschland einen Börsenkurs haben. Wertpapiere sind über Rechtsverhältnisse lautende Papiere, deren Wert über den einer bloßen Beweisurkunde hinausgeht. Es sind dies vor allem die sog. Inhaberpapiere, deren Aussteller den Inhaber des Papiers als den Inhaber des verbrieften Rechtes gelten läßt. Hierzu gehören Aktien, Genußscheine, Schuldverschreibungen, Pfandbriefe usw. Die Bewertung von Kuxen, auch wenn sie einen Börsenkurs haben, ist im § 35 besonders geregelt.

3. **Die in Deutschland einen Börsenkurs haben,** d. h. es muß für das betreffende Wertpapier an einer deutschen Börse amtlich ein Kurs notiert werden (Art. 15 IV der Ausf.-Anw. zum preuß. Ergänzungssteuergesetze). Ist am Stichtage kein Kurs notiert, so muß die Bewertung gemäß §§ 35 und 36 erfolgen, wobei jedoch die letzten Kurse vor und die ersten nach dem Stichtage als Umstände in Betracht zu ziehen sind, welche die Veranschlagung nach einem vom Nennwert abweichenden höheren oder geringeren Werte begründen. Siehe auch Anm. 4.

4. **Mit dem Kurswert** am Stichtage. Wie der Kurswert zustande gekommen ist, macht gegenüber der gesetzlichen Vorschrift keinen Unterschied. Findet die Notierung an mehreren deutschen Börsen statt, so richtet sich die Bestimmung der maßgebenden Börse nach dem Geschäftsgebrauche des Veranlagungsorts (Art. 15 IV 1 der Ausf.-Anw. zum preuß. Ergänzungssteuergesetze).

Für die erstmalige Veranlagung zur Besitzsteuer ist mit Rücksicht auf die Kriegszeit die Bewertung zum Kurswerte nachstehend geregelt worden.

Gesetz über die Festsetzung von Kursen der zum Börsenhandel zugelassenen Wertpapiere vom 9. November 1916 (RGBl. S. 1269).

§ 1. Der Bundesrat kann für die Veranlagung der Besitzsteuer und der Kriegssteuer die Kurse der zum Börsenhandel zugelassenen Wertpapiere auf den 31. Dezember 1916 festsetzen. Diese Kurse treten an die Stelle der Börsenkurse (§ 34 des Besitzsteuergesetzes).

§ 2. Der Reichskanzler ist ermächtigt, die Kurse vorläufig nach Anhörung der Börsenvorstände festzusetzen und die vorläufig festgesetzten Kurse bekanntzumachen. Weicht die endgültige Festsetzung durch den Bundesrat von der vorläufigen Festsetzung ab, so ist die Abweichung bis spätestens bis zum 15. Januar 1917 bekanntzumachen.

5. **Der Steuerpflichtige ist berechtigt.** Er muß also das Recht geltend machen, sei es durch seine Aufstellung in der Besitzsteuererklärung, sei es im Berufungsverfahren; im Beschwerdeverfahren wäre das Vorbringen als dem tatsächlichen Gebiet angehörend verspätet.

Bringt der Steuerpflichtige von dem Werte seiner mit Dividendenschein gehandelten Wertpapiere einen Gewinnbetrag in Abzug (§ 34 Abs. 2 des Gesetzes), so hat er die Wertpapiere, für welche der Abzug begehrt wird, nach Stückzahl oder Nennbetrag und Gattung besonders zu bezeichnen (§ 48 Abs. 1 der Ausf.-Best. des Bundesrats). Anderenfalls ist er beweisfällig.

6. **Mit Dividendenschein.** Hiermit werden die Besitzer von Aktien den von Schuldverschreibungen gleichgestellt. Für die mit Zinsscheinen gehandelten Wertpapiere bestimmt nämlich bereits Art. 15 IV Nr. 2 der Ausf.-Anw. zum preuß. Ergänzungssteuergesetze — siehe auch § 28 Anm. 4 — folgendes:

„Bei Anwendung der Börsenkurse ist zu beachten, daß die Kursnotierung nicht überall nach gleichen Grundsätzen erfolgt, indem bei einzelnen Börsen im Kurse zugleich die seit dem letzten Zinstermine laufenden Zinsen mitberechnet werden, bei anderen dagegen nicht. Werden der Vermögensberechnung die nach der ersteren Methode notierten Kurse zugrunde gelegt, so sind die darin enthaltenen Zinsraten in Abzug zu bringen, weil neben einer verzinslichen Kapitalforderung laufende Zinsen nicht in Ansatz kommen."

7. **Wertpapiere (§ 6).** Die Hinzufügung des die Gegenstände des Kapitalvermögens behandelnden Paragraphen beschränkt das Recht des Abzugs auf den Bereich des Kapitalvermögens. Auf Wertpapiere, die Bestandteil eines Be-

triebsvermögens (§ 2 Nr. 2) sind, findet also die Vorschrift im § 34 Abs. 2 keine Anwendung (§ 48 Abs. 2 der Ausf.-Best. des Bundesrats).

8. **Zeit Auszahlung.** Die maßgebende Zeit beginnt nicht mit der tatsächlichen Auszahlung, sondern mit dem Tage, von dem ab die Dividende erhoben werden konnte. Auf den Schluß des Geschäftsjahrs der Gesellschaft oder den Tag der Generalversammlung, welche die Dividende festgestellt hat, kommt es nicht an.

9. **Für die abgelaufene Zeit entspricht.** Der Endpunkt der Zeit, für welche der Dividendenabzug verlangt werden kann, ist der Stichtag für die Vermögensberechnung (§ 18). Beispiel: Für das am 31. Dezember 1915 abgelaufene Geschäftsjahr der Gesellschaft sind in der Generalversammlung am 20. März 1916 auf die Aktie 160 *M* verteilt worden, die vom 1. April 1916 ab erhoben werden durften. Der Steuerpflichtige hat seinen Dividendenschein erst am 15. Mai 1916 eingelöst. Die maßgebende Zeit beginnt am 1. April 1916 und läuft bis 31. Dezember 1916, umfaßt also neun Monate. Der Abzug stellt sich auf $^9/_{12}$ von 160 *M*, d. s. 120 *M*.

§ 35[1]).

Bei Aktien ohne Börsenkurs[2]), bei Kuxen[3]), Anteilen an einer Bergwerksgesellschaft oder bei Anteilen einer Gesellschaft mit beschränkter Haftung ist der Verkaufswert[4]) der Aktien, Kuxe oder Anteile anzusetzen. Sofern ein solcher nicht zu ermitteln ist[5]), ist der Wert[6]) der Aktie, des Kuxes oder des Anteils unter Berücksichtigung des Gesamtvermögens der Gesellschaft oder Gewerkschaft und der in der Vergangenheit erzielten Gewinne nach freiem Ermessen zu schätzen[6]). Hierbei bleiben diejenigen Beträge der Jahresgewinne unberücksichtigt, welche unter Zugrundelegung der ortsüblichen Preise als Entgelt für gelieferte Rohstoffe[7]) anzusehen sind. Im Streitfalle soll die Steuerbehörde die Schätzung des Wertes durch Sachverständige anordnen[8]), die von der zuständigen Handelsvertretung oder der des nächstbelegenen Bezirkes[9]) zu ernennen sind[10]).

1. § 35. Im Entwurfe war es § 30. Die Vorschrift hat ihre jetzige Fassung durch Beschlüsse der Kommission und des Reichstags erhalten; siehe hierüber unten die Anm. 6. Der Paragraph stimmt wörtlich überein mit § 19 des Wehrbeitragsgesetzes. Der § 12 Abs. 2 des preuß. Ergänzungssteuergesetzes beschränkt sich darauf, die Bewertung der hier in Betracht kommenden Wertpapiere nach ihrem Verkaufswerte vorzuschreiben. Hierzu heißt es dann noch im Art. 15 III der Ausf.-Anw.: „Wo es auf den Verkaufswert ankommt, ist er durch Schätzung des Erlöses zu ermitteln, welcher im Falle der Realisation der Forderung oder im Falle der Veräußerung wahrscheinlich zu erzielen sein würde."

Andere als die im § 35 dieses Gesetzes bezeichneten Wertpapiere, die keinen Börsenkurs in Deutschland haben, sind ebenfalls mit ihrem Verkaufswert anzusetzen (§ 49 Abs. 2 der Ausf.-Best. des Bundesrats). Hierzu gehören insbesondere Schuldverschreibungen, die überhaupt an keiner Börse oder nur an einer ausländischen gehandelt werden.

2. **Bei Aktien ohne Börsenkurs**, inländischen und ausländischen.

3. **Bei Kuxen**, auch wenn sie einen Börsenkurs in Deutschland haben.

4. **Der Verkaufswert**, wie er durch am Stichtage unter normalen Verhältnissen getätigte Verkäufe zutage getreten ist. Auch Verkäufe vor oder nach dem Stichtage können als maßgebend angesehen werden, sofern die am Verkaufstage für den Wert des Gegenstandes maßgebenden Verhältnisse annähernd die gleichen waren wie am Stichtage. Daß dies nicht der Fall gewesen ist, hat derjenige darzutun, der dies behauptet.

5. **Sofern ein solcher nicht zu ermitteln ist**, weil nämlich Verkäufe in dem betreffenden Wertpapier am Stichtage nicht bekannt geworden sind. Siehe auch Anm. 4.

6a. Der Wert ist nach freiem Ermessen zu schätzen. Hierzu hat das preuß. OVG. in seinem Urt. VI W-B 178/15 vom 12. Februar 1916 eingehend Stellung genommen, indem es folgendes ausführt: „Dieser Wert ist nicht, wie die Kommentare zum Wehrbeitragsgesetze von Hoffmann (Anm. 7 zu § 19 des Gesetzes) und von Kahn und Obermeyer (Anm. II zu § 19) annehmen, der Ertragswert, sondern, wie die Entstehungsgeschichte der Vorschrift ergibt, nichts anderes als der gemeine Wert oder Verkaufswert, den die Sache nach ihrer objektiven Beschaffenheit für jeden hat, bei dessen Ermittelung nur dann, wenn Kaufpreise nicht vorliegen, das freie Ermessen der Veranlagungsbehörde zugelassen ist. Die gesetzgeberischen Materialien zum § 19 des Wehrbeitragsgesetzes und zu dem gleichlautenden § 35 des Besitzsteuergesetzes ergeben hierüber folgendes: Nach § 19 des Entwurfes zum Wehrbeitragsgesetze sollte als Wert des Geschäftsanteils usw. gelten „der Teil des Gesellschaftsvermögens, welcher dem Bruchteil entspricht, den der Gesellschaftsanteil vom Stammkapitale bildet". Als zum Gesellschaftsvermögen gehörig sollte gelten „das gesamte nach den Vorschriften dieses Gesetzes zu ermittelnde Vermögen der Gesellschaft ohne Abzug des Stammkapitals". Nach der Begründung hierzu (S. 20, 21 zu IV) sollte die Vorschrift die Feststellung des tatsächlichen („inneren") Wertes von Geschäftsanteilen erleichtern, da sonst zu befürchten sei, daß nur der oft hinter dem wahren Werte erheblich zurückbleibende Nennwert zum Ansatze gelangen werde. Die Vorschrift sollte ferner ergänzt werden durch eine der jetzigen Bestimmung im § 42 des Wehrbeitragsgesetzes ähnliche Vorschrift über die Auskunftspflicht des Gesellschaftsvorstandes über das Gesellschaftsvermögen und den Wert der Anteile. Die Reichstagskommission hielt die den Gesellschaftsvorständen auferlegte Aufgabe jedoch für undurchführbar und schlug an erster Stelle „den Verkaufswert" und, falls dieser nicht zu ermitteln sei, eine Bewertung vor, die eine Kapitalisierung der durchschnittlich in den drei letzten Geschäftsjahren verteilten Dividenden enthielt und damit allerdings den Ertragswert darstellte (Kommissionsverhandlungen S. 90, 134). In der Literatur und in der Handelswelt war dieser Vorschlag vielen Angriffen ausgesetzt. Deshalb brachte im Reichstag ein Antrag Bassermann und Genossen (Nr. 1136 der Drucksachen) die schließlich zum Gesetze gewordene Fassung in Vorschlag, und zwar sowohl für das Wehrbeitragsgesetz wie auch für das Besitzsteuergesetz. In den Sitzungen des Reichstags vom 28. bezw. 27. Juni 1913 (Stenographische Berichte S. 5917, 5880 und 5936) erläuterten der Abgeordnete Dr. Bollert für das Wehrbeitragsgesetz und der Abgeordnete Gothein für das Besitzsteuergesetz die Anträge. Ersterer legte dar, daß „bei solchen Werten, die einer besonderen Schwierigkeit in ihrer Schätzung unterliegen, das freie Ermessen der Veranlagungsbehörden, nicht aber die Bemessung zum $16^2/_3$fachen Betrage stattfinden" solle. Der Abgeordnete Gothein führte nach Darlegung der Schwierigkeiten bei einer Vervielfachung der letztjährigen Dividende unter anderem aus: „Um alle diese Schwierigkeiten zu beseitigen, haben wir hier aus den verschiedensten Parteien den Antrag gestellt, die Bestimmung über die Vervielfachung der Dividende überhaupt zu streichen und, ich möchte sagen, den gemeinen Wert wiederherzustellen, nämlich dasjenige, was unter Beobachtung aller Momente, die für die Wertermittelung in Betracht kommen, als Wert sich feststellen läßt."

Aus dieser Entwickelungsgeschichte der Vorschrift erhellt, daß der Reichstag den von seiner Kommission anstatt des von der Regierung im Entwurfe vorgeschlagenen „tatsächlichen (inneren)" Wertes an zweiter Stelle beschlossenen Ertragswert bewußt beseitigt und „den gemeinen Wert" wiederhergestellt hat. Der allerdings irreführende Wortlaut des zweiten Satzes im § 19 des Wehrbeitragsgesetzes: „Sofern ein solcher — das ist der Verkaufswert — nicht zu ermitteln ist..." erklärt sich daraus, daß er in dem durch den Antrag Bassermann und Genossen beseitigten Kommissionsbeschlusse stand und — wohl versehentlich — in jenen Antrag unverändert übernommen worden ist, obwohl er zum Inhalte des Antrags nicht paßte, da das Wehrbeitragsgesetz den gemeinen und den Verkaufswert als dasselbe ansieht (§ 16 a. a. O.). Er kann in dem neuen Zusammenhange nur die Bedeutung haben, die ihm der Abgeordnete Dr. Bollert in seiner Erläuterung zu dem Gesetz gewordenen Antrage Nr. 1136 beilegt. Sofern bei der Ermittelung des Kaufwerts besondere „Schwierigkeiten" entstehen, seine Herleitung aus vorliegenden Kaufpreisen nicht möglich ist, soll freie Schätzung des gemeinen Wertes unter Benutzung anderer im Verkehre die Wertbildung hauptsächlich beeinflussenden Umstände, wie des Gesellschaftsvermögens und der in der Vergangenheit erzielten Gewinne, zulässig sein, wie dies in Ergänzungssteuersachen das Oberverwaltungsgericht in zahlreichen Fällen angeordnet oder zugelassen hat. Hierbei sind auch solche Umstände, insbesondere Ausgaben zu berücksichtigen, die das Gesellschaftsvermögen oder den Gewinn der Vergangenheit wirtschaftlich zu beeinflussen geeignet sind, auch wenn sie nach besonderen Vorschriften anderer Steuergesetze, insbesondere des Einkommensteuergesetzes, nicht berücksichtigt werden dürfen, z. B. die auf dem Gesellschaftsvermögen lastenden, über die Höhe der staatlichen Veranlagung hinausgehenden Grund-, Gebäude- und Gewerbesteuern."

6b. Die zuständige Schätzungsbehörde. Die Ausführungsbestimmungen des Bundesrats (§ 49) geben hierfür folgende Vorschrift:

„Die behördliche Schätzung des Wertes der im § 35 des Gesetzes bezeichneten Vermögensgegenstände hat durch das Besitzsteueramt zu erfolgen, in dessen Bezirke sich die Leitung des betreffenden inländischen Unternehmens befindet. Ein anderes Besitzsteueramt, das die Wertangabe eines Steuerpflichtigen beanstandet, hat das nach Satz 1 zuständige Besitzsteueramt um Vornahme der Schätzung zu ersuchen."

Diese Vorschrift bindet nur die für die Veranlagung zuständige Veranlagungskommission. In der Berufungsinstanz ist die Berufungskommission, welche über die Berufung zu entscheiden hat, verpflichtet und berechtigt, die Schätzung selbständig vorzunehmen, wobei sie freilich Abweichungen von der Schätzung in erster Instanz durch Anführung der hierfür als maßgebend erachteten Umstände begründen müßte.

6c. **Hilfsmittel für die Schätzung.** Der Steuerpflichtige wird es sich in seinem eigenen Interesse angelegen sein lassen müssen, der zur Schätzung berufenen Behörde die nötigen Unterlagen für die Schätzung zu verschaffen, insbesondere die Mitteilungen, die ihm gemäß § 58 Abs. 1 die Vorstände und Geschäftsführer der Gesellschaft über den Wert der Aktien oder Geschäftsanteile machen müssen. Aber auch die Steuerbehörde wird von Amts wegen das ihr durch § 58 Abs. 2 gegebene Hilfsmittel anzuwenden haben.

6d. **Ausländische Wertpapiere.** Unzulässig ist es, ihren Wert in der Weise zu ermitteln, daß der Nennwert in fremdem Gelde zugrunde gelegt und in deutsche Reichsmark nach dem in Deutschland für das ausländische Geld bestehenden Kurse umgerechnet wird (Urt. des preuß. OVG. VI W-B 3/16 vom 12. Februar 1916).

7. **Als Entgelt für gelieferte Rohstoffe,** z. B. bei Zuckerfabriken für gelieferte Rüben, bei Zuckerraffinerien für gelieferte Melasse. Das Nähere hierüber siehe bei **Mrozek**, Handkommentar zum preuß. Einkommensteuergesetze, S. 373 ff.

8. **Soll die Steuerbehörde die Schätzung des Wertes durch Sachverständige anordnen.** Die Unterlassung ist ein wesentlicher Verfahrensmangel, wenn die Bewertung angefochten wird. Ist die Anhörung von Sachverständigen vor der Veranlagung unterblieben, so muß sie im Berufungsverfahren nachgeholt werden. Die tatsächlichen Annahmen der Gutachter sind mit dem Steuerpflichtigen zu erörtern; über die gegen die Gutachten von dem Steuerpflichtigen erhobenen Einwendungen ist der Gutachter nochmals zu hören.

Die Sachverständigen sind bloße Gutachter, die Entscheidung über die Bewertung steht der Steuerbehörde zu. Nur ist die Zuziehung von Sachverständigen nicht, wie sonst, in das Ermessen der Steuerbehörde gestellt.

9. **Von der zuständigen Handelsvertretung oder des nächstbelegenen Bezirkes.** In Betracht kommt hierbei nur der Ort, an welchem sich die Leitung des betreffenden inländischen Unter-

nehmens befindet. Handelt es sich um ausländische Werte, so entscheidet sich die Zuständigkeit nach dem Orte der Veranlagung.

Ob die Steuerbehörde die zuständige Handelsvertretung oder die des nächstbelegenen Bezirkes anrufen will, steht in ihrem Ermessen (Urt. des preuß. OVG. V W-B 39/16 vom 8. Juli 1916).

10. Zu ernennen sind. Diese muß die Steuerbehörde hören, es bleibt ihr aber unbenommen, auch noch andere Sachverständige zuzuziehen; nur wird sie in jedem Falle die Gutachten der „ernannten" Sachverständigen zu würdigen haben. An die Anträge der Steuerpflichtigen, bestimmte Sachverständige zu hören, ist die Steuerbehörde nicht gebunden; sie wird aber zu schriftlichen Gutachten, die der Steuerpflichtige einreicht, Stellung zu nehmen haben.

§ 36[1].

Andere Kapitalforderungen[2]) und Schulden[3]) sind mit dem Nennwert anzusetzen, sofern nicht besondere Umstände die Veranschlagung nach einem vom Nennwert abweichenden höheren oder geringeren Werte begründen[4]).

Noch nicht fällige Ansprüche aus Lebens-[5]), Kapital- und Rentenversicherungen kommen mit zwei Dritteln der Summe der eingezahlten Prämien oder Kapitalbeiträge[6]), falls aber der Betrag nachgewiesen wird[7]), für welchen die Versicherungsanstalt die Police zurückkaufen würde, mit diesem Rückkaufswert[8]) in Anrechnung.

1. § 36. Im Entwurfe war es § 31. Der Abs. 2 ist erst durch Beschluß des Reichstags in der zweiten Beratung des Gesetzes hinzugefügt worden (Kommissionsbericht S. 107; Nr. 1150 der Drucksachen des Reichstags, 13. Legislaturperiode I. Session 1912/13 S. 5). Die Vorschrift im § 36 stimmt mit der im § 20 des Wehrbeitragsgesetzes wörtlich und mit den Bestimmungen im § 12 Abs. 3 und im § 15 des preuß. Ergänzungssteuergesetzes inhaltlich überein.

2. **Andere Kapitalforderungen**, nämlich als die in den §§ 34 und 35 behandelten. Solche Kapitalforderungen sind verzinsliche Forderungen, unverzinsliche Forderungen, sofern sie fällig geworden sind (§ 41), Bankguthaben, Sparkasseneinlagen, Wechsel- und Scheckforderungen, Geschäftsguthaben bei eingetragenen Genossenschaften, Amortisationsfonds, Geschäftseinlagen von stillen Gesellschaftern usw. Stammeinlagen bei Gesellschaften m. b. H. sind nach der Vorschrift im § 35 zu bewerten.

Diskontierte Wechsel sind mit dem Nennwert, abzüglich des die Zinsen darstellenden Diskonts, anzusetzen.

3. **Schulden** jeder Art, außer wenn sie befristet sind (§ 41).

4. **Sofern nicht besondere Umstände die Veranschlagung nach einem höheren oder geringeren Werte begründen.** Die Unsicherheit einer Forderung, welche für den Gläubiger den Ansatz zu einem geringeren Werte als zum Nennwerte rechtfertigt, begründet für den Schuldner noch nicht die gleiche Bewertung seiner Schuld. Denn jene Vorschrift bezweckt nichts anderes, als für den Gläubiger den Verkaufswert (gemeinen Wert) seiner Forderung zum Ausdrucke zu bringen (vgl. Art. 15 III der Ausf.-Anw. zum preuß. Ergänzungssteuergesetze), während für den Schuldner unter allen Umständen die wirtschaftliche Belastung zum vollen Nennwerte bestehen bleibt. Der Verkaufswert ist durch Schätzung des Erlöses zu ermitteln, welcher am Stichtage im Falle der Realisation der Forderung oder im Falle der Veräußerung wahrscheinlich erzielt worden wäre (a. a. O.; Anm. 3 zu § 29 des Gesetzes). Wegen unbeitreiblicher Forderungen siehe § 47.

5. **Aus Lebensversicherungen.** Zu den Lebensversicherungen gehören insbesondere nicht nur die einfachen Versicherungen auf den Todesfall, sondern auch die Versicherungen „auf den Überlebensfall", „auf den Erlebensfall", die sog. „abgekürzte" sowie die „kurze" Versicherung, sowie alle Kombinationen dieser Versicherungsformen (Art. 16 Nr. 1 Ausf.-Anw. vom 25. Juli 1906 zum preuß. Ergänzungssteuergesetz), unter Umständen auch der Einkauf in sog. Sterbe- oder Begräbniskassen. Das Nähere hierüber

siehe bei Mrozek, Handkommentar zum Einkommensteuergesetze, S. 136 ff.

6. **Der eingezahlten Prämien oder Kapitalbeiträge** ohne Rücksicht darauf, wer die Einzahlung geleistet hat.

Von den vertragsmäßigen Prämien sind die vergüteten oder angerechneten Dividenden abzusetzen, so daß nur die wirklichen Leistungen seit Beginn der Versicherung in Betracht kommen (Art. 16 Nr. 5a der Ausf.-Anw. zum preuß. Ergänzungssteuergesetze).

7. **Nachgewiesen wird.** Der Steuerpflichtige, welcher den Rückkaufswert geltend macht, hat also dessen Höhe nachzuweisen. Hierzu genügt es, wenn er die Versicherungsanstalt namhaft macht und die Nummer seines Versicherungsscheins angibt.

8. **Rückkaufswert,** wenn ein solcher bereits besteht; anderenfalls kann die Bewertung nur zu zwei Dritteln der eingezahlten Prämien oder Kapitalbeiträge erfolgen. Unter dem Rückkaufswert ist nicht jeder zwischen den Beteiligten willkürlich vereinbarte Scheinpreis, sondern nur der wirkliche, nach den Regeln der Versicherungstechnik berechnete Kaufpreis zu verstehen, welchen die Versicherungsanstalt nach Maßgabe der in ihren Statuten, Versicherungsbedingungen oder Prospekten aufgestellten allgemeinen Grundsätze im einzelnen Falle zu gewähren bereit ist (Art. 16 Nr. 5 und 6 der Ausf.-Anw. zum preuß. Ergänzungssteuergesetze).

§ 37[1]).

Der Gesamtwert[2]) der auf bestimmte Zeit beschränkten[3]) Nutzungen oder Leistungen[4]) ist unter Abrechnung der Zwischenzinsen[5]) durch Zusammenzählung der einzelnen Jahreswerte[6]) zu berechnen. Der Gesamtwert[2]) darf den zum gesetzlichen Zinssatze[7]) kapitalisierten Jahreswert nicht übersteigen[8]).

Immerwährende[9]) Nutzungen oder Leistungen[4]) sind mit dem Fünfundzwanzigfachen[7]) des einjährigen Betrags[10]), Nutzungen oder Leistungen[4]) von unbestimmter Dauer[11]) vorbehaltlich der Vorschriften der §§ 38, 39[12]) mit dem

Zwölfundeinhalbfachen des einjährigen Betrags[10]) zu veranschlagen.

1. **§ 37.** Im Entwurfe war es § 32. Die Vorschrift stimmt wörtlich überein mit § 21 des Wehrbeitragsgesetzes. Abs. 1 entspricht der Vorschrift im § 13 IV des preuß. Ergänzungssteuergesetzes, wo aber noch Bestimmung für den Fall getroffen ist, daß die Dauer des Rechtes außerdem durch die Lebenszeit einer oder mehrerer Personen bedingt ist. Abs. 2 gleicht der Vorschrift im § 13 I des preuß. Ergänzungssteuergesetzes.

Das Gesetz gibt hier Sonderbestimmungen für auflösend bedingte oder befristete Rechte und Lasten, die nicht nach der allgemeinen Regel in den §§ 43, 45 und 46 zu bewerten sind.

2. **Der Gesamtwert** bedeutet hier soviel wie der Kapitalwert im Sinne des § 6 Nr. 5. Er ist nach einer vom Bundesrat aufgestellten Hilfstafel zu berechnen (§ 50 der Ausf.-Best. des Bundesrats). Siehe Anlage 1 zum Texte.

3. **Der auf bestimmte Zeit beschränkten.** Ob dies der Fall ist, muß nach den Verhältnissen am Stichtage (§ 18) beurteilt werden. Der Zeitpunkt muß kalendermäßig oder durch die Bezugnahme auf ein sicher eintretendes Ereignis, dessen Zeitpunkt sich schätzen läßt, bestimmt sein. Eine Rente, die „bis zur Verheiratung" ausgesetzt ist, hat unbestimmte Dauer und fällt deshalb unter Abs. 2. Renten, die „bis zur Konfirmation" ausgesetzt sind, können als auf bestimmte Zeit beschränkt angesehen werden. Bei einer „bis zur Beendigung des Studiums" bewilligten Rente kann es zweifelhaft sein, ob ihre Dauer als bestimmt oder unbestimmt anzusehen ist; es wird darauf ankommen, ob hierbei die regelmäßige Dauer des Studiums vorausgesetzt worden ist.

Ist die Dauer des Rechtes noch außerdem durch die Lebenszeit einer oder mehrerer Personen bedingt, so darf der nach §§ 38 und 39 zu berechnende Kapitalwert nicht überschritten werden. Dieser im preuß. Ergänzungssteuergesetze (§ 13 IV) aufgestellte Grundsatz wird auch für die Besitzsteuer gelten müssen (§ 28 Anm. 3), weil das Besitzsteuergesetz den Fall nicht selbständig regelt. Wenn dagegen ein Recht zwar durch die Lebenszeit einer oder mehrerer

Personen begrenzt wird, gleichzeitig aber seine Mindestdauer bestimmt ist, so wird der Wert zwar auch sowohl nach § 37 wie nach §§ 38 und 39 zu ermitteln sein, aber der Höchstwert zum Ansatze kommen müssen.

Siehe auch die Anm. 11.

4. Nutzungen und Leistungen. Beim Berechtigten handelt es sich um Nutzungen, bei dem Belasteten um Leistungen aus demselben Rechtsverhältnisse; die Bewertung muß bei beiden nach den gleichen Grundsätzen erfolgen. Aus dem Umstande aber, daß bei dem Berechtigten oder dem Belasteten der Kapitalwert der Nutzung oder der Leistung irrigerweise zu gering berechnet worden ist, kann der andere kein Recht auf die gleiche Bewertung für sich herleiten (Urt. des preuß. OVG. VI W-B 126/15 vom 22. September 1915).

5. Unter Abrechnung der Zwischenzinsen. § 246 BGB. bestimmt: „Ist eine Schuld nach Gesetz oder Rechtsgeschäft zu verzinsen, so sind vier vom Hundert für das Jahr zu entrichten.“ In der „Hilfstafel“ — siehe oben die Anm. 2 — sind die Zwischenzinsen bereits in Berechnung gezogen, so daß bei einem Gebrauche der Hilfstafel Zwischenzinsen nicht noch einmal abgesetzt werden dürfen.

6a. Durch Zusammenzählung der einzelnen Jahreswerte, nämlich der Leistungen und Nutzungen. Treten diese nicht alljährlich ein, sondern in längeren Zwischenräumen, so sind zunächst die während der ganzen Dauer vorkommenden Leistungen zusammenzurechnen, worauf aus ihnen der durchschnittliche Jahreswert zu berechnen ist.

Sind die Nutzungen oder Leistungen, wenn auch alljährlich wiederkehrend, unbestimmt, so muß ihr durchschnittlicher Jahreswert für die Zukunft ermittelt werden. Das schließt nicht aus, daß für diese Schätzung die Ergebnisse der Vergangenheit als Anhalt genommen werden. Welcher Zeitraum der Vergangenheit zugrunde zu legen ist, wird sich nach den Verhältnissen des Einzelfalls richten; es kann das letzte Leistungsjahr genügen, was nach § 13 V des preuß. Ergänzungssteuergesetzes für die Ergänzungssteuer zwingende Vorschrift ist.

6b. Berechnung der Zeitdauer. Die Zeitdauer bestimmt sich für die Steuerpflicht gemäß § 6 Nr. 5 anders als für die Zusammenrechnung der Nutzungen und Leistungen gemäß § 37 Abs. 1; als Anfangstag für die Berechnung kommt dort der Beginn des Rentenlaufs überhaupt (§ 6 Anm. 22), hier aber der Stichtag (§ 18) in Betracht.

6c. Bruchteile eines Jahres. Dem überschießenden Bruchteil eines Jahres über die Summe der vollen Jahre des noch dauernden Rentenlaufs (Anm. 6b) ist in folgender Weise Rechnung zu tragen. Eine in dreimonatigen Teilzahlungen zu entrichtende Jahresrente von 1000 ℳ läuft z. B. bereits seit 1. April 1900 und soll am 1. April 1920 endigen. An dem für die erstmalige Veranlagung zur Besitzsteuer maßgebenden 31. Dezember 1916 stellt sich also die Rentendauer noch auf $6^1/_4$ Jahre. Nach der Hilfstafel (Anm. 2) beträgt der Gesamtwert jener Rente für drei Jahre 2886 ℳ, für vier Jahre aber 3775 ℳ; der Unterschied macht 889 ℳ aus. Der Kapitalwert beträgt danach

für 3 volle Jahre	2886,— ℳ
für $^1/_4$ Jahr $\frac{889}{4}$, d. i.	222,25 „
für $3^1/_4$ Jahre zusammen	3108,25 ℳ.

7. **Zum gesetzlichen Zinssatze,** d. s. vier vom Hundert; siehe Anm. 5. Die Kapitalisierung erfolgt deshalb durch Multiplikation mit Fünfundzwanzig.

8. **Nicht übersteigen.** Der geringere der beiden Werte kommt in Ansatz. Der Vorschrift ist in der „Hilfstafel" (Anm. 2) bereits Rechnung getragen, indem dort der „Gesamtwert" für 1 ℳ der Nutzung oder Leistung niemals 25 ℳ übersteigt.

9. **Immerwährende.** Diese Eigenschaft haben Nutzungen und Leistungen, deren Erlöschen nicht abzusehen ist. So ist die Auffassung, daß ein Bergwerksregal kein immerwährendes Recht, sondern ein Recht von unbestimmter Dauer sei, weil es nur so lange ausgeübt werden könne, als Fossilien vorhanden seien, in der Rechtsprechung als unhaltbar bezeichnet worden. Das Bergwerksregal verliert seinen Charakter als immerwährendes

Recht nicht dadurch, daß es vielleicht in unbestimmter Zukunft aus irgend einem Grunde nicht mehr ausgeübt werden kann (Entsch. des preuß. OVG. in Staatsstf. Bd. 6 S. 9 Anm.).

Bezüge und Leistungen, die nicht auf die Erben des Steuerpflichtigen übergehen, sind in keinem Falle immerwährende.

10. Des einjährigen Betrags. Schwanken die Nutzungen und Leistungen ihrer Höhe nach in den einzelnen Jahren, so ist der nach einem Jahresdurchschnitt ermittelte Betrag maßgebend; siehe oben die Anm. 6a.

11. Von unbestimmter Dauer, deren Ende aber in absehbarer, wenn auch nicht schätzbarer Zeit eintritt. Ist aber die längste Dauer des Rechtes bestimmt, so muß die Bewertung nach Abs. 1 erfolgen (Urt. des preuß. OVG. E IVa 23/15 vom 26. Juni 1915).

12. Vorbehaltlich der Vorschriften der §§ 38, 39, welche für den Fall, daß Nutzungen und Leistungen durch die Lebenszeit einer oder mehrerer Personen bedingt sind, Sondervorschriften geben.

§ 38[1]).

Der Wert von Renten oder anderen auf die Lebenszeit einer Person[2]) beschränkten Nutzungen und Leistungen[3]) bestimmt sich nach dem Lebensalter[4]) der Person, mit deren Tode das Recht erlischt[5a]).

Als Wert wird angenommen bei einem Alter

1.			bis zu	15	Jahren	das	18 fache,
2.	von mehr als	15	„ „	25	„	„	17 „ ,
3.	„ „ „	25	„ „	35	„	„	16 „ ,
4.	„ „ „	35	„ „	45	„	„	14 „ ,
5.	„ „ „	45	„ „	55	„	„	12 „ ,
6.	„ „ „	55	„ „	65	„	„	8½ „ ,
7.	„ „ „	65	„ „	75	„	„	5 „ ,
8.	„ „ „	75	„ „	80	„	„	3 „ ,
9.	„ „ „	80			„	„	2 „

des Wertes der einjährigen Nutzung[5b]).

Hat jedoch eine nach Abs. 2 bewertete Nutzung oder Leistung im Falle der

Nr. 1 nicht mehr als 9 Jahre,
Nr. 2, 3 „ „ „ 8 „ ,
Nr. 4 „ „ „ 7 „ ,
Nr. 5 „ „ „ 6 „ ,
Nr. 6 „ „ „ 4 „ ,
Nr. 7 bis 9 nicht mehr als 2 Jahre

bestanden, so ist auf Antrag[6]) eine Berichtigung der Veranlagung unter Zugrundelegung eines der wirklichen Dauer der Nutzung oder Leistung entsprechenden Kapitalwerts[7]) vorzunehmen[8]) und die zuviel gezahlte Steuer zu erstatten[9]). In gleicher Weise[10]) hat eine Nachveranlagung[11]) stattzufinden, wenn die Nutzung oder Leistung den Wert eines Vermögensteils vermindert hat.

1. § 38. Im Entwurfe war es § 33. Abs. 1 und 2 stimmen wörtlich überein mit § 22 des Wehrbeitragsgesetzes und haben den gleichen Inhalt wie § 13 II des preuß. Ergänzungssteuergesetzes. Abs. 3 ist dem § 18 Abs. 2 des Erbschaftssteuergesetzes nachgebildet.

2. **Einer Person.** Diese kann der Berechtigte oder der Verpflichtete oder ein Dritter sein.

Siehe auch Anm. 5.

3. **Von Renten und anderen Nutzungen und Leistungen.** Die Fassung ist ähnlich der des § 6 Nr. 5, wo es heißt: „Rechte auf Renten und andere wiederkehrende Nutzungen und Leistungen." In gleicher Weise ist aber auch das auf die Lebenszeit einer Person beschränkte Nießbrauchsrecht im Sinne des § 6 Nr. 1 zu bewerten.

Siehe auch § 37 Anm. 4.

4. **Nach dem Lebensalter** am Stichtage (§ 18).

5a. **Mit deren Tode das Recht erlischt.** Hängt die Dauer der Nutzung oder Leistung von der Lebenszeit mehrerer Personen ab, so kommt § 39 zur Anwendung.

5b. Der einjährigen Nutzung oder Leistung. Siehe § 37 Anm. 6a und 10.

6. **Auf Antrag.** Er muß innerhalb eines Jahres nach Ablauf des Erhebungszeitraums (§ 24) gestellt werden; wenn er aber auf Tatsachen gestützt werden kann, die erst nach Ablauf des Erhebungszeitraums eingetreten sind, so beginnt die einjährige Frist erst mit dem Tage, an dem der Antragsteller (der Steuerpflichtige oder seine Erben) von jenen Tatsachen Kenntnis erhalten hat (§ 69 Abs. 4 der Ausf.-Best. des Bundesrats).

7. **Eine Berichtigung der Veranlagung unter Zugrundelegung eines der wirklichen Dauer der Nutzung oder Leistung entsprechenden Kapitalwerts,** sofern sie den Steuerpflichtigen gegenüber der Veranlagung günstiger stellt. Ergibt sich bei einer Neuberechnung nach Abs. 3 eine höhere als die festgesetzte Steuer, so tritt die später erwähnte Nachveranlagung ein.

Die Berechnung des Kapitalwerts erfolgt dann gemäß § 37 Abs. 1. Hat die Veranlagung noch nicht stattgefunden, so ist die Berechnung gemäß Abs. 3 bereits für die ordentliche Veranlagung vorzunehmen.

8. **Vorzunehmen,** nämlich vom Besitzsteueramte. Wird dem Antrage des Steuerpflichtigen nicht oder nicht in vollem Umfang entsprochen, so steht dem Steuerpflichtigen die Beschwerde im Verwaltungsweg, in Preußen an den Vorsitzenden der Berufungskommission, offen (§ 69 Abs. 2 der Ausf.-Best. des Bundesrats; Art. 28 der preuß. Ausführungsvorschriften). Die ordentlichen Rechtsmittel (§ 66 ff.) sind hier nicht gegeben.

Das berichtigte Vermögen gilt dann gegebenenfalls für den nächsten Veranlagungszeitraum als Anfangsvermögen (§ 19).

9. **Zu erstatten,** aber ohne Zinsen. Solche werden nur im Falle des § 69 gewährt.

10. **In gleicher Weise,** nämlich unter Zugrundelegung eines der wirklichen Dauer der Nutzung oder Leistung entsprechenden Kapitalwerts (§ 37 Abs. 1).

11. **Eine Nachveranlagung.** Weil hier eine höhere Belastung des Steuerpflichtigen in Frage kommt, so kann diese nur durch die

für die ordentliche Veranlagung zuständige Behörde vorgenommen werden, in Preußen also durch die Veranlagungskommission (§ 49). Gegen den Nachveranlagungsbescheid stehen dem Steuerpflichtigen die gleichen Rechtsmittel zu wie gegen den Steuerbescheid (§ 66). Von einer Nachveranlagung kann, sofern eine solche nicht gleichzeitig für die Kriegssteuer erfolgt, abgesehen werden, wenn der nachzufordernde Mehrbetrag an Besitzsteuer den Betrag von 30 ℳ nicht übersteigt (§ 69 Abs. 1 der Ausf.-Best. des Bundesrats). Sie erübrigt sich überhaupt, wenn die anderweite Berechnung gemäß Abs. 3 bereits für die ordentliche Veranlagung vorgenommen werden kann.

Die Nachveranlagung ist zeitlich nur durch die Verjährungsfrist beschränkt (§ 75). Ihr Gegenstand ist einzig und allein die Berichtigung der Bewertung der betreffenden Nutzung oder Leistung; im übrigen bleibt die Vermögensfeststellung bestehen.

Im Rechtsmittelverfahren kann der Steuerpflichtige im besten Falle nur die Herabsetzung der Steuer auf die Festsetzung bei der ordentlichen Veranlagung herbeiführen, weil die Nachveranlagung nicht den gesamten Zuwachs neu feststellt, sondern ähnlich der anderweiten Veranlagung gemäß § 62 des preuß. Einkommensteuergesetzes die ursprüngliche Veranlagung ergänzt, und zwar nur bezüglich des *einen* Gegenstandes des Vermögens.

§ 69 findet auf die Nachveranlagung Anwendung. Der Steuerpflichtige muß also den nachveranlagten Steuerbetrag trotz der Einlegung von Rechtsmitteln zahlen; er erhält aber etwa überhobene Beträge mit *Zinsen* zurückerstattet.

Das berichtigte Vermögen gilt dann für den nächsten Veranlagungszeitraum als Anfangsvermögen (§ 19).

§ 39[1]).

Hängt die Dauer der Nutzung oder Leistung[2]) von der Lebenszeit mehrerer Personen ab[3]), so ist maßgebend[4]) das Lebensalter[5]) der ältesten Person, wenn das Recht mit dem Tode der zuerst versterbenden Person erlischt, das Lebensalter[5]) der jüngsten Person, wenn das Recht mit dem Tode der letztversterbenden Person erlischt.

1. **§ 39.** Im Entwurfe war es § 34. Er stimmt wörtlich überein mit § 23 des Wehrbeitragsgesetzes und entspricht inhaltlich der Vorschrift im § 13 III des preuß. Ergänzungssteuergesetzes.

2. **Der Nutzung oder Leistung.** Siehe § 37 Anm. 4.

3. **Hängt die Dauer von der Lebenszeit mehrerer Personen ab.** Es kann aber außerdem die Höhe der Nutzungen oder Leistungen nach der Lebenszeit mehrerer Personen verschieden bemessen sein. Für diesen Fall enthält die Ausf.-Anw. (Art. 18 III Abs. 2) zum preuß. Ergänzungssteuergesetze — siehe § 28 Anm. 4 — folgende Vorschrift:

„Ist die Dauer des Rechtes von der Lebenszeit mehrerer Personen derart abhängig, daß beim Tode des zuerst Versterbenden die Nutzung oder Leistung sich um einen Teil, z. B. um ein Drittel, verringert und erst beim Tode der letztversterbenden Person ganz aufhört, so ist die dem Überlebenden verbleibende Quote (in dem vorausgesetzten Falle zwei Drittel) des Jahreswerts der Gesamtnutzung nach dem Lebensalter der jüngeren, dagegen der beim Tode des Erstversterbenden fortfallende Teil (im vorausgesetzten Falle ein Drittel) nach dem Lebensalter der älteren der beiden beteiligten Personen zu kapitalisieren. Die Summe der so gefundenen Einzelbeträge bildet den steuerbaren Kapitalwert der gesamten Nutzung."

Siehe auch § 37 Anm. 3.

4. **Maßgebend** für die gemäß § 38 zu bewirkende Berechnung des Kapitalwerts.

5. **Lebensalter** am Stichtage.

§ 40[1]).

Der einjährige Betrag der Nutzung einer Geldsumme[2] ist zu vier vom Hundert anzunehmen, falls er nicht anderweit feststeht[3]).

1. § 40. Im Entwurfe war es § 35. Die Vorschrift ist aus dem Erbschaftssteuergesetze (§ 20) übernommen.

2. **Einer Geldsumme.** Im § 20 des Erbschaftssteuergesetzes ist dafür das Wort „Geldbetrag" gebraucht. Die Fassungsänderung soll offenbar zum Ausdrucke bringen, daß nicht jeder Kapitalwert, sondern nur Geldkapitalien unter die Bestimmung des § 40 fallen. Maßgebend ist der Gegenstand der Nutzung am Stichtage.

3. **Falls der Betrag der Nutzung nicht anderweit feststeht.** Wird einmal ein höherer oder geringerer Zinssatz festgestellt, so ist dieser so lange maßgebend, als nicht seine Veränderung von demjenigen, der sie geltend macht, dargetan wird.

Maßgebend für den Betrag der Nutzung ist auch hier der Zustand am Stichtage. Da indessen die Schätzung des Kapitalwerts einer Nutzung in die Zukunft gerichtet ist, so wird eine am Stichtage bestehnde Zinslosigkeit der Geldsumme nur dann als „feststehend" angesehen werden dürfen, wenn auch eine spätere zinsbare Anlegung des Geldes nicht in Frage kommt; anderenfalls muß die „Annahme" einer vierprozentigen Verzinsung eintreten.

§ 41[1]).

Vom Kapitalwert[2]) unverzinslicher[3]) befristeter[4]) Forderungen und Schulden kommen für die Zeit bis zu ihrer Fälligkeit vier vom Hundert Jahreszinsen[5]) in Abzug.

1. § 41. Im Entwurfe war es § 36. Die Vorschrift stimmt wörtlich mit § 25 des Wehrbeitragsgesetzes und inhaltlich mit § 14 des preuß. Ergänzungssteuergesetzes überein.

2. **Vom Kapitalwerte,** nämlich von dem gemäß § 36 ermittelten Werte der Forderung.

3. **Unverzinslicher.** Verzinsliche Forderungen kommen mit ihrem vollen Kapitalwerte (§ 36) in Ansatz.

4. **Befristeter.** Der Zeitpunkt der Fälligkeit muß bestimmt sein. Das ist nicht der Fall, wenn die Zahlung bis zu einem Ereignisse hinausgeschoben ist, dessen Eintritt zwar feststeht, das aber hinsichtlich des Zeitpunkts ungewiß ist; der § 41 kommt dann nicht zur Anwendung (Urt. des preuß. OVG. VI W-B 10/15 vom 6. Oktober 1915). Vgl. auch § 46.

5. **Jahreszinsen,** die für die maßgebende Zeit vom ganzen Kapitalwerte (§ 36) berechnet werden. Die Diskontrechnung kommt nicht zur Anwendung.

§ 42[1].

Vermögen[2], dessen Erwerb[3] von dem Eintritt einer aufschiebenden Bedingung abhängt[4], bleibt bei der Feststellung unberücksichtigt[5].

1. **§ 42.** Im Entwurfe war es § 37. Die Vorschrift stimmt mit § 26 des Wehrbeitragsgesetzes wörtlich und mit § 16 Abs. 1 des preuß. Ergänzungssteuergesetzes inhaltlich überein. Eine Ausnahme enthält der § 36 Abs. 2.

2. **Vermögen,** und zwar nur Gegenstände des Aktivvermögens. Das Gesetz unterscheidet zwischen bedingtem Erwerbe von Vermögen (§§ 42, 43) und bedingter Belastung (§§ 44, 45), wie dies auch aus dem Wortlaute des § 46 zu ersehen ist.

3. **Erwerb.** Dieser, nicht die bloße Fälligkeit, muß am Stichtag aufschiebend bedingt sein (Urt. des preuß. OVG. VI W-B 126/15 vom 22. September 1915).

Der Entschädigungsanspruch aus einer bereits erfolgten Enteignung ist ein unbedingter; nur der Höhe nach steht er noch nicht fest (Urt. des preuß. OVG. E VIIIb 6/15 vom 5. Juli 1916).

Steht dem Steuerpflichtigen an dem jährlichen Reingewinn eines fremden Unternehmens ein Anteil zu, so hat er ein unbedingtes Recht auf die Hebung. In den Jahren, welche keinen Gewinn erbringen, ist zwar das Ergebnis des Rechtes für den

Steuerpflichtigen gleich Null, aber das Recht besteht gleichwohl (Urt. des preuß. OVG. E IVa 17/14 vom 12. Februar 1916).

„Nach dem das eheliche Güterrecht in der Provinz Westfalen und den Kreisen Rees, Essen und Duisburg regelnden Gesetze vom 16. April 1860 (Gesetzsammlung S. 165), das durch Art. 48 des preuß. Ausführungsgesetzes zum Bürgerlichen Gesetzbuche vom 20. September 1899 mit einigen Abänderungen aufrecht erhalten worden ist, fällt bei Auflösung der Ehe durch den Tod eines Ehegatten in Ermangelung einer letztwilligen Verfügung die eine Hälfte des gemeinschaftlichen Vermögens an den überlebenden Ehegatten als sein Eigentum, während die andere Hälfte als Nachlaß des Verstorbenen nach den Vorschriften des Allgemeinen Landrechts vererbt wird (§ 7 Abs. 1 a. a. O.). Es tritt also beim Tode eines der Ehegatten in allen Fällen sofort eine Erbfolge ein, gleichviel wer die Erben sind. Beerben gemäß §§ 300 ff. Titel 2 Teil II des Allgemeinen Landrechts eheliche Kinder den Verstorbenen, so setzt zwar der überlebende Ehegatte — sei es der Vater oder die Mutter — mit den unabgefundenen eigenen Kindern die Gütergemeinschaft fort, bis Schichtung eintritt (§ 10 Abs. 1 a. a. O.); aber bis zur Aufhebung der fortgesetzten Gemeinschaft dürfen die Kinder über ihren Anteil an der Gemeinschaft nach Maßgabe des § 16 Abs. 2 a. a. O. verfügen. Der Eintritt der Schichtung, die nach § 14, § 15 a. a. O. insbesondere erfolgen muß, wenn der überlebende Ehegatte eine neue Ehe eingeht, hat nur zur Folge, daß dem anteilsberechtigten Kinde nunmehr der ihm gebührende (auf ihn vererbte) Anteil an dem gütergemeinschaftlichen Vermögen festgesetzt wird (§ 15). Hiernach bedeutet für die erbberechtigten Kinder der Zeitpunkt des Todes des zuerst verstorbenen Elternteils den Erbfall, d. i. den Augenblick des Überganges der Erbschaft auf sie (§ 1922 des Bürgerlichen Gesetzbuchs). Es ist daher unrichtig, diese Erbanteile als bedingt erworbenes Vermögen anzusehen; sie stehen vielmehr vom Todestage des Erblassers an im Eigentume der Kinder und sind demnach als ihr Vermögen zum Wehrbeitrage zu veranlagen. Wenn in dem Schichtvertrage für die Kinder der Termin der Großjährigkeit als

Zeitpunkt, zu dem der Erbanteil ihnen auszuantworten ist, bezeichnet wird, so liegt darin lediglich die Bestimmung der Fälligkeit ihres Anspruchs auf Herausgabe oder Zahlung der im Vertrage festgesetzten Abfindungen (Erbanteile), dagegen nicht die Hinzufügung einer aufschiebenden Bedingung für den Erwerb des ererbten Vermögens. Die hiervon abweichende Ansicht in dem Erlasse des Finanzministers vom 26. Februar 1914 (Mitteilungen aus der Verwaltung der direkten Steuern Heft 56 S. 86) kann nicht für zutreffend erachtet werden" (Urt. des preuß. OVG. VI W-B 21/15 vom 28. Juni 1916).

4. **Von dem Eintritt einer aufschiebenden Bedingung abhängt.** Das ist der Fall, wenn die von der Bedingung abhängig gemachte Wirkung erst mit der Erfüllung der Bedingung eintreten soll (§ 158 BGB.). Siehe auch §§ 2074, 2075 a. a. O.

5. **Bleibt bei der Feststellung unberücksichtigt,** selbst wenn noch vor der Veranlagung die Bedingung eingetreten ist. Es tritt auch nicht, wie im Falle des § 38 Abs. 3, eine Berichtigung der Steuer oder eine Nachveranlagung ein. Anders beim Eintritt einer auflösenden Bedingung (§ 43 Abs. 2).

§ 43[1].

Vermögen[2], das unter einer auflösenden Bedingung[3]) erworben ist, wird unbeschadet der Vorschriften über die Berechnung des Kapitalwerts der Nutzungen von unbestimmter Dauer (§ 37 Abs. 2, §§ 38, 39)[4]) wie unbedingt erworbenes behandelt[5]).

Tritt die Bedingung ein[6]), so erfolgt auf Antrag[7]) eine Berichtigung der früheren Veranlagung[8]) entsprechend dem tatsächlichen Werte des Erwerbes.

1. **§ 43.** Im Entwurfe war es § 38. Die Vorschrift im Abs. 1 stimmt mit § 27 des Wehrbeitragsgesetzes und § 16 Abs. 2 des preuß. Ergänzungssteuergesetzes überein. Abs. 2 ist aus dem Erbschaftssteuergesetze (§ 21 Abs. 2) übernommen.

2. **Vermögen.** Siehe § 42 Anm. 2.

3. **Unter einer auflösenden Bedingung** ist ein Rechtsgeschäft vorgenommen, wenn mit dem Eintritte der Bedingung die Wirkung des Rechtsgeschäfts endigen und der frühere Rechtszustand wieder eintreten soll (§ 158 Abs. 2 BGB.). Die auflösende Bedingung darf am Stichtage (§ 18) noch nicht eingetreten sein, wenn § 43 zur Anwendung kommen soll.

Nach § 2100 a. a. O. ist der Vorerbe bis zu dem von dem Erblasser für den Eintritt der Nacherbfolge bestimmten Zeitpunkt oder Ereignisse wahrer Erbe der den Gegenstand der Erbschaft bildenden Vermögensstücke, die erst mit dem Eintritte der Nacherbfolge an den Nacherben fallen. Die Vorerbschaft ist hiernach Vermögen, das der Vorerbe mit einer zeitlichen Beschränkung oder unter einer auflösenden Bedingung erworben hat. Dem Vorerben steht das Eigentum an der Vorerbschaft zu, nicht nur ein Recht auf Nutzungen (Urt. des preuß. OVG. VI W-B 21/16 vom 12. April 1916).

4. **Unbeschadet der Vorschriften über die Berechnung des Kapitalwerts der Nutzungen von unbestimmter Dauer (§ 37 Abs. 2, §§ 38, 39).** Der § 43 entscheidet nur die Frage, ob Vermögen, dessen Erwerb noch am Stichtage (§ 18) auflösend bedingt ist, dem Steuerpflichtigen überhaupt angerechnet werden darf und bejaht sie. Dagegen richtet sich die Bewertung nach den hierfür in den angeführten Paragraphen gegebenen Vorschriften.

5. **Wie unbedingt erworbenes behandelt,** d. h. angerechnet, aber nicht in gleicher Weise bewertet; siehe Anm. 4.

6. **Tritt die Bedingung ein,** nämlich nach dem Stichtage (§ 18).

7. **Auf Antrag.** Für diesen hat der Bundesrat die gleichen Vorschriften erlassen wie für den nach § 38 Abs. 3 zulässigen Antrag. Siehe deshalb § 38 Anm. 6—9.

8. **Eine Berichtigung der früheren Veranlagung** wie im Falle des § 38 Abs. 3. Die Berichtigung, nicht die Nachveranlagung, ist am Platze, weil die anderweitige Berechnung den Steuerpflichtigen gegenüber der ursprünglichen Veranlagung

günstiger stellt. Sie steht nicht unter dem Schutze der ordentlichen Rechtsmittel, sondern ist als eine Angelegenheit der Hebung der Steuer im Verwaltungswege herbeizuführen. Siehe hierüber § 38 Anm. 7 bis 9.

§ 44[1].

Hängen Lasten, die den Wert des Vermögens vermindern[2]), von dem Eintritt einer aufschiebenden Bedingung ab[3]), so werden sie nicht berücksichtigt[4]).

Tritt die Bedingung ein[5]), so ist auf Antrag[6]) die Veranlagung entsprechend zu berichtigen[7]).

Den Lasten, die von einer aufschiebenden Bedingung abhängen, stehen zweifelhafte[8]) Lasten gleich[9]).

1. **§ 44.** Im Entwurfe war es § 39. Die Vorschrift entspricht dem § 22 Abs. 1 und 3 des Erbschaftssteuergesetzes, der Abs. 1 und 3 auch dem § 28 des Wehrbeitragsgesetzes und der Abs. 1 dem § 16 Abs. 1 des preuß. Ergänzungssteuergesetzes.

2. **Lasten, die den Wert des Vermögens vermindern,** d. s. nach § 10 Schulden und Leistungen.

3. **Von dem Eintritt einer aufschiebenden Bedingung ab.** Siehe § 42 Anm. 4.

4. **So werden sie nicht berücksichtigt,** weder bei der Bewertung des Gegenstandes, mit dem sie eine wirtschaftliche Einheit bilden, noch bei den Abzügen vom Gesamtvermögen (§ 10).

5. **Tritt die Bedingung ein,** nämlich nach dem Stichtage.

6. **Auf Antrag.** Für diese hat der Bundesrat die gleichen Vorschriften erlassen wie für den nach § 38 Abs. 3 zulässigen Antrag. Siehe deshalb § 38 Anm. 6—9.

7. **Zu berichtigen,** sofern die neue Berechnung für den Steuerpflichtigen eine geringere Steuer als die veranlagte ergibt.

8. **Zweifelhafte Lasten,** deren Bestand zweifelhaft ist, z. B. weil hierüber im Prozesse gestritten wird. Dies gilt auch von der

Belastung einer Erbschaft mit einer Stiftung, solange die nach § 83 BGB. erforderliche, in Preußen nach Art. 4 der Verordnung vom 16. November 1899 vom Könige zu erteilende Genehmigung noch nicht erfolgt ist. Für die preuß. Ergänzungssteuer ist eine solche Belastung als von einer auflösenden Bedingung abhängig angesehen worden (Urt. des preuß. OVG. E XIIa 9/15 vom 15. Dezember 1915).

9. **Gleich.** Die Anrechnung der zweifelhaften Lasten schädigt den Steuerpflichtigen nicht, weil er nach Klarstellung der Rechts- und Sachlage gegebenenfalls nach Abs. 2 die Berichtigung der in Frage kommenden Veranlagungen herbeiführen kann.

§ 45[1].

Lasten[2]), deren Fortdauer von einer auflösenden Bedingung abhängt[3]), werden wie unbedingte vom Vermögen abgezogen, soweit nicht deren Kapitalwert nach § 37 Abs. 2, §§ 38, 39 zu berechnen ist[4]). § 38 Abs. 3 Satz 2 findet entsprechende Anwendung[5]).

1. § 45. Im Entwurfe war es § 40. Die Vorschrift entspricht dem § 22 Abs. 2 des Erbschaftssteuergesetzes und in ihrem ersten Satze auch dem § 29 des Wehrbeitragsgesetzes sowie dem § 16 Abs. 2 des preuß. Ergänzungssteuergesetzes.

2. **Lasten.** Siehe § 44 Anm. 2.

3. **Deren Fortdauer von einer auflösenden Bedingung abhängt.** Siehe § 43 Anm. 3.

4. **Soweit nicht deren Kapitalwert nach § 37 Abs. 2, §§ 38, 39 zu berechnen ist.** Siehe § 43 Anm. 4.

5. **§ 38 Abs. 3 Satz 2 findet entsprechende Anwendung.** Wenn infolge Eintritts der Bedingung nach dem Stichtage (§ 18) die Last fortfällt und demnach das Vermögen nicht mehr mindert, so tritt zu Ungunsten des Steuerpflichtigen dem erhöhten Zuwachs entsprechend eine Nachveranlagung ein. Siehe hierüber § 38 Anm. 10 und 11.

§ 46[1]).

Die Vorschriften der §§ 42 bis 45[2]) gelten auch, wenn der Erwerb oder die Last[3]) von einem Ereignis abhängt, das nur hinsichtlich des Zeitpunkts seines Eintritts ungewiß ist[4]).

1. § 46. Im Entwurfe war es § 41. Die Vorschrift entspricht dem § 30 Abs. 1 des Wehrbeitragsgesetzes und dem § 16 Abs. 3 des preuß. Ergänzungssteuergesetzes.

2. **Die Vorschriften der §§ 42 bis 45** behandeln die Frage, ob bedingt erworbenes Vermögen angerechnet oder eine bedingte Belastung abgerechnet werden darf.

3. **Der Erwerb oder die Last.** Der Wortlaut macht ersichtlich, daß das Gesetz in den §§ 42 bis 45 den bedingten Vermögenserwerb einerseits und die bedingte Belastung mit Schulden und Leistungen andererseits getrennt behandelt.

4. **Von einem Ereignis abhängt, das nur hinsichtlich des Zeitpunkts seines Eintritts ungewiß ist.** Bei der Abhängigkeit von einem Ereignisse hat man folgende Fälle zu unterscheiden:

a) Es besteht Gewißheit darüber, daß und wann das Ereignis eintritt (dies certus an et quando), z. B. ein bestimmter künftiger Kalendertag. Das ist eine reine Befristung.

b) Es ist ungewiß, ob und wann ein Ereignis eintritt (dies incertus an et quando), z. B. die Verheiratung eines Kindes. Hier handelt es sich um eine Bedingung im Sinne der §§ 42 bis 45.

c) Der Eintritt des Ereignisses ist sicher, nur der Zeitpunkt des Eintritts ist ungewiß (dies certus an, incertus quando), z. B. der Tod eines Menschen. Nach § 46 soll dieser Fall ebenso behandelt werden wie der zu b, also als eine Bedingung.

§ 47[1]).

Unbeitreibliche Forderungen[2]) bleiben außer Ansatz[3]).

1. § 47. Im Entwurfe war es § 42. Die gleiche Bestimmung ist im § 30 Abs. 2 des Wehrbeitragsgesetzes und im § 16 Abs. 4 des preuß. Ergänzungssteuergesetzes enthalten.

2. **Unbeitreibliche Forderungen** sind solche, die am Stichtage (§ 18) zwar rechtlich noch bestehen, aber wirtschaftlich wertlos sind, weil das Beitreibungsverfahren erfolglos gewesen ist oder voraussichtlich ohne Erfolg sein würde. Bei der Beurteilung der Frage der Beitreiblichkeit hypothekarisch eingetragener Forderungen sind lediglich die Vermögensverhältnisse des Schuldners, insbesondere der Wert des Pfandgrundstücks und die Höhe der voreingetragenen Schulden zu berücksichtigen. Dagegen hat der Umstand, daß sich der Steuerpflichtige durch verwandtschaftliche Rücksichten von der gerichtlichen Beitreibung seiner Forderung abhalten läßt, außer Betracht zu bleiben (Entsch. des preuß. OVG. in Staatsstſ. Bd. 6 S. 306, 308). Auch sonstige Rücksichten, welche mit der Beitreibbarkeit der Forderung nicht zusammenhängen, dürfen den Gläubiger nicht veranlaßt haben, von der Beitreibung der Forderung abzusehen.

3. **Bleiben außer Ansatz,** aber nur beim Gläubiger. Der Schuldner darf seine Schuld ungekürzt abziehen, weil er mit ihr wirtschaftlich belastet bleibt.

Zuständigkeit für Veranlagung und Erhebung der Besitzsteuer[1]).

§ 48[2]).

Für die Verwaltung der Besitzsteuer ist der Bundesstaat[3]) zuständig, in welchem der Steuerpflichtige zur Zeit der Veranlagung seinen Wohnsitz[4]) oder in Ermangelung eines Wohnsitzes seinen gewöhnlichen Aufenthalt[5]) hat.

Bei mehrfachem Wohnsitz im Inland ist der dienstliche[6]) Wohnsitz vor einem anderen Wohnsitze, der Wohnsitz in dem Heimatstaate[7]) vor dem Wohnsitz in einem anderen Bundesstaat und, wenn keiner dieser Fälle vorliegt[8]), der Wohnsitz an dem Orte maßgebend, an welchem der Steuerpflichtige sich vorwiegend aufhält.

Steuerpflichtige, welche zur Zeit der Veranlagung[9]) im Inlande weder einen Wohnsitz noch ihren gewöhnlichen Aufenthalt haben, sind in dem Bundesstaate[3]) zu veranlagen, in welchem sie ihren letzten inländischen Wohnsitz[4]) oder Aufenthalt[5]) gehabt haben.

Der Bundesrat kann weitere Bestimmungen über die Zuständigkeit der Bundesstaaten zur Verwaltung und Erhebung der Steuer erlassen[10]). Er entscheidet auch auf Anrufen eines Bundesstaats[11]), wenn zwischen mehreren Bundesstaaten Meinungsverschiedenheit über ihre Zuständigkeit herrscht.

1. **Zuständigkeit für Veranlagung und Erhebung der Besitzsteuer.** Diese Überschrift hat der Abschnitt erst in der Kommission erhalten; im Entwurfe war er überschrieben: „Veranlagungsbehörden und Erhebungsstellen". Siehe auch Anm. 2.

2. **§ 48.** Die Vorschrift wurde als § 42a von der Komission in den Entwurf aufgenommen. Nach dem Entwurf eines Gesetzes, betr. Änderungen im Finanzwesen, sollte die Besitzbesteuerung der Landesgesetzgebung überlassen bleiben und die reichsgesetzliche Regelung jener Besteuerung nur fakultativ Platz greifen. In der Kommission wurde aber die Einführung der Besitzsteuer für das Reich eingeführt, was die Einfügung der Vorschrift des § 48 (als § 42a) in den Entwurf nötig machte (Kommissionsbericht S. 96 und 108). Die Vorschrift stimmt wörtlich überein mit der im § 34 des Wehrbeitragsgesetzes.

3. **Ist der Bundesstaat zuständig.** Hier wird nur die Zuständigkeit der Bundesstaaten für die Veranlagung und Erhebung der Besitzsteuer geordnet. Sie gelten aber auch für die Zuständigkeit der Behörden innerhalb des betreffenden Bundesstaats entsprechend (§ 3 der Ausf.-Best. des Bundesrats).

4. **Wohnsitz.** Siehe § 11 Anm. 8. Besteht über die Zugehörigkeit des Wohnsitzes oder Aufenthalts zu einem Gemeindebezirk ein Streitverfahren, so muß mit dem tatsächlichen Zustande

gerechnet werden (Urt. des preuß. OVG. V W-B 127/15 vom 2. Juni 1915).

5. **Gewöhnlichen Aufenthalt.** Er ist dort, wo der Steuerpflichtige, ohne sich daselbst niederzulassen, dauernd und nicht bloß vorübergehend weilt (Kommentar der Reichsgerichtsräte zum BGB. § 1320 Anm. 5. Siehe auch Anm. 13 zu § 11 des Gesetzes sowie die vorstehende Anmerkung.

6. **Dienstlicher Wohnsitz.** Siehe § 11 Anm. 10.

7. **In dem Heimatstaate.** Das ist der Bundesstaat, in dem der Steuerpflichtige die Staatsangehörigkeit besitzt (§ 1 des Reichs- und Staatsangehörigkeitsgesetzes vom 22. Juli 1913).

8. **Wenn keiner dieser Fälle vorliegt.** Das trifft auch zu, wenn ein Deutscher in mehreren Bundesstaaten die Staatsangehörigkeit besitzt.

9. **Zur Zeit der Veranlagung.** Die Vorschrift kommt nur zur Anwendung, wenn der Steuerpflichtige auch am Stichtag im Inlande weder einen Wohnsitz noch seinen gewöhnlichen Aufenthalt gehabt hat; denn im letzteren Falle begründet dieser Wohnsitz oder Aufenthalt die Zuständigkeit des betreffenden Bundesstaats; siehe unten Anm. 10.

10. **Der Bundesrat kann weitere Bestimmungen über die Zuständigkeit der Bundesstaaten zur Verwaltung und Erhebung der Steuer erlassen.** Von dieser Befugnis hat der Bundesrat in den §§ 2 und 3 seiner Ausführungsbestimmungen Gebrauch gemacht:

> „§ 2. Für die Zuständigkeit der Bundesstaaten zur Veranlagung und Erhebung der Besitzsteuer sind maßgebend die Wohnsitz- oder Aufenthaltsverhältnisse des Steuerpflichtigen am Ende des jeweiligen Veranlagungszeitraums, erstmals am 31. Dezember 1916. Bei mehrfachem Wohnsitze hat den Vorrang zunächst der dienstliche Wohnsitz, dann der Wohnsitz im Heimatstaate, weiter der Wohnsitz an dem Orte des vorwiegenden Aufenthalts.
>
> Hat der Steuerpflichtige erst nach dem im Abs. 1 bezeichneten Zeitpunkt, aber noch vor Beginn des anschließenden Erhebungszeitraums (§ 24 des Gesetzes) im Reiche seinen Wohnsitz begründet

oder seinen gewöhnlichen Aufenthalt genommen, so ist der Bundesstaat zuständig, in dem er seinen Wohnsitz begründet oder seinen Aufenthalt genommen hat.

Hat der Steuerpflichtige weder am Ende des jeweiligen Veranlagungszeitraums noch vor Beginn des anschließenden Erhebungszeitraums in einem Bundesstaat einen Wohnsitz oder seinen gewöhnlichen Aufenthalt, so ist der Bundesstaat zuständig, in welchem er seinen letzten inländischen Wohnsitz oder Aufenthalt gehabt hat. Hat der Steuerpflichtige auch früher keinen inländischen Wohnsitz oder Aufenthalt gehabt, so ist der Bundesstaat zuständig, in dessen Gebiete sich das steuerbare Vermögen befindet, und, wenn das Vermögen sich in mehreren Bundesstaaten befindet, der Bundesstaat, in dessen Gebiete sich der größere Teil des Vermögens befindet.

§ 3. Die Vorschriften über die Zuständigkeit der Bundesstaaten gelten auch entsprechend für die Zuständigkeit der Besitzsteuerämter. Die oberste Landesfinanzbehörde des für die Veranlagung der Besitzsteuer zuständigen Bundesstaats kann jedoch die Abgrenzung der Zuständigkeit seiner Besitzsteuerämter anderweit regeln." Siehe § 49 Anm. 2.

11. **Auf Anrufen eines Bundesstaats.** Danach hat der Steuerpflichtige selbst kein Recht, die Veranlagung in einem anderen Bundesstaate zu verlangen, sofern die Zuständigkeit des Bundesstaats, in dem er veranlagt worden ist, nach Abs. 1 gegeben war. Ebenso kann der Steuerpflichtige nicht die Unzuständigkeit des Besitzsteueramts für die Veranlagung rügen, wenn dessen Zuständigkeit nach Abs. 1 begründet war (vgl. § 3 der Ausf.-Best. des Bundesrats).

§ 49[1]).

Die Landesregierung bestimmt die für die Verwaltung der Besitzsteuer zuständigen Behörden (Besitzsteuerämter)[2]). Sie bestimmt auch, ob und inwieweit zur Mitwirkung bei der Veranlagung und zur Erhebung der Besitzsteuer Gemeinden oder Gemeindeverbände heranzuziehen sind[3]). Die Besitzsteuerämter unterstehen Oberbehörden[4]) und diese der obersten Landesfinanzbehörde.

1. **§ 49.** Im Entwurfe war es § 43. Die Kommission hat im Satze 1 die Worte „Veranlagung und Erhebung der zuständigen Stellen" durch die Fassung „Verwaltung der Besitzsteuer zuständigen Behörden (Besitzsteuerämter)" ersetzt und den Satz 3 hinzugefügt. Die Sätze 1 und 2 entsprechen dem § 35 Abs. 1 des Wehrbeitragsgesetzes.

2. **Die Landesregierung bestimmt die für die Verwaltung der Besitzsteuer zuständigen Behörden (Besitzsteuerämter).** Die Ausführungsbestimmungen des Bundesrats hierzu sind folgende:

„§ 1 Abs. 1. Die mit der Veranlagung der Besitzsteuer betrauten Behörden (Besitzsteuerämter) und die ihnen übergeordneten Behörden (Oberbehörden) werden von den Landesregierungen bestimmt und öffentlich bekanntgemacht. Ein Verzeichnis der Besitzsteuerämter und Oberbehörden ist unter Angabe ihrer Amtsbezirke dem Reichskanzler zur Veröffentlichung im Zentralblatte für das Deutsche Reich mitzuteilen. Das gleiche hat mit etwaigen späteren Veränderungen zu geschehen.

§ 1 Abs. 3. Befugnisse, die in den nachstehenden Vorschriften den Besitzsteuerämtern übertragen sind, können von der obersten Landesfinanzbehörde im Einverständnisse mit dem Reichskanzler den Oberbehörden übertragen werden.

§ 52. Die Besitzsteuerämter haben sich bei der Veranlagung der Besitzsteuer gegenseitig Rechtshilfe zu leisten. Das gilt insbesondere für die Ermittelung des Wertes des in auswärtigen Veranlagungsbezirken befindlichen Grund- und Betriebsvermögens eines Steuerpflichtigen."

Die preußischen Ausführungsvorschriften hierzu lauten:

„Art. 1 I 1. Durch Allerhöchste Verordnung vom 14. Mai 1914 (Gesetzsamml. S. 91) ist folgendes bestimmt:

Als die für die Verwaltung der Besitzsteuer zuständigen Behörden (Besitzsteuerämter) werden die Einkommensteuer-

Veranlagungskommissionen bestimmt. Sie unterstehen den Regierungen — und für die Haupt- und Residenzstadt Berlin der Direktion für die Verwaltung der direkten Steuern — als Oberbehörden.

Art. 1 II. Oberbehörden im Sinne der Ausführungsbestimmungen des Bundesrats sind in Preußen außer den Regierungen, für Berlin der Direktion für die Verwaltung der direkten Steuern, gegebenenfalls die Vorsitzenden der Einkommensteuer-Berufungskommissionen.

Art. 30 Nr. 1. Der Vorsitzende der Berufungskommission hat bei der ihm obliegenden Überwachung der Amtstätigkeit der Vorsitzenden der Veranlagungskommissionen auf dem Gebiete der Staatssteuerveranlagung sich auch der Prüfung der Veranlagungen zur Besitzsteuer und zur Kriegsabgabe zu unterziehen und gegebenenfalls für die Nachveranlagung solcher Steuern Sorge zu tragen, deren Veranlagung zu Unrecht unterblieben ist (§ 73 Besitzsteuergesetz, § 33 Ziff. 3 Ausf.-Best. des Bundesrats zum Kriegssteuergesetze).

Er ist befugt, die dem Vorsitzenden der Veranlagungskommission in diesen Vorschriften zugewiesenen Obliegenheiten für einzelne Bezirke oder einzelne Personen oder Gesellschaften ganz oder teilweise selbst zu übernehmen.

Art. 1 I 4. Insoweit sonst nach den Vorschriften des Einkommensteuergesetzes die Regierungen und für die Haupt- und Residenzstadt Berlin die Direktion für die Verwaltung der direkten Steuern zur Mitwirkung berufen sind, haben diese Behörden auch die gleichartigen Entscheidungen hinsichtlich der Besitzsteuer zu treffen."

3. **Ob und inwieweit zur Mitwirkung bei der Veranlagung und zur Erhebung der Besitzsteuer Gemeinden oder Gemeindeverbände heranzuziehen sind.** Hierzu ist der § 1 Abs. 2 der Ausf.-Best. des Bundesrats ergangen:

„Die Landesregierung kann die Erhebung der Besitzsteuer anderen Stellen als den Besitzsteuerämtern übertragen. Sie bestimmt auch, ob und inwieweit andere Behörden als Hilfsstellen der Besitzsteuerämter beim Veranlagungsgeschäfte mitzuwirken haben. In diesem Falle sind die zur Regelung des Geschäftsverkehrs erforderlichen besonderen Bestimmungen zu treffen."

Die entsprechenden preußischen Ausführungsvorschriften lauten:

„Art. 1 I 5. Die Gemeinden und selbständigen Gutsbezirke sind verpflichtet, in ihren Bezirken die Einzelerhebung der veranlagten Steuerbeträge sowie deren Abführung an die zuständigen Staatskassen zu bewirken.

Art. 23 Nr. 2. Die den Gemeinden (Gutsbezirken) zu gewährende Entschädigung, über deren Höhe besondere Bestimmung ergeht, setzt die Regierung auf Grund der von den Kreiskassen zugleich mit der Ablieferung für den Monat März vorzulegenden Nachweisungen der von den einzelnen Gemeinden und Gutsbezirken erhobenen und der erstatteten Beträge Anfang April jeden Jahres fest und veranlaßt die Verausgabung und Verrechnung bei den neu einzustellenden Titeln 18 bezw. 18a des Etats von der Verwaltung der direkten Steuern.

Art. 32 Nr. 3. Die Kosten für die anläßlich der Erhebung und Ablieferung der Besitzsteuer und der Kriegssteuer einschließlich des Überweisungs- und Beitreibungsverfahrens von den Hebestellen benötigten Formulare fallen den Gemeinden (Gutsbezirken) zur Last.

Diejenigen Stadtgemeinden, die für die Veranlagung der Besitzsteuer und der Kriegssteuer eine besondere Entschädigung erhalten, haben auch alle übrigen Formulare, einschließlich der Steuererklärungen, auf ihre Kosten zu beschaffen."

4. **Die Besitzsteuerämter unterstehen Oberbehörden.** Siehe Anm. 2.

§ 50[1].

Die Reichsbevollmächtigten für Zölle und Steuern haben bei der Ausführung dieses Gesetzes die gleichen Befugnisse und Pflichten, die ihnen hinsichtlich der Zölle und Verbrauchssteuern beigelegt sind[2].

In den Staaten, in denen die Geschäfte der Oberbehörde für die Besitzsteuer anderen Behörden als den Zolldirektivbehörden übertragen sind, werden der Umfang und die Art der Tätigkeit der Reichsbevollmächtigten vom Reichskanzler im Einvernehmen mit den beteiligten Bundesregierungen geregelt.

Unter Zustimmung des Bundesrats kann der Reichskanzler die Wahrnehmung der Geschäfte der Reichsbevollmächtigten für die Besitzsteuer anderen Beamten übertragen.

Dem Reichstag ist alljährlich über die Tätigkeit der Reichsbevollmächtigten, soweit sie sich auf die Ausführung dieses Gesetzes bezieht, Bericht zu erstatten.

1. **§ 50.** Er ist erst von der Kommission als § 43a in den Entwurf eingefügt worden. Die Vorschrift bezweckt die gleichmäßige Handhabung des Gesetzes im ganzen Reichsgebiete, nachdem die Einführung der Besitzsteuer für das Reich beschlossen war.

2. **Die gleichen Befugnisse und Pflichten, die ihnen hinsichtlich der Zölle und Verbrauchssteuern beigelegt sind.** Es bestimmt nämlich Art. 36 Abs. 2 und 3 der Verfassung des Deutschen Reichs: „Der Kaiser überwacht die Einhaltung des gesetzlichen Verfahrens durch Reichsbeamte, welche er den Zoll- oder Steuerämtern und den Direktivbehörden der einzelnen Staaten, nach Vernehmung des Ausschusses des Bundesrats für Zoll- und Steuerwesen, beiordnet. Die von diesen Beamten über Mängel bei der Ausführung der gemeinschaftlichen Gesetzgebung (Art. 35) gemachten Anzeigen werden dem Bundesrate zur Beschlußfassung vorgelegt."

Personenstandsaufnahme.

§ 51[1]).

Jeder Besitzer eines bewohnten Grundstücks oder dessen Vertreter ist verpflichtet, der mit der Vorbereitung der Veranlagung betrauten Behörde auf deren Verlangen die sämtlichen Bewohner des Grundstücks mit Namen, Berufsstellung, Geburtsort und Geburtstag anzugeben. Die Haushaltungsvorstände[2]) haben den Hausbesitzern oder deren Vertretern die erforderliche Auskunft über die zu ihrem Hausstande gehörigen Personen einschließlich der Unter- und Schlafstellenmieter zu erteilen.

1. § 51. Im Entwurfe war es § 44. Die gleiche Vorschrift ist im § 23 Abs. 1 und 2 des preuß. Einkommensteuergesetzes gegeben. Die Personenstandsaufnahme für die Einkommensteuer bildet zugleich die Grundlage für die Veranlagung zur Ergänzungssteuer (§ 21 des preuß. Ergänzungssteuergesetzes). Eine besondere Personenstandsaufnahme für die Besitzsteuer erübrigt sich deshalb in Preußen.

Die Personenstandsaufnahme bildet die Grundlage für die Besitzsteuerliste, die für jeden Veranlagungsbezirk die für die Veranlagung zur Besitzsteuer in Frage kommenden Personen aufführt (§ 4 der Ausf.-Best. des Bundesrats).

2. **Die Haushaltungsvorstände.** Derjenige, aus dessen Vermögen eine Familie ihren Unterhalt bestreitet, also unter Umständen auch ein unmündiges, mit seinen Eltern zusammenlebendes Kind, wird dadurch noch nicht zum Haushaltungsvorstande (Entsch. des preuß. OVG. in Staatsst. Bd. 1 S. 324). Haushaltungsvorstand ist vielmehr der durch die Stellung in der Familie zur Wirtschaftsleitung Berufene.

Die Haushaltungsvorstände kommen nur für die Verpflichtung, Auskunft zu erteilen, in Betracht; der Steuerpflicht unterliegen die Personen des Hausstandes jede für sich (§§ 11 und 14).

Besitzsteuererklärung.

§ 52[1]).

Zur Abgabe einer Besitzsteuererklärung sind alle Personen[2]) mit einem steuerbaren Vermögen von zwanzigtausend Mark und darüber verpflichtet[3]), wenn sie früher weder zum Wehrbeitrage noch zur Besitzsteuer veranlagt worden sind[4]), sowie alle Personen[2]), deren Vermögen sich seit der Veranlagung zum Wehrbeitrag oder gegenüber dem für eine künftige Veranlagung zur Besitzsteuer als maßgebend festgestellten Vermögensstande (§ 65) um mehr als zehntausend Mark erhöht hat. Der Bundesrat bestimmt die Fristen zur Abgabe der Besitzsteuererklärung[5]).

Die Steuerbehörde ist außerdem berechtigt, von jedem Steuerpflichtigen (§ 11) binnen einer von ihr festzusetzenden Frist, die mindestens zwei Wochen betragen muß, die Abgabe einer Besitzsteuererklärung zu verlangen[5]).

Die Besitzsteuererklärung ist unter der Versicherung zu erstatten, daß die Angaben nach bestem Wissen und Gewissen gemacht sind[6]).

1. § 52. Im Entwurfe war es § 45.

2. **Alle Personen.** Die Steuererklärungen sind für Personen, welche unter Pflegschaft oder Vormundschaft stehen, vom Pfleger oder Vormunde, für minderjährige Kinder, welche unter elterlicher Gewalt stehen, von deren Inhaber abzugeben. Im Falle des § 1693 BGB. wird auch der der Mutter bestellte Beistand zur Abgabe der Steuererklärung für die seiner Pflegschaft unterstellten Kinder zuzulassen sein. Insoweit der gesetzliche Vertreter eines Steuerpflichtigen durch rechtswirksame Verfügung von der Verwaltung des Vermögens ausgeschlossen ist, wird auch dem zur Verwaltung Berufenen hinsichtlich des von ihm verwalteten Vermögens die Abgabe der Steuererklärung zu gestatten sein. Für Personen, welche abwesend oder sonst behindert sind, die Steuererklärung selbst abzugeben, wird die Steuererklärung durch Bevollmächtigte, die sich als solche ausweisen müssen, abgegeben werden können. — Die Erfüllung der Steuererklärungspflicht seitens eines von mehreren Vertretern befreit die übrigen Verpflichteten von ihrer Verbindlichkeit (vgl. Art. 32 Nr. 4 der Aus-

führungsanweisung vom 25. Juli 1906 zum preuß. Einkommensteuergesetze).

Siehe auch § 59 des Gesetzes.

3. **Verpflichtet.** Siehe § 54.

4. **Wenn sie früher weder zum Wehrbeitrage noch zur Besitzsteuer veranlagt worden sind.** Dabei ist es ohne Belang, weshalb die Veranlagung nicht erfolgt ist.

5. **Der Bundesrat bestimmt die Fristen zur Abgabe der Steuererklärung.** Die Ausführungsbestimmungen des Bundesrats sind folgende:

„§ 12. Als Frist für die Abgabe der Besitzsteuererklärung (§ 52 Abs. 1 des Gesetzes) wird die Zeit vom 2. Januar bis 15. Februar des auf den Veranlagungszeitraum folgenden Jahres bestimmt. Die oberste Landesfinanzbehörde kann einen späteren Anfangs- und früheren Endtermin festsetzen; doch muß die Frist mindestens zwei Wochen betragen. Für Steuerpflichtige, die Inhaber eines unter § 28 Abs. 2 des Gesetzes fallenden Betriebs sind und die ihrer Besitzsteuererklärung den Abschluß für den 31. Dezember des letzten Jahres des Veranlagungszeitraums zugrunde legen, kann nach näherer Bestimmung der obersten Landesfinanzbehörde die Frist zur Abgabe der Besitzsteuererklärung bis zum 31. Mai des auf den Veranlagungszeitraum folgenden Jahres verlängert werden."

In Preußen ist als Anfangstermin der 4. Januar bestimmt (Art. 7 Nr. 1 der preuß. Ausführungsvorschriften).

„Der Reichskanzler ist ermächtigt, für solche Bundesstaaten, in denen mit Rücksicht auf die Veranlagung zu den direkten Landessteuern die im Abs. 1 bestimmte Frist sich als unzweckmäßig erweisen sollte, eine spätere Frist zu bestimmen, die sich aber nicht über den 31. Mai des auf den Veranlagungszeitraum folgenden Jahres hinaus erstrecken darf.

§ 13. Für die in außereuropäischen Ländern und Gewässern Abwesenden verlängert sich die Frist zur Abgabe der Besitzsteuererklärung bis Ende Juni, für die im europäischen

Ausland Abwesenden bis Ende Februar des auf den Veranlagungszeitraum folgenden Jahres.

§ 14. Mindestens eine Woche vor Beginn der im § 12 bezeichneten Frist erläßt das Besitzsteueramt oder die Oberbehörde in den für amtliche Bekanntmachungen der unteren Verwaltungsbehörden bestimmten Tagesblättern eine öffentliche Aufforderung zur Abgabe der Besitzsteuererklärungen. Die oberste Landesfinanzbehörde kann anordnen, daß die Aufforderung außerdem in sonst ortsüblicher Weise bekanntgemacht wird. In dieser Aufforderung, die mit öffentlichen Bekanntmachungen über die Veranlagung von Landessteuern verbunden werden kann, sind die Steuerpflichtigen über ihre Pflicht zur Abgabe einer Besitzsteuererklärung, über die Vorschriften der §§ 76, 77 und 54 des Gesetzes zu belehren."

In Preußen ist die öffentliche Aufforderung Ende des Monats Dezember, spätestens am 26., von dem Vorsitzenden der Veranlagungskommission zu erlassen (Art. 7 Nr. 2 der preuß. Ausführungsvorschriften).

„§ 15. Gleichzeitig mit der öffentlichen Aufforderung (§ 14) und noch vor Beginn der im § 12 bezeichneten Frist ist den Personen, von denen das Besitzsteueramt annimmt, daß sie zur Abgabe einer Besitzsteuererklärung nach § 52 Abs. 1 des Gesetzes verpflichtet sind, ein Vordruck für diese nebst einem Abdrucke der öffentlichen Bekanntmachung zu übersenden; alle anderen in die Besitzsteuerliste aufgenommenen Personen sind gemäß § 52 Abs. 2 des Gesetzes unter Beifügung eines Vordrucks besonders aufzufordern, eine Besitzsteuererklärung binnen der im § 12 bezeichneten oder einer auf mindestens vierzehn Tage zu bemessenden besonderen Frist abzugeben. Die oberste Landesfinanzbehörde kann im Einverständnisse mit dem Reichskanzler ein anderes Verfahren vorschreiben."

In Preußen übersendet der Vorsitzende der Veranlagungskommission allen Personen mit einem Vermögen von mehr als 20 000 ℳ, allen Personen mit einem Einkommen von mehr als

9000 ℳ und den Personen, von denen er annimmt, daß sich ihr Vermögen seit dem 1. Januar 1914 bis 31. Dezember 1916 um mehr als 3000 ℳ auf mindestens 11000 ℳ erhöht hat, ein Formular zur Besitzsteuererklärung nebst einem Abdrucke der öffentlichen Aufforderung.

An die übrigen in die Besitzsteuerliste aufgenommenen Personen ist, sofern anzunehmen ist, daß sie zur Besitzsteuer oder zur Kriegssteuer heranzuziehen sind, eine besondere Aufforderung zu richten, in der Zeit vom 4. Januar bis zum 15. Februar 1917 eine Besitzsteuererklärung abzugeben.

Nachträglich ermittelten und den neu in die Steuerpflicht tretenden Personen ist, sobald sie in die Besitzsteuerliste oder die Zugangsliste aufgenommen sind, sogleich eine besondere Aufforderung zur Abgabe einer Erklärung binnen einer Frist von zwei Wochen zuzustellen (Art. 7 Nr. 3 und 5 der preuß. Ausführungsvorschriften).

„Ein Steuerpflichtiger, der von mehreren Behörden zur Abgabe einer Besitzsteuererklärung aufgefordert wird, ist nur verpflichtet, einer Behörde die Besitzsteuererklärung abzugeben. Macht er von dieser Möglichkeit Gebrauch, so hat er den anderen Behörden mitzuteilen, daß und welcher Behörde er eine Besitzsteuererklärung abgegeben hat.“

Nur eine „besondere“ Aufforderung verpflichtet zu dieser Mitteilung. Unterläßt der Steuerpflichtige die Anzeige, so setzt er sich einer Ordnungsstrafe gemäß § 83 des Gesetzes aus.

„§ 16. Das Besitzsteueramt kann einem Steuerpflichtigen, der glaubhaft macht, daß ihm die Abgabe der Besitzsteuererklärung innerhalb der vorgeschriebenen Frist nicht möglich ist, die Frist zur Abgabe der Besitzsteuererklärung angemessen verlängern.“

In den übrigen Fällen (§ 16 der Ausf.-Best. des Bundesrats) ist eine Verlängerung der Frist zur Abgabe der Besitzsteuer- und Kriegssteuererklärung in der Regel nicht über den 15. März 1917 hinaus zu bewilligen (Art. 7 Nr. 6 Abs. 2 der preuß. Ausführungsvorschriften).

„§ 17. Die Besitzsteuererklärung des Ehemanns hat das Vermögen der Ehefrau mitzuumfassen, sofern die Ehegatten nicht dauernd voneinander getrennt leben.

Für einen nach Ablauf des Veranlagungszeitraums, aber vor Abgabe der Besitzsteuererklärung verstorbenen Steuerpflichtigen ist die Besitzsteuererklärung, wenn ein ohne Beschränkung der Verwaltungsbefugnis auf einzelne Gegenstände bestellter Testamentsvollstrecker oder ein Nachlaßpfleger die Verwaltung des Nachlasses übernommen hat, von diesen Personen, anderenfalls von den Erben abzugeben. Sind mehrere Verpflichtete vorhanden und gibt ein Verpflichteter die Besitzsteuererklärung ab, so werden die anderen dadurch von der Verpflichtung befreit. Hat von mehreren Erben einer dem Besitzsteueramte gegenüber die Erfüllung der den Erben in Ansehung der Besitzsteuer obliegenden Pflichten übernommen, so ist die Aufforderung zur Abgabe der Besitzsteuererklärung nur an ihn, anderenfalls nach dem Ermessen des Besitzsteueramts an einen von ihnen zu richten.“ Siehe auch § 18 Anm. 4.

6. **Unter der Versicherung, daß die Angaben nach bestem Wissen und Gewissen gemacht sind.** Steuererklärungen ohne die vorgeschriebene Versicherung oder ohne Unterschrift des Steuerpflichtigen sind ungültig. Der Steuerpflichtige ist auf den Mangel aufmerksam zu machen und zu dessen Abstellung binnen kurzer Frist aufzufordern (Art. 59 I 1 der Ausf.-Anw. zum preuß. Einkommen- und Ergänzungssteuergesetze).

Siehe auch § 54 des Gesetzes.

§ 53[1]).

In der Besitzsteuererklärung hat[2]) der Steuerpflichtige seine Vermögensverhältnisse zu den in den §§ 18 bis 22 bezeichneten Zeitpunkten klarzulegen und zu diesem Zwecke nach näherer Bestimmung des Bundesrats[3]) das gesamte steuerbare Vermögen getrennt nach seinen einzelnen Bestandteilen unter Angabe ihres Wertes aufzuführen.

Soweit die Vermögenswerte sich nicht aus dem Nenn- oder Kurswert oder dem Betrage der geleisteten Zahlungen ergeben[4]), kann der Steuerpflichtige sich in der Besitzsteuererklärung auf die tatsächlichen Mitteilungen beschränken, die er behufs Schätzung des Wertes beizubringen vermag[5]).

1. § 53. Im Entwurfe war es § 46.

2. Hat. Eingaben, die den im Abs. 1, gegebenenfalls Abs. 2, aufgestellten Erfordernissen nicht entsprechen, gelten überhaupt nicht als Steuererklärungen. Der Steuerpflichtige ist auf den Mangel hinzuweisen und zu dessen Abstellung binnen kurzer Frist aufzufordern (Art. 59 I 1 der Ausf.-Anw. zum preuß. Einkommensteuergesetze). Über die Folgen einer unterlassenen oder verspäteten Abgabe der Steuererklärung siehe § 54 des Gesetzes.

3. **Nach näherer Bestimmung des Bundesrats.** Diese ist im nachstehenden § 18 der Ausführungsbestimmungen enthalten:

„§ 18. Die Besitzsteuererklärung ist nach Anleitung des Musters 2*) zu gestalten.

Vordrucke für die Besitzsteuererklärung sind dem Steuerpflichtigen kostenlos zu verabfolgen.

Die oberste Landesfinanzbehörde kann bestimmen, daß die Besitzsteuererklärung auch mündlich bei der Veranlagungsbehörde abgegeben werden kann**); der hiernach ausgefüllte Vordruck ist vom Steuerpflichtigen und vom Veranlagungsbeamten†) zu unterzeichnen.

Wenn für Landessteuerzwecke zuverlässige Darstellungen des gesamten im Bundesstaate gelegenen Grundbesitzes der einzelnen Steuerpflichtigen bestehen und fortgeführt werden, kann die Aufführung der einzelnen Grundstücke in der Steuererklärung unterbleiben und ihr Steuerwert im ganzen angegeben werden.

---

*) Siehe den Text der Ausführungsbestimmungen des Bundesrats.

**) In Preußen zugelassen (Muster A zu Art. 7 der preuß. Ausführungsvorschriften).

†) Eine Vorschrift für den inneren Dienst. Wesentlich ist nur die Unterschrift des Steuerpflichtigen, vorausgesetzt, daß dieser die Niederschrift ihrem Wortlaute nach bekanntgemacht erhalten hat.

Doch muß das in anderen Bundesstaaten gelegene Grundvermögen besonders aufgeführt werden."

4. **Soweit die Vermögenswerte sich nicht aus dem Nenn- oder Kurswert oder dem Betrage der geleisteten Zahlung ergeben.** Die Angaben nach dem Nenn- oder Kurswert oder den geleisteten Zahlungen muß also der Steuerpflichtige jedenfalls machen und deshalb die hierfür nötigen Berechnungen selbst vornehmen, anderenfalls keine Steuererklärung vorliegt. Siehe oben Anm. 2.

5. **Kann der Steuerpflichtige sich in der Besitzsteuererklärung auf die tatsächlichen Mitteilungen beschränken, die er behufs Schätzung des Wertes beizubringen vermag.** Der Steuerpflichtige darf aber die Schätzung auch selbst vornehmen, ohne sie als solche bezeichnen zu müssen. Wissentlich falsche Schätzungen können zur Bestrafung führen, sei es, daß nach Lage des Falles eine Schätzung nur vorgespiegelt wird, sei es, daß bewußt falsch geschätzt wird (Entsch. des RG. in Straff. Bd. 40 S. 311).

§ 54[1]).

Der Steuerpflichtige kann zur Abgabe der Besitzsteuererklärung mit Geldstrafen bis zu fünfhundert Mark angehalten werden[2]).

Dem Steuerpflichtigen, der die ihm nach § 52 obliegende Besitzsteuererklärung nicht rechtzeitig abgibt, kann ein Zuschlag[3]) von 5 bis 10 vom Hundert der rechtskräftig festgestellten Besitzsteuer auferlegt werden.

1. **§ 54.** Im Entwurfe war es § 47.

2. **Angehalten werden.** Die Vorschrift wird im § 19 Abs. 1 bis 4 der Ausführungsbestimmungen des Bundesrats dahin erläutert:

„Die Abgabe der Besitzsteuererklärung ist nötigenfalls durch vorher anzudrohende Geldstrafen bis zu fünfhundert Mark zu erzwingen.

Gleichzeitig mit der Straffestsetzung auf Grund des § 54 Abs. 1 des Gesetzes ist dem Säumigen eine angemessene weitere Frist zur Abgabe der Besitzsteuererklärung zu setzen.

Die Geldstrafe kann so lange wiederholt werden, bis der Steuerpflichtige seiner Verpflichtung zur Abgabe der Erklärung nachgekommen ist.

Durch die fortgesetzte Weigerung des Steuerpflichtigen, eine Besitzsteuererklärung abzugeben, wird seine Veranlagung zur Besitzsteuer auf Grund schätzungsweiser Vermögensfeststellungen nicht gehindert."

Art. 8 Nr. 1 bis 3 der preuß. Ausführungsvorschriften bestimmen hierzu:

„Hat jemand, dem nach Art. 7 eine öffentliche Aufforderung zur Abgabe einer Besitzsteuer- und Kriegssteuererklärung zugesandt ist, eine solche bis zum 15. Februar 1917 nicht abgegeben, auch keine Fristverlängerung erhalten, so prüft der Vorsitzende der Veranlagungskommission zunächst, ob bestimmte Anhaltspunkte dafür vorliegen, daß der Betreffende zur Abgabe einer Erklärung auf Grund der öffentlichen Aufforderung verpflichtet war. Zutreffendenfalls erläßt er sogleich eine nochmalige Aufforderung mit angemessener, in der Regel achttägiger Frist.

Ergeben sich Zweifel, ob eine Verpflichtung zur Abgabe der Erklärung auf Grund öffentlicher Aufforderung vorliegt, so ist zunächst eine besondere Aufforderung nach Muster B mit einer Frist von zwei Wochen zu erlassen.

Bleibt die nochmalige Aufforderung erfolglos, so hat der Vorsitzende der Veranlagungskommission gegen den Pflichtigen eine angemessene Geldstrafe festzusetzen und weiterhin gemäß § 19 Abs. 2 der Ausf.-Best. des Bundesrats zu verfahren. (Wegen Einziehung und Verrechnung der Strafen siehe Art. 31.)

Gegen Pflichtige, die eine besondere Aufforderung zur Abgabe der Vermögenserklärung bereits erhalten haben, kann nach fruchtlosem Ablaufe der Frist unter Wiederholung der Aufforderung sogleich eine Geldstrafe festgesetzt werden."

Gegen die Entscheidung des Vorsitzenden der Veranlagungskommission steht dem Steuerpflichtigen innerhalb vier Wochen die Beschwerde an den Vorsitzenden der Berufungskommission offen (Art. 1 I 3 a. a. O.).

3. **Zuschlag.** Von der Auferlegung eines Zuschlags zu der geschuldeten Besitzsteuer (§ 54 Abs. 2 des Gesetzes) bei nicht rechtzeitiger Abgabe der Besitzsteuererklärung soll dann abgesehen werden, wenn die Umstände des Einzelfalls die Versäumnis als entschuldbar erscheinen lassen. Wird die Besitzsteuer im Rechtsmittel- oder Berichtigungsverfahren anderweit festgesetzt, so tritt auch eine entsprechende Erhöhung oder Ermäßigung des Zuschlags ein (§ 19 Abs. 5 der Ausf.-Best. des Bundesrats).

Die Festsetzung von Besitzsteuerzuschlägen erfolgt in Preußen durch die Vorsitzenden der Einkommensteuer-Veranlagungskommissionen. Gegen deren Entscheidung steht dem Steuerpflichtigen innerhalb vier Wochen die Beschwerde an den Vorsitzenden der Berufungskommission offen (Art. 1 I 3 der preuß. Ausführungsvorschriften). Die ordentlichen Rechtsmittel (§ 66) sind hier dem Steuerpflichtigen nicht gegeben (Urt. des preuß. OVG. VI W-B 154/15 vom 20. Oktober 1915).

§ 55[1].

Die Veranlagungsbehörde[2]) prüft die Angaben in der Besitzsteuererklärung[3]) und stellt, gegebenenfalls nach Vornahme der erforderlichen Ermittelungen[4]), die Höhe des steuerbaren Vermögens fest.

1. § 55. Im Entwurfe war es § 48.

2. **Die Veranlagungsbehörde,** d. i. in Preußen die Veranlagungskommission (Art. 1 I 1 der preuß. Ausführungsvorschriften). Siehe auch Anm. 4 letzten Absatz.

3. **Prüft die Angaben in der Besitzsteuererklärung** auf ihre Richtigkeit und Vollständigkeit (§ 20 der Ausf.-Best. des Bundesrats). Die Steuererklärung ist nur eines der Hilfsmittel für die Veranlagung. Siehe Anm. 4 sowie §§ 56 bis 58.

4. **Gegebenenfalls nach Vornahme der erforderlichen Ermittelungen.** Hierzu wird in den preuß. Ausführungsvorschriften folgendes bestimmt:

„Ein **formelles** Verfahren zur Erörterung der Besitzsteuererklärungen ist nach dem Gesetze **nicht** vorgeschrieben. Es empfiehlt sich aber, etwaige Bedenken hinsichtlich der Erklärungen dem Beitragspflichtigen mitzuteilen. Diese Mitteilung kann zweckmäßig mit der Erörterung der Steuererklärung bezw. Vermögensanzeige verbunden werden.

Ebenso wie die Unterlagen der Veranlagung zur Einkommensteuer und zur Ergänzungssteuer bei der Feststellung der Besitzsteuer und Kriegssteuer benutzt werden müssen, sind in gleicher Weise die bei der Veranlagung zu letzterer gewonnenen Unterlagen, insbesondere der Inhalt der Besitzsteuer- und Kriegssteuererklärungen, für die Veranlagung zur Einkommensteuer und Ergänzungssteuer nutzbar zu machen“ (Art. 9 Nr. 1 und 2).

„Wird die Aussetzung der Veranlagung hinsichtlich einer Steuerart notwendig, so sind die Ergebnisse weiterer Ermittelungen auch zur Berichtigung der bereits erfolgten Veranlagung anderer Steuerarten zu benutzen.

Steuerpflichtige, die erst nach dem Listenabschluß (Art. 12) veranlagt werden können, sind in die Zugangsliste aufzunehmen.

Zur ziffermäßigen Ermittelung der Besitzsteuer und der Kriegssteuer ist ein besonderer Umschlagbogen zu verwenden, auf dem die Einzelberechnung des Vermögens zu erfolgen hat. Diese Einzelberechnung muß auch noch späterhin eine Nachprüfung aller der Festsetzung der Steuern zugrunde liegenden Zahlen ermöglichen. Sie ist mit dem Festsetzungsvermerke des Vorsitzenden zu versehen und muß auf abweichenden Beschlüssen der Veranlagungskommission beruhende Änderungen erkennen lassen“ (Art. 11 Nr. 2 und 3).

Ob Veranlassung zu einer Erörterung mit dem Steuerpflichtigen **im Veranlagungsverfahren** gegeben ist, darüber entscheidet lediglich das Ermessen der Veranlagungsbehörde. Die Stellung **dieser** Behörde gegenüber der Steuererklärung für die Besitzsteuer ist freier als gegenüber der für die Einkommensteuer (vgl. Urt. des preuß. OVG. VI W-B 150/15 vom 20. Oktober 1915). Anders im Rechtsmittelverfahren, wo sämtliche tatsächlichen Annahmen, welche die Entscheidung stützen sollen, mit dem Steuerpflichtigen erörtert sein müssen. Auch über den Umfang der Erhebungen entscheidet das Ermessen der Behörde; diese ist jedenfalls an die Anträge des Steuerpflichtigen nicht gebunden.

§ 56[1].

Die Steuerbehörde[2]) kann[3]) Zeugen und Sachverständige uneidlich[4]) vernehmen[5]). Das Zeugnis oder Gutachten darf nur unter den Voraussetzungen verweigert werden, welche nach den Vorschriften der Zivilprozeßordnung (§§ 383 bis 385, 407, 408) zur Ablehnung eines Zeugnisses oder Gutachtens berechtigen.

Zeugen und Sachverständige können zur Abgabe des Zeugnisses oder Gutachtens mit Geldstrafen bis zu einhundertfünfzig Mark angehalten werden.

1. § 56. Im Entwurfe war es § 49.

2. **Die Steuerbehörde,** nämlich die mit der Veranlagung befaßte, sofern sie solche Erhebungen für erforderlich hält.

3. **Kann.** Sie besitzt die Befugnis den Personen gegenüber, die sie als Zeugen und Sachverständige zuziehen will (Abs. 2).

Ob die Behörde Zeugen und Sachverständige vernehmen will, ist in ihr Ermessen gestellt; an etwaige Anträge des Steuerpflichtigen ist sie nicht gebunden. Siehe auch § 55 Anm. 4.

4. **Uneidlich.** Die Vorschrift gilt nur für das Veranlagungsverfahren. Für das Rechtsmittelverfahren (§ 66) gelten die für dieses bestehenden besonderen Vorschriften.

Die Aussagen unterliegen der freien Beweiswürdigung der Behörde.

5. **Vernehmen,** zu Protokoll oder durch schriftliche Befragung. Welche Art der Vernehmung die Behörde wählen will, ist in ihr Ermessen gestellt.

6. **Nach den Vorschriften der Zivilprozeßordnung.** Diese lauten:

„§ 383. Zur Verweigerung des Zeugnisses sind berechtigt:

1. der Verlobte einer Partei;
2. der Ehegatte einer Partei, auch wenn die Ehe nicht mehr besteht;
3. diejenigen, welche mit einer Partei in gerader Linie verwandt, verschwägert oder durch Adoption verbunden oder in der Seitenlinie bis zum dritten Grade verwandt oder bis zum zweiten Grade verschwägert sind, auch wenn die Ehe, durch welche die Schwägerschaft begründet ist, nicht mehr besteht;
4. Geistliche in Ansehung desjenigen, was ihnen bei Ausübung der Seelsorge anvertraut ist;
5. Personen, welchen kraft ihres Amtes, Standes oder Gewerbes Tatsachen anvertraut sind, deren Geheimhaltung durch die Natur derselben oder durch gesetzliche Vorschrift geboten ist, in betreff der Tatsachen, auf welche die Verpflichtung zur Verschwiegenheit sich bezieht.

Die unter 1 bis 3 bezeichneten Personen sind vor der Vernehmung über ihr Recht zur Verweigerung des Zeugnisses zu belehren.

Die Vernehmung der unter Nr. 4, 5 bezeichneten Personen ist, auch wenn das Zeugnis nicht verweigert wird, auf Tatsachen nicht zu richten, in Ansehung welcher erhellt, daß ohne Verletzung der Verpflichtung zur Verschwiegenheit ein Zeugnis nicht abgelegt werden kann.

§ 384. Das Zeugnis kann verweigert werden:

1. über Fragen, deren Beantwortung dem Zeugen oder einer Person, zu welcher derselbe in einem der im § 383 Nr. 1 bis 3 bezeichneten Verhältnisse steht, einen unmittelbaren vermögensrechtlichen Schaden verursachen würde;
2. über Fragen, deren Beantwortung dem Zeugen oder einem der im § 383 Nr. 1 bis 3 bezeichneten Angehörigen desselben zur Unehre gereichen oder die Gefahr strafgerichtlicher Verfolgung zuziehen würde;
3. über Fragen, welche der Zeuge nicht würde beantworten können, ohne ein Kunst- oder Gewerbegeheimnis zu offenbaren.

§ 385. In den Fällen des § 383 Nr. 1 bis 3 und des § 384 Nr. 1 darf der Zeuge das Zeugnis nicht verweigern:

1. über die Errichtung und den Inhalt eines Rechtsgeschäfts, bei dessen Errichtung er als Zeuge zugezogen war;
2. über Geburten, Verheiratungen oder Sterbefälle von Familiengliedern;
3. über Tatsachen, welche die durch das Familienverhältnis bedingten Vermögensangelegenheiten betreffen;
4. über diejenigen auf das streitige Rechtsverhältnis sich beziehenden Handlungen, welche von ihm selbst als Rechtsvorgänger oder Vertreter einer Partei vorgenommen sein sollen.

Die im § 383 Nr. 4, 5 bezeichneten Personen dürfen das Zeugnis nicht verweigern, wenn sie von der Verpflichtung zur Verschwiegenheit entbunden sind.

§ 407. Der zum Sachverständigen Ernannte hat der Ernennung Folge zu leisten, wenn er zur Erstattung von Gutachten der erforderten Art öffentlich bestellt ist oder wenn er die Wissenschaft, Kunst oder das Gewerbe, deren Kenntnis Voraussetzung der Begutachtung ist, öffentlich zum Erwerb ausübt oder wenn er zur Ausübung derselben öffentlich bestellt oder ermächtigt ist.

Zur Erstattung des Gutachtens ist auch derjenige verpflichtet, welcher sich zu derselben vor Gericht bereit erklärt hat.

§ 408. Dieselben Gründe, welche einen Zeugen berechtigen, das Zeugnis zu verweigern, berechtigen einen Sachverständigen zur Verweigerung des Gutachtens. Das Gericht kann auch aus anderen Gründen einen Sachverständigen von der Verpflichtung zur Erstattung des Gutachtens entbinden.

Die Vernehmung eines öffentlichen Beamten als Sachverständigen findet nicht statt, wenn die vorgesetzte Behörde des Beamten erklärt, daß die Vernehmung den dienstlichen Interessen Nachteile bereiten würde."

7. **Mit Geldstrafen angehalten werden.** Es sind „Zwangsstrafen", die so lange wiederholt werden können, bis der von ihnen Betroffene seiner Verpflichtung nachkommt (vgl. § 19 Abs. 3 der Ausf.-Best. des Bundesrats und Art. 1 I 3 der preuß. Aus-

führungsvorschriften). Die Androhung und Festsetzung von Zwangsstrafen erfolgt durch den Vorsitzenden der Veranlagungskommission. Gegen dessen Entscheidung steht dem Beitragspflichtigen die Beschwerde an den Vorsitzenden der Berufungskommission offen (Art. 1 I 3 der preuß. Ausführungsvorschriften).

Ausgesprochene Zwangsstrafen können auch ganz oder teilweise zurückgenommen werden (vgl. Art. 7 der preuß. Ausführungsvorschriften zum Rücklagegesetze).

§ 57[1]).

Der Steuerpflichtige hat auf Erfordern[2]) die Höhe seines Vermögens[3]) nachzuweisen[4]). Er ist insbesondere verpflichtet[5a]), der Steuerbehörde Wirtschafts- oder Geschäftsbücher, Verträge, Schuldverschreibungen, Zinsquittungen, Abrechnungen von Banken oder ähnlichen Unternehmungen und andere Schriftstücke, welche für die Besitzsteuerveranlagung von Bedeutung sind, zur Einsicht und Prüfung vorzulegen.

Die Einsichtnahme und Prüfung der Bücher und Schriftstücke des Steuerpflichtigen[5b]) soll tunlichst[6]) in dessen Wohnung oder Geschäftsräumen erfolgen.

1. § 57. Im Entwurfe war es § 50.

2. **Auf Erfordern.** Der Steuerpflichtige muß erst zum Nachweis aufgefordert werden. Er ist also nicht verpflichtet, seine Angaben in der Steuererklärung oder bei Anfragen der Steuerbehörde von vornherein unter Beweis zu stellen.

3. **Seines Vermögens** oder einzelner Vermögensgegenstände.

4. **Nachzuweisen.** Die Versicherung unter der Steuererklärung, die Angaben nach bestem Wissen und Gewissen gemacht zu haben, ist noch kein Nachweis.

Die Nachweispflicht erstreckt sich nicht nur auf Tatsachenurteile (Schätzungen), sondern auch auf Tatsachenangaben, sofern dem Steuerpflichtigen hierzu die im zweiten Satze des § 57 aufgeführten Beweismittel zu Gebote stehen. Macht der Steuerpflichtige glaubhaft, daß ihm Beweismittel jener Art fehlen, so kann von seinen tatsächlichen Angaben nur abgewichen werden, wenn seine Unglaubwürdigkeit oder die Irrtümlichkeit seiner Angaben durch schlüssige Tatsachen dargetan wird. Der Beweis der Negative kann nicht gefordert werden. Vgl. Entsch. des preuß. OVG. in Staatsstſ. Bd. 12 S. 355.

5a. **Ist verpflichtet.** Die Vorlegung kann nicht erzwungen werden, die Behörde ist aber berechtigt, daraus, daß der Steuerpflichtige sich seiner gesetzlichen Pflicht entzieht, ihre Schlüsse zu ziehen. Siehe auch Anm. 4.

5b. **Die Einsichtnahme und Prüfung der Bücher und Schriftstücke des Steuerpflichtigen.** Siehe hierüber Mrozek, Handkommentar zum preußischen Einkommensteuergesetze, S. 565: „Der Buch- und Urkundenbeweis".

6. **Tunlichst.** Hierüber entscheidet das Ermessen der zur Entscheidung berufenen Behörde.

§ 58[1].

Die Vorstände oder Geschäftsführer der im § 35 bezeichneten Gesellschaften[2], die ihren Sitz im Inlande haben oder Vermögen im Inlande besitzen[3], haben dem Steuerpflichtigen[4] die erforderlichen Mitteilungen über den Wert seiner Aktien oder Gesellschaftsanteile zu machen.

Sie sind außerdem verpflichtet, der Steuerbehörde auf Verlangen binnen einer Frist von vier Wochen[5] eine Nachweisung[6] einzureichen, welche enthält:

1. die Höhe des Grundkapitals oder der Stammeinlagen,
2. den Betrag der in den vorausgegangenen drei Jahren jährlich verteilten Gewinne,
3. die tatsächlichen Mitteilungen, die sie zur Schätzung des Wertes der Aktien, Anteile oder Kuxe beizubringen vermögen[7].

Die Nachweisung ist mit der Versicherung[8]) zu versehen, daß die Angaben nach bestem Wissen und Gewissen gemacht sind.

Die Verpflichteten[9]) können zur Abgabe der Nachweisung mit Geldstrafen bis zu fünfhundert Mark angehalten werden[10]).

1. § 58. Im Entwurfe war es § 51.

2. **Der im § 35 bezeichneten Gesellschaften,** also von Aktiengesellschaften, Kommanditgesellschaften auf Aktien, Berggewerkschaften des älteren und des neueren Rechtes, Bergwerksgesellschaften und Gesellschaften mit beschränkter Haftung.

3. **Oder Vermögen im Inlande besitzen.** Gegen andere ausländische Gesellschaften könnten Zwangsstrafen zur Herbeiführung der Auskunft nicht vollstreckt werden. Geben aber solche ausländische Gesellschaften dem Steuerpflichtigen die im Abs. 1 bezeichnete Auskunft, so wird diese als Beweismittel gewürdigt werden müssen.

4. **Dem Steuerpflichtigen.** Dieser kann die Mitteilung an ihn nicht erzwingen. Kann der Steuerpflichtige keine oder keine ausreichende Mitteilung von der Gesellschaft erreichen, so bleibt ihm nur übrig, dies der Steuerbehörde unter näherer Bezeichnung seiner Anteile anzuzeigen, worauf die Steuerbehörde ihre Zwangsbefugnisse gegen die Gesellschaft gemäß Abs. 2 bis 4 geltend machen wird.

5. **Binnen einer Frist von vier Wochen,** die auf begründeten Antrag wird verlängert werden müssen.

6. **Nachweisung,** hier nur im Sinne von rechnungsmäßiger Aufstellung aufzufassen.

7. **Die sie beizubringen vermögen.** Das Urteil hierüber steht der Steuerbehörde zu.

8. **Mit der Versicherung.** Die Verpflichtung zur Auskunftserteilung obliegt dem Vorstand als solchem. Deshalb wird auch die Versicherung von denjenigen Mitgliedern des Vorstandes vollzogen sein müssen, die für sich allein oder zusammen befugt sind,

als „Vorstand" die Gesellschaft gerichtlich oder außergerichtlich zu vertreten. Das gleiche muß für die Geschäftsführer gelten.

9. **Die Verpflichteten.** Das sind sämtliche Mitglieder des Vorstandes und sämtliche Geschäftsführer. Indessen werden durch eine ordnungsmäßige Auskunftserteilung (Anm. 8) die übrigen Mitglieder des Vorstandes von der Verpflichtung frei.

10. **Mit Geldstrafen angehalten werden.** Siehe § 56 Anm. 7.

§ 59[1].

Die Vorschriften der §§ 52 bis 54, 57 gelten auch für den gesetzlichen Vertreter[2]) des Steuerpflichtigen hinsichtlich des seiner Verwaltung unterliegenden Vermögens.

1. **§ 59.** Im Entwurfe war es § 53.
2. **Gesetzlichen Vertreter.** Siehe § 52 Anm. 2.

§ 60[1].

Die Kosten der Ermittelungen fallen dem Steuerpflichtigen zur Last, wenn[2]) der endgültig festgestellte Vermögenswert[3]) den vom Steuerpflichtigen angegebenen Wert um mehr als ein Drittel übersteigt oder[4]) wenn sich seine Angaben in wesentlichen Punkten als unrichtig erweisen oder[4]) wenn er trotz ergangener Aufforderung keine oder nur ungenügende Angaben über seine Vermögensverhältnisse gemacht hat.

1. **§ 60.** Im Entwurfe war es § 54.

2. **Die Kosten der Ermittelungen fallen dem Steuerpflichtigen zur Last, wenn.** Sonst ist das Verfahren kosten-, gebühren- und stempelfrei. Indessen haben die Steuerpflichtigen in jedem Falle die Postgebühr für die von ihnen an die Besitzsteuerämter und die Hebestellen zu richtenden Sendungen zu tragen (§ 79 der Ausf.-Best. des Bundesrats). Das gleiche muß von den Postsendungen der Steuerpflichtigen an die Oberbehörden, die

oberste Landesfinanzbehörde, den Reichskanzler und den Bundesrat gelten.

Die Vorschrift gilt nur für das Veranlagungsverfahren (§ 85).

3. **Endgültig festgestellte Vermögenswert.** Das entscheidet sich unter Umständen erst im Rechtsmittelverfahren.

Auf die Höhe des streitigen Vermögenswerts kommt es an, nicht darauf, ob ein steuerpflichtiger Zuwachs vorhanden und wie hoch dieser ist.

4. **Oder.** Eine der drei Voraussetzungen genügt, um für den Steuerpflichtigen die Kostenlast zu begründen.

§ 61[1]).

Den Steuerbehörden[2]) haben die Standesämter von den eingetretenen Sterbefällen, die Gerichte von den ergangenen Todeserklärungen Mitteilung zu machen.

1. § 61. Im Entwurfe war es § 55.

2. **Den Steuerbehörden.** Die Mitteilungen sind an die Gemeindebehörden (Magistrat, Gemeinde-, Gutsvorstand) des Wohnorts des Verstorbenen zu richten (Art. 29 Nr. 1 der preuß. Ausführungsvorschriften).

§ 62[1a]).

Innerhalb sechs Monaten[1b]) nach dem Tode eines Steuerpflichtigen kann[2]) die Steuerbehörde[3]) von den Erben oder, falls ein Testamentsvollstrecker oder ein Nachlaßpfleger bestellt ist, von diesen Personen unter Hinweis auf die Strafvorschrift des § 81[4]) die Vorlage eines Verzeichnisses über das vom Verstorbenen hinterlassene Kapital- und Betriebsvermögen (§ 2 Nr. 2, 3) verlangen.

Das Verzeichnis ist binnen vier Wochen nach Zustellung der Aufforderung der Steuerbehörde einzureichen und mit der Versicherung zu versehen, daß die Angaben nach bestem Wissen und Gewissen gemacht sind[5]).

Die Pflicht zur Einreichung eines Verzeichnisses besteht nicht, wenn auf Grund des Erbschaftssteuergesetzes vom 3. Juni 1906 eine den gesamten Nachlaß umfassende Erbschaftssteuererklärung zu erstatten ist.

Die im Abs. 1 genannten Personen können zur Erfüllung der ihnen hiernach obliegenden Verpflichtung mit Geldstrafen bis zu einhundertfünfzig Mark angehalten werden[6]).

1a. § 62. Im Entwurfe war es § 56.

1b. Innerhalb sechs Monaten, später nicht mehr. In dieser Zeit muß das Schreiben der Steuerbehörde beim Steuerpflichtigen eingegangen sein.

2. Kann. Hierzu bestimmt der Art. 29 Nr. 3 und 4 der preuß. Ausführungsvorschriften:

„3. Der Vorsitzende der Veranlagungskommission prüft die Abgangslisten darauf, ob bei den wegen Todesfalls in Abgang gestellten Steuerpflichtigen Anlaß zur Einforderung eines Nachlaßverzeichnisses vorliegt. Von der Befugnis zur Einforderung des Nachlaßverzeichnisses hat er nach pflichtmäßigem Ermessen da Gebrauch zu machen, wo dies nach den Umständen des Falles geboten ist. Unnötige Belästigungen der Steuerpflichtigen sind zu vermeiden.

4. Für die Einforderung des Nachlaßverzeichnisses werden in der Regel nur solche Fälle in Frage kommen, wo der Nachlaß auf Ehegatten oder Kinder des Verstorbenen übergegangen ist, da gemäß § 62 Absatz 3 des Besitzsteuergesetzes die Pflicht zur Einreichung eines Verzeichnisses nicht besteht, wenn auf Grund des Erbschaftssteuergesetzes vom 3. Juni 1906 eine den gesamten Nachlaß umfassende Erbschaftssteuererklärung zu erstatten ist.

Bei den Anordnungen, betreffend die Mitteilung der Akten der Erbschaftssteuerämter an die Veranlagungsbehörden, behält es auch fernerhin sein Bewenden."

3. **Die Steuerbehörde.** Zuständig ist das Besitzsteueramt, in dessen Bezirke der Erblasser steuerpflichtig war (Art. 29 Nr. 5 der preuß. Ausführungsvorschriften).

4. **Unter Hinweis auf die Strafvorschrift des § 81.** Dort sind wissentlich unrichtige oder unvollständige Angaben mit einer Geldstrafe bis zu 3000 ℳ bedroht.

5. **Daß die Angaben nach bestem Wissen und Gewissen gemacht sind.** Siehe Anm. 4.

6. **Können mit Geldstrafen angehalten werden.** Das sind Zwangsstrafen, die so lange zu wiederholen sind, bis der Betreffende seinen Verpflichtungen nachkommt. Ausgesprochene Zwangsstrafen können ganz oder teilweise zurückgenommen werden (Art. 7 der preuß. Ausführungsvorschriften zum Gesetz über vorbereitende Maßnahmen zur Besteuerung der Kriegsgewinne vom 24. Dezember 1915).

Die Androhung und Festsetzung von Zwangsstrafen erfolgt durch den Vorsitzenden der Veranlagungskommission; siehe Anm. 3. Gegen dessen Entscheidung steht dem Betroffenen innerhalb vier Wochen die Beschwerde an den Vorsitzenden der Berufungskommission offen (Art. 1 I 3 der preuß. Ausführungsvorschriften).

§ 63[1].

Die Reichs-[2]), Staats-[3]) und Gemeindebehörden[4]) sind verpflichtet, den Steuerbehörden[5]) auf Ersuchen aus Büchern, Akten, Urkunden usw. Auskunft über die Vermögensverhältnisse des Steuerpflichtigen zu erteilen oder ihnen Einsicht in solche, die Vermögensverhältnisse betreffenden Bücher, Akten, Urkunden usw. zu gestatten.

Den Notaren liegt diese Pflicht nur ob hinsichtlich der einen Nachlaß betreffenden Verhandlungen oder soweit sie durch sonstige Vorschriften begründet ist.

Eine Auskunftspflicht besteht nicht für die Postbehörden, für die Verwaltung der Schuldbücher öffentlicher Körperschaften sowie für die Verwaltung öffentlicher Sparkassen und anderer mit der Verwaltung und Verwahrung fremden Vermögens befaßter öffentlicher Anstalten[6]).

1. § 63. Im Entwurfe war es § 57.

2. **Die Reichsbehörden.** Diese sind erst von der Kommission mit aufgeführt worden, nachdem die Einführung der Besitzsteuer für das Reich beschlossen worden war (Kommissionsbericht S. 112).

3. **Staatsbehörden** in allen Bundesstaaten.

4. **Gemeindebehörden** in allen Bundesstaaten.

5. **Den Steuerbehörden.** Die Gerichte sind im Strafverfahren an die Vorschriften des § 63 nicht gebunden; für sie sind vielmehr hinsichtlich der Vorlegung und Auslieferung der Akten der § 96 StPO. und hinsichtlich der Vernehmung öffentlicher Beamten der § 53 a. a. O. maßgebend.

6. **Anderer mit der Verwaltung und Verwahrung fremden Vermögens befaßter öffentlicher Anstalten.** Für private Anstalten (Banken usw.) kommt lediglich die allgemeine Zeugenpflicht ihrer Angestellten in Betracht (§ 56 des Gesetzes).

§ 64[1]).

Beamte, Angestellte[2]) und ehrenamtliche Mitglieder von Behörden, welche im Verfahren zur Veranlagung der Besitzsteuer dienstlich[3]) Kenntnis von den Vermögens-, Erwerbs- oder Einkommensverhältnissen eines Steuerpflichtigen erhalten, sind zu ihrer Geheimhaltung verpflichtet. Die Besitzsteuererklärungen sind unter Verschluß aufzubewahren und dürfen ebenso wie die sonstigen Verhandlungen im Veranlagungsverfahren nur zur Kenntnis der durch Eid zu ihrer Geheimhaltung Verpflichteten gelangen. Sie dürfen anderen Behörden[4]) nur zum Zwecke der Veranlagung und Erhebung von öffentlichen Abgaben mitgeteilt werden[5]). Bestehen für Landessteuern gleiche oder ähnliche Vorschriften, so steht dies der Mitteilung von Veranlagungsmerkmalen an die Besitzsteuerämter nicht entgegen.

1. § 64. Im Entwurfe war es § 56. Der letzte Satz ist von der Kommission hinzugefügt worden.

2. **Angestellte**, auch weibliche.

3. **Dienstlich**, nicht in außerdienstlichen Gesprächen. Strafbar macht sich in diesem Falle derjenige, welcher von seiner dienstlichen Kenntnis außerhalb des Dienstes Gebrauch macht. Aber auch Gespräche außerhalb der Diensträume können dienstliche sein.

4. **Anderen Behörden**, selbst den Gerichtsbehörden nicht, außer wenn es sich um ein Strafverfahren wegen der Veranlagung des Angeklagten zur Besitzsteuer oder wegen deren Erhebung handelt.

5. **Dürfen nicht mitgeteilt werden**, außer im Einverständnisse mit dem Steuerpflichtigen.

Besitzsteuer- und Feststellungsbescheid.

§ 65[1].

Ergibt die Vergleichung der Vermögensfeststellungen[2]) einen steuerpflichtigen Vermögenszuwachs[3a]), so erteilt die Veranlagungsbehörde dem Steuerpflichtigen einen Bescheid[3b]) über den Gesamtbetrag der zu zahlenden Steuer[4]) und über die für eine spätere Veranlagung maßgebende Vermögensfeststellung (Steuerbescheid)[5]); ergibt sich dagegen kein oder nur ein steuerfreier Vermögenszuwachs[6]), so ist dem Steuerpflichtigen mit einem Vermögen von mehr als zwanzigtausend Mark[7]) ein Bescheid über den für eine künftige Veranlagung maßgebenden Vermögensstand[8]) zu erteilen, sofern dieser nicht bereits rechtskräftig feststeht (Feststellungsbescheid)[9]).

Der Steuer- und der Feststellungsbescheid[10]) enthält eine Belehrung über die gegen den Bescheid zulässigen Rechtsmittel[11]), der Steuerbescheid enthält außerdem eine

Anweisung zur Entrichtung der Steuer in den gesetzlichen Teilbeträgen zu den bestimmten Zahlungsfristen[12]). Dem Steuerpflichtigen sind die Berechnungsgrundlagen der angeforderten Steuer mitzuteilen[13]) und die Punkte zu bezeichnen, in welchen von der Besitzsteuererklärung abgewichen worden ist[14]).

1. § 65. Im Entwurfe war es § 59.

2. **Die Vergleichung der Vermögensfeststellungen.** Siehe §§ 19 ff.

3a. **Einen steuerpflichtigen Vermögenszuwachs.** Siehe §§ 12 und 13.

3b. **Einen Bescheid, der dem Steuerpflichtigen oder seinem gesetzlichen oder bevollmächtigten Vertreter zuzustellen ist.** Ist der Steuerpflichtige vor Zustellung des Steuerbescheids gestorben, so ist dieser Bescheid, der dann eine Feststellung des für eine künftige Veranlagung zur Besitzsteuer maßgebenden Vermögensstandes nicht mehr zu enthalten hat, wenn ein ohne Beschränkung der Verwaltungsbefugnis auf einzelne Gegenstände bestellter Testamentsvollstrecker oder Nachlaßpfleger die Verwaltung des Nachlasses übernommen hat, diesem, anderenfalls den Erben zuzustellen (§ 57 und § 17 Abs. 2 der Ausf.-Best. des Bundesrats).

Die Zustellung hat nach den in dem betreffenden Bundesstaate für amtliche Zustellungen in Landessteuersachen maßgebenden Vorschriften zu erfolgen. Die in Preußen geltenden Vorschriften für Zustellungen in der Verwaltung der direkten Steuern sind im Art. 78 der Ausführungsanweisung vom 25. Juli 1906 zum Einkommensteuergesetz aufgeführt. Eine Sondervorschrift enthält noch der § 68 des Besitzsteuergesetzes.

Die Rechtswirksamkeit der Veranlagung hängt von der Zustellung des Bescheids nicht ab (Entsch. des preuß. OVG. in Staatsstf. Bd. 7 S. 251 und Bd. 10 S. 206 und 209; Urt. des preuß. OVG. VI W-B 148/15 vom 24. März 1916), nur kann die Veranlagung ohne Zustellung des Bescheids nicht rechtskräftig werden (§ 66).

4. **Der zu zahlenden Steuer.** Siehe §§ 25—27.

5. **Über die für eine spätere Veranlagung maßgebende Vermögensfeststellung (Steuerbescheid),** d. i. über das Endvermögen des Veranlagungszeitraums, das für eine spätere Veranlagung zur Besitzsteuer das Anfangsvermögen darstellt (§§ 19 und 21 Abs. 1).

6. **Kein oder nur ein steuerfreier Vermögenszuwachs** (§§ 12, 13).

7. **Mit einem Vermögen von mehr als zwanzigtausend Mark,** weil geringere Vermögen der Zuwachsbesteuerung überhaupt nicht unterliegen (§ 13 Abs. 1).

8. **Über den für eine künftige Veranlagung maßgebenden Vermögensstand.** Das ist nicht das Endvermögen des betreffenden Veranlagungszeitraums, sondern das Anfangsvermögen, das für ihn in Betracht kam; für den am 31. Dezember 1916 endigenden Zeitraum ist es also das für den Wehrbeitrag festgestellte Vermögen, falls die Steuerpflicht damals schon bestanden hatte. Denn dieses Anfangsvermögen bleibt Anfangsvermögen, bis nach Ablauf eines weiteren Veranlagungszeitraums oder mehrerer weiterer Veranlagungszeiträume das dann maßgebende Endvermögen einen steuerpflichtigen Zuwachs, der zur Festsetzung einer Besitzsteuer führt, aufweist (§ 21 Abs. 2).

9. **Sofern dieser nicht bereits rechtskräftig feststeht.** Ist einmal ein Feststellungsbescheid rechtskräftig geworden, so kann ein solcher erst wieder in Frage kommen, wenn inzwischen eine Veranlagung zur Besitzsteuer erfolgt und demgemäß ein Steuerbescheid erteilt war.

10. **Steuer- und Feststellungsbescheid.** Für das Rechtsmittelverfahren sind beide gleichwertig.

11. **Belehrung über die zulässigen Rechtsmittel.** Unterbleibt sie oder wird sie falsch erteilt, so wird die Rechtsmittelfrist durch die Zustellung des Bescheids nicht in Lauf gesetzt (§ 66 Abs. 3).

12. **Anweisung zur Entrichtung der Steuer in den gesetzlichen Teilbeträgen zu den bestimmten Zahlungsfristen.** Siehe §§ 24 und 70.

13. **Die Berechnungsgrundlagen der angeforderten Steuer.** Siehe §§ 25 und 27 sowie die Anlage Muster 3 zum Texte der Ausf.-Best. des Bundesrats. Es ist zulässig, auf vorangegangene Erörterungen hinzuweisen (Art. 14 Nr. 5 der preuß. Ausführungsvorschriften).

14. **Die Punkte zu bezeichnen, in welchen von der Besitzsteuererklärung abgewichen worden ist.** Eine Begründung der Abweichungen ist nicht erforderlich (§ 55 Abs. 2 der Ausf.-Best. des Bundesrats). Es ist zulässig, auf vorangegangene Erörterungen hinzuweisen (Art. 14 Nr. 5 der preuß. Ausführungsvorschriften).

Rechtsmittel.

§ 66[1]).

Die gegen den Steuer- und den Feststellungsbescheid zulässigen Rechtsmittel, die Rechtsmittelfristen und das Rechtsmittelverfahren werden durch Landesgesetzgebung geregelt. Bis zum Inkrafttreten des Landesgesetzes sind nach näherer Bestimmung der Landesregierung gegen den Steuer- und den Feststellungsbescheid die Rechtsmittel zulässig, welche den Steuerpflichtigen nach Landesrecht gegen die Veranlagung zu einer direkten Staatssteuer zustehen[2]).

Das Rechtsmittelverfahren (Abs. 1) muß derartig geordnet sein, daß der Steuerpflichtige nacheinander mindestens zwei Rechtsmittelinstanzen anrufen kann und daß ihm die Möglichkeit offensteht, entweder die endgültige Entscheidung eines obersten Verwaltungsgerichts oder einer einem obersten Verwaltungsgerichte gesetzlich gleichgeordneten Rechtsinstanz herbeizuführen oder die Klage im ordentlichen Rechtswege zu erheben[3]).

Wird keine oder eine falsche Rechtsmittelbelehrung[4]) erteilt, so wird die Rechtsmittelfrist nicht in Lauf gesetzt[5]), doch ist ein von dem Steuerpflichtigen eingelegtes Rechtsmittel nicht aus diesem Grunde unzulässig[6]).

1. § 66. Im Entwurfe war es § 60, der ähnlich der Vorschrift im § 48 Abs. 1 und 2 des Wehrbeitragsgesetzes lautete. Die jetzige Fassung erfolgte durch die Kommission, nachdem die Einführung der Besitzsteuer für das Reich beschlossen worden war (Kommissionsbericht S. 113). Die Stellen im Abs. 2: „oder einer einem obersten Verwaltungsgerichte gesetzlich gleichgeordneten Rechtsinstanz" und im Abs. 3: „doch ist ein von dem Steuerpflichtigen eingelegtes Rechtsmittel nicht aus diesem Grunde unzulässig", sind durch Beschlüsse des Reichstags in zweiter Beratung hinzugefügt worden (Drucksachen des Reichstags, 13. Legislaturperiode, 1. Session 1912/13 Nr. 1150 S. 5).

2a. Die Rechtsmittel zulässig, welche den Steuerpflichtigen nach Landesrecht gegen die Veranlagung zu einer direkten Staatssteuer zustehen. Hierzu bestimmen die preuß. Ausführungsvorschriften folgendes:

„Art. 1 I 2. Gegen den Steuer- und den Feststellungsbescheid steht die Berufung an die Einkommensteuer-Berufungskommission und gegen deren Entscheidung die Beschwerde an das Oberverwaltungsgericht zu. Auf das Rechtsmittelverfahren finden die Vorschriften der §§ 44, 48 bis 54 des Einkommensteuergesetzes sinngemäße Anwendung.

Art. 18. 1. Gegen das Ergebnis der Veranlagung steht dem Steuerpflichtigen, wie auch dem Vorsitzenden der Veranlagungskommission, die Berufung an die Berufungskommission zu.

Gegen die Entscheidung der letzteren ist dem Steuerpflichtigen und dem Vorsitzenden der Berufungskommission die Beschwerde an das Oberverwaltungsgericht gegeben. Der Vorsitzende der Berufungskommission hat vor deren Einlegung unter Einreichung der Verhandlungen dem Finanzminister zu berichten und dessen Bestimmung einzuholen.

2. Die Vorschriften über das Verfahren bei der Bearbeitung

der Berufungen in Einkommensteuer- und Ergänzungssteuersachen finden sinngemäße Anwendung. Beschwerden gegen die Entscheidung der Berufungskommission sind mit allen Verhandlungen dem Oberverwaltungsgerichte vorzulegen.

3. Die Bearbeitung der Berufung gegen die Veranlagung zur Besitzsteuer und zur Kriegssteuer kann, wenn angängig, mit der vom Beitragspflichtigen gleichzeitig angebrachten Berufung gegen die Veranlagung zur Ergänzungssteuer verbunden werden. Jede Verzögerung in der Erörterung und Entscheidung der Berufungen im Besitzsteuer- und Kriegssteuerverfahren ist zu vermeiden.

4. Die Ausfertigung der Entscheidung auf Besitzsteuer- und Kriegssteuerberufungen kann verbunden werden. Mit den andere Steuerarten betreffenden Entscheidungen darf sie nicht vereinigt werden. Der gleichzeitigen Zustellung verschiedener Entscheidungen steht dagegen nichts im Wege.

5. Wird die veranlagte Besitzsteuer oder Kriegssteuer im Rechtsmittelverfahren ermäßigt, so veranlaßt der Vorsitzende der Veranlagungskommission unverzüglich die Zustellung der Entscheidung an den Steuerpflichtigen und versieht sofort die Hebestelle mit Nachricht wegen der Erstattung zuviel erhobener Beträge und etwa zu vergütender Zinsen. Gleichzeitig hat der Vorsitzende hinsichtlich der gestundeten Beträge und wegen der erforderlich werdenden Freigabe geleisteter Sicherheiten das Erforderliche zu veranlassen."

„Im übrigen kann eine rechtskräftige Veranlagung zu Gunsten des Steuerpflichtigen nur im Wege des Billigkeitserlasses durch den Bundesrat geändert werden. § 31 Abs. 2 der Kriegssteuer-Ausführungsbestimmungen gilt entsprechend für die erstmalige Veranlagung der Besitzsteuer" (§ 69 Abs. 5 der Ausf.-Best. des Bundesrats). Der hier angezogene § 31 Abs. 2 lautet: „Stellt sich heraus, daß im Auslande befindliche Wertpapiere oder Forderungen gegen ausländische Schuldner einen geringeren als den bei der Veranlagung der Kriegssteuer angenommenen Wert gehabt haben, so ist die oberste

Landesfinanzbehörde ermächtigt, auf Antrag eine dem nachgewiesenen tatsächlichen Werte entsprechende Berechnung des Vermögenszuwachses oder Mehrgewinns zu bewilligen. Auf Antrag des Steuerpflichtigen ist der aus der Mitberücksichtigung dieser Wertpapiere oder Forderungen sich ergebende Abgabebetrag ohne Sicherheitsleistung zu stunden; ein solcher Antrag kann schon bei Abgabe der Steuererklärung gestellt werden.

2b. Die Einlegung der Rechtsmittel. Diese sind an eine bestimmte Form nicht gebunden. Es genügt, wenn der Steuerpflichtige rechtzeitig (siehe Anm. 2c) erklärt, mit der Veranlagung nicht zufrieden zu sein, und die Begründung erst später folgen läßt. Selbst eine der Unterschrift entbehrende Rechtsmittelschrift ist rechtsgültig, sofern nur die Absicht des Steuerpflichtigen, das Rechtsmittel einzulegen, deutlich zum Ausdrucke gebracht ist (Urt. des preuß. OVG. V A 216 vom 2. Oktober 1894).

Die Berufung ist bei dem Vorsitzenden der Veranlagungskommission, die Beschwerde bei dem Vorsitzenden der Berufungskommission „einzureichen" (§ 44 Abs. 1 des preuß. Einkommensteuergesetzes). Zur Ergänzung dieser Vorschrift schreibt die auf Grund des § 88 a. a. O. erlassene Ausführungsanweisung des Finanzministers vom 25. Juli 1906 im Art. 67 unter Nr. 3 vor, daß die Rechtsmittel innerhalb der gesetzlichen Ausschlußfrist schriftlich oder zu Protokoll „anzubringen" seien. Danach gibt es eine bloß mündliche Anmeldung des Rechtsmittels nicht. Wer die Schriftform nicht wählt, kann nur noch die Erklärung zu Protokoll anwenden. Bei dieser Form ist es Sache des Steuerpflichtigen, Sorge zu tragen, daß eine Verhandlung über die Einlegung des Rechtsmittels auch wirklich aufgenommen und von ihm unterschrieben wird (Urt. des preuß. OVG. XIII b 71/14 vom 18. Dezember 1914).

Bei der Veranlagung einer Ehefrau für die Zeit vor ihrer Verheiratung muß die Berechtigung zur Einlegung von Rechtsmitteln auch dem Ehemanne zugestanden werden. Denn es handelt sich bei der Steuerschuld der Ehefrau um eine voreheliche Schuld der Ehefrau, für welche das eingebrachte Gut der Frau haftet. Der Ehemann hat also ein eigenes Interesse, in dem gegen seine Ehefrau gerichteten Steuerverfahren ein Rechtsmittel einzulegen (vgl. auch § 739 der Reichszivilprozeßordnung). Der Ehemann kann auch als Verwalter des Frauenvermögens nach gesetzlichem Güterrecht auftreten (Urt. des preuß. OVG. E XII b 1/14 vom 9. Januar 1914).

2e. **Die Rechtsmittelfristen** betragen vier Wochen und laufen von der Zustellung des Steuerbescheids oder der Berufungsentscheidung ab. Die Rechtsmittelfrist endigt also mit dem Ablaufe desjenigen Tages der vierten Woche, welcher durch seine Benennung dem Tage entspricht, in den die maßgebende Zustellung fällt (§ 188 BGB.).

Gegen einen Toten kann die erst begonnene Rechtsmittelfrist nicht weiterlaufen. Der Steuerbescheid oder die Berufungsentscheidung muß also dem Erben gegenüber unbegrenzt anfechtbar bleiben. Für ihn kann die Ausschlußfrist nur mit der rechtswirksamen Zustellung an ihn selbst beginnen.

„Die Klagefrist wird nur dadurch gewahrt, daß der Schriftsatz, welcher die Klage enthält, vor Ablauf der Frist an die zuständige Behörde gelangt oder doch bei ordnungsmäßigem Geschäftsgang an sie hätte gelangen müssen. Nun endet allerdings die Klagefrist mit dem Ablaufe des letzten Tages der Frist, mithin um Mitternacht. Deshalb genügt es zur Wahrung der Klagefrist, wenn die Klageschrift bis Mitternacht des letzten Tages der Frist bei der zuständigen Behörde eingegangen ist. Die Behörden sind jedoch, wie von dem Oberverwaltungsgericht in dem Urteile vom 17. April 1914 (Preußisches Verwaltungsblatt Jahrg. 35 S. 893), übrigens in Übereinstimmung mit der Auffassung der Zivilgerichte (vgl. Entsch. des Reichsoberhandelsgerichts Bd. 2 S. 22, 23; Entsch. des Reichsg. in Zivils. Bd. 1 S. 429, Bd. 6 S. 341; Beschluß des Kammergerichts vom 11. Juni 1909, Juristische Zeitschrift 1910 S. 149), dargetan ist, nicht verpflichtet, Vorkehrungen zu dem Zwecke zu treffen, daß nach Schluß ihrer Dienststunden oder ihrer Briefannahmestellen noch Postsendungen abgegeben werden können. Nur wenn von der Behörde das Postamt veranlaßt worden ist, Postsendungen an die Behörde nicht durch Postboten zu bestellen, sondern sie für eine Abholung durch Beamte der Behörde bereit zu halten, ist der Eingang des durch die Post zuzustellenden Schriftstücks bei der Behörde als schon in dem Zeitpunkt erfolgt anzusehen, in welchem es bei ihr durch den Postboten bestellt worden wäre, wenn keine Abholung durch die Behörde mit der Post vereinbart worden wäre, oder in welchem es bei der Post für die Abholung der Behörde zur Verfügung stand. Durch einen erfolglosen Versuch der Bestellung des Schriftstücks bei der Behörde wird die Frist nicht gewahrt (vgl. die bei v. Brauchitsch, Preußische Verwaltungsgesetze, Bd. 1 Anm. 86 zu § 52 des Landesverwaltungsgesetzes angeführte Rechtsprechung des OVG.)."

Die Rechtsmittelfristen sind Ausschlußfristen; ihre Versäumung hat den Verlust des Rechtsmittels zur Folge. In diesem Falle kann dem Steuerpflichtigen nur die Wiedereinsetzung in den vorigen Stand helfen, über welche der § 48 des preußischen Ergänzungssteuergesetzes folgendes bestimmt:

„Die Wiedereinsetzung in den vorigen Stand kann beantragen, wer durch Naturereignisse oder andere unabwendbare Zufälle verhindert worden ist, die in dem gegenwärtigen Gesetz oder in dem Einkommensteuergesetze zur Einlegung von Rechtsmitteln vorgeschriebenen Ausschlußfristen einzuhalten. Als unabwendbarer Zufall ist es anzusehen, wenn der Antragsteller von einer Zustellung ohne sein Verschulden keine Kenntnis erlangt hat.

Über den Antrag entscheidet die Kommission oder Behörde, welcher die Entscheidung über das versäumte Rechtsmittel zusteht.

Das versäumte Rechtsmittel ist unter Anführung der Tatsachen, durch welche der Antrag auf Wiedereinsetzung begründet werden soll, sowie der Beweismittel innerhalb zwei Wochen nach dem Ablaufe des Tages, mit welchem das Hindernis gehoben ist, nachzuholen.

Nach Ablauf eines Jahres, von dem Ende der versäumten

Frist an gerechnet, findet die Nachholung und der Antrag auf Wiedereinsetzung nicht mehr statt.

Die durch Erörterung des Antrags auf Wiedereinsetzung entstehenden baren Auslagen trägt in allen Fällen der Antragsteller."

3. **Und daß ihm die Möglichkeit offensteht, entweder — oder — oder.** Hierdurch sollte die Einführung einer Revisionssumme für die Besitzsteuer verhindert werden (Kommissionsbericht S. 72).

4. **Rechtsmittelbelehrung,** die für den Besitzsteuer- oder Feststellungsbescheid im § 65 Abs. 2 des Gesetzes vorgeschrieben ist.

5. **So wird die Rechtsmittelfrist nicht in Lauf gesetzt,** selbst wenn die Zustellung des angefochtenen Bescheids rechtswirksam erfolgt ist. **Diese Bestimmung gilt in Preußen nur für den Steuerpflichtigen, weil die Rechtsmittelfrist des Vorsitzenden der Veranlagungs- oder Berufungskommission unabhängig von der Zustellung des Bescheids und von dessen Inhalt bereits von dem Tage des angefochtenen Beschlusses ab läuft** (§ 44 des preuß. Einkommensteuergesetzes).

6. **Doch ist ein von dem Steuerpflichtigen eingelegtes Rechtsmittel nicht aus diesem Grunde unzulässig.** Überhaupt ist die Einlegung des Rechtsmittels rechtswirksam, wenn die Mitteilung über das Ergebnis der Veranlagung bereits von einer zuständigen Behörde an den Steuerpflichtigen ergangen ist (z. B. durch Aufforderung zur Zahlung, Gemeindesteuerzettel) und keinen Zweifel darüber zuläßt, daß die Veranlagung erfolgt ist und welches Ergebnis sie gehabt hat (Entsch. des preuß. OVG. in Staatsstſ. Bd. 6 S. 372, Bd. 7 S. 251, Bd. 10 S. 209 ff., Bd. 12 S. 383).

Eine Vollmacht bedarf an sich keiner besonderen Form (§ 167 BGB.), der Vertreter hat aber seine Bevollmächtigung zu den Akten nachzuweisen (Urt. des preuß. OVG. XIII e 19/16 vom 8. November 1916). Das Erlöschen der Vollmacht bestimmt sich nach dem ihrer Erteilung zugrunde liegenden Rechtsverhältnisse. Die Vollmacht ist auch bei dem Fortbestehen des Rechtsverhältnisses widerruflich, sofern sich nicht aus diesem ein anderes ergibt (§ 168 BGB.). Beruht die Vollmacht auf einem Auftrage (§ 662 a. a. O.), so kommt als Auslegungsregel die Bestimmung des § 672 a. a. O. in Betracht, derzufolge ein Auftrag im Zweifel nicht durch den Tod des Auftraggebers erlischt. Auch auf einen Dienst-(oder Werk-)vertrag, der eine Geschäftsbesorgung zum Gegenstande hat, findet gemäß § 675 der § 672 a. a. O. entsprechende Anwendung. Auf Grund einer derartigen Vollmacht ist der Bevollmächtigte nach dem Tode des Machtgebers zur Vertretung der Erben berechtigt, bis die Vollmacht durch Widerspruch der Erben oder durch Erledigung des ihrer Erteilung zugrunde liegenden Rechtsverhältnisses erlischt (Urt. des preuß. OVG. VII C 17/15 vom 24. März 1916).

Bei der Gesamtvertretung der Gesellschaft m. b. H. durch mehrere Geschäftsführer kann die Ermächtigung eines Geschäftsführers zur Vornahme eines Rechtsgeschäfts oder die Genehmigung eines von einem Geschäftsführer allein vorgenommenen Rechtsgeschäfts durch die anderen wirksam dem handelnden Geschäftsführer gegenüber erklärt werden (Entsch. des Reichsg. in Zivils. Bd. 81 S. 325).

Ist ein Steuerpflichtiger in Konkurs geraten, so ist der Konkursverwalter berechtigt, in das schwebende Verfahren selbständig einzutreten und Rechtsmittel einzulegen (Entsch. des preuß. OVG. in Staatsstf. Bd. 15 S. 372). Da aber der Gemeinschuldner trotz der Konkurseröffnung nach wie vor handlungs- und prozeßfähig bleibt, so haben auch seine Maßnahmen volle Geltung (a. a. O. Bd. 12 S. 385), ohne jedoch für die Konkursmasse verbindlich zu sein.

Stirbt ein Pflichtiger, und lief zur Zeit seines Todes in betreff seiner Veranlagung noch eine Rechtsmittelfrist, so sind es seine Erben, die das Rechtsmittel einlegen können (a. a. O. Bd. 2 S. 270). Siehe Anm. 2 c Abs. 2.

§ 67[1].

Erfolgt die Veranlagung zur Besitzsteuer durch eine kollegiale Behörde[2]), so stehen die Rechtsmittel gegen den Steuerbescheid auch dem Vorsitzenden dieser Behörde zu.

1. **§ 67** ist erst von der Kommission als § 60a in den Entwurf eingestellt worden (Kommissionsbericht S. 113).

2. **Erfolgt die Veranlagung zur Besitzsteuer durch eine kollegiale Behörde.** Eine solche ist in Preußen die Einkommensteuer-Veranlagungskommission. Siehe § 49.

§ 68[1].

Wohnt weder der Steuerpflichtige noch ein Vertreter des Steuerpflichtigen im Inlande, so ist der Steuerpflichtige gehalten, eine im Inlande wohnende Person zum Empfange der für ihn bestimmten Schriftstücke in Besitzsteuerangelegenheiten zu bevollmächtigen. Ist die Benennung eines Zustellungsbevollmächtigten unterblieben, so gilt die Zustellung eines Schriftstücks mit der Aufgabe zur Post als bewirkt[2], selbst wenn die Sendung als unbestellbar zurückkommt.

1. § 68. Im Entwurfe war es § 61.

2. **So gilt die Zustellung eines Schriftstücks mit der Aufgabe zur Post als bewirkt.** Eingeschrieben braucht der Brief nicht zu werden, doch wird seine Aufgabe zur Post zweifelsfrei zu stellen sein.

§ 69[1].

Durch die Einlegung eines Rechtsmittels wird die Erhebung der veranlagten Steuer zu den gesetzlichen Zahlungsfristen nicht aufgehalten. Die auf Grund rechtskräftiger Entscheidung zu erstattenden Steuern sind mit 4 vom Hundert für das Jahr zu verzinsen[2].

1. **§ 69.** Im Entwurfe war es § 62. Der zweite Satz ist erst vom Reichstage bei der dritten Beratung in das Gesetz aufgenommen worden (Stenographische Berichte des Reichstags 13. Legislaturperiode 1. Session 1912/13 S. 5935).

2. **Sind zu verzinsen.** Eines besonderen Antrags des Steuerpflichtigen bedarf es nicht.

Fälligkeit der Steuer.

§ 70[1]).

Der Jahresbetrag der Steuer (§ 24) ist nach näherer Bestimmung der obersten Landesfinanzbehörde in gleichen Halbjahrs- oder Vierteljahrsteilen[2]) zu zahlen[3]).

Bleibt der Einzelbetrag der Steuer unter 5 Mark, so ist der Jahresbetrag der Steuer auf einmal zu entrichten.

Die oberste Landesfinanzbehörde bestimmt den Tag, an dem die Einzelbeträge der Steuer fällig werden[4]).

Die Einzelbeträge der Steuer sind auf 10 Pfennig nach oben abzurunden.

Der Steuerpflichtige ist berechtigt, die Steuer für den Rest des ganzen Erhebungszeitraums im voraus zu bezahlen[5]).

1. § 70. Im Entwurfe war es § 63.

2. **In gleichen Halbjahrs- oder Vierteljahrsteilen.** In Preußen sind Halbjahrsteile bestimmt (Art. 20 Nr. 1 der preuß. Ausführungsvorschriften).

3. **Zu zahlen,** und zwar an die für den jeweiligen Wohnsitz des Steuerpflichtigen zuständige Hebestelle (§ 64 Abs. 1 der Ausf.-Best. des Bundesrats).

Soweit die Besitzsteuer infolge eines offenbaren Versehens zu Unrecht bezahlt worden ist, hat eine Erstattung auf Antrag des Steuerpflichtigen und, wenn die Überhebung mindestens fünf Mark beträgt, auch von Amts wegen durch die Oberbehörde zu erfolgen (§ 69 Abs. 3 der Ausf.-Best. des Bundesrats). Eine Verzinsung der überzahlten Beträge findet nicht statt.

Die Quittungsleistung der Hebestelle kann auf dem Steuerzettel oder dem Veranlagungsbescheid erfolgen (Art. 19 Nr. 5 der preuß. Ausführungsvorschriften).

Ist die Frist zur Entrichtung eines Besitzsteuer- oder Kriegssteuer-Teilbetrags abgelaufen, ohne daß Zahlung erfolgt ist, so hat die Hebestelle den Pflichtigen mit dreitägiger Frist zu mahnen. **Nach fruchtlosem Ablaufe der Mahnfrist ist zur Zwangsvollstreckung nach den Bestimmungen der Verordnung vom 15. November 1899 und der dazu** ergangenen Ausführungsvorschriften **zu schreiten** (vgl. Art. 90 Nr. 3 der Eink.-Anw.; Art. 20 Nr. 3 a. a. O.).

Zur Niederschlagung von Besitzsteuerbeträgen wegen Uneinbringlichkeit sind nur die Oberbehörden zuständig. Die Niederschlagung darf nur dann erfolgen, wenn keine Aussicht zur Einziehung der geschuldeten Beträge mehr besteht (§ 68 der Ausf.-Best. des Bundesrats).

4. Den Tag, an dem die Einzelbeträge der Steuer fällig werden. Diese wird in Preußen mit je einem Sechstel des veranlagten Steuersatzes am 10. Juli und am 10. Januar der in den Erhebungszeitraum fallenden Rechnungsjahre fällig (§§ 24, 70). Jahresbeträge unter 10 ℳ sind im Julitermine zu entrichten (Art. 20 Nr. 1 der preuß. Ausführungsvorschriften).

Sind die im § 70 Abs. 1 des Gesetzes vorgesehenen gesetzlichen Zahlungsfristen bereits verstrichen, so ist die Besitzsteuer binnen vier Wochen nach Zustellung des Steuerbescheids zu entrichten (§ 73 Abs. 2 der Ausf.-Best. des Bundesrats).

Ist der Steuerpflichtige nach Veranlagung und Insollstellung der Besitzsteuer gestorben, so sind die noch nicht gezahlten Besitzsteuerbeträge nach Fälligkeit von den Erben einzuziehen. Die Hebestelle hat das Ableben des Steuerpflichtigen dem Besitzsteueramt anzuzeigen. Im Falle des Todes eines Steuerpflichtigen findet eine Überweisung der Besitzsteuer zur Einziehung nicht statt (§ 66 Abs. 1 und 3 a. a. O.).

5. Im voraus zu bezahlen. Gehen bei einer Hebestelle, die nur von einem Beamten verwaltet wird, Vorauszahlungen ein, so ist dem Einzahler eine vorläufige Bescheinigung zu erteilen und der Betrag alsbald an die Kreiskasse abzuliefern. Der Rentmeister der Kreiskasse erteilt sodann unter Gegenzeichnung des Kassenrevisors die vorgeschriebene Quittung und übersendet sie portofrei dem Einzahler (Art. 19 Nr. 6 der preuß. Ausführungsvorschriften).

Zwischenzinsen dürfen nicht abgezogen werden.

§ 71[1].

Würde die Einziehung der Steuer zu den gesetzlichen Zahlungsfristen mit einer erheblichen Härte für den Steuerpflichtigen verbunden sein, so kann die Steuer bis zum Ablaufe von drei Jahren gestundet[2]), auch die Entrichtung in Teilbeträgen bis zum Ende des nächsten Erhebungszeitraums (§ 24) gestattet werden.

Die Stundung kann von einer angemessenen Sicherheitsleistung abhängig gemacht werden[3]).

Die Stundungsbewilligung wird zurückgenommen[4]), wenn die Voraussetzungen hierfür weggefallen sind oder wenn eine nachträglich verlangte Sicherheit nicht geleistet wird.

1. **§ 71.** Im Entwurfe war es § 64.

2. **So kann die Steuer gestundet werden.** Hierzu lautet der § 63 der Ausf.-Best. des Bundesrats:

„Stundung oder andere als die gesetzlichen Teilzahlungen kann das Besitzsteueramt auf Antrag bewilligen, wenn die sofortige Einziehung der fälligen Besitzsteuerteilbeträge am Fälligkeitstage mit erheblichen Härten für den Steuerpflichtigen verbunden sein würde, oder soweit im Falle der Anfechtung eines Steuerbescheids das Rechtsmittelverfahren voraussichtlich zu einer Aufhebung oder Herabsetzung der Besitzsteuer führen wird.

Die oberste Landesfinanzbehörde kann im Einverständnisse mit dem Reichskanzler die Bewilligung von Stundung oder Teilzahlung der Erhebungsbehörde übertragen.

Stundung der Besitzsteuer oder deren Entrichtung in anderen als den gesetzlichen Teilzahlungen darf nur bis zu drei Jahren, von der Fälligkeit des einzelnen gesetzlichen Teilbetrags an gerechnet, bewilligt werden.

Stundung oder Bewilligung von Teilzahlungen ist in allen für eine Sicherheitsleistung geeigneten Fällen nur gegen eine solche zulässig. Die Art der Sicherheitsleistung richtet sich nach den landesrechtlichen Bestimmungen. Zur Stundung eines fünfhundert Mark übersteigenden Betrags oder für länger als sechs Monate nach Fälligkeit der einzelnen Teilbeträge ist die Genehmigung der Oberbehörde oder einer anderen von der obersten Landesfinanzbehörde bestimmten Behörde erforderlich.

Die Gewährung von anderen als den gesetzlichen Teilzahlungen ist an die Bedingung zu knüpfen, daß bei dem Ausbleiben auch nur einer Teilzahlung die sofortige Beitreibung der nach der gesetzlichen Vorschrift bis dahin fälligen Besitzsteuerbeträge erfolgen würde.

Eine Verzinsung der gestundeten Besitzsteuer findet nicht statt."

In Preußen erfolgen die Stundung und die Genehmigung der Entrichtung der Steuer in Teilbeträgen durch die Vorsitzenden der Einkommensteuer-Veranlagungskommissionen. Gegen deren Entscheidungen steht dem Beitragspflichtigen innerhalb vier Wochen die Beschwerde an den Vorsitzenden der Einkommensteuer-Berufungskommission offen (Art. 1 I 3 der preuß. Ausführungsvorschriften).

3. **Die Stundung kann von einer angemessenen Sicherheitsleistung abhängig gemacht werden.** Siehe Anm. 2.

4. **Die Stundungsbewilligung wird zurückgenommen.** Sie erlischt von selbst mit dem Tode des Steuerpflichtigen (§ 66 Abs. 2 der Ausf.-Best. des Bundesrats) und muß deshalb gegebenenfalls von den Erben von neuem nachgesucht werden.

§ 72[1]).

Ist der Steuerpflichtige ein Deutscher[2]), so ist zum Zwecke der Einziehung der Besitzsteuer die Zwangsversteigerung eines Grundstücks ohne seine Zustimmung nicht zulässig.

1. § 72. Im Entwurfe war es § 65.

2. **Ist der Steuerpflichtige ein Deutscher**, auch wenn er im Auslande wohnt oder sich aufhält.

§ 73[1].

Ist die Veranlagung zu Unrecht unterblieben[2]), so wird dadurch die Pflicht zur Zahlung der Besitzsteuer nicht berührt[3]). Eine Neuveranlagung[4]) hat zu erfolgen, wenn nachträglich neue Tatsachen und Beweismittel bekannt werden[5]), die eine höhere Veranlagung des Steuerpflichtigen rechtfertigen.

1. § 73 ist erst von der Kommission als § 65a in den Entwurf aufgenommen worden, „um eine Lücke zu schließen" (Kommissionsbericht S. 93, 114).

2. **Ist die Veranlagung zu Unrecht unterblieben.** Das ist der Fall, wenn am Stichtage die persönliche Steuerpflicht gegeben und ein besitzsteuerpflichtiger Zuwachs vorhanden war. Hierbei ist es ohne Belang, aus welchem Grunde die Veranlagung unterblieben ist (Entsch. des preuß. OVG. in Staatsstf. Bd. 16 S. 333, 335).

3. **So wird dadurch die Pflicht zur Zahlung der Besitzsteuer nicht berührt**, auch wenn der Steuerpflichtige inzwischen verstorben ist; in diesem Falle geht die Steuerschuld als Nachlaßschuld auf die Erben über (siehe § 18 Anm. 4).

Es erfolgt die Veranlagung des Steuerpflichtigen; diese gilt als die ordentliche Veranlagung und erfolgt nach den für diese geltenden Vorschriften. Ist noch keine Steuererklärung abgegeben, so ist eine solche zu erfordern (Art. 25 Nr. 3 der preuß. Ausführungsvorschriften), auch von den Erben, falls der Steuerpflichtige inzwischen verstorben ist. Eine „Nachveranlagung" kennt das Gesetz nur in den Fällen des § 38 Abs. 3 Satz 2, des § 45 Satz 2 und des § 46.

Die Nachholung der Veranlagung ist so lange und in dem **Umfange zulässig, als noch** nicht Verjährung eingetreten ist (§ 75).

4. Eine Neuveranlagung, gegen welche die gleichen Rechts**mittel gegeben** sind wie gegen die ordentliche Veranlagung (§ 66); **§ 69 Abs. 1 der** Ausf.-Best. des Bundesrats.

Aus der Bezeichnung „Neuveranlagung" darf nicht gefolgert werden, daß diese die ursprüngliche Veranlagung beseitigt. Denn die Neuveranlagung ist zu Gunsten des Fiskus eingeführt zum Zwecke einer höheren Veranlagung; sie kann also die ursprüngliche Steuerbelastung nur ergänzen, nicht ersetzen, so daß auch der Steuerpflichtige im Rechtsmittelverfahren wohl die Befreiung von der Mehrbelastung, aber niemals eine Herabsetzung der ursprünglichen Steuerfestsetzung erreichen kann. Der Ausdruck „Neuveranlagung" rechtfertigt sich nur insofern, als eine vollständig neue, durch keinerlei frühere Feststellungen beschränkte Ermittelung und Bewertung des Vermögens sowie Feststellung des Zuwachses stattzufinden hat. Es ist also ausgeschlossen, für die Neuveranlagung die bei der ursprünglichen Veranlagung festgestellten Gegenstände des Vermögens und ihre Bewertung als formell feststehend und deshalb unabänderlich zu erachten und nur dabei unbekannt gebliebene oder nicht berücksichtigte Vermögensteile hinzuzurechnen. Vgl. Entsch. des preuß. OVG. in Staatsstf. Bd. 6 S. 351.

Die Neuveranlagung ist so lange und in dem Umfange zulässig, als noch nicht Verjährung eingetreten ist (§ 75).

5. Wenn nachträglich neue Tatsachen und Beweismittel bekannt werden. Allein entscheidend ist, ob die Kommission, welche die erste Veranlagung bewirkt hat, oder ihr Vorsitzender von den maßgebenden Tatsachen oder Beweismitteln bereits zur Zeit der Veranlagung Kenntnis gehabt oder nichts gewußt hat (Entsch. des preuß. OVG. in Staatsstf. Bd. 16 S. 334, 337). Auf den Grund des Nichtwissens kommt es nicht an.

Eine andere Rechtsauffassung kann ebensowenig wie eine andere rechtliche Regelung in einem neuen Gesetze eine Neuveranlagung begründen (a. a. O. Bd. 15 S. 361). Das gleiche gilt von einem später ergangenen gerichtlichen Urteile (a. a. O. Bd. 12 S. 359). Auch ein **Rechenfehler** in der Berechnung des steuerpflichtigen Zuwachses oder der ihm zugrunde gelegten Vermögensbestände oder in der Berechnung des Steuerbetrags ist keine neue Tatsache (a. a. O. Bd. 16 S. 396).

§ 74[1].

Stirbt der Steuerpflichtige innerhalb eines Erhebungszeitraums oder fällt die Steuerpflicht auf andere Weise weg[2]), so wird dadurch die Verbindlichkeit zur Entrichtung der bei Wegfall der Steuerpflicht noch nicht fälligen Teilbeträge nicht berührt[3]).

Wird im Falle des § 14 die Ehe innerhalb des Erhebungszeitraums aufgelöst oder fällt die Voraussetzung für die Zusammenrechnung des Vermögens weg[4]), so sind die Ehegatten oder deren Erben zur Zahlung der noch nicht fälligen Teilbeträge der Steuer nach dem Verhältnis ihres Anteils an dem steuerpflichtigen Vermögenszuwachse verpflichtet[5]).

1. § 74. Im Entwurfe war es § 66.

2. **Stirbt der Steuerpflichtige innerhalb eines Erhebungszeitraums oder fällt die Steuerpflicht auf andere Weise weg,** nämlich für die Zukunft.

3. **So wird dadurch die Verbindlichkeit zur Entrichtung der bei Wegfall der Steuerpflicht noch nicht fälligen Teilbeträge nicht berührt.** Dadurch ist klargestellt, daß das Bestehen der Steuerpflicht am Stichtage (§§ 18 ff.) die Steuerschuld hinsichtlich des gesamten Steuerbetrags (§ 25) begründet. Siehe auch § 18 Anm. 4.

4. **Oder fällt die Voraussetzung für die Zusammenrechnung des Vermögens weg,** weil die Ehegatten nunmehr dauernd voneinander getrennt leben.

5. **Zur Zahlung der noch nicht fälligen Teilbeträge nach dem Verhältnis ihres Anteils an dem steuerpflichtigen Vermögenszuwachse verpflichtet.** Die Ehegatten haften also nicht

mehr **als** Gesamtschuldner für die später fällig werdenden **Teilbeträge,** sondern haben hiervon nur den auf sie entfallenden **Anteil zu tragen.** Der Vermögenszuwachs, der auf jeden der **beiden Ehegatten** entfällt, ist zu diesem Zwecke auf Grund des **Veranlagungsergebnisses** im Verwaltungswege festzustellen; **§§ 12, 13, 28 Abs.** 3 finden auf diese Berechnung keine Anwendung.

Die Erben eines Ehegatten haften aber für die danach auf den Erblasser entfallenden Steuerbeträge nach § 2058 BGB. als Gesamtschuldner.

Verjährung.

§ 75[1]).

Der Anspruch der Staatskasse auf die **Besitzsteuer verjährt**[2]) in vier Jahren. Die Frist beginnt mit dem Schlusse des Jahres, in welchem die Steuerbeträge fällig geworden sind[3]), im Falle der Sicherheitsleistung für die Steuer[4]) jedoch nicht vor dem Ablaufe des Jahres, in welchem die Sicherheit erlischt.

1. § 75. Im Entwurfe war es § 67.

2. **Verjährt.** „Nach der Vollendung der Verjährung ist der Verpflichtete berechtigt, die Leistung zu verweigern. Das zur Befriedigung eines verjährten Anspruchs Geleistete kann nicht zurückgefordert werden, auch wenn die Leistung in Unkenntnis der Verjährung bewirkt worden ist" (§ 222 BGB.).

3. **Die Frist beginnt mit dem Schlusse des Jahres, in welchem die Steuerbeträge fällig geworden sind.** Danach bemißt sich für jeden Teilbetrag (§ 70) die Verjährungsfrist besonders.

Ist die Veranlagung zu Unrecht unterblieben (§ 73 Satz 1), so beginnen die entsprechenden Verjährungsfristen, wie wenn die Veranlagung rechtzeitig erfolgt wäre.

Unterbrochen wird die Verjährungsfrist durch die von zuständiger Seite erfolgte Veranlagung und später durch Vornahme einer Vollstreckungshandlung (vgl. § 209 BGB.).

4. **Im Falle der Sicherheitsleistung für die Steuer.** Siehe § 71.

Strafvorschriften[1]).

§ 76[2]).

Wer als Steuerpflichtiger oder als Vertreter[3]) eines Steuerpflichtigen wissentlich der Steuerbehörde[4]) unrichtige oder unvollständige[5]) Angaben macht[6]), die geeignet sind, eine Verkürzung der Besitzsteuer herbeizuführen[7]), wird mit einer Geldstrafe[8]) bis zum zwanzigfachen Betrage der gefährdeten Steuer[9]) bestraft[10]).

1. **Strafvorschriften.** „Hinsichtlich des Verwaltungsstrafverfahrens, der Strafmilderung und des Erlasses der Strafe im Gnadenwege sowie hinsichtlich der Strafvollstreckung und der Verjährung der Strafverfolgung kommen, auch für die von der Zollgrenze ausgeschlossenen Gebietsteile, die sich auf Zollstrafen beziehenden Vorschriften mit der Maßgabe zur Anwendung, daß an die Stelle der Hauptzollämter und Zolldirektivbehörden die Besitzsteuerämter und Oberbehörden (§ 49 des Gesetzes) oder andere durch die Landesregierung bestimmte Behörden treten" (§ 74 Abs. 1 der Ausf.-Best. des Bundesrats).

„Im Verwaltungsstrafverfahren, welches nach den Vorschriften des Gesetzes, betr. das Verwaltungsstrafverfahren bei Zuwiderhandlungen gegen die Zollgesetze, vom 26. Juli 1897 (Gesetzsamml. S. 237) zu handhaben ist, entscheiden in den Fällen der § 54 Abs. 1, § 56 Abs. 2, § 58 Abs. 4, § 62 Abs. 4 des Besitzsteuergesetzes an Stelle der Hauptzollämter die Vorsitzenden der Veranlagungskommissionen und im Beschwerdeverfahren die Vorsitzenden der Berufungskommissionen, in allen übrigen Fällen die Königlichen Regierungen. Der Erlaß vom 17. März 1914 — II 3445 —, betr. das Strafverfahren in Wehrbeitragsangelegenheiten, hat sinngemäße Anwendung zu finden" (Art. 31 Nr. 1 der preuß. Ausführungsvorschriften).

2. **§ 76.** Im Entwurfe war es § 68.

3. **Als Vertreter,** gesetzlicher oder bevollmächtigter (§ 59 und § 52 Anm. 2).

4. **Der Steuerbehörde.** Hierbei ist es ohne Belang, ob die falsche Angabe in Beantwortung der von zuständiger Seite an den Steuerpflichtigen gerichteten Fragen oder in der Steuererklärung oder in sonstigen Erklärungen des Steuerpflichtigen oder zur Begründung eines Rechtsmittels gemacht sind. Daß die Rechtsmittelschrift eine vollständige Angabe des der Abgabe unterworfenen Betrags enthalten müßte, ist nicht vorgeschrieben, sie darf sich vielmehr auf die Streitpunkte beschränken.

5a. **Wissentlich unrichtige oder unvollständige Angaben.** Für das Merkmal der Wissentlichkeit genügt es, daß dem Steuerpflichtigen die einschlagenden tatsächlichen Verhältnisse bekannt sind. Nach dieser Richtung kommt es auf einen Irrtum des Steuerpflichtigen über den Umfang der Steuerpflicht nicht an. Das Gesetz geht dabei von einer dem Steuerpflichtigen obliegenden Pflicht der Erkundigung und Einholung von Belehrung aus (Entsch. des Reichsg. in Strafs. Bd. 46 S. 251; Urt. des preuß. OVG. E VII c 7/15 vom 26. Mai 1916). Eine andere Auffassung hat der preußische Finanzminister. Danach soll ausnahmsweise auch ein Rechtsirrtum als entschuldbar angesehen werden, wenn es sich nämlich um zweifelhafte und schwierige Rechtsfragen handelt, deren zutreffende Beurteilung dem Pflichtigen billigerweise nicht angesonnen werden kann. Es liegt dann ein Steuervergehen überhaupt nicht vor (Mitteilungen aus der Verwaltung der direkten Steuern Heft 53 S. 43).

5b. **Unrichtige oder unvollständige Bilanzen (§ 28 Abs. 2).** Dieser Punkt ist in der Kommission eingehend erörtert worden. S. 73—76 des Kommissionsberichts heißt es nämlich: „Es lag der Antrag vor, dem Paragraphen folgenden Absatz hinzuzufügen:

Wer über Landwirtschafts- oder Gewerbebetriebe, bei denen regelmäßige jährliche Abschlüsse stattfinden, Angaben macht, die mit dem Abschluß über den Vermögensstand am Schlusse des letzten Wirtschafts- oder Rechnungsjahrs übereinstimmen, kann zur Strafe nur dann herangezogen werden, wenn er diesen Abschluß wissentlich und in der Absicht, die Besitzsteuer zu hinterziehen, unrichtig oder unvollständig angefertigt hat.

Der Antrag stehe im Zusammenhange mit § 28 Abs. 2. Abweichungen befänden sich dort bezüglich des Stichtags und der Bezugnahme auf die Bilanz. Die Bilanz sei oft nicht in Übereinstimmung mit dem objektiven Vermögensstande. Wenn ein Kaufmann seine Bilanz zur Grundlage der Steuererklärung machen und etwas Unrichtiges angeben würde, solle er nicht befürchten müssen, vor den Strafrichter zu kommen, wenn nicht schon bei Aufstellung der Bilanz die Absicht der Steuerhinterziehung vorgelegen habe. Materiell bleibe die Steuerbehörde frei in der Bewertung der Bilanz. Der Antrag sei begründet aus der Besorgnis der Geschäftswelt, daß derjenige, der seine Bilanz vorlege, mit den Vorschriften des Gesetzes in Widerspruch komme.

Ein Kommissar des Bundesrats legte dar: Gegen den Antrag habe schon der Berichter Bedenken erhoben. Er möchte weitere Bedenken dagegen zur Sprache bringen. Nach dem Antrage würde z. B. jemand, der eine Bilanz zu anderen Zwecken als dem der Steuerersparung falsch aufgestellt habe und sie später in voller Kenntnis ihrer Unrichtigkeit und in der Absicht, die Steuer zu sparen, der Veranlagungsbehörde einreiche, straffrei bleiben. Außerdem sei zu beachten, daß im Falle des § 76 der Nachweis der Hinterziehungsabsicht nicht gefordert werde*). Die in dem Antrage bezeichneten Personen erlangten ein Privilegium vor anderen Steuerpflichtigen, da bei ihnen stets der Nachweis der Hinterziehungsabsicht verlangt würde. Aus diesen Gründen glaube er, habe der Antrag große Bedenken gegen sich. Er sei aber auch wohl kaum nötig, denn er glaube nicht, daß jemand, der eine Bilanz nach den Grundsätzen eines sorgfältigen Kaufmanns aufgestellt habe und diese Bilanz bona fide einreiche, die Einleitung eines Strafverfahrens nach § 76 zu befürchten habe, auch wenn die Prüfung der Steuerbehörde ergebe, daß ein höherer Vermögensstand, als die Bilanz aufweise, der Veranlagung zugrunde zu legen sei.

Der Antrag wurde schließlich abgelehnt."

---

*) Siehe aber Anm. 10.

6. **Angaben macht.** Die Beihilfe zu einer Hinterziehung ist strafbar, wenn diese ein Vergehen im Sinne des Strafgesetzbuchs darstellt, d. i. wenn der Höchstbetrag der angedrohten Strafe, hier „der zwanzigfache Betrag der gefährdeten Steuer“, mehr als 150 ℳ beträgt (§ 49 Abs. 1 StGB.; Entsch. des Reichsg. in Strafs. Bd. 42 S. 398).

7. **Die geeignet sind, eine Verkürzung der Besitzsteuer herbeizuführen.** Für diese Feststellung muß die Gesamtheit der vom Steuerpflichtigen in seiner Erklärung niedergelegten Angaben als Ausgangspunkt genommen werden. Diese Angaben müssen, soweit sie wissentlich falsch sind, entsprechend berichtigt, soweit sie dagegen nicht wissentlich unrichtig sind, zu Gunsten des Erklärenden in Ansatz gebracht werden. Betrifft daher die wissentliche Unrichtigkeit nur einen der verschiedenen Beträge, während andere zwar auch unrichtig, aber nicht wissentlich falsch angeführt sind, so müssen die wissentlich unrichtigen Angaben, gleichviel ob sie zu hoch oder zu niedrig sind, richtiggestellt, die übrigen aber mindestens in der aus der Erklärung hervorgehenden Höhe angesetzt werden. Der so ermittelte Betrag ist dann mit dem in Wahrheit abgabepflichtigen Betrage zu vergleichen, und so ist festzustellen, ob die in Betracht kommenden wissentlich unrichtigen Angaben des Steuerpflichtigen zu einem Abgabenbetrage führen, der hinter dem rechtsbegründeten zurückbleibt oder nicht. Im ersteren Falle liegt das „Geeignetsein“ im Sinne des § 76 vor, im letzteren nicht. Dementsprechend hat im ersteren Falle Bestrafung einzutreten, im anderen nicht (vgl. Entsch. des Reichsg. in Strafs. Bd. 46 S. 241).

8. **Einer Geldstrafe.** Die Umwandlung einer nicht beizutreibenden Geldstrafe in eine Freiheitsstrafe ist im § 84 des Gesetzes verboten.

9. **Bis zum zwanzigfachen Betrage der gefährdeten Steuer,** d. h. der Steuer, soweit sie gefährdet war. Dieser Betrag wird dargestellt durch den Unterschied zwischen dem Betrage der rechtlich begründeten Steuer und dem der Steuer, welche festzusetzen ge-

wesen wäre, wenn überall den wissentlich falschen Angaben des Steuerpflichtigen hätte gefolgt werden müssen.

10. Bestraft. Es handelt sich um eine Straftat; zur Erfüllung ihres Tatbestandes gehört auch die Absicht der Steuerhinterziehung. Fehlt diese Absicht, so tritt nur eine Ordnungsstrafe ein (§ 78).

Die unrichtigen oder unvollständigen Angaben müssen also nicht nur „geeignet" sein, eine Verkürzung der Steuer herbeizuführen, sondern diese Verkürzung muß auch vom Steuerpflichtigen gewollt sein. In dieser Hinsicht ist aber jeder Irrtum des Steuerpflichtigen beachtlich, sei er ein tatsächlicher, sei er ein Rechtsirrtum. Soweit ein solcher Irrtum vorhanden ist, kann daher von einer Absicht der Steuerhinterziehung nicht die Rede sein (Entsch. des Reichsg. in Straff. Bd. 46 S. 251).

Unter Umständen kann selbst die absichtliche Steuerhinterziehung straffrei bleiben (§ 79).

Das Vergehen der Steuerhinterziehung verjährt in drei Jahren, eine Ordnungswidrigkeit in einem Jahre, von dem Tage an, an welchem sie begangen sind. Der Anspruch auf Nachzahlung der hinterzogenen Steuer verjährt in fünf Jahren (§ 164 des Vereinszollgesetzes vom 1. Juli 1869). Die Unterbrechung der Verjährung bestimmt sich nach § 68 des Strafgesetzbuchs und § 459 Abs. 3 der Strafprozeßordnung, das Ruhen nach § 69 des Strafgesetzbuchs, die Verjährung der Strafvollstreckung nach §§ 70, 71 und 72 a. a. O.

§ 77[1]).

In den Fällen des § 76 kann[2]) neben der Geldstrafe[3]) auf Gefängnis[4]) bis zu sechs Monaten erkannt werden, wenn die unrichtigen oder unvollständigen Angaben in der Absicht, die Besitzsteuer zu hinterziehen[5]), gemacht worden sind und[6]) wenn der Steuerbetrag, der durch die unrichtigen oder unvollständigen Angaben gefährdet worden ist, nicht weniger als 10 vom Hundert der geschuldeten Steuer, mindestens aber dreihundert Mark ausmacht[7]), oder[6]) wenn der Steuerpflichtige wegen Besitzsteuerhinterziehung vorbestraft ist[8]).

Bei einer Steuergefährdung der im Abs. 1 bezeichneten Art kann[2]) im Urteil angeordnet werden, daß die Bestrafung auf Kosten des Verurteilten öffentlich bekanntzumachen ist.

Besteht der Verdacht, daß eine Steuergefährdung der im Abs. 1 bezeichneten Art vorliegt, so hat die Steuerbehörde die Sache an die zuständige Staatsanwaltschaft abzugeben[9]). **Ist der Steuerpflichtige abwesend (§ 318 der Strafprozeßordnung), so kann gegen ihn nach Maßgabe der §§ 320 bis 326 der Strafprozeßordnung verhandelt werden[10]).** Findet die Staatsanwaltschaft in einer an sie abgegebenen Sache, daß dieser Verdacht nicht hinreichend begründet ist[11]), so kann sie die Sache zur weiteren Erledigung im Verwaltungsstrafverfahren an die Verwaltungsbehörde abgeben[12]).

1. **§ 77.** Im Entwurfe war es § 69. Die jetzige Fassung hat die Vorschrift in der Kommission erhalten (Kommissionsbericht S. 114).

2. **Kann,** nicht muß. Auf die härtere Strafe braucht nicht erkannt zu werden; das pflichtgemäße Ermessen des Gerichts entscheidet hierüber.

3. **Neben der Geldstrafe.** Auf diese muß jedenfalls erkannt werden. Eine Umwandlung dieser Geldstrafe in eine Freiheitsstrafe findet nicht statt (§ 84).

4. **Auf Gefängnis.** Die Androhung einer Gefängnisstrafe neben der Geldstrafe entspricht den Anschauungen weiter Volkskreise, in denen die Strafwürdigkeit der betrügerischen Schädigung des Fiskus durch absichtliche Steuerhinterziehungen eine erheblich strengere Beurteilung findet als früher (Begründung des Gesetzentwurfes S. 47).

5. **In der Absicht, die Abgabe zu hinterziehen.** Diese Absicht

ist auch die Voraussetzung für die gelindere Strafe nach § 76: siehe Anm. 10 zu § 76. Hier werden aber noch weitere Umstände zur Erfüllung des Tatbestandes erfordert; siehe Anm. 6.

6. **Und — oder.** Die Absicht der Steuerhinterziehung genügt nicht zur Erfüllung des Tatbestandes, vielmehr muß noch ein weiterer Umstand hinzutreten, nämlich entweder die Höhe der Hinterziehung oder der Rückfall.

7. **Wenn der Steuerbetrag, der durch die unrichtigen oder unvollständigen Angaben gefährdet worden ist, nicht weniger als 10 vom Hundert der geschuldeten Steuer, mindestens aber dreihundert Mark ausmacht.** Für den Tatbestand genügt es, daß der Steuerpflichtige die Höhe des verschwiegenen Gegenstandes der Besteuerung gekannt hat; soweit diese Kenntnis reicht, ist der Steuerpflichtige für sein Tun verantwortlich (§ 59 des Strafgesetzbuchs). Dagegen ist die Kenntnis von der Höhe der gefährdeten Steuer ohne Belang: ein Irrtum in dieser Beziehung betrifft das Strafrecht.

Über den Begriff der „Gefährdung" der Steuer siehe § 76 Anm. 9.

8. **Wenn der Steuerpflichtige wegen Besitzsteuerhinterziehung vorbestraft ist.** Vorstrafen wegen anderer Steuerhinterziehungen kommen nicht in Betracht, ebensowenig bloße Ordnungsstrafen (§§ 78, 83) oder eine Bestrafung wegen Verletzung der Geheimhaltungspflicht (§ 82).

Auf die Bestrafung kommt es an, nicht auf die Verurteilung: Rückfall liegt deshalb nur vor, wenn die frühere Strafe entweder ganz oder teilweise vollstreckt ist (vgl. Entsch. des Reichsg. in Straff. Bd. 6 S. 527).

9. **Besteht der Verdacht, daß eine Steuergefährdung der im Abs. 1 bezeichneten Art vorliegt, so hat die Steuerbehörde die Sache an die zuständige Staatsanwaltschaft abzugeben.** Ob jener Verdacht besteht, entscheidet die Steuerbehörde nach ihrem pflichtgemäßen Ermessen. Gelangt sie zur Bejahung der Frage, so darf sie nicht noch weiter darüber befinden, ob der Fall danach angetan ist, die schwereren Strafen des § 77 zur Anwen-

dung zu bringen, vielmehr gebührt diese Entscheidung allein dem erkennenden Gerichte. Wenn also ein Steuerpflichtiger der Steuerbehörde der schwereren Straftat verdächtig erscheint, so darf diese sich unter keinen Umständen von vornherein mit dem Verwaltungsstrafverfahren begnügen, sondern muß die Sache an die Staatsanwaltschaft abgeben; nur wenn diese die Sache an die Steuerbehörde zurückgibt mit der Begründung, daß der Verdacht einer Straftat gegen § 77 nicht hinreichend begründet sei, darf das Verwaltungsstrafverfahren zur Anwendung kommen, in welchem aber nur die im § 76 bestimmte Geldstrafe festgesetzt werden kann.

10. **Ist der Steuerpflichtige abwesend (§ 318 der Strafprozeßordnung), so kann gegen ihn nach Maßgabe der §§ 320 bis 326 der Strafprozeßordnung verhandelt werden.** Diese Vorschrift gilt für das gerichtliche Verfahren. Sie war notwendig, weil sonst nach § 319 der Strafprozeßordnung gegen einen Abwesenden eine Hauptverhandlung nur dann stattfinden kann, wenn die den Gegenstand der Untersuchung bildende Tat nur mit Geldstrafe oder Einziehung, allein oder in Verbindung miteinander, bedroht ist. Als „abwesend" gilt ein Beschuldigter, wenn sein Aufenthalt unbekannt ist oder, wenn er sich im Ausland aufhält und seine Gestellung vor das zuständige Gericht nicht ausführbar oder nicht angemessen erscheint (§ 318 a. a. O.).

11. **Findet die Staatsanwaltschaft in einer an sie abgegebenen Sache, daß dieser Verdacht nicht hinreichend begründet ist.** Die Vorschrift will den Steuerpflichtigen insofern schützen, als nicht die Steuerbehörde darüber, ob im einzelnen Falle die Absicht der Steuerhinterziehung vorliegt, selbständig mit der Wirkung zu befinden haben soll, daß etwa die Strafverfolgungsbehörden das gerichtliche Strafverfahren auch einzuleiten und durchzuführen hätten, sobald die Sache von den Steuerbehörden an sie auf Grund des § 77 abgegeben wird (Begründung des Gesetzentwurfes S. 47).

Nur in dieser Richtung entscheidet das Ermessen der Staatsanwaltschaft, wogegen das Urteil darüber, ob die Strafverschärfung des § 77 am Platze ist, ausschließlich dem Gerichte zusteht. Hält also die Staatsanwaltschaft den Steuerpflichtigen einer Straftat nach § 77 für hinreichend verdächtig, so muß sie die Anklage auch dann erheben, wenn sie im gegebenen Falle eine Strafverschärfung nicht für angezeigt hält; dieser Auffassung kann sie nur bei ihrem Antrag in der Hauptverhandlung Ausdruck geben.

12. **So kann sie die Sache zur weiteren Erledigung im Verwaltungsstrafverfahren an die Verwaltungsbehörde abgeben.** Die Staatsanwaltschaft kann aber auch die Strafverfolgung selbständig einstellen, in welchem Falle das Verwaltungsstrafverfahren nicht mehr eintreten darf.

§ 78[1].

Ist nach den obwaltenden Umständen anzunehmen, daß die unrichtigen oder unvollständigen Angaben, die geeignet sind, eine Verkürzung der Besitzsteuer herbeizuführen, nicht in der Absicht der Steuerhinterziehung[2]) gemacht worden sind, so tritt an Stelle der im § 76 vorgesehenen Strafe eine Ordnungsstrafe bis zu fünfhundert Mark.

1. § 78. Im Entwurfe war es § 70.

2. **Nicht in der Absicht der Steuerhinterziehung.** Siehe § 76 Anm. 10.

§ 79[1].

Straffrei bleibt, wer seine unrichtigen oder unvollständigen Angaben, bevor eine Anzeige erstattet oder eine Untersuchung gegen ihn eingeleitet ist, bei der Steuerbehörde berichtigt oder ergänzt[2]) und die gefährdete Steuer, soweit sie bereits fällig gewesen ist, entrichtet[3]).

1. § 79. Im Entwurfe war es § 71. Ihre jetzige Fassung hat die Vorschrift in der Kommissionsberatung erhalten (Kommissionsbericht S. 115).

2. **Wer seine unrichtigen oder unvollständigen Angaben, bevor eine Anzeige erstattet oder eine Untersuchung gegen ihn eingeleitet ist, berichtigt oder ergänzt.** Hiernach kann selbst

in den schwersten Fällen Straffreiheit eintreten unter zwei Voraussetzungen, die zusammentreffen müssen: die falschen Angaben müssen rechtzeitig berichtigt werden und die daraufhin festgesetzte Nachsteuer muß, soweit sie fällig geworden ist, innerhalb der von der Steuerbehörde gesetzten Frist bezahlt werden. Erfolgt diese Zahlung nicht rechtzeitig, so hat der Steuerpflichtige das Recht auf Straffreiheit verwirkt.

Eine Berichtigung oder Ergänzung früherer Angaben erfordert, daß diese unter Anerkennung ihrer Unrichtigkeit durch andere, nämlich die richtigen oder vollständigen, ersetzt oder erweitert werden. Davon ist nicht die Rede, wenn auf seiten des Steuerpflichtigen nur das „Bestreben“ obwaltet, durch die Vorlage seiner Bücher „eine Berichtigung herbeizuführen“ (Entsch. des Reichsg. in Straff. Bd. 45 S. 393).

Die Erstattung einer Anzeige oder die Einleitung der Untersuchung schließt schon durch ihr Vorhandensein die Straffreiheit aus, so daß es ohne Belang ist, ob der Steuerpflichtige hiervon Kenntnis hatte oder nicht (Entsch. des Reichsg. in Straff. Bd. 41 S. 404). Die Anzeige oder die Untersuchung muß aber die berichtigte falsche Angabe betreffen, sonst kommt sie nicht in Betracht (Jahrbuch f. Entsch. d. Kammerg. 24 C 32 Nr. 10).

Über die Frage, **wann** die Untersuchung als eingeleitet anzusehen ist, vgl. **Mrozek**, Handkommentar zum preußischen Einkommensteuergesetze, § 72 Anm. 6 g ff.

3. **Und die gefährdete Steuer, soweit sie bereits fällig gewesen ist, entrichtet.** Die Vorschrift findet nur Anwendung für den Fall, daß auf Grund der unrichtigen oder unvollständigen Angaben bereits eine Veranlagung erfolgt ist. Auf Grund der richtiggestellten Angaben wird die Steuerfestsetzung berichtigt und der Steuerpflichtige hiervon benachrichtigt.

Fällig wird die gefährdete Steuer nach Vorschrift des § 70 und der hierzu erlassenen Ausführungsbestimmungen und Ausführungsvorschriften.

Bleibt der Steuerpflichtige mit der Entrichtung der Steuer im Verzuge, so geht er der Straffreiheit verlustig.

§ 80[1]).

Die Einziehung der Besitzsteuer erfolgt unabhängig von der Bestrafung[2]).

1. § 80. Im Entwurfe war es § 72.

2. **Unabhängig von der Bestrafung.** Voraussetzung bleibt aber eine Straftat. Ist eine solche nicht begangen, wovon auch im Falle einer Freisprechung auszugehen ist, so kann nur eine Festsetzung der Steuer gemäß § 73 durch die hierfür zuständigen Organe erfolgen. War ein Strafverfahren eingeleitet, so ist bei Festsetzung der hinterzogenen Besitzsteuer der vom Strafrichter festgestellte Tatbestand zugrunde zu legen. Es wird sich daher, um Abänderungen in der Festsetzung der hinterzogenen Steuer zu vermeiden, empfehlen, jene auszusetzen, bis das Strafverfahren rechtskräftig erledigt ist. Vgl. Art. 92 Nr. 10 der Ausf.-Anw. vom 25. Juli 1906 zum preuß. Einkommensteuergesetze.

Die Einziehung der hinterzogenen Besitzsteuer wird auch dann unabhängig von der Bestrafung eintreten müssen, wenn diese nicht mehr herbeigeführt werden kann, weil der Zuwiderhandelnde vor Verhängung einer Strafe gestorben ist und mithin nur noch die Nachbesteuerung der Erben in Frage kommt (a. a. O.).

§ 81[1]).

Wer in der nach § 58 Abs. 2 einzureichenden Nachweisung oder in dem nach § 62 einzureichenden Verzeichnisse wissentlich unrichtige oder unvollständige Angaben macht, die geeignet sind, das Steueraufkommen zu gefährden[2]), wird mit einer Geldstrafe[3]) bis zu dreitausend Mark bestraft.

Straffrei bleibt, wer seine unrichtigen oder unvollständigen Angaben, bevor eine Anzeige erstattet oder eine Untersuchung gegen ihn eingeleitet ist, bei der Steuerbehörde berichtigt oder ergänzt[4]).

1. § 81. Im Entwurfe war es § 73. Kleine Fassungsänderungen sind in der Kommission erfolgt (Kommissionsbericht S. 115).

2. **Wissentlich unrichtige oder unvollständige Angaben macht, die geeignet sind, das Steueraufkommen zu gefährden.** Siehe § 76 Anm. 5 und 7.

3. **Mit einer Geldstrafe.** Die Umwandlung einer nicht beizutreibenden Geldstrafe in eine Freiheitsstrafe ist ausgeschlossen (§ 84).

4. **Wer seine unrichtigen oder unvollständigen Angaben, bevor eine Anzeige erstattet oder eine Untersuchung gegen ihn eingeleitet ist, bei der Steuerbehörde berichtigt oder ergänzt.** Siehe § 79 Anm. 2.

§ 82[1].

Beamte, Angestellte und ehrenamtliche Mitglieder von Behörden sowie Sachverständige werden, wenn sie die zu ihrer dienstlichen oder amtlichen Kenntnis gelangten Vermögens-, Erwerbs- oder Einkommensverhältnisse eines Steuerpflichtigen, insbesondere auch den Inhalt einer Besitzsteuererklärung[2]) oder der über sie gepflogenen Verhandlungen unbefugt offenbaren, mit Geldstrafe[3]) bis zu fünfzehnhundert Mark oder mit Gefängnis bis zu drei Monaten bestraft[4]).

Die Strafverfolgung tritt nur ein auf Antrag der obersten Landesfinanzbehörde oder des Steuerpflichtigen, dessen Interesse an der Geheimhaltung verletzt ist.

1. § 82. Im Entwurfe war es § 74.

2. **Der Inhalt einer Besitzsteuererklärung** oder Teile dieser Erklärung (Kommissionsbericht S. 76).

3. **Mit Geldstrafe.** Die Umwandlung einer nicht beizutreibenden Geldstrafe in eine Freiheitsstrafe findet nicht statt (§ 84).

4. **Bestraft.** Diese Strafverfolgung findet immer im gerichtlichen Verfahren statt (§ 74 Abs. 2 der Ausf.-Best. des Bundesrats).

§ 83[1]).

Eine Ordnungsstrafe[2]) bis zu einhundertfünfzig Mark tritt ein bei Zuwiderhandlungen gegen die Vorschriften dieses Gesetzes oder die zu seiner Ausführung erlassenen Bestimmungen, die im Gesetze mit keiner besonderen Strafe bedroht sind.

1. § 83. Im Entwurfe war es § 75.

2. **Eine Ordnungsstrafe.** Ihre Verhängung erfolgt in Preußen durch den Vorsitzenden der Einkommensteuer-Veranlagungskommission. Gegen dessen Entscheidung steht dem Steuerpflichtigen innerhalb vier Wochen die Beschwerde an den Vorsitzenden der Berufungskommission offen (Art. 1 I 3 der preuß. Ausführungsvorschriften).

§ 84[1]).

Die Umwandlung einer nicht beizutreibenden Geldstrafe[2]) in eine Freiheitsstrafe findet nicht statt.

1. § 84. Im Entwurfe war es § 76.

2. **Geldstrafe.** Eine solche kann in den Fällen der §§ 76, 77, 81 und 82 verhängt werden. Bloße Ordnungsstrafen kommen für die Umwandlung in eine Freiheitsstrafe überhaupt nicht in Betracht.

Kosten[1]).

§ 85[2]).

Das Verfahren in Besitzsteuerangelegenheiten ist vorbehaltlich der Vorschrift des § 60 kosten-, gebühren- und stempelfrei. Für das Rechtsmittel-[3]) und Strafverfahren bewendet es bei den sonst geltenden Vorschriften.

1. **Kosten.** Zu den Kosten des Verfahrens ist auch die Postgebühr zu rechnen, welcher die Sendungen der Besitzsteuerämter und Hebestellen an die Steuerpflichtigen unterliegen; sie fällt

daher den letzteren nicht zur Last. Dagegen haben die Steuerpflichtigen die Postgebühr für die von ihnen an die bezeichneten Behörden zu richtenden Sendungen zu tragen (§ 79 Abs. 2 der Ausf.-Best. des Bundesrats).

2. § 85. Im Entwurfe war es § 77.

3. **Für das Rechtsmittelverfahren.** Für Preußen bestimmt der § 77 des Einkommensteuergesetzes:

„Die Gemeinden tragen die Kosten für die bei der Veranlagung ihnen übertragenen Geschäfte.

Im übrigen fallen die Kosten der Veranlagung der Staatskasse zur Last. Jedoch sind diejenigen Kosten, welche durch die gelegentlich der eingelegten Rechtsmittel erfolgenden Ermittelungen veranlaßt werden, von dem Steuerpflichtigen zu erstatten, wenn sich seine Angaben in wesentlichen Punkten als unrichtig erweisen. Die Festsetzung der zu erstattenden Kosten erfolgt durch die Regierung, gegen deren Festsetzung binnen einer Ausschlußfrist von vier Wochen die bei der Regierung anzubringende Beschwerde an den Finanzminister gestattet ist."

Gegen eine lediglich die Kosten betreffende Entscheidung oder gegen eine auch auf die Hauptsache eingehende, aber lediglich wegen der Kosten angegriffene Entscheidung sind die ordentlichen Rechtsmittel nicht gegeben (Entsch. des preuß. OVG. in Staatsstſ. Bd. 3 S. 204, Bd. 5 S. 216).

Schlußvorschriften.

§ 86.

Die Bundesstaaten erhalten für die erste Veranlagung und Erhebung der Steuer zehn, später fünf vom Hundert ihrer Roheinnahme.

§ 87.

Nach näherer Bestimmung des Bundesrats kann bis zum Ablaufe des Rechnungsjahrs 1919 denjenigen Bundesstaaten, die zur Zeit der Verkündung dieses Gesetzes die Erbschaften in gerader absteigender Linie besteuern und bis zum Ablaufe des Rechnungsjahrs 1916 eine der Mehrbelastung durch die Besitzsteuer angemessene Ermäßigung dieser Steuer einführen, der Ausfall an Erbschaftssteuer bis zum Betrag ihrer Durchschnittseinnahmen in den Rechnungsjahren 1913 bis 1915 aus dem Aufkommen an Besitzsteuer in ihrem Lande ersetzt werden.

Ferner kann in diesen Bundesstaaten unter gleichen Voraussetzungen der Vermögenszuwachs bei der erstmaligen Veranlagung der Besitzsteuer insoweit außer Betracht bleiben, als ein entsprechender Vermögensteil durch Erbgang in gerader absteigender Linie nach dem 31. Dezember 1913 erworben und zur Landessteuer herangezogen ist.

§ 88.

Die Ausführungsbestimmungen zu diesem Gesetz erläßt der Bundesrat[1]).

Urkundlich unter Unserer Höchsteigenhändigen Unterschrift und beigedrucktem Kaiserlichen Insiegel.

Gegeben Kiel, den 3. Juli 1913.

(L. S.) **Wilhelm.**

von Bethmann Hollweg.

1. **Die Ausführungsbestimmungen erläßt der Bundesrat.** Sie sind vom Reichskanzler unter dem 30. November 1916 im Zentralblatte für das Deutsche Reich (S. 414 ff.) bekanntgemacht worden. Soweit die Ausführungsbestimmungen nicht lediglich den inneren Dienst der Behörden betreffen, sind sie hinter dem Texte des Gesetzes abgedruckt.

Besitzsteuergesetz.

Vom 3. Juli 1913.

(RGBl. S. 524.)

Steuerpflicht.

§ 1. Von dem Vermögenszuwachse wird für das Reich nach den Vorschriften dieses Gesetzes eine Abgabe (Besitzsteuer) erhoben.

§ 2. Als Vermögen im Sinne des § 1 gilt, soweit das Gesetz nichts anderes vorschreibt, das gesamte bewegliche und unbewegliche Vermögen nach Abzug der Schulden. Es umfaßt:

1. Grundstücke einschließlich des Zubehörs (Grundvermögen);
2. das dem Betriebe der Land- oder Forstwirtschaft, des Bergbaues oder eines Gewerbes dienende Vermögen (Betriebsvermögen);
3. das gesamte sonstige Vermögen, das nicht Grund- oder Betriebsvermögen ist (Kapitalvermögen).

§ 3. Den Grundstücken (§ 2 Nr. 1) stehen gleich Berechtigungen, für welche die sich auf Grundstücke beziehenden Vorschriften des bürgerlichen Rechtes gelten.

§ 4. Zum Betriebsvermögen (§ 2 Nr. 2) gehören alle dem Unternehmen gewidmeten Gegenstände.

Das Betriebsvermögen einer offenen Handelsgesellschaft oder einer anderen Erwerbsgesellschaft, bei welcher der Gesellschafter als Unternehmer (Mitunternehmer) des Betriebsanzusehen ist, wird den einzelnen Teilhabern nach dem Verhältnis ihres Anteils zugerechnet.

§ 5. Zum steuerbaren Vermögen gehört nicht das im Auslande befindliche Grund- und Betriebsvermögen.

§ 6. Als Kapitalvermögen (§ 2 Nr. 3) kommen insbesondere, soweit die einzelnen Vermögensgegenstände nicht unter § 2 Nr. 1, § 3 oder unter § 2 Nr. 2, § 4 fallen, in Betracht:

1. selbständige Rechte und Gerechtigkeiten;
2. verzinsliche und unverzinsliche Kapitalforderungen jeder Art;
3. Aktien oder Anteilscheine, Kuxe, Geschäftsguthaben bei Genossenschaften, Geschäftsanteile und andere Gesellschaftseinlagen;
4. bares Geld deutscher Währung, fremde Geldsorten, Banknoten und Kassenscheine, ausgenommen die aus den laufenden Jahreseinkünften vorhandenen Bestände und Bank- oder sonstige Guthaben, soweit sie zur Bestreitung der laufenden Ausgaben für drei Monate dienen, sowie Gold und Silber in Barren;
5. der Kapitalwert der Rechte auf Renten und andere wiederkehrende Nutzungen und Leistungen, welche dem Berechtigten auf seine Lebenszeit oder auf die Lebenszeit eines anderen, auf unbestimmte Zeit oder auf die Dauer von mindestens zehn Jahren entweder vertragsmäßig als Gegenleistung für die Hingabe von Vermögenswerten oder aus letztwilligen Verfügungen, Schenkungen oder Familienstiftungen oder vermöge hausgesetzlicher Bestimmungen zustehen;
6. noch nicht fällige Ansprüche aus Lebens- und Kapitalversicherungen oder Rentenversicherungen, aus denen der Berechtigte noch nicht in den Rentenbezug eingetreten ist.

§ 7. Die Vorschrift im § 6 Nr. 5 gilt nicht

a) für Ansprüche an Witwen-, Waisen- und Pensionskassen;

b) für Ansprüche aus einer Kranken- oder Unfallversicherung, aus der Reichsversicherung oder der gesetzlichen Versicherung der Angestellten;

c) für Renten und ähnliche Bezüge, die mit Rücksicht auf ein früheres Arbeits- oder Dienstverhältnis gewährt werden.

§ 8. Als steuerbares Vermögen gelten nicht Möbel, Hausrat und andere nicht unter § 6 fallende bewegliche körperliche Gegenstände, sofern sie nicht als Zubehör eines Grundstücks (§ 2 Nr. 1, § 3) oder als Bestandteil eines Betriebsvermögens (§ 2 Nr. 2, § 4) anzusehen sind.

§ 9. Das zu einem Lehen, Fideikommiß oder Stammgute gehörige Vermögen gilt als Vermögen des Inhabers.

§ 10. Von dem Vermögen sind abzuziehen die dinglichen und persönlichen Schulden des Steuerpflichtigen sowie der Wert der dem Steuerpflichtigen obliegenden oder auf einem Lehen, Fideikommiß oder Stammgute ruhenden Leistungen der im § 6 Nr. 5 bezeichneten Art.

Nicht abzugsfähig sind

a) Schulden, die zur Bestreitung der laufenden Haushaltungskosten eingegangen sind (Haushaltungsschulden);

b) Schulden und Lasten, welche in wirtschaftlicher Beziehung zu nicht steuerbaren Vermögensteilen stehen.

Beschränkt sich die Zuwachsbesteuerung auf das inländische Grund- und Betriebsvermögen (§ 11 Nr. II), so sind nur die in einer wirtschaftlichen Beziehung zu diesen Vermögensteilen stehenden Schulden und Lasten abzugsfähig.

§ 11. Steuerpflichtig sind

I. mit dem Zuwachs an dem gesamten steuerbaren Vermögen:

1. die Angehörigen des Deutschen Reichs, mit Ausnahme derer, die sich seit länger als zwei Jahren dauernd im Ausland aufhalten, ohne einen Wohnsitz in einem deutschen Bundesstaate zu haben. Die Ausnahme findet keine Anwendung auf Reichs- und Staatsbeamte, die im Ausland ihren dienstlichen Wohnsitz haben. Wahlkonsuln gelten nicht als Beamte im Sinne dieser Vorschrift;
2. Ausländer, wenn sie im Deutschen Reiche einen Wohnsitz oder in Ermangelung eines Wohnsitzes ihren dauernden Aufenthalt haben;

II. mit dem Zuwachs an dem inländischen Grund- und Betriebsvermögen:
alle natürlichen Personen ohne Rücksicht auf Staatsangehörigkeit, Wohnsitz oder Aufenthalt.

Der Reichskanzler kann zum Zwecke der Vermeidung einer Doppelbesteuerung oder der Anwendung eines Vergeltungsrechts gegenüber außerdeutschen Staaten mit Zustimmung des Bundesrats Anordnungen treffen, die von den Vorschriften in Nr. I und dem § 5 abweichen.

§ 12. Die Abgabe wird nicht erhoben von dem Zuwachse, der den Betrag von zehntausend Mark nicht übersteigt.

§ 13. Vermögen, die den Gesamtwert von zwanzigtausend Mark nicht übersteigen, unterliegen der Zuwachsbesteuerung nicht.

Bei Vermögen über zwanzigtausend Mark, aber nicht über dreißigtausend Mark Gesamtwert, unterliegt der nach § 12 steuerpflichtige Zuwachs nur insofern der Steuer, als durch ihn die steuerfreie Grenze (Abs. 1) überschritten wird.

§ 14. Für die Veranlagung der Besitzsteuer wird das Vermögen der Ehegatten zusammengerechnet, sofern sie nicht dauernd voneinander getrennt leben. Die Ehegatten sind, falls ihr Vermögen hiernach zusammenzurechnen ist, der Staatskasse als Gesamtschuldner der Steuer verpflichtet.

§ 15. Ist ein Ehegatte innerhalb des Veranlagungszeitraums (§§ 18 bis 22) gestorben, so ist der aus dem Erbfalle herrührende Zuwachs des überlebenden Ehegatten insoweit steuerfrei, als das ererbte Vermögen in der Hand des anderen Eheteils oder gemäß § 14 nicht mehr der Zuwachsbesteuerung unterliegen würde.

§ 16. Von dem nach den Vorschriften dieses Gesetzes festgestellten Vermögenszuwachs ist abzuziehen der Betrag einer Kapitalabfindung, die als Entschädigung für den durch Körperverletzung herbeigeführten gänzlichen oder teilweisen Verlust der Erwerbsfähigkeit gezahlt worden oder zu zahlen ist.

§ 17. Steht das der Besteuerung unterliegende Vermögen in Nutznießung, so fällt, wenn nicht rechtsgeschäftlich etwas anderes bestimmt ist, die Besitzsteuer dem Eigentümer zur Last.

Feststellung des Vermögenszuwachses, Veranlagungs- und Erhebungszeitraum.

§ 18. Die Feststellung des Vermögenszuwachses erfolgt erstmals zum 1. April 1917 für den in der Zeit vom 1. Januar 1914 bis zum 31. Dezember 1916 entstandenen Zuwachs, späterhin in Zeitabständen von drei zu drei Jahren für den in den vorangegangenen drei Kalenderjahren entstandenen Zuwachs.

§ 19. Als Vermögenszuwachs gilt der Unterschied zwischen dem reinen Werte des steuerbaren Gesamtvermögens am Ende des jeweiligen Veranlagungszeitraums (§ 18) und dem reinen Werte des steuerbaren Gesamtvermögens am Anfange dieses Zeitraums, soweit in den §§ 21, 22 nichts anderes bestimmt ist.

Der Unterschied (Abs. 1) verringert sich um den Betrag, um den die Summe der abzugsfähigen Schulden und Lasten den Gesamtwert des Aktivvermögens des Steuerpflichtigen zu Beginn des maßgebenden Zeitraums überstiegen hat.

§ 20. Als Wert des steuerbaren Vermögens am 1. Januar 1914 gilt das nach dem Wehrbeitragsgesetze festgestellte Vermögen. Ist im Wege des aus Billigkeitsrücksichten gewährten gänzlichen oder teilweisen Erlasses des rechtskräftig veranlagten Wehrbeitrags das Vermögen anderweit ermittelt, so ist das anderweit ermittelte Vermögen maßgebend*).

§ 21. War der Steuerpflichtige zu dieser Besitzsteuer veranlagt, so gilt in der Folgezeit als Vermögenszuwachs der Unterschied zwischen dem reinen Werte des steuerbaren Gesamtvermögens am Ende des jeweiligen neuen Veranlagungszeitraums und dem letzten Vermögensstande, der zu einer Steuererhebung geführt hat. § 20 Satz 2 gilt entsprechend.**)

Hat sich bei den früheren Veranlagungen kein steuerpflichtiger Vermögenszuwachs ergeben, so gilt als Vermögenszuwachs der Unterschied zwischen dem reinen Werte des steuerbaren Gesamtvermögens am Ende des jeweiligen neuen Veranlagungszeitraums und dem Vermögensstand an dem ersten für die Steuerpflicht in Betracht kommenden Zeitpunkte.

§ 22. Wird die persönliche Steuerpflicht (§ 11) erst innerhalb eines Veranlagungszeitraums (§ 18) begründet, so erfolgt die erste Feststellung des Vermögens für das zur

*) § 39 Abs. 1 und 2 des Kriegssteuergesetzes vom 21. Juni 1916 (RGBl. S. 561).
**) § 39 Abs. 3 des Kriegssteuergesetzes.

Zeit des Eintritts der Steuerpflicht vorhandene steuerbare Vermögen des Steuerpflichtigen.

Die Vorschrift des Abs. 1 gilt im Falle der Erweiterung der Steuerpflicht entsprechend für das durch die erweiterte Steuerpflicht neu erfaßte Vermögen des Steuerpflichtigen.

§ 23. Ist die Steuerpflicht nur nach § 11 Nr. II begründet, so werden dem ersten maßgebenden Vermögensstand alle nachweislich aus dem der Besteuerung nicht unterworfenen Vermögen des Steuerpflichtigen gemachten, nicht zu den laufenden Wirtschaftsausgaben zählenden Aufwendungen für steuerpflichtige Vermögensteile hinzugerechnet.

Die Anrechnung nach Abs. 1 erfolgt insoweit nicht, als den Aufwendungen ein Vermögen gegenübersteht, das im maßgebenden Zeitraume der Besteuerung entzogen worden ist.

§ 24. Die Entrichtung der Besitzsteuer verteilt sich auf einen dem Veranlagungszeitraume (§ 18) folgenden, mit dem 1. April beginnenden dreijährigen Zeitraum (Erhebungszeitraum).

Steuersätze.

§ 25. Die Steuer beträgt für den ganzen Erhebungszeitraum (§ 24) bei einem steuerpflichtigen Vermögenszuwachse von

nicht mehr als 50000 Mark	0,75	vom Hundert des Zuwachses.
mehr als 50000 Mark bis zu 100000 Mark	0,90	
„ „ 100000 „ „ „ 300000 „	1,05	
„ „ 300000 „ „ „ 500000 „	1,20	
„ „ 500000 „ „ „ 1000000 „	1,35	
„ „ 1000000 „	1,50	

Übersteigt der Gesamtwert des steuerbaren Vermögens eines Steuerpflichtigen den Betrag von

100000 Mark, so erhöht sich der Steuersatz um	0,1	vom Hundert des Zuwachses.
200000 „ „ „ „ „ „ „	0,2	
300000 „ „ „ „ „ „ „	0,3	
400000 „ „ „ „ „ „ „	0,4	
500000 „ „ „ „ „ „ „	0,5	
750000 „ „ „ „ „ „ „	0,6	
1000000 „ „ „ „ „ „ „	0,7	
2000000 „ „ „ „ „ „ „	0,8	
5000000 „ „ „ „ „ „ „	0,9	
10000000 „ „ „ „ „ „ „	1	

§ 26. Der Unterschied zwischen der Steuer, die zu zahlen wäre, wenn der Vermögenszuwachs nur die vorangehende, im § 25 Abs. 1 bezeichnete Wertgrenze erreicht hätte, und zwischen der Steuer, die nach dem gesetzlichen Satze berechnet ist, wird nur insoweit erhoben, als er aus der Hälfte des jene Wertgrenze übersteigenden Betrags des Zuwachses gedeckt werden kann.

§ 27. Gewährt der Steuerpflichtige, dessen Vermögen den Betrag von hunderttausend Mark nicht übersteigt, Kindern auf Grund gesetzlicher Verpflichtung (§§ 1601 bis 1615 des Bürgerlichen Gesetzbuchs) Unterhalt, so ermäßigt sich die Steuer für das dritte und jedes weitere minderjährige Kind um fünf vom Hundert ihres Betrags.

Fällt in den Veranlagungszeitraum der Erwerb einer Erbschaft, so ermäßigt sich, wenn der Erbe ein Abkömmling des Erblassers ist und zur Zeit des Erbfalls das 21. Lebensjahr noch nicht vollendet hat, und wenn das steuerbare Vermögen den Gesamtwert von fünfzigtausend Mark nicht übersteigt, die Abgabe um einen Betrag, der für jedes bis zur Vollendung des 21. Lebensjahrs fehlende volle Jahr auf fünf vom Hundert der Abgabe berechnet wird. Die Gesamtermäßigung darf fünfzig vom Hundert der Abgabe nicht übersteigen.

Wertermittelung.

§ 28. Für die Steuerpflicht und die Ermittelung der Vermögenswerte ist maßgebend der Stand in den in §§ 18 bis 22 bezeichneten Zeitpunkten.

Für Betriebe, bei denen regelmäßige jährliche Abschlüsse stattfinden, kann der Vermögensfeststellung der Vermögensstand am Schlusse des letzten Wirtschafts- oder Rechnungsjahrs zugrunde gelegt werden.

Bei der Veranlagung der Besitzsteuer wird das Vermögen des Steuerpflichtigen auf volle Tausende nach unten abgerundet.

§ 29. Bei der Feststellung des Vermögens ist der gemeine Wert (Verkaufswert) seiner einzelnen Bestandteile zugrunde zu legen, sofern das Gesetz nichts anderes vorschreibt.

§ 30. Bei Grundstücken tritt auf Antrag des Steuerpflichtigen an die Stelle des gemeinen Wertes der Betrag der nachgewiesenen oder glaubhaft gemachten Gestehungskosten.

Zu den Gestehungskosten sind zu rechnen der Gesamtwert der Gegenleistungen beim Erwerb (Erwerbspreis), sonstige Anschaffungskosten sowie alle auf das Grundstück gemachten besonderen Aufwendungen während der Besitzzeit, soweit sie nicht zu den laufenden Wirtschaftsausgaben gehören und soweit die durch die Aufwendungen hergestellten Bauten und Verbesserungen noch vorhanden sind. Von den Gestehungskosten sind die durch Verschlechterung*) entstandenen Wertminderungen abzuziehen.

§ 31. Beim Erwerbe von Todes wegen im Sinne der §§ 1 bis 4 des Erbschaftssteuergesetzes, beim Erwerb im Wege der Erbteilung, beim Erwerbe von Eltern, Großeltern oder

*) § 39 Abs. 4 des Kriegssteuergesetzes.

entfernteren Voreltern sowie beim Erwerb auf Grund einer ohne entsprechende Gegenleistung erfolgten Zuwendung unter Lebenden tritt an die Stelle des Erwerbspreises, soweit die Grundstücke dauernd land- oder forstwirtschaftlichen oder gärtnerischen Zwecken zu dienen bestimmt sind, oder soweit bebaute Grundstücke Wohnzwecken oder gewerblichen Zwecken zu dienen bestimmt sind und ihre Bebauung und Benutzung der ortsüblichen Bebauung und Benutzung entspricht, der Ertragswert, sonst der gemeine Wert zur Zeit des Erwerbes.

Als Ertragswert gilt bei land- oder forstwirtschaftlichen oder Gärtnereigrundstücken das Fünfundzwanzigfache des Reinertrags, den sie nach ihrer bisherigen wirtschaftlichen Bestimmung bei ordnungsmäßiger Bewirtschaftung mit entlohnten fremden Arbeitskräften nachhaltig gewähren können.

Die der Land- und Forstwirtschaft oder der Gärtnerei dienenden Gebäude und Betriebsmittel werden nicht besonders veranlagt, sondern sind in der Veranlagung des Ertragswerts einbegriffen.

Bei bebauten Grundstücken, die Wohnzwecken oder gewerblichen Zwecken zu dienen bestimmt sind, gilt als Ertragswert das Fünfundzwanzigfache des Miet- oder Pachtertrags, der in den letzten drei Jahren im Durchschnitt erzielt worden ist oder im Falle der Vermietung oder Verpachtung hätte erzielt werden können, nach Abzug von einem Fünftel für Nebenleistungen und Instandhaltungskosten oder von dem als erforderlich nachgewiesenen höheren Betrage für Nebenleistungen und Instandhaltungskosten ohne Rücksicht darauf, ob die hierzu notwendigen Arbeiten von dem Steuerpflichtigen selbst oder durch entlohnte fremde Arbeitskräfte geleistet worden sind.

In allen Fällen kann der Steuerpflichtige verlangen, daß

statt des Ertragswerts der gemeine Wert der Veranlagung zugrunde gelegt wird. Dieses Recht erlischt, wenn es nicht spätestens bis zum Ablaufe der mit der Zustellung des Steuer- oder Feststellungsbescheids eröffneten Rechtsmittelfrist geltend gemacht wird.

§ 32. Die Vorschrift des § 31 findet in anderen Erwerbsfällen entsprechende Anwendung, wenn der vereinbarte Preis um mehr als 10 vom Hundert hinter dem gemeinen Werte zur Zeit des Erwerbes und, sofern bei Grundstücken der Ertragswert zugrunde gelegt werden kann, zugleich auch hinter dem Ertragswerte zur Zeit des Erwerbes zurückgeblieben ist.

§ 33. Hat der Erwerb vor dem 1. Januar 1914 stattgefunden, so gilt der bei der Veranlagung des Wehrbeitrags festgestellte Wert eines Grundstücks als Betrag der bis dahin entstandenen Gestehungskosten.

§ 34. Wertpapiere, die in Deutschland einen Börsenkurs haben, sind mit dem Kurswerte, Forderungen, die in das Schuldbuch einer öffentlichen Körperschaft eingetragen sind, mit dem Kurswerte der entsprechenden Schuldverschreibungen der öffentlichen Körperschaft anzusetzen.

Der Steuerpflichtige ist berechtigt, von dem Werte der mit Dividendenschein gehandelten Wertpapiere (§ 6) den Betrag in Abzug zu bringen, der für die seit Auszahlung des letzten Gewinns abgelaufene Zeit dem letztmalig verteilten Gewinn entspricht.

§ 35. Bei Aktien ohne Börsenkurs, bei Kuxen, Anteilen an einer Bergwerksgesellschaft oder bei Anteilen einer Gesellschaft mit beschränkter Haftung ist der Verkaufswert der Aktien, Kuxe oder Anteile anzusetzen. Sofern ein solcher nicht zu ermitteln ist, ist der Wert der Aktie, des Kuxes oder des Anteils unter Berücksichtigung des Gesamtvermögens der

Gesellschaft oder Gewerkschaft und der in der Vergangenheit erzielten Gewinne nach freiem Ermessen zu schätzen. Hierbei bleiben diejenigen Beträge der Jahresgewinne unberücksichtigt, welche unter Zugrundelegung der ortsüblichen Preise als Entgelt für gelieferte Rohstoffe anzusehen sind. Im Streitfalle soll die Steuerbehörde die Schätzung des Wertes durch Sachverständige anordnen, die von der zuständigen Handelsvertretung oder der des nächstbelegenen Bezirkes zu ernennen sind.

§ 36. Andere Kapitalforderungen und Schulden sind mit dem Nennwert anzusetzen, sofern nicht besondere Umstände die Veranschlagung nach einem vom Nennwert abweichenden höheren oder geringeren Werte begründen.

Noch nicht fällige Ansprüche aus Lebens-, Kapital- und Rentenversicherungen kommen mit zwei Dritteln der Summe der eingezahlten Prämien oder Kapitalbeiträge, falls aber der Betrag nachgewiesen wird, für welchen die Versicherungsanstalt die Police zurückkaufen würde, mit diesem Rückkaufswert in Anrechnung.

§ 37. Der Gesamtwert der auf bestimmte Zeit beschränkten Nutzungen oder Leistungen ist unter Abrechnung der Zwischenzinsen durch Zusammenzählung der einzelnen Jahreswerte zu berechnen. Der Gesamtwert darf den zum gesetzlichen Zinssatze kapitalisierten Jahreswert nicht übersteigen.

Immerwährende Nutzungen oder Leistungen sind mit dem Fünfundzwanzigfachen des einjährigen Betrags, Nutzungen oder Leistungen von unbestimmter Dauer vorbehaltlich der Vorschriften der §§ 38, 39 mit dem Zwölfundeinhalbfachen des einjährigen Betrags zu veranschlagen.

§ 38. Der Wert von Renten oder anderen auf die Lebenszeit einer Person beschränkten Nutzungen und Leistungen bestimmt sich nach dem Lebensalter der Person, mit deren Tode das Recht erlischt.

Als Wert wird angenommen bei einem Alter

1.			bis zu	15	Jahren das	18	fache,
2.	von mehr als	15	„ „	25	„ „	17	„ ,
3.	„ „ „	25	„ „	35	„ „	16	„ ,
4.	„ „ „	35	„ „	45	„ „	14	„ ,
5.	„ „ „	45	„ „	55	„ „	12	„ ,
6.	„ „ „	55	„ „	65	„ „	$8^1/_2$	„ ,
7.	„ „ „	65	„ „	75	„ „	5	„ ,
8.	„ „ „	75	„ „	80	„ „	3	„ ,
9.	„ „ „	80			„ „	2	„

des Wertes der einjährigen Nutzung.

Hat jedoch eine nach Abs. 2 bewertete Nutzung oder Leistung im Falle der

Nr. 1	nicht mehr als	9 Jahre,
„ 2, 3	„ „ „	8 „ ,
„ 4	„ „ „	7 „ ,
„ 5	„ „ „	6 „ ,
„ 6	„ „ „	4 „ ,
„ 7 bis 9	nicht mehr als	2 Jahre

bestanden, so ist auf Antrag eine Berichtigung der Veranlagung unter Zugrundelegung eines der wirklichen Dauer der Nutzung oder Leistung entsprechenden Kapitalwerts vorzunehmen und die zuviel gezahlte Steuer zu erstatten. In gleicher Weise hat eine Nachveranlagung stattzufinden, wenn die Nutzung oder Leistung den Wert eines Vermögensteils vermindert hat.

§ 39. Hängt die Dauer der Nutzung oder Leistung von der Lebenszeit mehrerer Personen ab, so ist maßgebend das Lebensalter der ältesten Person, wenn das Recht mit dem Tode der zuerst versterbenden Person erlischt, das Lebensalter der jüngsten Person, wenn das Recht mit dem Tode der letztversterbenden Person erlischt.

§ 40. Der einjährige Betrag der Nutzung einer Geldsumme ist zu vier vom Hundert anzunehmen, falls er nicht anderweit feststeht.

§ 41. Vom Kapitalwert unverzinslicher befristeter Forderungen und Schulden kommen für die Zeit bis zu ihrer Fälligkeit vier vom Hundert Jahreszinsen in Abzug.

§ 42. Vermögen, dessen Erwerb von dem Eintritt einer aufschiebenden Bedingung abhängt, bleibt bei der Feststellung unberücksichtigt.

§ 43. Vermögen, das unter einer auflösenden Bedingung erworben ist, wird unbeschadet der Vorschriften über die Berechnung des Kapitalwerts der Nutzungen von unbestimmter Dauer (§ 37 Abs. 2, §§ 38, 39) wie unbedingt erworbenes behandelt.

Tritt die Bedingung ein, so erfolgt auf Antrag eine Berichtigung der früheren Veranlagung entsprechend dem tatsächlichen Werte des Erwerbes.

§ 44. Hängen Lasten, die den Wert des Vermögens vermindern, von dem Eintritt einer aufschiebenden Bedingung ab, so werden sie nicht berücksichtigt.

Tritt die Bedingung ein, so ist auf Antrag die Veranlagung entsprechend zu berichtigen.

Den Lasten, die von einer aufschiebenden Bedingung abhängen, stehen zweifelhafte Lasten gleich.

§ 45. Lasten, deren Fortdauer von einer auflösenden Bedingung abhängt, werden wie unbedingte vom Vermögen abgezogen, soweit nicht deren Kapitalwert nach § 37 Abs. 2, §§ 38, 39 zu berechnen ist. § 38 Abs. 3 Satz 2 findet entsprechende Anwendung.

§ 46. Die Vorschriften der §§ 42 bis 45 gelten auch, wenn der Erwerb oder die Last von einem Ereignis abhängt, das nur hinsichtlich des Zeitpunkts seines Eintritts ungewiß ist.

§ 47. Unbeitreibliche Forderungen bleiben außer Ansatz.

Zuständigkeit für Veranlagung und Erhebung der Besitzsteuer.

§ 48. Für die Verwaltung der Besitzsteuer ist der Bundesstaat zuständig, in welchem der Steuerpflichtige zur Zeit der Veranlagung seinen Wohnsitz oder in Ermangelung eines Wohnsitzes seinen gewöhnlichen Aufenthalt hat.

Bei mehrfachem Wohnsitz im Inland ist der dienstliche Wohnsitz vor einem anderen Wohnsitze, der Wohnsitz in dem Heimatstaate vor dem Wohnsitz in einem anderen Bundesstaat und, wenn keiner dieser Fälle vorliegt, der Wohnsitz an dem Orte maßgebend, an welchem der Steuerpflichtige sich vorwiegend aufhält.

Steuerpflichtige, welche zur Zeit der Veranlagung im Inlande weder einen Wohnsitz noch ihren gewöhnlichen Aufenthalt haben, sind in dem Bundesstaate zu veranlagen, in welchem sie ihren letzten inländischen Wohnsitz oder Aufenthalt gehabt haben.

Der Bundesrat kann weitere Bestimmungen über die Zuständigkeit der Bundesstaaten zur Verwaltung und Erhebung der Steuer erlassen. Er entscheidet auch auf Anrufen eines Bundesstaats, wenn zwischen mehreren Bundesstaaten Meinungsverschiedenheit über ihre Zuständigkeit herrscht.

§ 49. Die Landesregierung bestimmt die für die Verwaltung der Besitzsteuer zuständigen Behörden (Besitzsteuerämter). Sie bestimmt auch, ob und inwieweit zur Mitwirkung bei der Veranlagung und zur Erhebung der Besitzsteuer Gemeinden oder Gemeindeverbände heranzuziehen sind. Die Besitzsteuerämter unterstehen Oberbehörden und diese der obersten Landesfinanzbehörde.

§ 50. Die Reichsbevollmächtigten für Zölle und Steuern haben bei der Ausführung dieses Gesetzes die gleichen Befugnisse und Pflichten, die ihnen hinsichtlich der Zölle und Verbrauchssteuern beigelegt sind.

In den Staaten, in denen die Geschäfte der Oberbehörde für die Besitzsteuer anderen Behörden als den Zolldirektivbehörden übertragen sind, werden der Umfang und die Art der Tätigkeit der Reichsbevollmächtigten vom Reichskanzler im Einvernehmen mit den beteiligten Bundesregierungen geregelt.

Unter Zustimmung des Bundesrats kann der Reichskanzler die Wahrnehmung der Geschäfte der Reichsbevollmächtigten für die Besitzsteuer anderen Beamten übertragen.

Dem Reichstag ist alljährlich über die Tätigkeit der Reichsbevollmächtigten, soweit sie sich auf die Ausführung dieses Gesetzes bezieht, Bericht zu erstatten.

Personenstandsaufnahme.

§ 51. Jeder Besitzer eines bewohnten Grundstücks oder dessen Vertreter ist verpflichtet, der mit der Vorbereitung der Veranlagung betrauten Behörde auf deren Verlangen die sämtlichen Bewohner des Grundstücks mit Namen, Berufsstellung, Geburtsort und Geburtstag anzugeben. Die Haushaltungsvorstände haben den Hausbesitzern oder deren Vertretern die erforderliche Auskunft über die zu ihrem Hausstande gehörigen Personen einschließlich der Unter- und Schlafstellenmieter zu erteilen.

Besitzsteuererklärung.

§ 52. Zur Abgabe einer Besitzsteuererklärung sind alle Personen mit einem steuerbaren Vermögen von zwanzigtausend Mark und darüber verpflichtet, wenn sie früher weder zum Wehrbeitrage noch zur Besitzsteuer veranlagt worden sind, sowie alle Personen, deren Vermögen sich seit der Veranlagung zum Wehrbeitrag oder gegenüber dem für eine künftige Veranlagung zur Besitzsteuer als maßgebend festgestellten Vermögensstande (§ 65) um mehr als zehntausend Mark erhöht hat. Der Bundesrat bestimmt die Fristen zur Abgabe der Besitzsteuererklärung.

Die Steuerbehörde ist außerdem berechtigt, von jedem Steuerpflichtigen (§ 11) binnen einer von ihr festzusetzenden Frist, die mindestens zwei Wochen betragen muß, die Abgabe einer Besitzsteuererklärung zu verlangen.

Die Besitzsteuererklärung ist unter der Versicherung zu erstatten, daß die Angaben nach bestem Wissen und Gewissen gemacht sind.

§ 53. In der Besitzsteuererklärung hat der Steuerpflichtige seine Vermögensverhältnisse zu den in den §§ 18 bis 22 bezeichneten Zeitpunkten klarzulegen und zu diesem Zwecke nach näherer Bestimmung des Bundesrats das gesamte steuerbare Vermögen getrennt nach seinen einzelnen Bestandteilen unter Angabe ihres Wertes aufzuführen.

Soweit die Vermögenswerte sich nicht aus dem Nenn- oder Kurswert oder dem Betrage der geleisteten Zahlungen ergeben, kann der Steuerpflichtige sich in der Besitzsteuererklärung auf die tatsächlichen Mitteilungen beschränken, die er behufs Schätzung des Wertes beizubringen vermag.

§ 54. Der Steuerpflichtige kann zur Abgabe der Besitzsteuererklärung mit Geldstrafen bis zu fünfhundert Mark angehalten werden.

Dem Steuerpflichtigen, der die ihm nach § 52 obliegende Besitzsteuererklärung nicht rechtzeitig abgibt, kann ein Zuschlag von 5 bis 10 vom Hundert der rechtskräftig festgestellten Besitzsteuer auferlegt werden.

§ 55. Die Veranlagungsbehörde prüft die Angaben in der Besitzsteuererklärung und stellt, gegebenenfalls nach Vornahme der erforderlichen Ermittelungen, die Höhe des steuerbaren Vermögens fest.

§ 56. Die Steuerbehörde kann Zeugen und Sachverständige uneidlich vernehmen. Das Zeugnis oder Gutachten darf nur unter den Voraussetzungen verweigert werden, welche nach den Vorschriften der Zivilprozeßordnung (§§ 383 bis 385, 407, 408) zur Ablehnung eines Zeugnisses oder Gutachtens berechtigen.

Zeugen und Sachverständige können zur Abgabe des Zeugnisses oder Gutachtens mit Geldstrafen bis zu einhundertfünfzig Mark angehalten werden.

§ 57. Der Steuerpflichtige hat auf Erfordern die Höhe seines Vermögens nachzuweisen. Er ist insbesondere verpflichtet, der Steuerbehörde Wirtschafts- oder Geschäftsbücher, Verträge, Schuldverschreibungen, Zinsquittungen, Abrechnungen von Banken oder ähnlichen Unternehmungen und andere Schriftstücke, welche für die Besitzsteuerveranlagung von Bedeutung sind, zur Einsicht und Prüfung vorzulegen.

Die Einsichtnahme und Prüfung der Bücher und Schriftstücke des Steuerpflichtigen soll tunlichst in dessen Wohnung oder Geschäftsräumen erfolgen.

§ 58. Die Vorstände oder Geschäftsführer der im § 35 bezeichneten Gesellschaften, die ihren Sitz im Inlande haben oder Vermögen im Inlande besitzen, haben dem Steuerpflichtigen die erforderlichen Mitteilungen über den Wert seiner Aktien oder Gesellschaftsanteile zu machen.

Sie sind außerdem verpflichtet, der Steuerbehörde auf Verlangen binnen einer Frist von vier Wochen eine Nachweisung einzureichen, welche enthält:

1. die Höhe des Grundkapitals oder der Stammeinlagen,
2. den Betrag der in den vorausgegangenen drei Jahren jährlich verteilten Gewinne,
3. die tatsächlichen Mitteilungen, die sie zur Schätzung des Wertes der Aktien, Anteile oder Kuxe beizubringen vermögen.

Die Nachweisung ist mit der Versicherung zu versehen, daß die Angaben nach bestem Wissen und Gewissen gemacht sind.

Die Verpflichteten können zur Abgabe der Nachweisung mit Geldstrafen bis zu fünfhundert Mark angehalten werden.

§ 59. Die Vorschriften der §§ 52 bis 54, 57 gelten auch für den gesetzlichen Vertreter des Steuerpflichtigen hinsichtlich des seiner Verwaltung unterliegenden Vermögens.

§ 60. Die Kosten der Ermittelungen fallen dem Steuerpflichtigen zur Last, wenn der endgültig festgestellte Vermögenswert den vom Steuerpflichtigen angegebenen Wert um mehr als ein Drittel übersteigt oder wenn sich seine Angaben in wesentlichen Punkten als unrichtig erweisen oder wenn er trotz ergangener Aufforderung keine oder nur ungenügende Angaben über seine Vermögensverhältnisse gemacht hat.

§ 61. Den Steuerbehörden haben die Standesämter von den eingetretenen Sterbefällen, die Gerichte von den ergangenen Todeserklärungen Mitteilung zu machen.

§ 62. Innerhalb sechs Monaten nach dem Tode eines Steuerpflichtigen kann die Steuerbehörde von den Erben oder, falls ein Testamentsvollstrecker oder ein Nachlaßpfleger bestellt ist, von diesen Personen unter Hinweis auf die Strafvorschrift des § 81 die Vorlage eines Verzeichnisses über das vom Verstorbenen hinterlassene Kapital- und Betriebsvermögen (§ 2 Nr. 2, 3) verlangen.

Das Verzeichnis ist binnen vier Wochen nach Zustellung der Aufforderung der Steuerbehörde einzureichen und mit der Versicherung zu versehen, daß die Angaben nach bestem Wissen und Gewissen gemacht sind.

Die Pflicht zur Einreichung eines Verzeichnisses besteht nicht, wenn auf Grund des Erbschaftssteuergesetzes vom 3. Juni 1906 eine den gesamten Nachlaß umfassende Erbschaftssteuererklärung zu erstatten ist.

Die im Abs. 1 genannten Personen können zur Erfüllung der ihnen hiernach obliegenden Verpflichtung mit Geldstrafen bis zu einhundertfünfzig Mark angehalten werden.

§ 63. Die Reichs-, Staats- und Gemeindebehörden sind verpflichtet, den Steuerbehörden auf Ersuchen aus Büchern, Akten, Urkunden usw. Auskunft über die Vermögensverhältnisse des Steuerpflichtigen zu erteilen oder ihnen Einsicht in solche, die Vermögensverhältnisse betreffenden Bücher, Akten, Urkunden usw. zu gestatten.

Den Notaren liegt diese Pflicht nur ob hinsichtlich der einen Nachlaß betreffenden Verhandlungen oder soweit sie durch sonstige Vorschriften begründet ist.

Eine Auskunftspflicht besteht nicht für die Postbehörden, für die Verwaltung der Schuldbücher öffentlicher Körperschaften sowie für die Verwaltung öffentlicher Sparkassen und anderer mit der Verwaltung und Verwahrung fremden Vermögens befaßter öffentlicher Anstalten.

§ 64. Beamte, Angestellte und ehrenamtliche Mitglieder von Behörden, welche im Verfahren zur Veranlagung der Besitzsteuer dienstlich Kenntnis von den Vermögens-, Erwerbs- oder Einkommensverhältnissen eines Steuerpflichtigen erhalten, sind zu ihrer Geheimhaltung verpflichtet. Die Besitzsteuererklärungen sind unter Verschluß aufzubewahren und dürfen ebenso wie die sonstigen Verhandlungen im Veranlagungsverfahren nur zur Kenntnis der durch Eid zu ihrer Geheimhaltung Verpflichteten gelangen. Sie dürfen anderen Behörden nur zum Zwecke der Veranlagung und Erhebung von öffentlichen Abgaben mitgeteilt werden. Bestehen für Landessteuern gleiche oder ähnliche Vorschriften, so steht dies der Mitteilung von Veranlagungsmerkmalen an die Besitzsteuerämter nicht entgegen.

Besitzsteuer- und Feststellungsbescheid.

§ 65. Ergibt die Vergleichung der Vermögensfeststellungen einen steuerpflichtigen Vermögenszuwachs, so erteilt die Veranlagungsbehörde dem Steuerpflichtigen einen Bescheid über den Gesamtbetrag der zu zahlenden Steuer und über die für eine spätere Veranlagung maßgebende Vermögensfeststellung (Steuerbescheid); ergibt sich dagegen kein oder nur ein steuerfreier Vermögenszuwachs, so ist dem Steuerpflichtigen mit einem Vermögen von mehr als zwanzigtausend Mark ein Bescheid über den für eine künftige Veranlagung maßgebenden Vermögensstand zu erteilen, sofern dieser nicht bereits rechtskräftig feststeht (Feststellungsbescheid).

Der Steuer- und der Feststellungsbescheid enthält eine Belehrung über die gegen den Bescheid zulässigen Rechtsmittel, der Steuerbescheid enthält außerdem eine Anweisung zur Entrichtung der Steuer in den gesetzlichen Teilbeträgen zu den bestimmten Zahlungsfristen. Dem Steuerpflichtigen sind die Berechnungsgrundlagen der angeforderten Steuer mitzuteilen und die Punkte zu bezeichnen, in welchen von der Besitzsteuererklärung abgewichen worden ist.

Rechtsmittel.

§ 66. Die gegen den Steuer- und den Feststellungsbescheid zulässigen Rechtsmittel, die Rechtsmittelfristen und das Rechtsmittelverfahren werden durch die Landesgesetzgebung geregelt. Bis zum Inkrafttreten des Landesgesetzes sind nach näherer Bestimmung der Landesregierung gegen den Steuer- und den Feststellungsbescheid die Rechtsmittel zulässig, welche den Steuerpflichtigen nach Landesrecht gegen die Veranlagung zu einer direkten Staatssteuer zustehen.

Das Rechtsmittelverfahren (Abs. 1) muß derartig geordnet sein, daß der Steuerpflichtige nacheinander mindestens zwei Rechtsmittelinstanzen anrufen kann und daß ihm die Möglichkeit offensteht, entweder die endgültige Entscheidung eines obersten Verwaltungsgerichts oder einer einem obersten Verwaltungsgerichte gesetzlich gleichgeordneten Rechtsinstanz herbeizuführen oder die Klage im ordentlichen Rechtswege zu erheben.

Wird keine oder eine falsche Rechtsmittelbelehrung erteilt, so wird die Rechtsmittelfrist nicht in Lauf gesetzt, doch ist ein von dem Steuerpflichtigen eingelegtes Rechtsmittel nicht aus diesem Grunde unzulässig.

§ 67. Erfolgt die Veranlagung zur Besitzsteuer durch eine kollegiale Behörde, so stehen die Rechtsmittel gegen den Steuerbescheid auch dem Vorsitzenden dieser Behörde zu.

§ 68. Wohnt weder der Steuerpflichtige noch ein Vertreter des Steuerpflichtigen im Inlande, so ist der Steuerpflichtige gehalten, eine im Inlande wohnende Person zum Empfange der für ihn bestimmten Schriftstücke in Besitzsteuerangelegenheiten zu bevollmächtigen. Ist die Benennung eines Zustellungsbevollmächtigten unterblieben, so gilt die Zustellung eines Schriftstücks mit der Aufgabe zur Post als bewirkt, selbst wenn die Sendung als unbestellbar zurückkommt.

§ 69. Durch die Einlegung eines Rechtsmittels wird die Erhebung der veranlagten Steuer zu den gesetzlichen Zahlungsfristen nicht aufgehalten. Die auf Grund rechtskräftiger Entscheidung zu erstattenden Steuern sind mit 4 vom Hundert für das Jahr zu verzinsen.

Fälligkeit der Steuer.

§ 70. Der Jahresbetrag der Steuer (§ 24) ist nach näherer Bestimmung der obersten Landesfinanzbehörde in gleichen Halbjahrs- oder Vierteljahrsteilen zu zahlen.

Bleibt der Einzelbetrag der Steuer unter 5 Mark, so ist der Jahresbetrag der Steuer auf einmal zu entrichten.

Die oberste Landesfinanzbehörde bestimmt den Tag, an dem die Einzelbeträge der Steuer fällig werden.

Die Einzelbeträge der Steuer sind auf 10 Pfennig nach oben abzurunden.

Der Steuerpflichtige ist berechtigt, die Steuer für den Rest des ganzen Erhebungszeitraums im voraus zu bezahlen.

§ 71. Würde die Einziehung der Steuer zu den gesetzlichen Zahlungsfristen mit einer erheblichen Härte für den Steuerpflichtigen verbunden sein, so kann die Steuer bis zum Ablaufe von drei Jahren gestundet, auch die Entrichtung in Teilbeträgen bis zum Ende des nächsten Erhebungszeitraums (§ 24) gestattet werden.

Die Stundung kann von einer angemessenen Sicherheitsleistung abhängig gemacht werden.

Die Stundungsbewilligung wird zurückgenommen, wenn

die Voraussetzungen hierfür weggefallen sind oder wenn eine nachträglich verlangte Sicherheit nicht geleistet wird.

§ 72. Ist der Steuerpflichtige ein Deutscher, so ist zum Zwecke der Einziehung der Besitzsteuer die Zwangsversteigerung eines Grundstücks ohne seine Zustimmung nicht zulässig.

§ 73. Ist die Veranlagung zu Unrecht unterblieben, so wird dadurch die Pflicht zur Zahlung der Besitzsteuer nicht berührt. Eine Neuveranlagung hat zu erfolgen, wenn nachträglich neue Tatsachen und Beweismittel bekannt werden, die eine höhere Veranlagung des Steuerpflichtigen rechtfertigen.

§ 74. Stirbt der Steuerpflichtige innerhalb eines Erhebungszeitraums oder fällt die Steuerpflicht auf andere Weise weg, so wird dadurch die Verbindlichkeit zur Entrichtung der bei Wegfall der Steuerpflicht noch nicht fälligen Teilbeträge nicht berührt.

Wird im Falle des § 14 die Ehe innerhalb des Erhebungszeitraums aufgelöst oder fällt die Voraussetzung für die Zusammenrechnung des Vermögens weg, so sind die Ehegatten oder deren Erben zur Zahlung der noch nicht fälligen Teilbeträge der Steuer nach dem Verhältnis ihres Anteils an dem steuerpflichtigen Vermögenszuwachse verpflichtet.

Verjährung.

§ 75. Der Anspruch der Staatskasse auf die Besitzsteuer verjährt in vier Jahren. Die Frist beginnt mit dem Schlusse des Jahres, in welchem die Steuerbeträge fällig geworden sind, im Falle der Sicherheitsleistung für die Steuer jedoch nicht vor dem Ablaufe des Jahres, in welchem die Sicherheit erlischt.

Strafvorschriften.

§ 76. Wer als Steuerpflichtiger oder als Vertreter eines Steuerpflichtigen wissentlich der Steuerbehörde unrichtige oder unvollständige Angaben macht, die geeignet sind, eine Verkürzung der Besitzsteuer herbeizuführen, wird mit einer Geldstrafe bis zum zwanzigfachen Betrage der gefährdeten Steuer bestraft.

§ 77. In den Fällen des § 76 kann neben der Geldstrafe auf Gefängnis bis zu sechs Monaten erkannt werden, wenn die unrichtigen oder unvollständigen Angaben in der Absicht, die Besitzsteuer zu hinterziehen, gemacht worden sind und wenn der Steuerbetrag, der durch die unrichtigen oder unvollständigen Angaben gefährdet worden ist, nicht weniger als 10 vom Hundert der geschuldeten Steuer, mindestens aber dreihundert Mark ausmacht, oder wenn der Steuerpflichtige wegen Besitzsteuerhinterziehung vorbestraft ist.

Bei einer Steuergefährdung der im Abs. 1 bezeichneten Art kann im Urteil angeordnet werden, daß die Bestrafung auf Kosten des Verurteilten öffentlich bekanntzumachen ist.

Besteht der Verdacht, daß eine Steuergefährdung der im Abs. 1 bezeichneten Art vorliegt, so hat die Steuerbehörde die Sache an die zuständige Staatsanwaltschaft abzugeben. Ist der Steuerpflichtige abwesend (§ 318 der Strafprozeßordnung), so kann gegen ihn nach Maßgabe der §§ 320 bis 326 der Strafprozeßordnung verhandelt werden.*) Findet die Staatsanwaltschaft in einer an sie abgegebenen Sache, daß der*) Verdacht nicht hinreichend begründet ist, so kann sie die Sache zur weiteren Erledigung im Verwaltungsstrafverfahren an die Verwaltungsbehörde abgeben.

*) § 39 Abs. 5 und 6 des Kriegssteuergesetzes.

§ 78. Ist nach den obwaltenden Umständen anzunehmen, daß die unrichtigen oder unvollständigen Angaben, die geeignet sind, eine Verkürzung der Besitzsteuer herbeizuführen, nicht in der Absicht der Steuerhinterziehung gemacht worden sind, so tritt an Stelle der im § 76 vorgesehenen Strafe eine Ordnungsstrafe bis zu fünfhundert Mark.

§ 79. Straffrei bleibt, wer seine unrichtigen oder unvollständigen Angaben, bevor eine Anzeige erstattet oder eine Untersuchung gegen ihn eingeleitet ist, bei der Steuerbehörde berichtigt oder ergänzt und die gefährdete Steuer, soweit sie bereits fällig gewesen ist, entrichtet.

§ 80. Die Einziehung der Besitzsteuer erfolgt unabhängig von der Bestrafung.

§ 81. Wer in der nach § 58 Abs. 2 einzureichenden Nachweisung oder in dem nach § 62 einzureichenden Verzeichnisse wissentlich unrichtige oder unvollständige Angaben macht, die geeignet sind, das Steueraufkommen zu gefährden, wird mit einer Geldstrafe bis zu dreitausend Mark bestraft.

Straffrei bleibt, wer seine unrichtigen oder unvollständigen Angaben, bevor eine Anzeige erstattet oder eine Untersuchung gegen ihn eingeleitet ist, bei der Steuerbehörde berichtigt oder ergänzt.

§ 82. Beamte, Angestellte und ehrenamtliche Mitglieder von Behörden sowie Sachverständige werden, wenn sie die zu ihrer dienstlichen oder amtlichen Kenntnis gelangten Vermögens-, Erwerbs- oder Einkommensverhältnisse eines Steuerpflichtigen, insbesondere auch den Inhalt einer Besitzsteuererklärung oder der über sie gepflogenen Verhandlungen unbefugt offenbaren, mit Geldstrafe bis zu fünfzehnhundert Mark oder mit Gefängnis bis zu drei Monaten bestraft.

Die Strafverfolgung tritt nur ein auf Antrag der obersten Landesfinanzbehörde oder des Steuerpflichtigen, dessen Interesse an der Geheimhaltung verletzt ist.

§ 83. Eine Ordnungsstrafe bis zu einhundertfünfzig Mark tritt ein bei Zuwiderhandlungen gegen die Vorschriften dieses Gesetzes oder die zu seiner Ausführung erlassenen Bestimmungen, die im Gesetze mit keiner besonderen Strafe bedroht sind.

§ 84. Die Umwandlung einer nicht beizutreibenden Geldstrafe in eine Freiheitsstrafe findet nicht statt.

Kosten.

§ 85. Das Verfahren in Besitzsteuerangelegenheiten ist vorbehaltlich der Vorschrift des § 60 kosten-, gebühren- und stempelfrei. Für das Rechtsmittel- und Strafverfahren bewendet es bei den sonst geltenden Vorschriften.

Schlußvorschriften.

§ 86. Die Bundesstaaten erhalten für die erste Veranlagung und Erhebung der Steuer zehn, später fünf vom Hundert ihrer Roheinnahme.

§ 87. Nach näherer Bestimmung des Bundesrats kann bis zum Ablaufe des Rechnungsjahrs 1919 denjenigen Bundesstaaten, die zur Zeit der Verkündung dieses Gesetzes die Erbschaften in gerade absteigender Linie besteuern und bis zum Ablaufe des Rechnungsjahrs 1916 eine der Mehrbelastung durch die Besitzsteuer angemessene Ermäßigung dieser Steuer einführen, der Ausfall an Erbschaftssteuer bis zum Betrag ihrer Durchschnittseinnahmen in den Rechnungsjahren 1913 bis 1915 aus dem Aufkommen an Besitzsteuer in ihrem Lande ersetzt werden.

Ferner kann in diesen Bundesstaaten unter gleichen Voraussetzungen der Vermögenszuwachs bei der erstmaligen Veranlagung der Besitzsteuer insoweit außer Betracht bleiben, als ein entsprechender Vermögensteil durch Erbgang in gerader absteigender Linie nach dem 31. Dezember 1913 erworben und zur Landessteuer herangezogen ist.

§ 88. Die Ausführungsbestimmungen zu diesem Gesetz erläßt der Bundesrat.

Besitzsteuer-Ausführungsbestimmungen.

Bekanntmachung des Reichskanzlers vom 30. November 1916.

(Zentralblatt für das Deutsche Reich 1916, S. 414 ff.)

(Weggelassen sind die Bestimmungen über den inneren Dienst der Steuerbehörden und über deren Verkehr mit anderen Behörden.)

Besitzsteuerämter und Oberbehörden.

§ 1. Die mit der Veranlagung der Besitzsteuer betrauten Behörden (Besitzsteuerämter) und die ihnen übergeordneten Behörden (Oberbehörden) werden von den Landesregierungen bestimmt und öffentlich bekanntgemacht. Ein Verzeichnis der Besitzsteuerämter und Oberbehörden ist unter Angabe ihrer Amtsbezirke dem Reichskanzler zur Veröffentlichung im Zentralblatte für das Deutsche Reich mitzuteilen. Das gleiche hat mit etwaigen späteren Veränderungen zu geschehen.

Die Landesregierung kann die Erhebung der Besitzsteuer anderen Stellen als den Besitzsteuerämtern übertragen. Sie bestimmt auch, ob und inwieweit andere Behörden als Hilfsstellen der Besitzsteuerämter beim Veranlagungsgeschäfte mitzuwirken haben. In diesem Falle sind die zur Regelung des Geschäftsverkehrs erforderlichen besonderen Bestimmungen zu treffen.

Befugnisse, die in den nachstehenden Vorschriften den Besitzsteuerämtern übertragen sind, können von der obersten

Landesfinanzbehörde im Einverständnisse mit dem Reichskanzler den Oberbehörden übertragen werden.

Zuständigkeit.

§ 2. Für die Zuständigkeit der Bundesstaaten zur Veranlagung und Erhebung der Besitzsteuer sind maßgebend die Wohnsitz- oder Aufenthaltsverhältnisse des Steuerpflichtigen am Ende des jeweiligen Veranlagungszeitraums, erstmals am 31. Dezember 1916. Bei mehrfachem Wohnsitze hat den Vorrang zunächst der dienstliche Wohnsitz, dann der Wohnsitz im Heimatstaate, weiter der Wohnsitz an dem Orte des vorwiegenden Aufenthalts.

Hat der Steuerpflichtige erst nach dem im Abs. 1 bezeichneten Zeitpunkt, aber noch vor Beginn des anschließenden Erhebungszeitraums (§ 24 des Gesetzes) im Reiche seinen Wohnsitz begründet oder seinen gewöhnlichen Aufenthalt genommen, so ist der Bundesstaat zuständig, in dem er seinen Wohnsitz begründet oder seinen Aufenthalt genommen hat.

Hat der Steuerpflichtige weder am Ende des jeweiligen Veranlagungszeitraums noch vor Beginn des anschließenden Erhebungszeitraums in einem Bundesstaat einen Wohnsitz oder seinen gewöhnlichen Aufenthalt, so ist der Bundesstaat zuständig, in welchem er seinen letzten inländischen Wohnsitz oder Aufenthalt gehabt hat. Hat der Steuerpflichtige auch früher keinen inländischen Wohnsitz oder Aufenthalt gehabt, so ist der Bundesstaat zuständig, in dessen Gebiete sich das steuerbare Vermögen befindet, und, wenn das Vermögen sich in mehreren Bundesstaaten befindet, der Bundesstaat, in dessen Gebiete sich der größere Teil des Vermögens befindet.

§ 3. Die Vorschriften über die Zuständigkeit der Bundesstaaten gelten auch entsprechend für die Zuständigkeit der Besitzsteuerämter. Die oberste Landesfinanzbehörde des für die Veranlagung der Besitzsteuer zuständigen Bundesstaats kann jedoch die Abgrenzung der Zuständigkeit seiner Besitzsteuerämter anderweit regeln.

Besitzsteuererklärung.

§ 12. Als Frist für die Abgabe der Besitzsteuererklärung (§ 52 Abs. 1 des Gesetzes) wird die Zeit vom 2. Januar bis 15. Februar des auf den Veranlagungszeitraum folgenden Jahres bestimmt. Die oberste Landesfinanzbehörde kann einen späteren Anfangs- und früheren Endtermin festsetzen; doch muß die Frist mindestens zwei Wochen betragen. Für Steuerpflichtige, die Inhaber eines unter § 28 Abs. 2 des Gesetzes fallenden Betriebs sind und die ihrer Besitzsteuererklärung den Abschluß für den 31. Dezember des letzten Jahres des Veranlagungszeitraums zugrunde legen, kann nach näherer Bestimmung der obersten Landesfinanzbehörde die Frist zur Abgabe der Besitzsteuererklärung bis zum 31. Mai des auf den Veranlagungszeitraum folgenden Jahres verlängert werden.

Der Reichskanzler ist ermächtigt, für solche Bundesstaaten, in denen mit Rücksicht auf die Veranlagung zu den direkten Landessteuern die im Abs. 1 bestimmte Frist sich als unzweckmäßig erweisen sollte, eine spätere Frist zu bestimmen, die sich aber nicht über den 31. Mai des auf den Veranlagungszeitraum folgenden Jahres hinaus erstrecken darf.

§ 13. Für die in außereuropäischen Ländern und Gewässern Abwesenden verlängert sich die Frist zur Abgabe der Besitzsteuererklärung bis Ende Juni, für die im europäischen Ausland Abwesenden bis Ende Februar des auf den Veranlagungszeitraum folgenden Jahres.

Öffentliche Aufforderung zur Abgabe der Besitzsteuererklärung.

§ 14. Mindestens eine Woche vor Beginn der im § 12 bezeichneten Frist erläßt das Besitzsteueramt oder die Oberbehörde in den für amtliche Bekanntmachungen der unteren Verwaltungsbehörden bestimmten Tagesblättern eine öffentliche Aufforderung zur Abgabe der Besitzsteuererklärungen.

Die oberste Landesfinanzbehörde kann anordnen, daß die Aufforderung außerdem in sonst ortsüblicher Weise bekanntgemacht wird. In dieser Aufforderung, die mit öffentlichen Bekanntmachungen über die Veranlagung von Landessteuern verbunden werden kann, sind die Steuerpflichtigen über ihre Pflicht zur Abgabe einer Besitzsteuererklärung, über die Vorschriften der §§ 76, 77 und 54 des Gesetzes zu belehren.

Besondere Aufforderung zur Abgabe der Besitzsteuererklärung.

§ 15. Gleichzeitig mit der öffentlichen Aufforderung (§ 14) und noch vor Beginn der im § 12 bezeichneten Frist ist den Personen, von denen das Besitzsteueramt annimmt, daß sie zur Abgabe einer Besitzsteuererklärung nach § 52 Abs. 1 des Gesetzes verpflichtet sind, ein Vordruck für diese nebst einem Abdrucke der öffentlichen Bekanntmachung zu übersenden; alle andern in die Besitzsteuerliste aufgenommenen Personen sind gemäß § 52 Abs. 2 des Gesetzes unter Beifügung eines Vordrucks besonders aufzufordern, eine Besitzsteuererklärung binnen der im § 12 bezeichneten oder einer auf mindestens vierzehn Tage zu bemessenden besonderen Frist abzugeben. Die oberste Landesfinanzbehörde kann im Einverständnisse mit dem Reichskanzler ein anderes Verfahren vorschreiben.

Ein Steuerpflichtiger, der von mehreren Behörden zur Abgabe einer Besitzsteuererklärung aufgefordert wird, ist nur verpflichtet, einer Behörde die Besitzsteuererklärung abzugeben. Macht er von dieser Möglichkeit Gebrauch, so hat er den andern Behörden mitzuteilen, daß und welcher Behörde er eine Besitzsteuererklärung abgegeben hat.

§ 16. Das Besitzsteueramt kann einem Steuerpflichtigen, der glaubhaft macht, daß ihm die Abgabe der Besitzsteuererklärung innerhalb der vorgeschriebenen Frist nicht möglich ist, die Frist zur Abgabe der Besitzsteuererklärung angemessen verlängern.

§ 17. Die Besitzsteuererklärung des Ehemanns hat das Vermögen der Ehefrau mitzuumfassen, sofern die Ehegatten nicht dauernd voneinander getrennt leben.

Für einen nach Ablauf des Veranlagungszeitraums, aber vor Abgabe der Besitzsteuererklärung verstorbenen Steuerpflichtigen ist die Besitzsteuererklärung, wenn ein ohne Beschränkung der Verwaltungsbefugnis auf einzelne Gegenstände bestellter Testamentsvollstrecker oder ein Nachlaßpfleger die Verwaltung des Nachlasses übernommen hat, von diesen Personen, anderenfalls von den Erben abzugeben. Sind mehrere Verpflichtete vorhanden und gibt ein Verpflichteter die Besitzsteuererklärung ab, so werden die anderen dadurch von der Verpflichtung befreit. Hat von mehreren Erben einer dem Besitzsteueramte gegenüber die Erfüllung der den Erben in Ansehung der Besitzsteuer obliegenden Pflichten übernommen, so ist die Aufforderung zur Abgabe der Besitzsteuererklärung nur an ihn, anderenfalls nach dem Ermessen des Besitzsteueramts an einen von ihnen zu richten.

§ 18. Die Besitzsteuererklärung ist nach Anleitung des Musters 2 zu gestalten. Bei der erstmaligen Veranlagung der Besitzsteuer ist mit der Besitzsteuererklärung in der Regel die Steuererklärung zum Zwecke der Veranlagung der außerordentlichen Kriegsabgabe zu verbinden (§ 8 der Kriegssteuer-Ausführungsbestimmungen).

Vordrucke für die Besitzsteuererklärung sind dem Steuerpflichtigen kostenlos zu verabfolgen.

Die oberste Landesfinanzbehörde kann bestimmen, daß die Besitzsteuererklärung auch mündlich bei der Veranlagungsbehörde abgegeben werden kann; der hiernach ausgefüllte Vordruck ist vom Steuerpflichtigen und vom Veranlagungsbeamten zu unterzeichnen.

Wenn für Landessteuerzwecke zuverlässige Darstellungen des gesamten im Bundesstaate gelegenen Grundbesitzes der einzelnen Steuerpflichtigen bestehen und fortgeführt werden, kann die Aufführung der einzelnen Grundstücke in der Steuererklärung unterbleiben und ihr Steuerwert im ganzen angegeben werden. Doch muß das in anderen Bundesstaaten gelegene Grundvermögen besonders aufgeführt werden.

§ 19. Die Abgabe der Besitzsteuererklärung ist nötigenfalls durch vorher anzudrohende Geldstrafen bis zu fünfhundert Mark zu erzwingen.

Gleichzeitig mit der Straffestsetzung auf Grund des § 54 Abs. 1 des Gesetzes ist dem Säumigen eine angemessene weitere Frist zur Abgabe der Besitzsteuererklärung zu setzen.

Die Geldstrafe kann so lange wiederholt werden, bis der Steuerpflichtige seiner Verpflichtung zur Abgabe der Erklärung nachgekommen ist.

Durch die fortgesetzte Weigerung des Steuerpflichtigen, eine Besitzsteuererklärung abzugeben, wird seine Veranlagung zur Besitzsteuer auf Grund schätzungsweiser Vermögensfeststellungen nicht gehindert.

Von der Auferlegung eines Zuschlags zu der geschuldeten Besitzsteuer (§ 54 Abs. 2 des Gesetzes) bei nicht rechtzeitiger Abgabe der Besitzsteuererklärung soll dann abgesehen werden, wenn die Umstände des Einzelfalls die Versäumnis als entschuldbar erscheinen lassen. Wird die Besitzsteuer im Rechtsmittel- oder Berichtigungsverfahren anderweit festgesetzt, so tritt auch eine entsprechende Erhöhung oder Ermäßigung des Zuschlags ein.

Prüfung der Besitzsteuererklärung.

§ 20. Das Besitzsteueramt hat die Angaben in den Besitzsteuererklärungen auf ihre Richtigkeit und Vollständigkeit zu prüfen.

Feststellung des Vermögenszuwachses.

§ 21. Der Vermögenszuwachs ergibt sich aus der Vergleichung des Vermögensstandes am Ende des Veranlagungszeitraums (Endvermögen) mit dem Vermögensstand am Anfange des Veranlagungszeitraums (Anfangsvermögen).

Als Anfang des Veranlagungszeitraums (§ 19 Abs. 1 des Gesetzes) gilt der 1. Januar 1914, wenn der Steuerpflichtige damals schon zu den im § 11 des Gesetzes aufgeführten Personen gehört hat, oder, wenn dies nicht der Fall war, der Zeitpunkt, an dem später die persönliche Steuerpflicht eingetreten ist.

Der Vermögensstand an dem im Abs. 2 bezeichneten Zeitpunkt ist als Anfangsvermögen so lange maßgebend, bis eine Besitzsteuer zu veranlagen ist. Ist es zu einer Besitzsteuerveranlagung gekommen, so ist das hierbei festgestellte Endvermögen später wieder so lange als Anfangsvermögen maßgebend, bis erneut eine Besitzsteuer zu veranlagen ist.

Ist die persönliche Steuerpflicht in der Folgezeit weggefallen und wird sie später neubegründet, so ist für die weitere Besitzsteuerveranlagung das zur Zeit der Neubegründung der persönlichen Steuerpflicht vorhandene Vermögen als Anfangsvermögen maßgebend.

§ 22. Bei der Besitzsteuerveranlagung ist in der Regel nur das Vermögen des Steuerpflichtigen für das Ende des Veranlagungszeitraums, erstmals für den 31. Dezember 1916 (§ 18 des Gesetzes), neu festzustellen.

Das Anfangsvermögen ist nur dann gleichzeitig mit der Ermittelung des Endvermögens nachträglich festzustellen, wenn eine rechtskräftige Feststellung durch Erteilung eines Veranlagungs- oder Feststellungsbescheids gemäß § 47 des Wehrbeitragsgesetzes oder später durch Erteilung eines Steuer- oder Feststellungsbescheids gemäß § 65 des Besitzsteuergesetzes nicht stattgefunden hat.

Ist im Wege des aus Billigkeitsrücksichten gewährten gänzlichen oder teilweisen Erlasses des rechtskräftig veranlagten Wehrbeitrags oder der rechtskräftig veranlagten Besitzsteuer das Vermögen anderweit ermittelt, so ist nicht das rechtskräftig festgestellte Vermögen, sondern das anderweit ermittelte Vermögen als Anfangsvermögen maßgebend.

§ 23. Wenn das Vermögen am Ende des Veranlagungszeitraums den nach § 28 Abs. 3 des Gesetzes abgerundeten Betrag von dreißigtausend Mark nicht übersteigt, so genügt die Angabe des Steuerpflichtigen, daß die Vermögenszunahme während des Veranlagungszeitraums mehr als zehntausend Mark betragen hat. Eine Feststellung des tatsächlich vorhanden gewesenen Anfangsvermögens ist in diesem Falle nicht erforderlich.

Haben zu Beginn des Veranlagungszeitraums die abzugsfähigen Schulden und Lasten den Gesamtwert des Aktivvermögens überstiegen (§ 19 Abs. 2 des Gesetzes), so gilt das für den Schluß des Veranlagungszeitraums festgestellte Reinvermögen als Vermögenszuwachs.

§ 24. War jemand nur gemäß § 10 Nr. II des Wehrbeitragsgesetzes beschränkt beitragspflichtig, dagegen schon seit dem 1. Januar 1914 gemäß § 11 Nr. I des Besitzsteuergesetzes unbeschränkt steuerpflichtig, so ist für den 1. Januar 1914 das damals vorhandene steuerbare Vermögen neu festzustellen. Maßgebendes Anfangsvermögen ist in diesem Falle das nachträglich für den 1. Januar 1914 festgestellte Vermögen, es sei denn, daß dieses niedriger ist als das früher festgestellte, gemäß § 10 Nr. II des Wehrbeitragsgesetzes beitragspflichtige Vermögen.

Entsprechendes gilt, wenn später an Stelle der bisherigen beschränkten persönlichen Steuerpflicht (§ 11 Nr. II des Besitzsteuergesetzes) die unbeschränkte persönliche Steuerpflicht (§ 11 Nr. I des Besitzsteuergesetzes) tritt. Das für den Zeitpunkt des Eintritts der unbeschränkten Steuerpflicht neu festzustellende steuerbare Vermögen gilt dann als Anfangsvermögen, es sei denn, daß dieses niedriger ist als das früher festgestellte, schon von der beschränkten persönlichen Steuerpflicht erfaßte Vermögen.

§ 25. Im Sinne des § 23 Abs. 2 des Gesetzes gilt als der Besteuerung entzogen jedes Vermögen, das auf irgend eine Weise während des Veranlagungszeitraums aus steuerbarem Vermögen in nicht steuerbares Vermögen umgewandelt worden ist.

§ 26. Ist das Vermögen von Ehegatten gemäß § 14 des Gesetzes für den Schluß des Veranlagungszeitraums zusammenzurechnen, ohne daß die Voraussetzungen der Zusammenrechnung für den Beginn des Veranlagungszeitraums gegeben sind, so ist als Anfangsvermögen maßgebend die Summe des für den Beginn des Veranlagungszeitraums festgestellten oder nachträglich zu ermittelnden Vermögens jedes der beiden Ehegatten.

War dagegen das Vermögen von Ehegatten früher zusammengerechnet worden (§ 13 des Wehrbeitragsgesetzes, § 14 des Besitzsteuergesetzes) und sind die Voraussetzungen der Zusammenrechnung für den Schluß des Veranlagungszeitraums nicht mehr gegeben, so ist das Vermögen, das der betreffende Ehegatte bei Beginn des Veranlagungszeitraums besessen hat, nachträglich zu ermitteln und als Anfangsvermögen zugrunde zu legen.

Die Ausscheidung der nach §§ 15 und 16 des Gesetzes steuerfreien Zuwachsbeträge hat in der Weise zu erfolgen, daß diese Beträge von dem noch nicht abgerundeten Endvermögen abgezogen werden.

Nach § 15 des Gesetzes steuerfrei ist der dem Anteile des überlebenden Ehegatten am Nachlaßvermögen entsprechende Teilbetrag desjenigen Vermögens, das als Anfangsvermögen gegolten hätte, wenn der verstorbene Ehegatte auf den Zeitpunkt seines Todes zur Besitzsteuer zu veranlagen gewesen wäre.

Ermittelung des Vermögenswerts.

§ 27. Der Ermittelung des Vermögenswerts ist, soweit das Gesetz nichts anderes vorschreibt, der gemeine Wert seiner einzelnen Bestandteile an dem für die Vermögensfeststellung maßgebenden Zeitpunkte zugrunde zu legen.

Der gemeine Wert (Verkaufs- oder Verkehrswert) wird

durch den Preis bestimmt, der im gewöhnlichen Geschäftsverkehre nach der Beschaffenheit des Gegenstandes ohne Rücksicht auf ungewöhnliche oder lediglich persönliche Verhältnisse zu erzielen ist.

Ein Vermögensbestandteil, dessen Wert im ganzen zu ermitteln ist, umfaßt alle Gegenstände, die in einem wirtschaftlichen Zusammenhange zueinander stehen.

§ 28. Nach § 28 Abs. 2 des Gesetzes kann der Steuerpflichtige, unbeschadet der Nachprüfung nach § 57 des Gesetzes, verlangen, daß das in einem Betriebe, für welchen regelmäßige jährliche Abschlüsse stattfinden, angelegte Vermögen nach dem Bestand und Werte am Schlusse des letzten Wirtschafts- oder Rechnungsjahrs festgestellt wird. Die seit dem Schlusse des letzten Wirtschafts- oder Rechnungsjahrs bis zum gesetzlichen Stichtag eingetretenen Verschiebungen zwischen dem im Betrieb angelegten Vermögen und dem sonstigen Vermögen des Steuerpflichtigen sind zu berücksichtigen.

Die Anwendung des § 28 Abs. 2 des Gesetzes setzt eine ordnungsmäßige Buchführung voraus, ist aber nicht davon abhängig, daß der Steuerpflichtige zur Führung von Handelsbüchern gesetzlich verpflichtet ist.

Die Anwendung des § 28 Abs. 2 des Gesetzes darf nicht dazu führen, daß die Besitzsteuerveranlagung nur zwei Jahresabschlüsse erfassen würde.

Macht der Steuerpflichtige von dem Rechte nach Abs. 1 Gebrauch, so hat er der Steuererklärung den Abschluß für das letzte Wirtschafts- oder Rechnungsjahr beizufügen.

Bewertung der Grundstücke nach den Gestehungskosten.

§ 29. Grundstücke sind bei der Vermögensfeststellung auf Antrag des Steuerpflichtigen statt mit dem gemeinen Werte mit dem Betrage der nachgewiesenen oder glaubhaft gemachten Gestehungskosten anzusetzen.

Der Antrag kann bis zum Ablaufe der mit der Zustellung des Steuer- oder des Feststellungsbescheids eröffneten Rechtsmittelfrist gestellt werden. Bei gleichzeitiger Feststellung des Anfangs- und Endvermögens kann der Antrag nicht auf eine Feststellung beschränkt werden.

§ 30. Die Gestehungskosten zerfallen in die Gestehungskosten beim Erwerb und in die weiteren Gestehungskosten während der Besitzzeit.

Zu den Gestehungskosten beim Erwerbe sind zu rechnen

1. der Gesamtwert der Gegenleistungen beim Erwerb (Erwerbspreis). Der Wert einer Gegenleistung ist erforderlichenfalls in entsprechender Anwendung der §§ 29, 34 ff. des Gesetzes festzusetzen;
2. die sonstigen Anschaffungskosten einschließlich der öffentlichen Abgaben und etwaiger Vermittlergebühren.

Zu den weiteren Gestehungskosten zählen alle auf das Grundstück gemachten besonderen Aufwendungen während der Besitzzeit, soweit sie nicht zu den laufenden Wirtschaftsausgaben gehören. Die Zurechnung zu den weiteren Gestehungskosten entfällt für solche Aufwendungen, durch die nicht mehr vorhandene Bauten und Verbesserungen hergestellt worden sind.

Von den Gestehungskosten (Abs. 2 und 3) sind die durch Verschlechterung entstandenen Wertminderungen abzuziehen (§ 30 Abs. 2 Satz 2 des Gesetzes). Als Verschlechterung ist jede Beeinträchtigung des Bestandes und der Beschaffenheit eines Grundstücks anzusehen, so daß auch Wertminderungen infolge Abnutzung, infolge mangelhafter Bodenbestellung oder Verringerung des lebenden und toten Inventars zu berücksichtigen sind. Eine Verschlechterung, die bereits nach Abs. 3 Satz 2 berücksichtigt worden ist, bleibt außer Betracht.

Wehrbeitragswert als Gestehungskosten.

§ 31. Für Grundstücke, die vor dem 1. Januar 1914 erworben worden sind, tritt an die Stelle der Gestehungskosten beim Erwerb und an die Stelle der bis zum 1. Januar 1914 zu berücksichtigenden weiteren Gestehungskosten während der Besitzzeit der bei der Veranlagung des Wehrbeitrags zugrunde gelegte Wert, so daß diesem nur die seit dem 1. Januar 1914 gemachten besonderen Aufwendungen hinzuzurechnen und von ihm die seit dem 1. Januar 1914 durch Verschlechterung etwa entstandenen Wertminderungen abzuziehen sind.

Gemeiner Wert oder Ertragswert zur Zeit des Erwerbes als Gestehungskosten.

§ 32. Für Grundstücke, die seit dem 1. Januar 1914 durch eine der im § 31 Abs. 1 des Gesetzes bezeichneten Erwerbsarten erworben worden sind, tritt an die Stelle der Gestehungskosten beim Erwerbe (§ 30 Abs. 2) der gemeine Wert (Verkaufswert), soweit jedoch die Grundstücke dauernd land- oder forstwirtschaftlichen oder gärtnerischen Zwecken zu dienen bestimmt sind, oder soweit bebaute Grundstücke Wohnzwecken oder gewerblichen Zwecken zu dienen bestimmt sind, und ihre Bebauung und Benutzung der ortsüblichen Bebauung und Benutzung entspricht, der Ertragswert oder auf Antrag des Steuerpflichtigen ebenfalls der gemeine Wert zur Zeit des Erwerbes. Diesem Werte sind die seit dem Erwerbe gemachten besonderen Aufwendungen hinzuzurechnen, und es sind von ihm die etwa seit dem Erwerbe durch Verschlechterung entstandenen Wertminderungen abzuziehen.

§ 33. Für Grundstücke, die seit dem 1. Januar 1914 durch eine nicht unter § 31 Abs. 1 des Gesetzes fallende Erwerbsart zu einem Preise erworben worden sind, der um mehr als 10 vom Hundert hinter dem gemeinen Werte zur Zeit des Erwerbes, und soweit es sich um Grundstücke handelt, die unter der Voraussetzung des § 31 Abs. 1 des Gesetzes mit dem Ertragswerte zu bewerten sind, zugleich auch hinter dem Ertragswerte zur Zeit des Erwerbes zurückbleibt, tritt an die Stelle der Gestehungskosten beim Erwerbe (§ 30 Abs. 2) ebenfalls der gemeine Wert und bei den unter der Voraussetzung des § 31 Abs. 1 des Gesetzes mit dem Ertragswerte zu bewertenden Grundstücken der Ertragswert oder auf Antrag des Steuerpflichtigen der gemeine Wert zur Zeit des Erwerbes. § 32 Satz 2 findet Anwendung.

Ermittelung des Ertragswerts (als Gestehungskosten).

§ 34. Zu den Grundstücken, die dauernd land- oder forstwirtschaftlichen oder gärtnerischen Zwecken zu dienen bestimmt sind (§ 31 des Gesetzes), sind land- oder forstwirtschaftlich oder gärtnerisch genutzte Grundstücke nicht mehr zu rechnen, deren gemeiner Wert schon zur Zeit des Erwerbes durch ihre Lage als Bauland oder als Land zu Verkehrszwecken bestimmt wird, oder bei denen nach den sonstigen Umständen, z. B. nach ihrer Lage und Beschaffenheit, ihrem Erwerbspreis oder ihrer Belastung, anzunehmen ist, daß sie in absehbarer Zeit anderen als land- oder forstwirtschaftlichen oder gärtnerischen Zwecken dienen werden.

Bebaute Grundstücke, die Wohnzwecken oder gewerblichen Zwecken zu dienen bestimmt sind, können nach dem Ertragswerte gemäß § 31 des Gesetzes nur dann bewertet werden, wenn ihre Bebauung und Benutzung zur Zeit des Erwerbes der ortsüblichen Bebauung und Benutzung entspricht. Dies ist dann zu verneinen, wenn die Art der Benutzung und die Höhe der Aufwendungen für die Herstellung und Unterhaltung von baulichen und sonstigen Anlagen erkennen lassen, daß ein Grundstück außergewöhnlichen Zwecken, insbesondere dem Luxus des Besitzers, zu dienen bestimmt ist, oder wenn der gemeine Wert eines Grundstücks durch eine wirtschaftliche Verwertbarkeit bestimmt wird, die eine wesentlich andere Bebauung und Benutzung als die tatsächliche voraussetzt.

a) Bei land- oder forstwirtschaftlichen oder Gärtnereigrundstücken.

§ 35. Bei der Ermittelung des Ertragswerts von land- oder forstwirtschaftlichen oder Gärtnereigrundstücken sind die der Land- oder Forstwirtschaft oder der Gärtnerei einschließlich etwaiger Nebenbetriebe dienenden Gebäude und Betriebsmittel mitzuberücksichtigen. Hierbei wird ein angemessener Bestand an lebendem und totem Inventar und an sonstigem Betriebskapitale vorausgesetzt. Ein Mehr- oder Minderwert an Gebäuden und Betriebsmitteln gegenüber einem wirtschaftlich normalen Bestand ist dem Ertragswerte hinzu- oder von ihm abzurechnen, insoweit er geeignet ist, den Ertrag zu beeinflussen.

§ 36. Der Berechnung des Ertragswerts bei landwirtschaftlich oder gärtnerisch genutzten Grundstücken ist der Reinertrag zugrunde zu legen, den ein ordentlicher Unternehmer von den Grundstücken nach ihrer bisherigen wirtschaftlichen Bestimmung bei gemeinüblicher Bewirtschaftung und unter gewöhnlichen Verhältnissen im Durchschnitt einer Reihe von Jahren für ein Wirtschaftsjahr erzielen kann.

Bei Grundstücken, bei denen die Ergebnisse des Wirtschaftsbetriebs dem Boden unmittelbar entnommen werden, wie bei Sand-, Lehm-, Tongruben, Stein-, Schiefer-, Kalk- oder Kreidebrüchen, Torfstichen usw., deren Ausbeutung in unmittelbarer Verbindung mit einem land- oder forstwirtschaftlichen oder Gärtnereibetrieb erfolgt, ist die Jahresgewinnung um einen der fortschreitenden Erschöpfung des Bodens entsprechenden Betrag zu kürzen.

Sind Grundstücke zu einer wirtschaftlichen Einheit verbunden, so ist der Reinertrag unter Berücksichtigung dieser Zusammengehörigkeit von den Grundstücken als einheitlichem Ganzen zu berechnen.

§ 37. In die zur Ermittelung des Reinertrags vom Rohertrag abzuziehenden Bewirtschaftungskosten sind alle Kosten einzurechnen, die aufzuwenden sind, um mit entlohnten fremden Arbeitskräften den Rohertrag zu erzielen. Ist bei Zugrundelegung der Verhältnisse einer ordnungsmäßigen Bewirtschaftung zur Oberleitung des gesamten Betriebs eine besondere Arbeitskraft für erforderlich zu erachten, so ist bei selbstbewirtschafteten Betrieben der Wert der Tätigkeit des Selbstbewirtschafters vom Rohertrag insoweit in Abzug zu bringen, als diese Tätigkeit des Selbstbewirtschafters eine solche besondere Arbeitskraft ersetzt und der dafür angesetzte Wertbetrag die angemessene Entlohnung einer solchen Arbeitskraft nicht übersteigt.

Zum Rohertrag ist auch der Mietwert der vom Eigentümer oder vom Pächter und deren Angehörigen selbst bewohnten oder zur Führung des Haushalts benutzten Gebäude zu rechnen.

Was zur Bestreitung des Haushalts des Besitzers aus den Ergebnissen des Wirtschaftsbetriebs zu entnehmen ist, darf aus dem Rohertrage nicht ausgeschieden werden.

§ 38. Bei Forsten (Holzungen) ist, soweit eine ordnungsmäßige Bewirtschaftung auf Grund eines nach forstwirtschaftlichen Grundsätzen aufgestellten Bewirtschaftungsplans stattgefunden hat und außergewöhnliche, nicht innerhalb der regelmäßigen Nutzung liegende Abtriebe nicht vorgekommen sind, zunächst der Gesamtreinertrag während des vorangegangenen, der Zahl der Jahre der Wirtschaftsperiode entsprechenden Zeitraums zu berechnen. Hierbei sind in Einnahme zu stellen der Erlös für die in dem maßgebenden Zeitraum aus dem regelmäßigen Abtriebe sowie den Zwischen- und Nebennutzungen erzielten Erzeugnisse, in Ausgabe als Bewirtschaftungskosten die Aufwendungen für Aufsicht und Verwaltung, Schlagen, Aufbereitung, Rücken und Flößen der Hölzer, für Aufforstung sowie für Unterhaltung der Baulichkeiten (Forsthäuser, Brücken, Wege usw.). Der Berechnung des Ertragswerts ist der Reinertrag zugrunde zu legen, der durchschnittlich auf ein Jahr des der Berechnung des Gesamtreinertrags zugrunde gelegten Zeitraums entfällt. Von der Berechnung des Ertragswerts nach dem wirklichen Reinertrage sind diejenigen Flächen auszuscheiden, auf denen während des maßgebenden Zeitraums Neubeforstungen behufs Erweiterung des Forstbestandes oder Abtriebe behufs Änderung der Kulturart stattgefunden haben.

§ 39. Soweit nicht im § 38 etwas anderes bestimmt ist, ist der Reinertrag schätzungsweise zu ermitteln. Eine Berechnung des Ertragswerts aus dem von den Grundstücken wirklich erzielten Reinertrage findet nicht statt.

b) Bei bebauten Grundstücken, die Wohnzwecken oder gewerblichen Zwecken dienen.

§ 40. Bei bebauten Grundstücken, die Wohnzwecken oder gewerblichen Zwecken zu dienen bestimmt sind, wird der Berechnung des Ertragswerts der Miet- oder Pachtreinertrag zugrunde gelegt, der im Durchschnitte der letzten drei Jahre erzielt worden ist oder im Falle der Vermietung oder Verpachtung hätte erzielt werden können. Der Miet- oder Pachtreinertrag ergibt sich aus dem Miet- oder Pachtrohertrage nach Abzug von einem Fünftel des Rohertrags für Nebenleistungen und Instandhaltungskosten oder von dem als erforderlich nachgewiesenen höheren Betrage für Nebenleistungen und Instandhaltungskosten.

§ 41. Ist das Grundstück vermietet oder verpachtet gewesen, so ist der durchschnittliche Jahresmiet- oder -pachtrohertrag aus dem Miet- oder Pachterlöse zu berechnen, der auf Grund der Miet- oder Pachtverträge in den letzten drei Jahren zu erzielen war. Ausfälle an Miet- oder Pachtgeldern infolge Zahlungsunfähigkeit des Schuldners oder aus anderen Gründen dürfen nicht berücksichtigt werden. Soweit das Grundstück zum Teil oder zeitweise nicht vermietet oder nicht verpachtet war, ist für den vom Eigentümer selbst benutzten oder aus einem anderen Grunde unvermietet oder unverpachtet gebliebenen Teil des Grundstücks ein dem Nutzungswerte dieses Teiles und des vermieteten oder verpachteten Teiles entsprechender oder ein dem Zeitraum entsprechender Verhältnisbetrag dem erzielten Miet- oder Pachtpreise zuzurechnen.

Ist das Grundstück in den letzten drei Jahren überhaupt nicht oder nur zu einem unwesentlichen Teile oder für einen unwesentlichen Zeitraum vermietet oder verpachtet gewesen, so ist der Miet- oder Pachtertrag nach den ortsüblichen Miet- oder Pachtpreisen für gleiche oder ähnliche Grundstücke zu berechnen.

§ 42. Beansprucht der Steuerpflichtige einen höheren Abzug als ein Fünftel von dem Miet- oder Pachtrohertrage, so hat er den erforderlichen tatsächlichen Aufwand für Nebenleistungen und Instandhaltungskosten nachzuweisen. Soweit für Nebenleistungen und für die Instandhaltung des Grundstücks die eigene Arbeitskraft des Eigentümers oder die seiner Angehörigen in Anspruch genommen worden ist, kann für diese Tätigkeit ein angemessener Betrag angesetzt werden, der aufzuwenden gewesen wäre, wenn die Arbeiten durch entlohnte fremde Arbeitskräfte verrichtet worden wären. Abzugsfähig sind nur die Kosten, die durch die ordnungsmäßige Instandhaltung des Grundstücks notwendig geworden sind, nicht dagegen die Kosten für außergewöhnliche Maßnahmen, für Umbauten, Erweiterungsbauten usw.

Ist das Grundstück durch solche außergewöhnliche Maßnahmen, Umbauten, Erweiterungs- oder Neubauten wesentlich geändert worden, so kommt für die Berechnung des Miet- oder Pachtertrags nur der neue Zustand des Grundstücks in Betracht.

§ 43. Im Falle des § 41 Abs. 2 bleiben bei der Berechnung des Ertragswerts für bebaute Grundstücke, die gewerblichen Zwecken dienen, Betriebsmittel, die nicht herkömmlicherweise mit dem Grundstücke mitvermietet oder mitverpachtet werden, unberücksichtigt. Diese Betriebsmittel sind besonders mit ihrem gemeinen Werte anzusetzen.

§ 44. Ist im Falle des § 41 Abs. 2 der Grundstückseigentümer zu einer zuverlässigen Angabe des Ertragswerts außerstande und stehen dem Besitzsteueramt ortsübliche Miet- oder Pachtpreise für gleiche oder ähnliche Grundstücke nicht zu Gebote, so ist als Ertragswert der gemeine Wert zugrunde zu legen.

Benutzung landesrechtlicher Einschätzungen für die Ermittelung des Ertragswerts der Grundstücke.

§ 45. In den Bundesstaaten, in denen eine Einschätzung der Grundstücke nach dem Reinertrag oder dem Nutzungswerte zu steuerlichen Zwecken stattgefunden hat und aktenmäßig festgestellt ist, können als Hilfsmittel bei der Ermittelung der Ertragswerte die landesrechtlichen Einschätzungen benutzt werden, sofern die Beschaffenheit des Grundstücks sich nicht wesentlich geändert hat und entweder anzunehmen ist, daß die landesrechtliche Schätzung den Ertragsverhältnissen zur Zeit des Erwerbes entspricht, oder ausreichende Anhaltspunkte vorhanden sind, um aus ihnen den Ertragswert zur Zeit des Erwerbes zu ermitteln.

§ 46. Der Steuerpflichtige bleibt an einen gemäß § 30 Abs. 1, § 31 Abs. 5, § 32 des Gesetzes gestellten Antrag gebunden.

Wird ein solcher Antrag noch rechtzeitig nach Zustellung des Steuer- oder des Feststellungsbescheids gestellt, so ist die Veranlagung zunächst zu berichtigen. In diesem Falle wird mit der Zustellung des berichtigten Steuer- oder Feststellungsbescheids oder der Mitteilung, daß sich an dem Veranlagungsergebnisse nichts ändere, eine neue Rechtsmittelfrist eröffnet.

Wertermittelung bei dem sonstigen Vermögen.

§ 47. Rechte der im § 6 Nr. 6 des Gesetzes bezeichneten Art sind dem steuerbaren Vermögen dann nicht zuzurechnen, wenn nach Eintritt des Versicherungsfalls § 7 des Gesetzes Anwendung finden würde.

§ 48. Bringt der Steuerpflichtige von dem Werte seiner mit Dividendenschein gehandelten Wertpapiere einen Gewinnbetrag in Abzug (§ 34 Abs. 2 des Gesetzes), so hat er die Wertpapiere, für welche der Abzug begehrt wird, nach Stückzahl oder Nennbetrag und Gattung besonders zu bezeichnen.

Auf Wertpapiere, die Bestandteil eines Betriebsvermögens sind, findet die Vorschrift des § 34 Abs. 2 des Gesetzes keine Anwendung.

§ 49. Die behördliche Schätzung des Wertes der im § 35 des Gesetzes bezeichneten Vermögensgegenstände hat durch das Besitzsteueramt zu erfolgen, in dessen Bezirke sich die Leitung des betreffenden inländischen Unternehmens befindet. Ein anderes Besitzsteueramt, das die Wertangabe eines Steuerpflichtigen beanstandet, hat das nach Satz 1 zuständige Besitzsteueramt um Vornahme der Schätzung zu ersuchen.

Andere als die im § 35 des Gesetzes bezeichneten Wertpapiere, die keinen Börsenkurs haben, sind ebenfalls mit ihrem Verkaufswert anzusetzen.

§ 50. Der Gesamtwert der auf bestimmte Zeit beschränkten Nutzungen oder Leistungen (§ 37 Abs. 1 des Gesetzes) ist nach der beigefügten Hilfstafel (s. S. 305) zu ermitteln.

Veranlagung von beschränkt steuerpflichtigen Personen.

§ 51. Bei der Veranlagung von beschränkt steuerpflichtigen Personen (§ 11 Nr. II des Gesetzes) mit ihrem inländischen Grund- und Betriebsvermögen sind nur die in einer wirtschaftlichen Beziehung zu diesen Vermögensteilen stehenden Schulden und Lasten abzugsfähig. Sofern nicht besondere Umstände eine gegenteilige Annahme rechtfertigen, ist eine wirtschaftliche Beziehung zu dem in Grundstücken bestehenden Vermögen anzuerkennen, wenn die Schulden und Lasten auf den betreffenden Grundstücken ruhen.

Zu dem nach § 11 Nr. II des Gesetzes steuerpflichtigen inländischen Grund- und Betriebsvermögen gehört außer dem im Gebiete des Deutschen Reichs liegenden Grund- und Gebäudebesitz alles Vermögen, das gewidmet ist der Ausübung eines stehenden Gewerbes in einer innerhalb des Reichsgebiets befindlichen Betriebsstätte (§ 3 Abs. 2 des Doppelsteuergesetzes).

Rechtshilfe.

§ 52. Die Besitzsteuerämter haben sich bei der Veranlagung der Besitzsteuer gegenseitig Rechtshilfe zu leisten. Das gilt insbesondere für die Ermittelung des Wertes des in auswärtigen Veranlagungsbezirken befindlichen Grund- und Betriebsvermögens eines Steuerpflichtigen.

Ermäßigung der Besitzsteuer.

§ 53. Der Anspruch auf eine Ermäßigung der Besitzsteuer gemäß § 27 Abs. 1 des Gesetzes ist nach den Verhältnissen am Ende des Veranlagungszeitraums zu beurteilen.

Berechnung der Besitzsteuer.

§ 54. Nach Abschluß der Ermittelungen über den Vermögensstand des Steuerpflichtigen zu den maßgebenden Zeitpunkten ist die Besitzsteuer zu berechnen und das Ergebnis der Veranlagung in die Besitzsteuerliste einzutragen.

Zum Grundvermögen (Spalte 3 der Besitzsteuerliste) sind zu rechnen alle im Inlande belegenen Grundstücke eines Steuerpflichtigen einschließlich der unter § 3 des Gesetzes fallenden Berechtigungen, soweit sie nicht dem Betrieb eines Bergbaues oder eines Gewerbes dienen, mit allem Zubehöre.

Zum Betriebsvermögen (Spalte 4 der Besitzsteuerliste)

gehört das gesamte, dem inländischen Betriebe der Land- oder Forstwirtschaft, des Bergbaues oder eines Gewerbes dienende Vermögen eines Steuerpflichtigen. Das dem Betriebe der Land- oder Forstwirtschaft auf eigenen selbstbewirtschafteten Grundstücken und zugepachteten Grundstücken dienende Vermögen ist jedoch in Spalte 3, die dem Betriebe des Bergbaues oder eines Gewerbes dienenden Grundstücke und unter § 3 des Gesetzes fallende Berechtigungen sind in Spalte 4 der Besitzsteuerliste nachzuweisen. Der Betrieb der Gärtnerei gilt, je nachdem die Bodenbewirtschaftung überwiegt oder nicht, als landwirtschaftlicher oder als gewerblicher Betrieb.

Alles sonstige Vermögen eines Steuerpflichtigen ist als Kapitalvermögen in Spalte 5 der Besitzsteuerliste aufzuführen.

Zur Berechnung der Besitzsteuer dient die beigefügte Hilfstafel (s. S. 306 ff.).

Steuerbescheid.

§ 55. Dem Steuerpflichtigen ist ein Steuerbescheid nach Anleitung des Musters 3 zu erteilen. Er hat zu enthalten

den Betrag der zu zahlenden Besitzsteuer,
die Berechnungsgrundlagen der angeforderten Steuer,
die Höhe des Endvermögens, dessen Feststellung für eine spätere Veranlagung zur Besitzsteuer maßgebend ist,
eine Belehrung über die zulässigen Rechtsmittel unter Angabe der Rechtsmittelfristen und Bezeichnung der Behörden, bei denen die Rechtsmittel einzulegen sind,
die Anweisung zur Entrichtung der Besitzsteuer in den gesetzlichen Teilbeträgen innerhalb der vorgeschriebenen Zahlungsfristen,
einen Hinweis auf die Zulässigkeit der Vorauszahlung der späteren Teilbeträge,
die Bezeichnung der zur Empfangnahme der Zahlung zuständigen Kassenstelle.

In dem Steuerbescheid ist anzugeben, in welchen Punkten bei der Feststellung des steuerbaren Vermögens von der Besitzsteuererklärung abgewichen worden ist. Eine Begründung der Abweichungen ist nicht erforderlich.

Feststellungsbescheid.

§ 56. Hat sich kein oder nur ein steuerfreier Vermögenszuwachs ergeben, so ist dem Steuerpflichtigen ein Bescheid über die Feststellung des Anfangsvermögens (§ 21) zu erteilen, falls dieses mehr als zwanzigtausend Mark beträgt und nicht bereits gemäß § 47 des Wehrbeitragsgesetzes oder später gemäß § 65 des Besitzsteuergesetzes festgestellt ist.

Der Feststellungsbescheid, für den das Muster 4 als Anhalt dient, hat wie der Steuerbescheid eine Belehrung über die zulässigen Rechtsmittel und eine Bezeichnung der Punkte zu enthalten, in welchen bei der Feststellung des Vermögens von der Besitzsteuererklärung abgewichen worden ist.

§ 57. Der Steuerbescheid oder der Feststellungsbescheid ist dem Steuerpflichtigen oder seinem gesetzlichen oder bevollmächtigten Vertreter zuzustellen. Ist der Steuerpflichtige vor Zustellung des Steuerbescheids gestorben, so ist dieser Bescheid, der dann eine Feststellung des für eine künftige Veranlagung zur Besitzsteuer maßgebenden Vermögensstandes nicht mehr zu enthalten hat, den im § 17 Abs. 2 bezeichneten Personen zuzustellen.

Die Zustellung hat nach den in dem betreffenden Bundesstaate für amtliche Zustellungen in Landessteuersachen maßgebenden Vorschriften zu erfolgen.

§ 58. Ist den in die Besitzsteuerliste aufgenommenen Personen gemäß § 65 Abs. 1 des Besitzsteuergesetzes weder ein Steuer- noch ein Feststellungsbescheid zu erteilen, so ist gleichwohl das für das Ende des Veranlagungszeitraums ermittelte Vermögen sowie das für eine spätere Besitzsteuerveranlagung in Betracht kommende Anfangsvermögen in der Besitzsteuerliste zu vermerken.

Stundung, Teilzahlung und Sicherstellung.

§ 63. Stundung oder andere als die gesetzlichen Teilzahlungen kann das Besitzsteueramt auf Antrag bewilligen, wenn die sofortige Einziehung der fälligen Besitzsteuerteilbeträge am Fälligkeitstage mit erheblichen Härten für den Steuerpflichtigen verbunden sein würde, oder soweit im Falle der Anfechtung eines Steuerbescheids das Rechtsmittelverfahren voraussichtlich zu einer Aufhebung oder Herabsetzung der Besitzsteuer führen wird.

Die oberste Landesfinanzbehörde kann im Einverständnisse mit dem Reichskanzler die Bewilligung von Stundung oder Teilzahlung der Erhebungsbehörde übertragen.

Stundung der Besitzsteuer oder deren Entrichtung in anderen als den gesetzlichen Teilzahlungen darf nur bis zu drei Jahren, von der Fälligkeit des einzelnen gesetzlichen Teilbetrags an gerechnet, bewilligt werden.

Stundung oder Bewilligung von Teilzahlungen ist in allen für eine Sicherheitsleistung geeigneten Fällen nur gegen eine solche zulässig. Die Art der Sicherheitsleistung richtet sich nach den landesrechtlichen Bestimmungen. Zur Stundung eines fünfhundert Mark übersteigenden Betrags oder für länger als sechs Monate nach Fälligkeit der einzelnen Teilbeträge ist die Genehmigung der Oberbehörde oder einer anderen von der obersten Landesfinanzbehörde bestimmten Behörde erforderlich.

Die Gewährung von anderen als den gesetzlichen Teilzahlungen ist an die Bedingung zu knüpfen, daß bei dem Ausbleiben auch nur einer Teilzahlung die sofortige Beitreibung der nach der gesetzlichen Vorschrift bis dahin fälligen Besitzsteuerbeträge erfolgen würde.

Eine Verzinsung der gestundeten Besitzsteuer findet nicht statt.

Stundung und Entrichtung von Teilzahlungen sind durch das Sollbuch und nach dessen Abschluß durch die Restnachweisung (§ 72) zu überwachen.

Überweisung der Besitzsteuer bei Verlegung des Wohnsitzes des Steuerpflichtigen.

§ 64. Verlegt der Steuerpflichtige seinen Wohnsitz in den Bezirk eines anderen Besitzsteueramts, so hat die Erhebung der Besitzsteuer durch die für den neuen Wohnsitz zuständige Hebestelle zu erfolgen.

Ableben des Steuerpflichtigen.

§ 66. Ist der Steuerpflichtige nach Veranlagung und Insollstellung der Besitzsteuer gestorben, so sind die noch nicht gezahlten Besitzsteuerbeträge nach Fälligkeit von den Erben einzuziehen. Die Hebestelle hat das Ableben des Steuerpflichtigen dem Besitzsteueramt anzuzeigen.

War dem Verstorbenen eine Stundung der Besitzsteuer bewilligt worden, so erlischt die Bewilligung mit seinem Ableben.

Im Falle des Todes eines Steuerpflichtigen findet eine Überweisung der Besitzsteuer zur Einziehung nicht statt.

Niederschlagung.

§ 68. Zur Niederschlagung von Besitzsteuerbeträgen wegen Uneinbringlichkeit sind nur die Oberbehörden zuständig. Die Niederschlagung darf nur dann erfolgen, wenn keine Aussicht zur Einziehung der geschuldeten Beträge mehr besteht. Die Niederschlagung ist in der Besitzsteuerliste zu vermerken und der Hebestelle mitzuteilen. Die Mitteilung wird Beleg zum Sollbuche.

Anderweite Veranlagung und Erstattung der Besitzsteuer.

§ 69. Gegen einen Nachveranlagungsbescheid auf Grund von § 38 Abs. 3 Satz 2, § 45 Satz 2, § 46 des Gesetzes sowie gegen einen Neuveranlagungsbescheid auf Grund von § 73 Satz 2 des Gesetzes stehen dem Steuerpflichtigen die gleichen Rechtsmittel zu wie gegen den Steuerbescheid. Von einer Nachveranlagung kann, sofern eine solche nicht gleichzeitig für die Kriegssteuer erforderlich wird, abgesehen werden, wenn der nachzufordernde Mehrbetrag an Besitzsteuer den Betrag von 30 Mark nicht übersteigt.

Gegen den Bescheid des Besitzsteueramts, durch den die Veranlagung zu Gunsten des Steuerpflichtigen auf Grund von § 38 Abs. 3 Satz 1, § 43 Abs. 2, § 44 Abs. 2, § 46 des Gesetzes berichtigt wird, oder die auf Grund dieser Vorschriften beantragte Berichtigung der Veranlagung abgelehnt wird, steht dem Steuerpflichtigen nach näherer Bestimmung der obersten Landesfinanzbehörde die Beschwerde im Verwaltungsweg offen.

Soweit die Besitzsteuer infolge eines offenbaren Versehens zu Unrecht bezahlt worden ist, hat eine Erstattung auf Antrag des Steuerpflichtigen und, wenn die Überhebung mindestens fünf Mark beträgt, auch von Amts wegen durch die Oberbehörde zu erfolgen.

Dem Antrag auf Berichtigung der Veranlagung (Abs. 2) oder Erstattung von Besitzsteuer (Abs. 3) ist nur zu entsprechen, wenn er innerhalb eines Jahres nach Ablauf des Erhebungszeitraums gestellt worden ist. Wird der Antrag auf Tatsachen gestützt, die erst nach Ablauf des Erhebungszeitraums eingetreten sind, so beginnt die einjährige Frist mit dem Tage, an dem der Antragsteller von diesen Tatsachen Kenntnis erhalten hat.

Im übrigen kann eine rechtskräftige Veranlagung zu Gunsten des Steuerpflichtigen nur im Wege des Billigkeitserlasses durch den Bundesrat geändert werden. § 31 Abs. 2 der Kriegssteuer-Ausführungsbestimmungen gilt entsprechend für die erstmalige Veranlagung der Besitzsteuer.

Wenn nach Ansicht des Besitzsteueramts die Besteuerung von nachweislich aus der Veräußerung ausländischen Grund- oder Betriebsvermögens herrührenden Vermögensbeträgen oder von solchen zum ausländischen Grund- oder Betriebsvermögen gehörigen Gegenständen, die während des Veranlagungszeitraums ins Inland verbracht worden sind, eine besondere Härte darstellt, so kann das Besitzsteueramt die Erhebung des Mehrbetrags, der von dem Steuerpflichtigen zu zahlen ist, weil ausländisches Grund- oder Betriebsvermögen vom Wehrbeitrage freigeblieben ist, vorläufig aussetzen und dem Steuerpflichtigen anheimstellen, binnen einem Monate den Erlaß dieses Betrags zu beantragen. Derartige Anträge sind bei dem Besitzsteueramt anzubringen und mit einer gutachtlichen Äußerung der Oberbehörde durch Vermittelung der obersten Landesfinanzbehörde dem Bundesrate vorzulegen.

Unterbliebene Veranlagung der Besitzsteuer.

§ 73. Besitzsteuern, welche wegen zu Unrecht unterbliebener Veranlagung erst später veranlagt werden, sind in der Zugangsliste zur Besitzsteuerliste und in dem Besitzsteuer-Sollbuche (Zweite Abteilung) oder nach dessen Abschluß in der Restnachweisung nachzuweisen. Die Bestimmungen im § 65 Abs. 2 finden sinngemäße Anwendung.

Sind die im § 70 Abs. 1 des Gesetzes vorgesehenen gesetzlichen Zahlungsfristen bereits verstrichen, so ist die Besitzsteuer binnen vier Wochen nach Zustellung des Steuerbescheids zu entrichten.

§ 74. Hinsichtlich des Verwaltungsstrafverfahrens, der Strafmilderung und des Erlasses der Strafe im Gnadenwege sowie hinsichtlich der Strafvollstreckung und der Verjährung der Strafverfolgung kommen, auch für die von der Zollgrenze ausgeschlossenen Gebietsteile, die sich auf Zollstrafen beziehenden Vorschriften mit der Maßgabe zur Anwendung, daß an die Stelle der Hauptzollämter und Zolldirektivbehörden die Besitzsteuerämter und Oberbehörden (§ 49 des Gesetzes) oder andere durch die Landesregierung bestimmte Behörden treten.

Bei Zuwiderhandlungen gegen die Geheimhaltungspflicht (§ 82 des Gesetzes) findet die Strafverfolgung nur im gerichtlichen Verfahren statt.

§ 75. Die festgesetzten Geldstrafen fallen der Staatskasse des Bundesstaats zu, von dessen Behörde die Strafentscheidung getroffen ist.

Aktenführung.

§ 76. Über jeden einzelnen in die Besitzsteuerliste aufgenommenen Steuerpflichtigen sind Akten anzulegen, in welche alle auf die Veranlagung zur Besitzsteuer bezüglichen Mitteilungen, Besitzsteuererklärungen, Anträge und sonstigen Schriftstücke nach der Zeitfolge geordnet aufzunehmen sind. Die Wehrbeitragsakten können als Besitzsteuerakten weitergeführt werden. Die Akten sind derart zu führen, daß sich eine Nachprüfung nach ihrem Inhalt ermöglichen läßt.

Aufbewahrungsfristen.

§ 77. Die Wehrbeitragslisten A, die Besitzsteuerlisten und die Kassenbücher sind nach Abschluß des Veranlagungsverfahrens noch fünfzehn Jahre aufzubewahren. Die Wehrbeitragsakten der natürlichen Personen und die Besitzsteuerakten können nach Ablauf des zehnten, auf den Tod eines Steuerpflichtigen folgenden Jahres ausgeschieden und vernichtet werden.

Kosten.

§ 79. Das Verfahren in Besitzsteuerangelegenheiten ist, soweit nicht hinsichtlich der Kosten in den §§ 60, 85 des Gesetzes ein anderes bestimmt ist, kosten-, gebühren- und stempelfrei.

Zu den Kosten des Verfahrens ist auch die Postgebühr zu rechnen, welcher die Sendungen der Besitzsteuerämter und Hebestellen an die Steuerpflichtigen unterliegen; sie fällt daher den letzteren nicht zur Last. Dagegen haben die Steuerpflichtigen die Postgebühr für die von ihnen an die bezeichneten Behörden zu richtenden Sendungen zu tragen.

Anlage 1.

(Ausführungsbestimmungen § 50.)

Hilfstafel

über den gegenwärtigen Gesamtwert einer Rente oder Nutzung im Werte von 1 Mark auf eine bestimmte Anzahl von Jahren zur Berechnung der davon zu entrichtenden Besitzsteuer. (Zu § 37 Abs. 1 des Gesetzes.)

Anzahl der Jahre	Gesamtwert		Anzahl der Jahre	Gesamtwert		Anzahl der Jahre	Gesamtwert	
	ℳ	₰		ℳ	₰		ℳ	₰
1	1	0,0	29	17	66,3	57	23	22,0
2	1	96,2	30	17	98,4	58	23	32,7
3	2	88,6	31	18	29,0	59	23	43,0
4	3	77,5	32	18	58,9	60	23	52,8
5	4	63,0	33	18	87,4	61	23	62,4
6	5	45,1	34	19	14,8	62	23	71,5
7	6	24,2	35	19	41,1	63	23	80,3
8	7	00,2	36	19	66,5	64	23	88,7
9	7	73,3	37	19	90,8	65	23	96,9
10	8	43,5	38	20	14,3	66	24	04,7
11	9	11,1	39	20	36,8	67	24	12,2
12	9	76,0	40	20	58,5	68	24	19,4
13	10	38,5	41	20	79,3	69	24	26,4
14	10	98,6	42	20	99,3	70	24	33,0
15	11	56,3	43	21	18,6	71	24	39,5
16	12	11,8	44	21	37,1	72	24	45,6
17	12	65,2	45	21	54,9	73	24	51,6
18	13	16,6	46	21	72,0	74	24	57,3
19	13	65,9	47	21	88,5	75	24	62,8
20	14	13,4	48	22	04,3	76	24	68,0
21	14	59,0	49	22	19,5	77	24	73,1
22	15	02,9	50	22	34,2	78	24	78,0
23	15	45,1	51	22	48,2	79	24	82,7
24	15	85,7	52	22	61,8	80	24	87,2
25	16	24,7	53	22	74,8	81	24	91,5
26	16	62,2	54	22	87,3	82	24	95,7
27	16	98,3	55	22	99,3	83	24	99,7
28	17	33,0	56	23	10,9	84 und mehr	25	00,0

Hilfstafel zur Berech

(Zu §§ 25, 26

bei einem Vermögenszuwachse von	Die Besitz		wenn der Gesamtwert sich beläuft							
	den Betrag von 100 000 M nicht übersteigt		100 000 bis 200 000 M		200 000 bis 300 000 M		300 000 bis 400 000 M		400 000 bis 500 000 M	
M	M	Pf	M	Pf	M	Pf	M	Pf	M	Pf
1 000	7	50	8	50	9	50	10	50	11	50
2 000	15	—	17	—	19	—	21	—	23	—
3 000	22	50	25	50	28	50	31	50	34	50
4 000	30	—	34	—	38	—	42	—	46	—
5 000	37	50	42	50	47	50	52	50	57	50
6 000 *)	45	—	51	—	57	—	63	—	69	—
7 000	52	50	59	50	66	50	73	50	80	50
8 000	60	—	68	—	76	—	84	—	92	—
9 000	67	50	76	50	85	50	94	50	103	50
10 000	75	—	85	—	95	—	105	—	115	—
11 000	82	50	93	50	104	50	115	50	126	50
12 000	90	—	102	—	114	—	126	—	138	—
13 000	97	50	110	50	123	50	136	50	149	50
14 000	105	—	119	—	133	—	147	—	161	—
15 000	112	50	127	50	142	50	157	50	172	50
16 000	120	—	136	—	152	—	168	—	184	—
17 000	127	50	144	50	161	50	178	50	195	50
18 000	135	—	153	—	171	—	189	—	207	—
19 000	142	50	161	50	180	50	199	50	218	50
20 000	150	—	170	—	190	—	210	—	230	—
21 000	157	50	178	50	199	50	220	50	241	50
22 000	165	—	187	—	209	—	231	—	253	—
23 000	172	50	195	50	218	50	241	50	264	50
24 000	180	—	204	—	228	—	252	—	276	—

*) Vgl. § 12, § 13 Abs. 2, §§ 15 und 16 des Gesetzes.

Anlage 2.

(Ausführungsbestimmungen § 54 Abs. 5.)

nung der Besitzsteuer.

des Gesetzes.)

steuer beträgt

des steuerbaren Vermögens *)

auf mehr als

500 000 bis 750 000 M		750 000 bis 1 000 000 M		1 000 000 bis 2 000 000 M		2 000 000 bis 5 000 000 M		5 000 000 bis 10 000 000 M		10 000 000 M	
M	₰	M	₰	M	₰	M	₰	M	₰	M	₰
12	50	13	50	14	50	15	50	16	50	17	50
25	—	27	—	29	—	31	—	33	—	35	—
37	50	40	50	43	50	46	50	49	50	52	50
50	—	54	—	58	—	62	—	66	—	70	—
62	50	67	50	72	50	77	50	82	50	87	50
75	—	81	—	87	—	93	—	99	—	105	—
87	50	94	50	101	50	108	50	115	50	122	50
100	—	108	—	116	—	124	—	132	—	140	—
112	50	121	50	130	50	139	50	148	50	157	50
125	—	135	—	145	—	155	—	165	—	175	—
137	50	148	50	159	50	170	50	181	50	192	50
150	—	162	—	174	—	186	—	198	—	210	—
162	50	175	50	188	50	201	50	214	50	227	50
175	—	189	—	203	—	217	—	231	—	245	—
187	50	202	50	217	50	232	50	247	50	262	50
200	—	216	—	232	—	248	—	264	—	280	—
212	50	229	50	246	50	263	50	280	50	297	50
225	—	243	—	261	—	279	—	297	—	315	—
237	50	256	50	275	50	294	50	313	50	332	50
250	—	270	—	290	—	310	—	330	—	350	—
262	50	283	50	304	50	325	50	346	50	367	50
275	—	297	—	319	—	341	—	363	—	385	—
287	50	310	50	333	50	356	50	379	50	402	50
300	—	324	—	348	—	372	—	396	—	420	—

*) Auf volle Tausende nach unten abgerundet (§ 28 Abs. 3 des Gesetzes).

bei einem Vermögenszuwachse von	Die Besitz... wenn der Gesamtwert den Betrag von 100 000 M nicht übersteigt		sich beläuft 100 000 bis 200 000 M		200 000 bis 300 000 M		300 000 bis 400 000 M		400 000 bis 500 000 M	
M	M	Pf	M	Pf	M	Pf	M	Pf	M	Pf
25 000	187	50	212	50	237	50	262	50	287	50
26 000	195	—	221	—	247	—	273	—	299	—
27 000	202	50	229	50	256	50	283	50	310	50
28 000	210	—	238	—	266	—	294	—	322	—
29 000	217	50	246	50	275	50	304	50	333	50
30 000	225	—	255	—	285	—	315	—	345	—
31 000	232	50	263	50	294	50	325	50	356	50
32 000	240	—	272	—	304	—	336	—	368	—
33 000	247	50	280	50	313	50	346	50	379	50
34 000	255	—	289	—	323	—	357	—	391	—
35 000	262	50	297	50	332	50	367	50	402	50
36 000	270	—	306	—	342	—	378	—	414	—
37 000	277	50	314	50	351	50	388	50	425	50
38 000	285	—	323	—	361	—	399	—	437	—
39 000	292	50	331	50	370	50	409	50	448	50
40 000	300	—	340	—	380	—	420	—	460	—
usw. für je 1000 M Zuwachs mehr	je 7	50	je 8	50	je 9	50	je 10	50	je 11	50
50 000	375	—	425	—	475	—	525	—	575	—
51 000	459	—	510	—	561	—	612	—	663	—
52 000	468	—	520	—	572	—	624	—	676	—
53 000	477	—	530	—	583	—	636	—	689	—
54 000	486	—	540	—	594	—	648	—	702	—
55 000	495	—	550	—	605	—	660	—	715	—
56 000	504	—	560	—	616	—	672	—	728	—
57 000	513	—	570	—	627	—	684	—	741	—
58 000	522	—	580	—	638	—	696	—	754	—
59 000	531	—	590	—	649	—	708	—	767	—
60 000	540	—	600	—	660	—	720	—	780	—
61 000	549	—	610	—	671	—	732	—	793	—

steuer beträgt

des steuerbaren Vermögens

auf mehr als

500 000 bis 750 000 ℳ		750 000 bis 1 000 000 ℳ		1 000 000 bis 2 000 000 ℳ		2 000 000 bis 5 000 000 ℳ		5 000 000 bis 10 000 000 ℳ		10 000 000 ℳ	
ℳ	₰	ℳ	₰	ℳ	₰	ℳ	₰	ℳ	₰	ℳ	₰
312	50	337	50	362	50	387	50	412	50	437	50
325	—	351	—	377	—	403	—	429	—	455	—
337	50	364	50	391	50	418	50	445	50	472	50
350	—	378	—	406	—	434	—	462	—	490	—
362	50	391	50	420	50	449	50	478	50	507	50
375	—	405	—	435	—	465	—	495	—	525	—
387	50	418	50	449	50	480	50	511	50	542	50
400	—	432	—	464	—	496	—	528	—	560	—
412	50	445	50	478	50	511	50	544	50	577	50
425	—	459	—	493	—	527	—	561	—	595	—
437	50	472	50	507	50	542	50	577	50	612	50
450	—	486	—	522	—	558	—	594	—	630	—
462	50	499	50	536	50	573	50	610	50	647	50
475	—	513	—	551	—	589	—	627	—	665	—
487	50	526	50	565	50	604	50	643	50	682	50
500	—	540	—	580	—	620	—	660	—	700	—
je 12	50	je 13	50	je 14	50	je 15	50	je 16	50	je 17	50
625	—	675	—	725	—	775	—	825	—	875	—
714	—	765	—	816	—	867	—	918	—	969	—
728	—	780	—	832	—	884	—	936	—	988	—
742	—	795	—	848	—	901	—	954	—	1007	—
756	—	810	—	864	—	918	—	972	—	1026	—
770	—	825	—	880	—	935	—	990	—	1045	—
784	—	840	—	896	—	952	—	1008	—	1064	—
798	—	855	—	912	—	969	—	1026	—	1083	—
812	—	870	—	928	—	986		1044	—	1102	—
826	—	885	—	944	—	1003	—	1062	—	1121	—
840	—	900	—	960	—	1020	—	1080	—	1140	—
854	—	915	—	976	—	1037	—	1098	—	1159	—

bei einem Vermögenszuwachse von ℳ	Die Besitz wenn der Gesamtwert den Betrag von 100 000 ℳ nicht übersteigt ℳ	₰	sich beläuft 100 000 bis 200 000 ℳ ℳ	₰	200 000 bis 300 000 ℳ ℳ	₰	300 000 bis 400 000 ℳ ℳ	₰	400 000 bis 500 000 ℳ ℳ	₰
62000	558	—	620	—	682	—	744	—	806	—
63000	567	—	630	—	693	—	756	—	819	—
64000	576	—	640	—	704	—	768	—	832	—
65000	585	—	650	—	715	—	780	—	845	—
66000	594	—	660	—	726	—	792	—	858	—
67000	603	—	670	—	737	—	804	—	871	—
68000	612	—	680	—	748	—	816	—	884	—
69000	621	—	690	—	759	—	828	—	897	—
70000	630	—	700	—	770	—	840	—	910	—
71000	639	—	710	—	781	—	852	—	923	—
72000	648	—	720	—	792	—	864	—	936	—
73000	657	—	730	—	803	—	876	—	949	—
74000	666	—	740	—	814	—	888	—	962	—
75000	675	—	750	—	825	—	900	—	975	—
76000	684	—	760	—	836	—	912	—	988	—
77000	693	—	770	—	847	—	924	—	1001	—
78000	702	—	780	—	858	—	936	—	1014	—
79000	711	—	790	—	869	—	948	—	1027	—
80000	720	—	800	—	880	—	960	—	1040	—
81000	729	—	810	—	891	—	972	—	1053	—
82000	738	—	820	—	902	—	984	—	1066	—
83000	747	—	830	—	913	—	996	—	1079	—
84000	756	—	840	—	924	—	1008	—	1092	—
85000	765	—	850	—	935	—	1020	—	1105	—
86000	774	—	860	—	946	—	1032	—	1118	—
87000	783	—	870	—	957	—	1044	—	1131	—
88000	792	—	880	—	968	—	1056	—	1144	—
89000	801	—	890	—	979	—	1068	—	1157	—
90000	810	—	900	—	990	—	1080	—	1170	—
91000	819	—	910	—	1001	—	1092	—	1183	—
92000	828	—	920	—	1012	—	1104	—	1196	—

…steuer beträgt
bei steuerbaren Vermögens
auf mehr als

500 000 bis 750 000 ℳ ℳ	₰	750 000 bis 1 000 000 ℳ ℳ	₰	1 000 000 bis 2 000 000 ℳ ℳ	₰	2 000 000 bis 5 000 000 ℳ ℳ	₰	5 000 000 bis 10 000 000 ℳ ℳ	₰	10 000 000 ℳ ℳ	₰
868	—	930	—	992	—	1054	—	1116	—	1178	—
882	—	945	—	1008	—	1071	—	1134	—	1197	—
896	—	960	—	1024	—	1088	—	1152	—	1216	—
910	—	975	—	1040	—	1105	—	1170	—	1235	—
924	—	990	—	1056	—	1122	—	1188	—	1254	—
938	—	1005	—	1072	—	1139	—	1206	—	1273	—
952	—	1020	—	1088	—	1156	—	1224	—	1292	—
966	—	1035	—	1104	—	1173	—	1242	—	1311	—
980	—	1050	—	1120	—	1190	—	1260	—	1330	—
994	—	1065	—	1136	—	1207	—	1278	—	1349	—
1008	—	1080	—	1152	—	1224	—	1296	—	1368	—
1022	—	1095	—	1168	—	1241	—	1314	—	1387	—
1036	—	1110	—	1184	—	1258	—	1332	—	1406	—
1050	—	1125	—	1200	—	1275	—	1350	—	1425	—
1064	—	1140	—	1216	—	1292	—	1368	—	1444	—
1078	—	1155	—	1232	—	1309	—	1386	—	1463	—
1092	—	1170	—	1248	—	1326	—	1404	—	1482	—
1106	—	1185	—	1264	—	1343	—	1422	—	1501	—
1120	—	1200	—	1280	—	1360	—	1440	—	1520	—
1134	—	1215	—	1296	—	1377	—	1458	—	1539	—
1148	—	1230	—	1312	—	1394	—	1476	—	1558	—
1162	—	1245	—	1328	—	1411	—	1494	—	1577	—
1176	—	1260	—	1344	—	1428	—	1512	—	1596	—
1190	—	1275	—	1360	—	1445	—	1530	—	1615	—
1204	—	1290	—	1376	—	1462	—	1548	—	1634	—
1218	—	1305	—	1392	—	1479	—	1566	—	1653	—
1232	—	1320	—	1408	—	1496	—	1584	—	1672	—
1246	—	1335	—	1424	—	1513	—	1602	—	1691	—
1260	—	1350	—	1440	—	1530	—	1620	—	1710	—
1274	—	1365	—	1456	—	1547	—	1638	—	1729	—
1288	—	1380	—	1472	—	1564	—	1656	—	1748	—

bei einem Vermögenszuwachse von	Die Besitz wenn der Gesamtwert sich beläuft									
	den Betrag von 100 000 ℳ nicht übersteigt		100 000 bis 200 000 ℳ		200 000 bis 300 000 ℳ		300 000 bis 400 000 ℳ		400 000 bis 500 000 ℳ	
ℳ	ℳ	₰	ℳ	₰	ℳ	₰	ℳ	₰	ℳ	₰
93000	837	—	930	—	1023	—	1116	—	1209	—
94000	846	—	940	—	1034	—	1128	—	1222	—
95000	855	—	950	—	1045	—	1140	—	1235	—
96000	864	—	960	—	1056	—	1152	—	1248	—
97000	873	—	970	—	1067	—	1164	—	1261	—
98000	882	—	980	—	1078	—	1176	—	1274	—
99000	891	—	990	—	1089	—	1188	—	1287	—
100000	900	—	1000	—	1100	—	1200	—	1300	—

bei einem Vermögenszuwachse von	Die Besitz wenn der Gesamtwert des steuerbaren									
	100 000 bis 200 000 ℳ		200 000 bis 300 000 ℳ		300 000 bis 400 000 ℳ		400 000 bis 500 000 ℳ		500 000 bis 750 000 ℳ	
ℳ	ℳ	₰	ℳ	₰	ℳ	₰	ℳ	₰	ℳ	₰
101000	1161	50	1262	50	1363	50	1464	50	1565	50
102000	1173	—	1275	—	1377	—	1479	—	1581	—
103000	1184	50	1287	50	1390	50	1493	50	1596	50
104000	1196	—	1300	—	1404	—	1508	—	1612	—
105000	1207	50	1312	50	1417	50	1522	50	1627	50
106000	1219	—	1325	—	1431	—	1537	—	1643	—
107000	1230	50	1337	50	1444	50	1551	50	1658	50
108000	1242	—	1350	—	1458	—	1566	—	1674	—
109000	1253	50	1362	50	1471	50	1580	50	1689	50
110000	1265	—	1375	—	1485	—	1595	—	1705	—
111000	1276	50	1387	50	1498	50	1609	50	1720	50
112000	1288	—	1400	—	1512	—	1624	—	1736	—
113000	1299	50	1412	50	1525	50	1638	50	1751	50
114000	1311	—	1425	—	1539	—	1653	—	1767	—

steuer beträgt
des steuerbaren Vermögens
auf mehr als

500 000 bis 750000 ℳ ℳ	₰	750 000 bis 1000000 ℳ ℳ	₰	1 000 000 bis 2 000 000 ℳ ℳ	₰	2 000 000 bis 5 000 000 ℳ ℳ	₰	5 000 000 bis 10000000 ℳ ℳ	₰	10000000 ℳ ℳ	₰
1302	—	1395	—	1488	—	1581	—	1674	—	1767	—
1316	—	1410	—	1504	—	1598	—	1692	—	1786	—
1330	—	1425	—	1520	—	1615	—	1710	—	1805	—
1344	—	1440	—	1536	—	1632	—	1728	—	1824	—
1358	—	1455	—	1552	—	1649	—	1746	—	1843	—
1372	—	1470	—	1568	—	1666	—	1764	—	1862	—
1386	—	1485	—	1584	—	1683	—	1782	—	1881	—
1400	—	1500	—	1600	—	1700	—	1800	—	1900	—

steuer beträgt
Vermögens sich beläuft auf mehr als

750 000 bis 1 000 000 ℳ ℳ	₰	1 000 000 bis 2 000 000 ℳ ℳ	₰	2 000 000 bis 5 000 000 ℳ ℳ	₰	5 000 000 bis 10 000 000 ℳ ℳ	₰	10 000 000 ℳ ℳ	₰
1666	50	1767	50	1868	50	1969	50	2070	50
1683	—	1785	—	1887	—	1989	—	2091	—
1699	50	1802	50	1905	50	2008	50	2111	50
1716	—	1820	—	1924	—	2028	—	2132	—
1732	50	1837	50	1942	50	2047	50	2152	50
1749	—	1855	—	1961	—	2067	—	2173	—
1765	50	1872	50	1979	50	2086	50	2193	50
1782	—	1890	—	1998	—	2106	—	2214	—
1798	50	1907	50	2016	50	2125	50	2234	50
1815	—	1925	—	2035	—	2145	—	2255	—
1831	50	1942	50	2053	50	2164	50	2275	50
1848	—	1960	—	2072	—	2184	—	2296	—
1864	50	1977	50	2090	50	2203	50	2316	50
1881	—	1995	—	2109	—	2223	—	2337	—

Die Besitz

bei einem Vermögenszuwachse von	wenn der Gesamtwert des steuerbaren									
	100 000 bis 200 000 ℳ		200 000 bis 300 000 ℳ		300 000 bis 400 000 ℳ		400 000 bis 500 000 ℳ		500 000 bis 750 000 ℳ	
ℳ	ℳ	₰	ℳ	₰	ℳ	₰	ℳ	₰	ℳ	₰
115 000	1322	50	1437	50	1552	50	1667	50	1782	50
116 000	1334	—	1450	—	1566	—	1682	—	1798	—
117 000	1345	50	1462	50	1579	50	1696	50	1813	50
118 000	1357	—	1475	—	1593	—	1711	—	1829	—
119 000	1368	50	1487	50	1606	50	1725	50	1844	50
120 000	1380	—	1500	—	1620	—	1740	—	1860	—
121 000	1391	50	1512	50	1633	50	1754	50	1875	50
122 000	1403	—	1525	—	1647	—	1769	—	1891	—
123 000	1414	50	1537	50	1660	50	1783	50	1906	50
124 000	1426	—	1550	—	1674	—	1798	—	1922	—
125 000	1437	50	1562	50	1687	50	1812	50	1937	50
126 000	1449	—	1575	—	1701	—	1827	—	1953	—
127 000	1460	50	1587	50	1714	50	1841	50	1968	50
128 000	1472	—	1600	—	1728	—	1856	—	1984	—
129 000	1483	50	1612	50	1741	50	1870	50	1999	50
130 000	1495	—	1625	—	1755	—	1885	—	2015	—
131 000	1506	50	1637	50	1768	50	1899	50	2030	50
132 000	1518	—	1650	—	1782	—	1914	—	2046	—
133 000	1529	50	1662	50	1795	50	1928	50	2061	50
134 000	1541	—	1675	—	1809	—	1943	—	2077	—
135 000	1552	50	1687	50	1822	50	1957	50	2092	50
136 000	1564	—	1700	—	1836	—	1972	—	2108	—
137 000	1575	50	1712	50	1849	50	1986	50	2123	50
138 000	1587	—	1725	—	1863	—	2001	—	2139	—
139 000	1598	50	1737	50	1876	50	2015	50	2154	50
140 000	1610	—	1750	—	1890	—	2030	—	2170	—
141 000	1621	50	1762	50	1903	50	2044	50	2185	50
142 000	1633	—	1775	—	1917	—	2059	—	2201	—
143 000	1644	50	1787	50	1930	50	2073	50	2216	50
144 000	1656	—	1800	—	1944	—	2088	—	2232	—
145 000	1667	50	1812	50	1957	50	2102	50	2247	50
146 000	1679	—	1825	—	1971	—	2117	—	2263	—

steuer beträgt

Vermögens sich beläuft auf mehr als

750 000 bis 1 000 000 ℳ		1 000 000 bis 2 000 000 ℳ		2 000 000 bis 5 000 000 ℳ		5 000 000 bis 10 000 000 ℳ		10 000 000 ℳ	
ℳ	₰	ℳ	₰	ℳ	₰	ℳ	₰	ℳ	₰
1897	50	2012	50	2127	50	2242	50	2357	50
1914	—	2030	—	2146	—	2262	—	2378	—
1930	50	2047	50	2164	50	2281	50	2398	50
1947	—	2065	—	2183	—	2301	—	2419	—
1963	50	2082	50	2201	50	2320	50	2439	50
1980	—	2100	—	2220	—	2340	—	2460	—
1996	50	2117	50	2238	50	2359	50	2480	50
2013	—	2135	—	2257	—	2379	—	2501	—
2029	50	2152	50	2275	50	2398	50	2521	50
2046	—	2170	—	2294	—	2418	—	2542	—
2062	50	2187	50	2312	50	2437	50	2562	50
2079	—	2205	—	2331	—	2457	—	2583	—
2095	50	2222	50	2349	50	2476	50	2603	50
2112	—	2240	—	2368	—	2496	—	2624	—
2128	50	2257	50	2386	50	2515	50	2644	50
2145	—	2275	—	2405	—	2535	—	2665	—
2161	50	2292	50	2423	50	2554	50	2685	50
2178	—	2310	—	2442	—	2574	—	2706	—
2194	50	2327	50	2460	50	2593	50	2726	50
2211	—	2345	—	2479	—	2613	—	2747	—
2227	50	2362	50	2497	50	2632	50	2767	50
2244	—	2380	—	2516	—	2652	—	2788	—
2260	50	2397	50	2534	50	2671	50	2808	50
2277	—	2415	—	2553	—	2691	—	2829	—
2293	50	2432	50	2571	50	2710	50	2849	50
2310	—	2450	—	2590	—	2730	—	2870	—
2326	50	2467	50	2608	50	2749	50	2890	50
2343	—	2485	—	2627	—	2769	—	2911	—
2359	50	2502	50	2645	50	2788	50	2931	50
2376	—	2520	—	2664	—	2808	—	2952	—
2392	50	2537	50	2682	50	2827	50	2972	50
2409	—	2555	—	2701	—	2847	—	2993	—

Die Besitz

bei einem Vermögenszuwachse von	wenn der Gesamtwert des steuerbaren									
	100 000 bis 200 000 M		200 000 bis 300 000 M		300 000 bis 400 000 M		400 000 bis 500 000 M		500 000 bis 750 000 M	
M	M	Pf	M	Pf	M	Pf	M	Pf	M	Pf
147000	1690	50	1837	50	1984	50	2131	50	2278	50
148000	1702	—	1850	—	1998	—	2146	—	2294	—
149000	1713	50	1862	50	2011	50	2160	50	2309	50
150000	1725	—	1875	—	2025	—	2175	—	2325	—
usw. für je 1000 M Zuwachs mehr	je 11	50	je 12	50	je 13	50	je 14	50	je 15	50
300000			3750	—	4050	—	4350	—	4650	—

Die Besitz

bei einem Vermögenszuwachse von	wenn der Gesamtwert des steuerbaren					
	300 000 bis 400 000 M		400 000 bis 500 000 M		500 000 bis 750 000 M	
M	M	Pf	M	Pf	M	Pf
301000	4515	—	4816	—	5117	—
302000	4530	—	4832	—	5134	—
303000	4545	—	4848	—	5151	—
304000	4560	—	4864	—	5168	—
305000	4575	—	4880	—	5185	—
306000	4590	—	4896	—	5202	—
307000	4605	—	4912	—	5219	—
308000	4620	—	4928	—	5236	—
309000	4635	—	4944	—	5253	—
310000	4650	—	4960	—	5270	—
311000	4665	—	4976	—	5287	—
312000	4680	—	4992	—	5304	—
313000	4695	—	5008	—	5321	—
314000	4710	—	5024	—	5338	—
315000	4725	—	5040	—	5355	—

steuer beträgt

Vermögens sich beläuft auf mehr als

750 000 bis 1 000 000 ℳ ℳ	₰	1 000 000 bis 2 000 000 ℳ ℳ	₰	2 000 000 bis 5 000 000 ℳ ℳ	₰	5 000 000 bis 10 000 000 ℳ ℳ	₰	10 000 000 ℳ ℳ	₰
2425	50	2572	50	2719	50	2866	50	3013	50
2442	—	2590	—	2738	—	2886	—	3034	—
2458	50	2607	50	2756	50	2905	50	3054	50
2475	—	2625	—	2775	—	2925	—	3075	—
je 16	50	je 17	50	je 18	50	je 19	50	je 20	50
4950	—	5250	—	5550	—	5850	—	6150	—

steuer beträgt

Vermögens sich beläuft auf mehr als

750 000 bis 1 000 000 ℳ ℳ	₰	1 000 000 bis 2 000 000 ℳ ℳ	₰	2 000 000 bis 5 000 000 ℳ ℳ	₰	5 000 000 bis 10 000 000 ℳ ℳ	₰	10 000 000 ℳ ℳ	₰
5418	—	5719	—	6020	—	6321	—	6622	—
5436	—	5738	—	6040	—	6342	—	6644	—
5454	—	5757	—	6060	—	6363	—	6666	—
5472	—	5776	—	6080	—	6384	—	6688	—
5490	—	5795	—	6100	—	6405	—	6710	—
5508	—	5814	—	6120	—	6426	—	6732	—
5526	—	5833	—	6140	—	6447	—	6754	—
5544	—	5852	—	6160	—	6468	—	6776	—
5562	—	5871	—	6180	—	6489	—	6798	—
5580	—	5890	—	6200	—	6510	—	6820	—
5598	—	5909	—	6220	—	6531	—	6842	—
5616	—	5928	—	6240	—	6552	—	6864	—
5634	—	5947	—	6260	—	6573	—	6886	—
5652	—	5966	—	6280	—	6594	—	6908	—
5670	—	5985	—	6300	—	6615	—	6930	—

bei einem Vermögenszuwachse von	Die Besitz wenn der Gesamtwert des steuerbaren					
	300 000 bis 400 000 ℳ		400 000 bis 500 000 ℳ		500 000 bis 750 000 ℳ	
ℳ	ℳ	₰	ℳ	₰	ℳ	₰
316 000	4740	—	5056	—	5372	—
317 000	4755	—	5072	—	5389	—
318 000	4770	—	5088	—	5406	—
319 000	4785	—	5104	—	5423	—
320 000	4800	—	5120	—	5440	—
321 000	4815	—	5136	—	5457	—
322 000	4830	—	5152	—	5474	—
323 000	4845	—	5168	—	5491	—
324 000	4860	—	5184	—	5508	—
325 000	4875	—	5200	—	5525	—
326 000	4890	—	5216	—	5542	—
327 000	4905	—	5232	—	5559	—
328 000	4920	—	5248	—	5576	—
329 000	4935	—	5264	—	5593	—
330 000	4950	—	5280	—	5610	—
331 000	4965	—	5296	—	5627	—
332 000	4980	—	5312	—	5644	—
333 000	4995	—	5328	—	5661	—
334 000	5010	—	5344	—	5678	—
335 000	5025	—	5360	—	5695	—
336 000	5040	—	5376	—	5712	—
337 000	5055	—	5392	—	5729	—
338 000	5070	—	5408	—	5746	—
339 000	5085	—	5424	—	5763	—
340 000	5100	—	5440	—	5780	—
341 000	5115	—	5456	—	5797	—
342 000	5130	—	5472	—	5814	—
343 000	5145	—	5488	—	5831	—
344 000	5160	—	5504	—	5848	—
345 000	5175	—	5520	—	5865	—
346 000	5190	—	5536	—	5882	—
347 000	5205	—	5552	—	5899	—

steuer beträgt

Vermögens sich beläuft auf mehr als

750 000 bis 1 000 000 ℳ		1 000 000 bis 2 000 000 ℳ		2 000 000 bis 5 000 000 ℳ		5 000 000 bis 10 000 000 ℳ		10 000 000 ℳ	
ℳ	₰	ℳ	₰	ℳ	₰	ℳ	₰	ℳ	₰
5688	—	6004	—	6320	—	6636	—	6952	—
5706	—	6023	—	6340	—	6657	—	6974	—
5724	—	6042	—	6360	—	6678	—	6996	—
5742	—	6061	—	6380	—	6699	—	7018	—
5760	—	6080	—	6400	—	6720	—	7040	—
5778	—	6099	—	6420	—	6741	—	7062	—
5796	—	6118	—	6440	—	6762	—	7084	—
5814	—	6137	—	6460	—	6783	—	7106	—
5832	—	6156	—	6480	—	6804	—	7128	—
5850	—	6175	—	6500	—	6825	—	7150	—
5868	—	6194	—	6520	—	6846	—	7172	—
5886	—	6213	—	6540	—	6867	—	7194	—
5904	—	6232	—	6560	—	6888	—	7216	—
5922	—	6251	—	6580	—	6909	—	7238	—
5940	—	6270	—	6600	—	6930	—	7260	—
5958	—	6289	—	6620	—	6951	—	7282	—
5976	—	6308	—	6640	—	6972	—	7304	—
5994	—	6327	—	6660	—	6993	—	7326	—
6012	—	6346	—	6680	—	7014	—	7348	—
6030	—	6365	—	6700	—	7035	—	7370	—
6048	—	6384	—	6720	—	7056	—	7392	—
6066	—	6403	—	6740	—	7077	—	7414	—
6084	—	6422	—	6760	—	7098	—	7436	—
6102	—	6441	—	6780	—	7119	—	7458	—
6120	—	6460	—	6800	—	7140	—	7480	—
6138	—	6479	—	6820	—	7161	—	7502	—
6156	—	6498	—	6840	—	7182	—	7524	—
6174	—	6517	—	6860	—	7203	—	7546	—
6192	—	6536	—	6880	—	7224	—	7568	—
6210	—	6555	—	6900	—	7245	—	7590	—
6228	—	6574	—	6920	—	7266	—	7612	—
6246	—	6593	—	6940	—	7287	—	7634	—

bei einem Vermögenszuwachse von	Die Besitz wenn der Gesamtwert des steuerbaren					
	300 000 bis 400 000 ℳ		400 000 bis 500 000 ℳ		500 000 bis 750 000 ℳ	
ℳ	ℳ	₰	ℳ	₰	ℳ	₰
348000	5220	—	5568	—	5916	—
349000	5235	—	5584	—	5933	—
350000	5250	—	5600	—	5950	—
351000	5265	—	5616	—	5967	—
352000	5280	—	5632	—	5984	—
353000	5295	—	5648	—	6001	—
354000	5310	—	5664	—	6018	—
355000	5325	—	5680	—	6035	—
356000	5340	—	5696	—	6052	—
357000	5355	—	5712	—	6069	—
358000	5370	—	5728	—	6086	—
359000	5385	—	5744	—	6103	—
360000	5400	—	5760	—	6120	—
361000	5415	—	5776	—	6137	—
362000	5430	—	5792	—	6154	—
363000	5445	—	5808	—	6171	—
364000	5460	—	5824	—	6188	—
365000	5475	—	5840	—	6205	—
366000	5490	—	5856	—	6222	—
367000	5505	—	5872	—	6239	—
368000	5520	—	5888	—	6256	—
369000	5535	—	5904	—	6273	—
370000	5550	—	5920	—	6290	—
371000	5565	—	5936	—	6307	—
372000	5580	—	5952	—	6324	—
373000	5595	—	5968	—	6341	—
374000	5610	—	5984	—	6358	—
375000	5625	—	6000	—	6375	—
376000	5640	—	6016	—	6392	—
377000	5655	—	6032	—	6409	—
378000	5670	—	6048	—	6426	—
379000	5685	—	6064	—	6443	—

steuer beträgt

Vermögens sich beläuft auf mehr als

750 000 bis 1 000 000 ℳ		1 000 000 bis 2 000 000 ℳ		2 000 000 bis 5 000 000 ℳ		5 000 000 bis 10 000 000 ℳ		10 000 000 ℳ	
ℳ	₰	ℳ	₰	ℳ	₰	ℳ	₰	ℳ	₰
6264	—	6612	—	6960	—	7308	—	7656	—
6282	—	6631	—	6980	—	7329	—	7678	—
6300	—	6650	—	7000	—	7350	—	7700	—
6318	—	6669	—	7020	—	7371	—	7722	—
6336	—	6688	—	7040	—	7392	—	7744	—
6354	—	6707	—	7060	—	7413	—	7766	—
6372	—	6726	—	7080	—	7434	—	7788	—
6390	—	6745	—	7100	—	7455	—	7810	—
6408	—	6764	—	7120	—	7476	—	7832	—
6426	—	6783	—	7140	—	7497	—	7854	—
6444	—	6802	—	7160	—	7518	—	7876	—
6462	—	6821	—	7180	—	7539	—	7898	—
6480	—	6840	—	7200	—	7560	—	7920	—
6498	—	6859	—	7220	—	7581	—	7942	—
6516	—	6878	—	7240	—	7602	—	7964	—
6534	—	6897	—	7260	—	7623	—	7986	—
6552	—	6916	—	7280	—	7644	—	8008	—
6570	—	6935	—	7300	—	7665	—	8030	—
6588	—	6954	—	7320	—	7686	—	8052	—
6606	—	6973	—	7340	—	7707	—	8074	—
6624	—	6992	—	7360	—	7728	—	8096	—
6642	—	7011	—	7380	—	7749	—	8118	—
6660	—	7030	—	7400	—	7770	—	8140	—
6678	—	7049	—	7420	—	7791	—	8162	—
6696	—	7068	—	7440	—	7812	—	8184	—
6714	—	7087	—	7460	—	7833	—	8206	—
6732	—	7106	—	7480	—	7854	—	8228	—
6750	—	7125	—	7500	—	7875	—	8250	—
6768	—	7144	—	7520	—	7896	—	8272	—
6786	—	7163	—	7540	—	7917	—	8294	—
6804	—	7182	—	7560	—	7938	—	8316	—
6822	—	7201	—	7580	—	7959	—	8338	—

bei einem Vermögenszuwachse von	Die Besitz					
	wenn der Gesamtwert des steuerbaren					
	300 000 bis 400 000 M		400 000 bis 500 000 M		500 000 bis 750 000 M	
M	M	Pf	M	Pf	M	Pf
380000	5700	—	6080	—	6460	—
381000	5715	—	6096	—	6477	—
382000	5730	—	6112	—	6494	—
383000	5745	—	6128	—	6511	—
384000	5760	—	6144	—	6528	—
385000	5775	—	6160	—	6545	—
386000	5790	—	6176	—	6562	—
387000	5805	—	6192	—	6579	—
388000	5820	—	6208	—	6596	—
389000	5835	—	6224	—	6613	—
390000	5850	—	6240	—	6630	—
391000	5865	—	6256	—	6647	—
392000	5880	—	6272	—	6664	—
393000	5895	—	6288	—	6681	—
394000	5910	—	6304	—	6698	—
395000	5925	—	6320	—	6715	—
396000	5940	—	6336	—	6732	—
397000	5955	—	6352	—	6749	—
398000	5970	—	6368	—	6766	—
399000	5985	—	6384	—	6783	—
400000	6000	—	6400	—	6800	—
usw. für je 1000 M Zuwachs mehr	—	—	je 16	—	je 17	—
500000	—	—	8000	—	8500	—

steuer beträgt

Vermögens sich beläuft auf mehr als

750 000 bis 1 000 000 ℳ ℳ	₰	1 000 000 bis 2 000 000 ℳ ℳ	₰	2 000 000 bis 5 000 000 ℳ ℳ	₰	5 000 000 bis 10 000 000 ℳ ℳ	₰	10 000 000 ℳ ℳ	₰
6840	—	7220	—	7600	—	7980	—	8360	—
6858	—	7239	—	7620	—	8001	—	8382	—
6876	—	7258	—	7640	—	8022	—	8404	—
6894	—	7277	—	7660	—	8043	—	8426	—
6912	—	7296	—	7680	—	8064	—	8448	—
6930	—	7315	—	7700	—	8085	—	8470	—
6948	—	7334	—	7720	—	8106	—	8492	—
6966	—	7353	—	7740	—	8127	—	8514	—
6984	—	7372	—	7760	—	8148	—	8536	—
7002	—	7391	—	7780	—	8169	—	8558	—
7020	—	7410	—	7800	—	8190	—	8580	—
7038	—	7429	—	7820	—	8211	—	8602	—
7056	—	7448	—	7840	—	8232	—	8624	—
7074	—	7467	—	7860	—	8253	—	8646	—
7092	—	7486	—	7880	—	8274	—	8668	—
7110	—	7505	—	7900	—	8295	—	8690	—
7128	—	7524	—	7920	—	8316	—	8712	—
7146	—	7543	—	7940	—	8337	—	8734	—
7164	—	7562	—	7960	—	8358	—	8756	—
7182	—	7581	—	7980	—	8379	—	8778	—
7200	—	7600	—	8000	—	8400	—	8800	—
je 18	—	je 19	—	je 20	—	je 21	—	je 22	—
9000	—	9500	—	10000	—	10500	—	11000	—

bei einem Vermögenszuwachse von	Die Besitzsteuer beträgt wenn der Gesamtwert des steuerbaren Vermögens sich beläuft auf mehr als											
	500 000 bis 750 000 ℳ		750 000 bis 1 000 000 ℳ		1 000 000 bis 2 000 000 ℳ		2 000 000 bis 5 000 000 ℳ		5 000 000 bis 10 000 000 ℳ		10 000 000 ℳ	
ℳ	ℳ	₰	ℳ	₰	ℳ	₰	ℳ	₰	ℳ	₰	ℳ	₰
501 000	9 000	—	9 500	—	10 000	—	10 500	—	11 000	—	11 500	—
502 000	9 287	—	9 789	—	10 291	—	10 793	—	11 295	—	11 797	—
503 000	9 305	50	9 808	50	10 311	50	10 814	50	11 317	50	11 820	50
504 000	9 324	—	9 828	—	10 332	—	10 836	—	11 340	—	11 844	—
505 000	9 342	50	9 847	50	10 352	50	10 857	50	11 362	50	11 867	50
506 000	9 361	—	9 867	—	10 373	—	10 879	—	11 385	—	11 891	—
507 000	9 379	50	9 886	50	10 393	50	10 900	50	11 407	50	11 914	50
508 000	9 398	—	9 906	—	10 414	—	10 922	—	11 430	—	11 938	—
509 000	9 416	50	9 925	50	10 434	50	10 943	50	11 452	50	11 961	50
510 000	9 435	—	9 945	—	10 455	—	10 965	—	11 475	—	11 985	—
511 000	9 453	50	9 964	50	10 475	50	10 986	50	11 497	50	12 008	50
512 000	9 472	—	9 984	—	10 496	—	11 008	—	11 520	—	12 032	—
513 000	9 490	50	10 003	50	10 516	50	11 029	50	11 542	50	12 055	50
514 000	9 509	—	10 023	—	10 537	—	11 051	—	11 565	—	12 079	—
515 000	9 527	50	10 042	50	10 557	50	11 072	50	11 587	50	12 102	50
516 000	9 546	—	10 062	—	10 578	—	11 094	—	11 610	—	12 126	—
517 000	9 564	50	10 081	50	10 598	50	11 115	50	11 632	50	12 149	50
518 000	9 583	—	10 101	—	10 619	—	11 137	—	11 655	—	12 173	—
519 000	9 601	50	10 120	50	10 639	50	11 158	50	11 677	50	12 196	50
520 000	9 620	—	10 140	—	10 660	—	11 180	—	11 700	—	12 220	—
521 000	9 638	50	10 159	50	10 680	50	11 201	50	11 722	50	12 243	50
522 000	9 657	—	10 179	—	10 701	—	11 223	—	11 745	—	12 267	—
523 000	9 675	50	10 198	50	10 721	50	11 244	50	11 767	50	12 290	50
524 000	9 694	—	10 218	—	10 742	—	11 266	—	11 790	—	12 314	—
525 000	9 712	50	10 237	50	10 762	50	11 287	50	11 812	50	12 337	50
526 000	9 731	—	10 257	—	10 783	—	11 309	—	11 835	—	12 361	—
527 000	9 749	50	10 276	50	10 803	50	11 330	50	11 857	50	12 384	50
528 000	9 768	—	10 296	—	10 824	—	11 352	—	11 880	—	12 408	—
529 000	9 786	50	10 315	50	10 844	50	11 373	50	11 902	50	12 431	50
530 000	9 805	—	10 335	—	10 865	—	11 395	—	11 925	—	12 455	—
531 000	9 823	50	10 354	50	10 885	50	11 416	50	11 947	50	12 478	50

bei einem Vermögenszuwachse von	Die Besitzsteuer beträgt wenn der Gesamtwert des steuerbaren Vermögens sich beläuft auf mehr als											
	500 000 bis 750 000 M		750 000 bis 1 000 000 M		1 000 000 bis 2 000 000 M		2 000 000 bis 5 000 000 M		5 000 000 bis 10000000 M		10000000 M	
M	M	Pf	M	Pf	M	Pf	M	Pf	M	Pf	M	Pf
532000	9842	—	10374	—	10906	—	11438	—	11970	—	12502	—
533000	9860	50	10393	50	10926	50	11459	50	11992	50	12525	50
534000	9879	—	10413	—	10947	—	11481	—	12015	—	12549	—
535000	9897	50	10432	50	10967	50	11502	50	12037	50	12572	50
536000	9916	—	10452	—	10988	—	11524	—	12060	—	12596	—
537000	9934	50	10471	50	11008	50	11545	50	12082	50	12619	50
538000	9953	—	10491	—	11029	—	11567	—	12105	—	12643	—
539000	9971	50	10510	50	11049	50	11588	50	12127	50	12666	50
540000	9990	—	10530	—	11070	—	11610	—	12150	—	12690	—
541000	10008	50	10549	50	11090	50	11631	50	12172	50	12713	50
542000	10027	—	10569	—	11111	—	11653	—	12195	—	12737	—
543000	10045	50	10588	50	11131	50	11674	50	12217	50	12760	50
544000	10064	—	10608	—	11152	—	11696	—	12240	—	12784	—
545000	10082	50	10627	50	11172	50	11717	50	12262	50	12807	50
546000	10101	—	10647	—	11193	—	11739	—	12285	—	12831	—
547000	10119	50	10666	50	11213	50	11760	50	12307	50	12854	50
548000	10138	—	10686	—	11234	—	11782	—	12330	—	12878	—
549000	10156	50	10705	50	11254	50	11803	50	12352	50	12901	50
550000	10175	—	10725	—	11275	—	11825	—	12375	—	12925	—
551000	10193	50	10744	50	11295	50	11846	50	12397	50	12948	50
552000	10212	—	10764	—	11316	—	11868	—	12420	—	12972	—
553000	10230	50	10783	50	11336	50	11889	50	12442	50	12995	50
554000	10249	—	10803	—	11357	—	11911	—	12465	—	13019	—
555000	10267	50	10822	50	11377	50	11932	50	12487	50	13042	50
556000	10286	—	10842	—	11398	—	11954	—	12510	—	13066	—
557000	10304	50	10861	50	11418	50	11975	50	12532	50	13089	50
558000	10323	—	10881	—	11439	—	11997	—	12555	—	13113	—
559000	10341	50	10900	50	11459	50	12018	50	12577	50	13136	50
560000	10360	—	10920	—	11480	—	12040	—	12600	—	13160	—
561000	10378	50	10939	50	11500	50	12061	50	12622	50	13183	50
562000	10397	—	10959	—	11521	—	12083	—	12645	—	13207	—

bei einem Vermögenszuwachse von	Die Besitzsteuer beträgt wenn der Gesamtwert des steuerbaren Vermögens sich beläuft auf mehr als											
	500 000 bis 750 000 M		750 000 bis 1 000 000 M		1 000 000 bis 2 000 000 M		2 000 000 bis 5 000 000 M		5 000 000 bis 10 000 000 M		10 000 000 M	
M	M	Pf	M	Pf	M	Pf	M	Pf	M	Pf	M	Pf
563000	10415	50	10978	50	11541	50	12104	50	12667	50	13230	50
564000	10434	—	10998	—	11562	—	12126	—	12690	—	13254	—
565000	10452	50	11017	50	11582	50	12147	50	12712	50	13277	50
566000	10471	—	11037	—	11603	—	12169	—	12735	—	13301	—
567000	10489	50	11056	50	11623	50	12190	50	12757	50	13324	50
568000	10508	—	11076	—	11644	—	12212	—	12780	—	13348	—
569000	10526	50	11095	50	11664	50	12233	50	12802	50	13371	50
570000	10545	—	11115	—	11685	—	12255	—	12825	—	13395	—
571000	10563	50	11134	50	11705	50	12276	50	12847	50	13418	50
572000	10582	—	11154	—	11726	—	12298	—	12870	—	13442	—
573000	10600	50	11173	50	11746	50	12319	50	12892	50	13465	50
574000	10619	—	11193	—	11767	—	12341	—	12915	—	13489	—
575000	10637	50	11212	50	11787	50	12362	50	12937	50	13512	50
576000	10656	—	11232	—	11808	—	12384	—	12960	—	13536	—
577000	10674	50	11251	50	11828	50	12405	50	12982	50	13559	50
578000	10693	—	11271	—	11849	—	12427	—	13005	—	13583	—
579000	10711	50	11290	50	11869	50	12448	50	13027	50	13606	50
580000	10730	—	11310	—	11890	—	12470	—	13050	—	13630	—
581000	10748	50	11329	50	11910	50	12491	50	13072	50	13653	50
582000	10767	—	11349	—	11931	—	12513	—	13095	—	13677	—
583000	10785	50	11368	50	11951	50	12534	50	13117	50	13700	50
584000	10804	—	11388	—	11972	—	12556	—	13140	—	13724	—
585000	10822	50	11407	50	11992	50	12577	50	13162	50	13747	50
586000	10841	—	11427	—	12013	—	12599	—	13185	—	13771	—
587000	10859	50	11446	50	12033	50	12620	50	13207	50	13794	50
588000	10878	—	11466	—	12054	—	12642	—	13230	—	13818	—
589000	10896	50	11485	50	12074	50	12663	50	13252	50	13841	50
590000	10915	—	11505	—	12095	—	12685	—	13275	—	13865	—
591000	10933	50	11524	50	12115	50	12706	50	13297	50	13888	50
592000	10952	—	11544	—	12136	—	12728	—	13320	—	13912	—
593000	10970	50	11563	50	12156	50	12749	50	13342	50	13935	50

bei einem Vermögenszuwachse von ℳ	Die Besitzsteuer beträgt, wenn der Gesamtwert des steuerbaren Vermögens sich beläuft auf mehr als: 500 000 bis 750 000 ℳ, ℳ	₰	750 000 bis 1 000 000 ℳ, ℳ	₰	1 000 000 bis 2 000 000 ℳ, ℳ	₰	2 000 000 bis 5 000 000 ℳ, ℳ	₰	5 000 000 bis 10 000 000 ℳ, ℳ	₰	10 000 000 ℳ, ℳ	₰
594 000	10 989	—	11 583	—	12 177	—	12 771	—	13 365	—	13 959	—
595 000	11 007	50	11 602	50	12 197	50	12 792	50	13 387	50	13 982	50
596 000	11 026	—	11 622	—	12 218	—	12 814	—	13 410	—	14 006	—
597 000	11 044	50	11 641	50	12 238	50	12 835	50	13 432	50	14 029	50
598 000	11 063	—	11 661	—	12 259	—	12 857	—	13 455	—	14 053	—
599 000	11 081	50	11 680	50	12 279	50	12 878	50	13 477	50	14 076	50
600 000	11 100	—	11 700	—	12 300	—	12 900	—	13 500	—	14 100	—
usw. für je 1000 ℳ Zuwachs mehr	je 18	50	je 19	50	je 20	50	je 21	50	je 22	50	je 23	50
1 000 000	—	—	19 500	—	20 500	—	21 500	—	22 500	—	23 500	—

bei einem Vermögenszuwachse von ℳ	Die Besitzsteuer beträgt, wenn der Gesamtwert des steuerbaren Vermögens sich beläuft auf mehr als: 1 000 000 bis 2 000 000 ℳ, ℳ	₰	2 000 000 bis 5 000 000 ℳ, ℳ	₰	5 000 000 bis 10 000 000 ℳ, ℳ	₰	10 000 000 ℳ, ℳ	₰
1 001 000	21 000	—	22 000	—	23 000	—	24 000	—
1 002 000	21 500	—	22 500	—	23 500	—	24 500	—
1 003 000	22 000	—	23 000	—	24 000	—	25 000	—
1 004 000	22 088	—	23 092	—	24 096	—	25 100	—
1 005 000	22 110	—	23 115	—	24 120	—	25 125	—
1 006 000	22 132	—	23 138	—	24 144	—	25 150	—
1 007 000	22 154	—	23 161	—	24 168	—	25 175	—
1 008 000	22 176	—	23 184	—	24 192	—	25 200	—
1 009 000	22 198	—	23 207	—	24 216	—	25 225	—
1 010 000	22 220	—	23 230	—	24 240	—	25 250	—

bei einem Vermögenszuwachse von	Die Besitzsteuer beträgt wenn der Gesamtwert des steuerbaren Vermögens sich beläuft auf mehr als 1 000 000 bis 2 000 000 ℳ		2 000 000 bis 5 000 000 ℳ		5 000 000 bis 10 000 000 ℳ		10 000 000 ℳ	
ℳ	ℳ	₰	ℳ	₰	ℳ	₰	ℳ	₰
1011000	22242	—	23253	—	24264	—	25275	—
1012000	22264	—	23276	—	24288	—	25300	—
1013000	22286	—	23299	—	24312	—	25325	—
1014000	22308	—	23322	—	24336	—	25350	—
1015000	22330	—	23345	—	24360	—	25375	—
1016000	22352	—	23368	—	24384	—	25400	—
1017000	22374	—	23391	—	24408	—	25425	—
1018000	22396	—	23414	—	24432	—	25450	—
1019000	22418	—	23437	—	24456	—	25475	—
1020000	22440	—	23460	—	24480	—	25500	—
1021000	22462	—	23483	—	24504	—	25525	—
1022000	22484	—	23506	—	24528	—	25550	—
1023000	22506	—	23529	—	24552	—	25575	—
1024000	22528	—	23552	—	24576	—	25600	—
1025000	22550	—	23575	—	24600	—	25625	—
1026000	22572	—	23598	—	24624	—	25650	—
1027000	22594	—	23621	—	24648	—	25675	—
1028000	22616	—	23644	—	24672	—	25700	—
1029000	22638	—	23667	—	24696	—	25725	—
1030000	22660	—	23690	—	24720	—	25750	—
1031000	22682	—	23713	—	24744	—	25775	—
1032000	22704	—	23736	—	24768	—	25800	—
1033000	22726	—	23759	—	24792	—	25825	—
1034000	22748	—	23782	—	24816	—	25850	—
1035000	22770	—	23805	—	24840	—	25875	—
1036000	22792	—	23828	—	24864	—	25900	—
1037000	22814	—	23851	—	24888	—	25925	—
1038000	22836	—	23874	—	24912	—	25950	—
1039000	22858	—	23897	—	24936	—	25975	—
1040000	22880	—	23920	—	24960	—	26000	—
1041000	22902	—	23943	—	24984	—	26025	—

bei einem Vermögenszuwachse von	Die Besitzsteuer beträgt wenn der Gesamtwert des steuerbaren Vermögens sich beläuft auf mehr als							
	1 000 000 bis 2 000 000 ℳ		2 000 000 bis 5 000 000 ℳ		5 000 000 bis 10 000 000 ℳ		10 000 000 ℳ	
ℳ	ℳ	₰	ℳ	₰	ℳ	₰	ℳ	₰
1042000	22924	—	23966	—	25008	—	26050	—
1043000	22946	—	23989	—	25032	—	26075	—
1044000	22968	—	24012	—	25056	—	26100	—
1045000	22990	—	24035	—	25080	—	26125	—
1046000	23012	—	24058	—	25104	—	26150	—
1047000	23034	—	24081	—	25128	—	26175	—
1048000	23056	—	24104	—	25152	—	26200	—
1049000	23078	—	24127	—	25176	—	26225	—
1050000	23100	—	24150	—	25200	—	26250	—
1051000	23122	—	24173	—	25224	—	26275	—
1052000	23144	—	24196	—	25248	—	26300	—
1053000	23166	—	24219	—	25272	—	26325	—
1054000	23188	—	24242	—	25296	—	26350	—
1055000	23210	—	24265	—	25320	—	26375	—
1056000	23232	—	24288	—	25344	—	26400	—
1057000	23254	—	24311	—	25368	—	26425	—
1058000	23276	—	24334	—	25392	—	26450	—
1059000	23298	—	24357	—	25416	—	26475	—
1060000	23320	—	24380	—	25440	—	26500	—
usw. für je 1000 ℳ Zuwachs mehr	je 22	—	je 23	—	je 24	—	je 25	—

Besitzsteueramt................

Besitzsteuerliste Nr. ....

Besitzsteuererklärung

für die Veranlagung

Muster 2.

(Ausführungsbestimmungen § 18 Abs. 1.)

b .... (Name und Stand)

in .... (Wohnort) .... Straße / Platz Nr. .....

zur Besitzsteuer für den Veranlagungszeitraum vom 1. Januar 19.. bis 31. Dezember 19..

*) I. Ich und meine Ehefrau .... geborene ....

*) Der von mir — uns — vertretene ....

besaß .. am 31. Dezember 19.. an eigenem Vermögen**) und an fideikommissarischem Vermögen**)

†) Soweit sich die Vermögenswerte nicht aus dem Nenn- oder Kurswert oder dem Betrage der geleisteten Zahlungen ergeben, kann der Steuerpflichtige sich in der Besitzsteuererklärung auf die tatsächlichen Mitteilungen beschränken, die er behufs Schätzung des Wertes beizubringen vermag.

Zu 1. Nur Grundstücke (einschließlich der Berechtigungen 1 B), die im Gebiete des Deutschen Reichs liegen, sind steuerpflichtig.

Wirtschaftlich zusammenhängende Grundstücke sind als eine Besitzung aufzuführen.

Hypotheken und Grundschulden sind nicht hier, sondern unter II in Abzug zu bringen.

1. Grundvermögen:

A. Grundstücke (Gebäude und Liegenschaften), ausgenommen Grundstücke, die dem Betriebe des Bergbaues oder eines Gewerbes — unten 2 B — gewidmet sind. Bei land- oder forstwirtschaftlichen oder Gärtnerei-Grundstücken sind die Betriebsmittel (lebendes und totes Inventar) im Werte mitzuberücksichtigen.

Bezeichnung des Grundstücks oder der Besitzung, Benutzungsart	Gemarkung (Gemeinde, Gutsbezirk)	Straßen-Nr. oder Flur, Parzellen-Nr. oder Flächeninhalt	Vermögenswert†) (siehe nebenstehende Bemerkung) Mark
a)			
b)			
c)			
d)			
e)			
f)			
g)			
***)		Seite....	

Wird beantragt, daß bei den vorstehend unter 1 A oder umstehend unter 2 B aufgeführten Grundstücken anstatt des gemeinen Wertes (Verkaufswerts) die Gestehungskosten zugrunde gelegt werden? ....

Zu den Gestehungskosten sind der Gesamtwert der Gegenleistungen beim Erwerb (Erwerbspreis), die sonstigen Anschaffungskosten einschließlich der öffentlichen Abgaben und etwaiger Vermittelungsgebühren, alle auf das Grundstück gemachten besonderen Aufwendungen während der Besitzzeit, soweit sie nicht zu den laufenden Wirtschaftsausgaben gehören, zu rechnen. Von den Gestehungskosten abzuziehen sind die durch Verschlechterung entstandenen Wertminderungen (§ 30 Abs. 2 Satz 2 des Gesetzes).

a) Für Grundstücke, die vor dem 1. Januar 1914 erworben sind, gilt der bei der Veranlagung des Wehrbeitrags festgestellte Wert als Betrag der bis dahin entstandenen Gestehungskosten, so daß diesem nur die seit dem 1. Januar 1914 gemachten besonderen Aufwendungen hinzuzurechnen und von ihm die seit dem 1. Januar 1914 durch Verschlechterung etwa entstandenen Wertminderungen abzuziehen sind.

b) Für Grundstücke, die nach dem 31. Dezember 1913 von Todes wegen im Sinne der §§ 1 bis 4 des Erbschaftssteuergesetzes, im Wege der Erbteilung, von Eltern, Großeltern oder entfernteren Voreltern sowie auf Grund einer ohne entsprechende Gegenleistung erfolgten Zuwendung unter Lebenden erworben sind, gilt, soweit die Grundstücke dauernd land- oder forstwirtschaftlichen oder gärtnerischen Zwecken oder soweit bebaute Grundstücke Wohn- oder gewerblichen Zwecken zu dienen bestimmt sind und ihre Bebauung und Benutzung der ortsüblichen Bebauung und Benutzung entspricht, der Ertragswert, sonst der gemeine Wert zur Zeit des Erwerbes als Gestehungskosten beim Erwerbe, so daß diesem Betrage die seit dem Erwerbe gemachten Aufwendungen hinzuzurechnen und von ihm die seit dem Erwerbe durch Verschlechterung etwa entstandenen Wertminderungen abzuziehen sind. An die Stelle des Ertragswerts tritt auf Antrag der gemeine Wert zur Zeit des Erwerbes.

Wird gegebenenfalls ein solcher Antrag gestellt? ....

*) Das nicht Zutreffende ist zu durchstreichen.

**) Maßgebend für die Steuerpflicht und die Ermittelung des Vermögenswerts ist der Stand am Ende des Veranlagungszeitraums erstmals am 31. Dezember 1916. Für Betriebe, bei denen regelmäßige jährliche Abschlüsse stattfinden, kann der Vermögensfeststellung der Vermögensstand am Schlusse des letzten Wirtschafts- oder Rechnungsjahrs zugrunde gelegt werden. Macht der Steuerpflichtige von dieser Möglichkeit Gebrauch, so hat er der Steuererklärung den Abschluß für das letzte Wirtschafts- oder Rechnungsjahr beizufügen.

***) Wo der Raum nicht ausreicht, kann eine besondere Aufstellung beigefügt werden.

Vermögenswert (siehe die Randbemerkung † auf Seite 1) Mark

Übertrag...

B. **Berechtigungen**, für welche die sich auf Grundstücke beziehenden Vorschriften des bürgerlichen Rechtes gelten, z. B. Erbbaurecht, Erbpachtrecht, Bergwerkseigentum, soweit nicht in 2 B enthalten: ....

2. **Betriebsvermögen** (soweit nicht schon unter 1 enthalten):

A. **Betriebskapital**, das dem Betriebe der Land- oder Forstwirtschaft oder der Gärtnerei auf fremden Grundstücken gewidmet ist:

Bezeichnung der Pachtung	Gemarkung (Gemeinde, Gutsbezirk)	Größe der Pachtung
a)		
b)		
c)		
d)		

Zu 2 A und B. Zum steuerbaren Vermögen gehören nicht Betriebsmittel, die dem Betriebe der Land- oder Forstwirtschaft oder der Gärtnerei oder des Bergbaues auf ausländischen Grundstücken oder dem Betrieb eines stehenden Gewerbes außerhalb des Deutschen Reichs gewidmet sind.

B. **Vermögen**, das dem **Betriebe des Bergbaues** oder eines **Gewerbes gewidmet** ist, einschließlich der dem Betriebe dienenden eigenen Gebäude, Grundstücke oder Berechtigungen:

Bezeichnung des Betriebs	Firma	Betriebsstätten	Geschäftsanteil des Steuerpflichtigen
a)			
b)			
c)			
d)			
e)			

Zu 2 B. Hier ist auch der Anteil zu berücksichtigen, der dem Steuerpflichtigen als Teilhaber einer offenen Handelsgesellschaft oder einer Kommanditgesellschaft an deren Betriebsvermögen zusteht.

3. **Kapitalvermögen** (gesamtes sonstiges Vermögen außer den unter III aufzuführenden Renten und anderen wiederkehrenden Nutzungen und Leistungen), nämlich:

	Mark
a) Selbständige Rechte und Gerechtigkeiten, soweit sie nicht unter 1 B fallen oder als Zubehör eines Grundstücks oder Betriebskapitals unter 1 A, 2 schon berücksichtigt sind, z. B. Verlags- oder Patentrechte	

Zu 3. Ob ein Kapital in ausländischen oder inländischen Werten angelegt ist, macht keinen Unterschied; auch Aktien einer ausländischen Aktiengesellschaft gehören zum steuerbaren Vermögen. Ebenso ist es belanglos, ob das Kapitalvermögen selbst sich im Inland oder im Auslande befindet. Wertpapiere, die in Deutschland einen Börsenkurs haben, sind mit ihrem Kurswerte, Forderungen, die in das Schuldbuch einer öffentlichen Körperschaft eingetragen sind, mit dem Kurswerte der entsprechenden Schuldverschreibungen der öffentlichen Körperschaft, Aktien ohne Börsenkurs, Kuxe, Anteile an einer Bergwerksgesellschaft oder Anteile einer Gesellschaft mit beschränkter Haftung mit ihrem Verkaufswert, andere Kapitalforderungen mit ihrem Nennwert anzusetzen, sofern nicht besondere Umstände die Veranschlagung nach einem vom Nennwert abweichenden höheren oder geringeren Werte begründen. Will der Steuerpflichtige von dem Werte seiner mit Dividendenschein gehandelten Wertpapiere einen Gewinnbetrag in Abzug bringen (§ 34 Abs. 2 des Gesetzes), so hat er die Wertpapiere, für welche der Abzug begehrt wird, nach Stückzahl oder Nennbetrag und Gattung besonders zu bezeichnen.	b) Kapitalforderungen aus Anleihen oder Schuldverschreibungen deutscher oder nichtdeutscher Staaten, Gemeinden, anderer öffentlicher Verbände, Eisenbahn- und Industrieobligationen, Pfandbriefe, Hypotheken, Grundschuldforderungen, sonstige Kapitalforderungen jeder Art, insbesondere Forderungen aus Schuldverschreibungen, Wechseln, Darlehen, Kautionen, Hinterlegungsgelder, Einlagen bei Sparkassen und Banken, Abrechnungs- und Kontokorrentguthaben, ausgenommen Bank- und sonstige Guthaben, die zur Bestreitung der laufenden Ausgaben für drei Monate dienen .... c) Aktien oder Anteilscheine, Kuxe, Geschäftsguthaben bei Genossenschaften, Geschäftsanteile und andere Gesellschaftseinlagen ..... d) Bares Geld, Banknoten und Kassenscheine (ausgenommen die aus den laufenden Jahreseinkünften vorhandenen Bestände, soweit sie zur Bestreitung der laufenden Ausgaben für drei Monate dienen), Gold und Silber in Barren .... e) Noch nicht fällige Ansprüche aus Lebens-, Kapital- oder Rentenversicherungen, zu berechnen mit $^2/_3$ der Summe der bisher gezahlten Prämien oder Kapitalbeiträge oder mit dem Rückkaufswerte....		
	Zusammen a—e.......		
	Zusammen I...		

	Vermögenswert (siehe die Randbemerkung † auf Seite 1) Mark
Übertrag...	

II. Hiervon sind abzuziehen die Kapitalschulden, soweit sie nicht schon bei Berechnung des Betriebsvermögens zu I, 2 A, B berücksichtigt sind.

	Name des Gläubigers	Wohnort des Gläubigers	Betrag Mark
a)			
b)			
c)			
d)			
e)			
		Zusammen....	

Verbleibt (ohne III) ein Reinvermögen von....

III. An Renten und anderen wiederkehrenden Nutzungen und Leistungen habe ich für mich und meine Ehefrau — hat d.. von mir — uns — vertretene Steuerpflichtige —

	zu beziehen:	zu entrichten (zu tragen):
Gegenstand und Rechtsgrund des Anspruchs oder der Verpflichtung:........................		
Geldwert der einjährigen Hebung oder Leistung (Last):	...... Mark.	...... Mark.
Name und Wohnort { des Verpflichteten: / des Berechtigten:		
Tag, Monat, Jahr, seit welchem der Anspruch oder die Last besteht:		
Zeitpunkt oder Ereignis, mit dessen Eintritt der Anspruch oder die Last wegfällt:		
Falls die Dauer des Anspruchs oder der Last vom Leben einer Person oder mehrerer Personen abhängt, Angabe des Namens, der Wohnung sowie Tag, Monat und Jahr der Geburt dieser Person:		

Zu II. Nicht abzugsfähig sind Schulden, die zur Bestreitung der laufenden Haushaltungskosten eingegangen sind (Haushaltungsschulden), sowie Schulden und Lasten, welche in wirtschaftlicher Beziehung zu nicht steuerbaren Vermögensteilen stehen (Bemerkung zu I, 1; I 2 A und B); vgl. auch Seite 1 Anmerkung 1.

Zu III. Genaue Auskunft über die nebenbezeichneten Punkte ist erforderlich, damit die Steuerpflicht oder Abzugsfähigkeit der Bezüge oder Lasten beurteilt und ihr Kapitalwert vorschriftsmäßig berechnet werden kann.

Ansprüche auf Gehalt, Besoldung, Remuneration u. dgl., die dem Steuerpflichtigen als Entgelt für seine Arbeitstätigkeit zustehen, gehören in keinem Falle hierher. Wegen der Abzugsfähigkeit der unter III fallenden Lasten vgl. die Bemerkung zu II.

IV. a) In dem vorstehend angegebenen Reinvermögen ist Vermögen enthalten, das aus dem Nachlasse meine s/r am ....19.. verstorbenen Ehemanns/Ehefrau herrührt. Das Nachlaßvermögen betrug zur Zeit des Todes..........ℳ, wovon auf mich entfallen sind............ℳ. Das Vermögen des verstorbenen Ehegatten betrug an dem für die Wehrbeitragsveranlagung — für die letzte Besitzsteuerveranlagung maßgebenden Zeitpunkt — bei Eintritt der Steuerpflicht..........ℳ.

b) In dem vorstehend angegebenen Reinvermögen ist eine Kapitalabfindung von ....ℳ enthalten, die als Entschädigung für den durch Körperverletzung herbeigeführten gänzlichen oder teilweisen Verlust der Erwerbsfähigkeit am .... von der .... gezahlt — noch zu zahlen — ist.

V. Das Anfangsvermögen ist durch Wehrbeitrags-Veranlagungsbescheid — Besitzsteuerbescheid — Feststellungsbescheid — der (Behörde, die den Bescheid erteilt hat, Nr. der Wehrbeitragsliste oder der Besitzsteuerliste) festgestellt worden auf ....ℳ.*)

VI. Eine besondere Berechnung des steuerbaren Vermögens nach dem Stande bei Beginn des 1. Januar 1914 — bei dem nach diesem Zeitpunkte liegenden späteren Eintritte der Steuerpflicht .... — liegt bei**).

Anmerkung:

Von Steuerpflichtigen, deren Vermögen den Betrag von 100000 ℳ nicht übersteigt, welche Kindern auf Grund gesetzlicher Verpflichtung (§§ 1601 bis 1615 B. G. B.) Unterhalt gewähren und daher gemäß § 27 Abs. 1 des Gesetzes Anspruch auf Ermäßigung der Steuer haben, sind hier Zahl und Alter der in Betracht kommenden minderjährigen Kinder anzugeben. Ebenso sind die Verhältnisse darzulegen, die einen Anspruch auf Ermäßigung der Steuer nach § 27 Abs. 2 des Gesetzes begründen.

Ich versichere / Wir versichern hiermit, daß die vorstehenden Angaben nach bestem Wissen und Gewissen gemacht sind.

............, den....ten............19.....

Besitzsteuererklärungen ohne Unterschrift gelten als nicht abgegeben.

....

(Unterschrift.)

*) Wenn dem Steuerpflichtigen nicht mehr bekannt, ist der Ort anzugeben, an dem er zur Zeit der Abgabe der Wehrbeitragserklärung oder der letzten Besitzsteuererklärung gewohnt hat.

**) Für solche Steuerpflichtige, deren Vermögen bei der Wehrbeitragsveranlagung nicht rechtskräftig festgestellt ist oder deren Besitzsteuerpflicht erst nach dem 1. Januar 1914 eingetreten ist. Haben bei Beginn des Veranlagungszeitraums die abzugsfähigen Schulden und Lasten den Gesamtwert des Aktivvermögens überstiegen oder hat bei einem Vermögen über 20000 ℳ bis 30000 ℳ der Vermögenszuwachs mehr als 10000 ℳ betragen, so ist eine besondere Berechnung des Vermögens nicht erforderlich, es genügt vielmehr eine bezügliche Angabe des Sachverhalts.

Besitzsteueramt .... **Muster 3.**

Nr. .... der Besitzsteuerliste.
Nr. .... des Sollbuchs.

(Ausführungsbestimmungen § 55.)

........, den....ten...........19....

Besitzsteuerbescheid.

Auf Grund des Besitzsteuergesetzes vom 3. Juli 1913 wird die von Ihnen für die Zeit vom 1. April 191... bis 31. März 191... zu zahlende Besitzsteuer auf

................Mark

hiermit festgesetzt.

Der Vermögenszuwachs ist folgenderweise berechnet worden:

Die hiernach berechnete Besitzsteuer ist gemäß § 27 Abs. 1 — § 27 Abs. 2 — des Gesetzes um ...... vom Hundert ermäßigt worden. Wegen der verspäteten Abgabe der Besitzsteuererklärung ist gemäß § 54 Abs. 2 des Gesetzes gegen Sie ein Zuschlag von .... vom Hundert festgesetzt worden.*)

Die Feststellung Ihres steuerbaren Vermögens — einschließlich des Vermögens Ihrer Ehefrau — auf den oben angegebenen Betrag von .... Mark ist für Ihre künftige Veranlagung zur Besitzsteuer maßgebend.

Die Besitzsteuer ist in .....jährlichen Teilbeträgen von ....Mark an d............................... zu zahlen.

Der erste Teilbetrag ist spätestens am ...., die weiteren je bis spätestens den .... zu entrichten. Es steht Ihnen frei die späteren Teilbeträge im voraus zu zahlen.

Gegen diesen Bescheid ist d.......... binnen.........., beginnend mit dem Tage der Zustellung, zulässig. D........ ist....... anzubringen.

Durch die Einlegung d........... wird die Zahlung der Besitzsteuer nicht aufgehalten.

(Unterschrift)

....

Die Feststellung weicht von den Angaben der Besitzsteuererklärung ab:

*) Nichtzutreffendes ist zu streichen.

Besitzsteueramt . . . .

Nr. . . . . der Besitzsteuerliste.

Muster 4.

(Ausführungsbestimmungen § 56 Abs. 2.)

. . . . . ., den . . . . ten . . . . . 19 . . .

Feststellungsbescheid.

Auf Grund der §§ 12, 13 des Besitzsteuergesetzes vom 3. Juli 1913 sind Sie — und Ihre Ehefrau — für die Zeit vom 1. April 19 . . . . bis 31. März 19 . . . von der Zahlung einer Besitzsteuer freigestellt worden. Als Anfangsvermögen für eine künftige Veranlagung zur Besitzsteuer ist Ihr Vermögen am 1. Januar 19 . . . . maßgebend. Dieses ist festgestellt auf . . . . Mark.

Gegen diesen Bescheid ist d . . . . binnen . . . . , beginnend mit dem Tage der Zustellung, zulässig. D . . . . ist . . . . anzubringen.

. . . .

Unterschrift)

Die Feststellung weicht von den Angaben der Besitzsteuererklärung ab:

Preußische Ausführungsvorschriften

vom 1. Dezember 1916 zum Besitzsteuergesetze vom 3. Juli 1913 (RGBl. S. 524) **und zum Kriegssteuergesetze vom 21. Juni 1916** (RGBl. S. 561) **sowie zu den Ausführungsbestimmungen des Bundesrats.*)**

(Weggelassen sind die Bestimmungen über den inneren Dienst der Steuerbehörden und über deren Verkehr mit anderen Behörden.)

Behörden und deren Zuständigkeit.

Art. 1. I. Durch Allerhöchste Verordnung vom 14. Mai 1914 (Gesetzsamml. S. 91) ist folgendes bestimmt:

1. Als die für die Verwaltung der Besitzsteuer zuständigen Behörden (Besitzsteuerämter) werden die Einkommensteuer-Veranlagungskommissionen bestimmt. Sie unterstehen den Regierungen — und für die Haupt- und Residenzstadt Berlin der Direktion für die Verwaltung der direkten Steuern — als Oberbehörden.
2. Gegen den Steuer- und den Feststellungsbescheid steht die Berufung an die Einkommensteuer-Berufungskommission und gegen deren Entscheidung die Beschwerde an das Oberverwaltungsgericht zu. Auf das Rechtsmittelverfahren finden die Vorschriften der §§ 44, 48 bis 54 des Einkommensteuergesetzes sinngemäße Anwendung.
3. Die Androhung und Festsetzung von Zwangsstrafen (§ 54 Abs. 1, § 56 Abs. 2, § 58 Abs. 4, § 62 Abs. 4 des

---

*) Abkürzungen: Bes.St.Bund-A. = Ausführungsbestimmungen zum Besitzsteuergesetze, K.St.Bund-A. = Ausführungsbestimmungen zum Kriegssteuergesetze.

Besitzsteuergesetzes), die Verhängung von Ordnungsstrafen (§ 83), die Festsetzung von Besitzsteuerzuschlägen (§ 54 Abs. 2), die Festsetzung der von dem Steuerpflichtigen zu erstattenden Kosten (§ 60), die Stundungen und die Genehmigung der Entrichtung der Steuer in Teilbeträgen (§ 71) erfolgen durch die Vorsitzenden der Einkommensteuer-Veranlagungskommissionen. Gegen deren Entscheidungen steht dem Beitragspflichtigen innerhalb vier Wochen die Beschwerde an den Vorsitzenden der Einkommensteuer-Berufungskommission offen.

4. Insoweit sonst nach den Vorschriften des Einkommensteuergesetzes die Regierungen und für die Haupt- und Residenzstadt Berlin die Direktion für die Verwaltung der direkten Steuern zur Mitwirkung berufen sind, haben diese Behörden auch die gleichartigen Entscheidungen hinsichtlich der Besitzsteuer zu treffen.
5. Die Gemeinden und selbständigen Gutsbezirke sind verpflichtet, in ihren Bezirken die Einzelerhebung der veranlagten Steuerbeträge sowie deren Abführung an die zuständigen Staatskassen zu bewirken.

II. Oberbehörden im Sinne der Bundesrats-Ausführungsbestimmungen sind außer den Königlichen Regierungen, für Berlin der Königlichen Direktion für die Verwaltung der direkten Steuern, gegebenenfalls die Vorsitzenden der Einkommensteuer-Berufungskommissionen.

Art. 2. 1. Nach § 25 des Kriegssteuergesetzes gelten, soweit dieses Gesetz nichts anderes vorschreibt, die Vorschriften des Besitzsteuergesetzes über die Veranlagung und Erhebung der Besitzsteuer entsprechend für die Veranlagung der Kriegssteuer.

Ebenso finden nach § 2 der Kriegssteuerausführungsbestimmungen des Bundesrats für die Veranlagung und Erhebung der Kriegssteuer die Besitzsteuer-Ausführungsbestimmungen entsprechende Anwendung, soweit sich aus dem Kriegssteuergesetz und den Kriegssteuer-Ausführungsbestimmungen nichts anderes ergibt.

2. Die nachstehenden Vorschriften beschränken sich darauf, die erstmalige Veranlagung der Besitzsteuer und ihre Erhebung sowie die gleichzeitig stattfindende Kriegssteuerveranlagung und Erhebung gemeinsam zu regeln.

Abweichungen der materiellrechtlichen Bestimmungen des Besitzsteuergesetzes und des Kriegssteuergesetzes von denen des Ergänzungssteuergesetzes.

Art. 3. Gegenstand der Besteuerung ist der Vermögenszuwachs. Als solcher gilt der Unterschied zwischen dem reinen Werte des steuerbaren Gesamtvermögens am Anfang und am Ende des Veranlagungszeitraums (in der Regel 31. Dezember 1913 und 31. Dezember 1916). Die Berechnung dieses Vermögenszuwachses erfolgt abgesehen von den Abweichungen der §§ 3 bis 7 des Kriegssteuergesetzes nach den Vorschriften des Besitzsteuergesetzes. Bei der Berechnung sind die folgenden materiellrechtlichen Abweichungen von dem Ergänzungssteuergesetze zu beachten:

1. Das Ergänzungssteuergesetz nennt im § 4 I Nr. 1 als Gegenstände des steuerbaren Vermögens neben den Grundstücken Nießbrauchs- und andere selbständige Rechte und Gerechtigkeiten, welche einen in Geld schätzbaren Wert haben. Das Besitzsteuergesetz bestimmt im § 3:

„Den Grundstücken (§ 2 Nr. 1) stehen gleich Berechtigungen, für welche die sich auf Grundstücke beziehenden Vorschriften des bürgerlichen Rechtes gelten"

und führt im § 6 unter dem Kapitalvermögen auf:

„1. selbständige Rechte und Gerechtigkeiten".

2. Nach § 7b des Ergänzungssteuergesetzes umfaßt das steuerbare Kapitalvermögen bares Geld deutscher Währung, fremde Geldsorten, Banknoten und Kassenscheine „mit Ausschluß der aus den laufenden Jahreseinkünften vorhandenen Bestände".

Im § 6 Nr. 4 des Besitzsteuergesetzes sind von der Besteuerung ausgenommen: „die aus den laufenden Jahreseinkünften vorhandenen Bestände und Bank- oder sonstige Guthaben, soweit sie zur Bestreitung der laufenden Ausgaben für drei Monate dienen".

3. Nach § 6 Nr. 5 des Besitzsteuergesetzes ist der Kapitalwert der Rechte auf Renten und andere wiederkehrende Leistungen, welche dem Berechtigten auf seine Lebenszeit, auf die Lebenszeit eines anderen, auf unbestimmte Zeit oder auf die Dauer von mindestens zehn Jahren zustehen, dem Empfänger auch dann anzurechnen und bei dem Geber in Abzug zu bringen, wenn die Leistungen auf Grund einer Schenkung erfolgen. Der Kapitalwert einer auf einem Schenkungsversprechen beruhenden Rente ist also für die Besitzsteuer dem Beschenkten anzurechnen, während bei dem Schenker nach § 10 des Gesetzes entsprechender Abzug stattfindet.

4. Nach § 7c des Besitzsteuergesetzes gehören nicht zum beitragspflichtigen Vermögen Ansprüche auf Renten und ähnliche Bezüge, die mit Rücksicht auf ein früheres Arbeits- oder Dienstverhältnis gewährt werden. Die Fassung ist etwas weiter als diejenige des § 7, Schlußsatz, des Ergänzungssteuergesetzes.

5. Die Bestimmungen über die subjektive Steuerpflicht der physischen Personen entsprechen im wesentlichen den nach § 2 I des preußischen Ergänzungssteuergesetzes für die Ergänzungssteuerpflicht der physischen Personen maßgebenden Bestimmungen im § 1 des preußischen Einkommensteuergesetzes mit der aus der Natur des Besitzsteuergesetzes als eines Reichsgesetzes sich als selbstverständlich ergebenden Maßgabe, daß die Beitragspflicht sich nicht auf die preußischen Staatsangehörigen beschränkt, sondern sich auf die Reichsangehörigen erstreckt.

Ausländer sind steuerpflichtig, wenn sie im Deutschen Reiche einen Wohnsitz oder in Ermangelung eines Wohnsitzes ihren dauernden Aufenthalt haben.

6. Wie bei dem Ergänzungssteuergesetz erstreckt sich die Steuerpflicht nach dem Besitzsteuergesetze nur auf physische Personen, während das Kriegssteuergesetz auch auf juristische Personen ausgedehnt worden ist. Ihr Kreis ist weiter gezogen als im Wehrbeitragsgesetze.

7. Die Bestimmung im § 5 Nr. 5 des Ergänzungssteuergesetzes, nach der dem Haushaltungsvorstande dasjenige Vermögen des Haushaltungsangehörigen zuzurechnen ist, an welchem ihm die Nutznießung zusteht, findet sich in dem Besitzsteuergesetze nicht. Insbesondere sind also Vermögen, die minderjährigen Kindern gehören, nicht bei dem Vater oder der Mutter, denen die Nutznießung zusteht, sondern bei den Kindern beitragspflichtig.

8. Abweichend vom Ergänzungssteuergesetze sind für die Bewertung desjenigen Grundbesitzes, der dauernd land- oder forstwirtschaftlichen Zwecken zu dienen bestimmt ist, dieselben Grundsätze maßgebend, wie für das übrige Grundvermögen. Zugrunde zu legen ist der gemeine Wert (Verkaufswert) oder auf Antrag des Steuerpflichtigen der Betrag der nachgewiesenen oder glaubhaft gemachten Gestehungskosten. Soweit bei Bemessung der Gestehungskosten der Ertragswert (§§ 31, 32 des Besitzsteuergesetzes) zugrunde zu legen ist, decken sich die Bewertungsvorschriften mit den Bestimmungen des § 11 des Ergänzungssteuergesetzes.

9. Abweichend vom Ergänzungssteuergesetze findet sich im § 34 des Besitzsteuergesetzes die Bestimmung, daß bei Wertpapieren, die in Deutschland einen Börsenkurs haben und die mit Dividendenscheinen gehandelt werden, ein Betrag in Abzug gebracht werden darf, der für die seit Auszahlung des letzten Gewinns abgelaufene Zeit dem letztmalig verteilten Gewinn entspricht.

An die Stelle der Börsenkurse (§ 34 des Besitzsteuergesetzes) treten die durch das Gesetz über die Festsetzung von Kursen der zum Börsenhandel zugelassenen Wertpapiere vom 9. November 1916 (Reichs-Gesetzbl. S.1269) festgesetzten Kurse.

10. Wegen Bewertung der auf bestimmte Zeit beschränkten Nutzungen oder Leistungen enthält der § 37 des Besitzsteuergesetzes Vorschriften, die sich mit denjenigen des Ergänzungssteuergesetzes nicht völlig decken.

Ermittelung des Ertragswerts von Grundstücken.

Art. 4. 1. Wird der gemäß § 31 des Besitzsteuergesetzes für die Bewertung maßgebende Ertrag nach den Betriebsergebnissen selbstbewirtschafteter Besitzungen geschätzt, so ist nach Abs. 2 a. a. O. der Wert der Tätigkeit des Selbstbewirtschafters gemäß § 37 Bes.St.Bund-A. in Abzug zu bringen.

2. Wird der Ertragswert *selbstbewirtschafteter* Betriebe aus Pachtpreisen anderer Besitzungen abgeleitet (§ 37 Bes.St.Bund-A.), so darf der Wert der Tätigkeit des Selbstbewirtschafters vom Rohertrage nicht in Abzug gebracht werden, da in den Pachtpreisen der Wert der Arbeit des Pächters nicht enthalten ist.

3. Die Bestimmungen des § 45 Bes.St.Bund-A. finden für Preußen bei der Ermittlung des Ertragswerts von Gebäuden keine Anwendung, da bei der letztmaligen Revision der Gebäudesteuer der Nutzungswert der Gebäude aus Mietpreisen abgeleitet ist, die in den Jahren 1898 bis 1907 bedungen worden sind. Auch der Grundsteuerreinertrag kann der Ermittelung des Ertragswerts vom Grundbesitze nicht unmittelbar zugrunde gelegt werden, da er den gegenwärtigen Verhältnissen nicht mehr entspricht.

Aufforderung zur Abgabe der Besitzsteuer- und Kriegssteuererklärung.

Art. 7. 1. Auf Grund des § 12 Bes.St.Bund-A. wird für die Einzelpersonen als Frist für die Abgabe der Besitzsteuer- und Kriegssteuererklärung die Zeit vom 4. Januar bis 15. Februar 1917 bestimmt.

Die Gesellschaften und anderen juristischen Personen haben eine Steuererklärung bis zum 31. Januar 1917 abzugeben (§ 10 K.St.Bund-A. und Art. 10).

2. Ende des Monats Dezember 1916, spätestens am 26., erläßt der Vorsitzende der Veranlagungskommission die öffentlichen Aufforderungen zur Abgabe der Besitzsteuer- und Kriegssteuererklärung (§ 14 Bes.St.Bund-A., § 8 K.St.Bund-A.) nach den beigefügten Mustern A und A 1.

3. Gleichzeitig übersendet er allen Personen mit einem Vermögen von mehr als 20000 ℳ, allen Personen mit einem Einkommen von mehr als 9000 ℳ und den Personen, von denen er annimmt, daß sich ihr Vermögen seit dem 1. Januar 1914 bis 31. Dezember 1916 um mehr als 3000 ℳ auf mindestens 11000 ℳ erhöht hat, ein Formular zur Besitzsteuer- und Kriegssteuererklärung nebst einem Abdrucke der öffentlichen Aufforderung nach Muster A als Drucksache.

An die übrigen in die Besitzsteuerliste aufgenommenen Personen ist, sofern anzunehmen ist, daß sie zur Besitzsteuer oder zur Kriegssteuer heranzuziehen sind, eine besondere Aufforderung zu richten, in der Zeit vom 4. Januar bis zum 15. Februar 1917 eine Besitzsteuer- und Kriegssteuererklärung abzugeben.

Die zu den Besitzsteuer- und Kriegssteuererklärungen anzuwendenden Formulare sind durch die Königliche Regierung in Potsdam zu beziehen.

4. Den in die Kriegssteuerliste B aufgenommenen Gesellschaften und anderen juristischen Personen ist ein Formular zur Kriegssteuererklärung nach Muster 4 K.St.Bund-A. nebst einem Abdrucke der öffentlichen Aufforderung nach Muster A 1 zu übersenden.

5. Nachträglich ermittelten und den neu in die Steuerpflicht tretenden Personen ist, sobald sie in die Besitzsteuerliste oder die Zugangsliste aufgenommen sind, sogleich eine besondere Aufforderung zur Abgabe einer Erklärung binnen einer Frist von zwei Wochen zuzustellen.

6. Nach § 28 Abs. 2 des Besitzsteuergesetzes kann der Beitragspflichtige, unbeschadet der Nachprüfung nach § 57 des Besitzsteuergesetzes, verlangen, daß das in einem Betriebe, für welchen regelmäßige jährliche Abschlüsse stattfinden, angelegte Vermögen nach dem Bestand und Wert am Schlusse des letzten Wirtschafts- oder Rechnungsjahrs festgestellt wird (vgl. hierzu § 28 Bes.St.Bund-A.). Als letztes Wirtschafts- oder Rechnungsjahr (Betriebsjahr) gilt dasjenige, dessen Ergebnis bei Abgabe der Erklärung feststand. Will der Beitragspflichtige seiner Erklärung den noch nicht festgestellten Abschluß vom 31. Dezember 1916 zugrunde legen, so ist ihm eine angemessene, keinesfalls über den 15. April 1917 hinausgehende Frist zu gewähren.

In den übrigen Fällen (§ 16 Bes.St.Bund-A.) ist eine Verlängerung der Frist zur Abgabe der Besitzsteuer- und Kriegssteuererklärung in der Regel nicht über den 15. März 1917 hinaus zu bewilligen.

Nochmalige Aufforderung und Straffestsetzung.

Art. 8. 1. Hat jemand, dem nach Art. 7 eine öffentliche Aufforderung zur Abgabe einer Besitzsteuer- und Kriegssteuererklärung zugesandt ist, eine solche bis zum 15. Februar 1917 nicht abgegeben, auch keine Fristverlängerung erhalten, so prüft der Vorsitzende der Veranlagungskommission zunächst, ob bestimmte Anhaltspunkte dafür vorliegen, daß der Betreffende zur Abgabe einer Erklärung auf Grund der öffentlichen Aufforderung verpflichtet war. Zutreffendenfalls erläßt er sogleich eine nochmalige Aufforderung mit angemessener, in der Regel achttägiger Frist.

Ergeben sich Zweifel, ob eine Verpflichtung zur Abgabe der Erklärung auf Grund öffentlicher Aufforderung vorliegt, so ist zunächst eine besondere Aufforderung nach Muster B mit einer Frist von zwei Wochen zu erlassen.

2. Bleibt die nochmalige Aufforderung erfolglos, so hat der Vorsitzende der Veranlagungskommission gegen den

Pflichtigen eine angemessene Geldstrafe festzusetzen und weiterhin gemäß § 19 Abs. 2 Bes.St.Bund-A. zu verfahren. (Wegen Einziehung und Verrechnung der Strafen siehe Art. 31.)

3. Gegen Pflichtige, die eine besondere Aufforderung zur Abgabe der Vermögenserklärung bereits erhalten haben, kann nach fruchtlosem Ablaufe der Frist unter Wiederholung der Aufforderung sogleich eine Geldstrafe festgesetzt werden.

Prüfung der Vermögenserklärungen.

Art. 9. 1. Ein formelles Verfahren zur Erörterung der Besitzsteuer- und Kriegssteuererklärungen ist nach dem Gesetze nicht vorgeschrieben. Es empfiehlt sich aber, etwaige Bedenken hinsichtlich der Erklärungen dem Beitragspflichtigen mitzuteilen. Diese Mitteilung kann zweckmäßig mit der Erörterung der Steuererklärung bezw. Vermögensanzeige verbunden werden.

2. Ebenso wie die Unterlagen der Veranlagung zur Einkommensteuer und zur Ergänzungssteuer bei der Feststellung der Besitzsteuer und Kriegssteuer benutzt werden müssen, sind in gleicher Weise die bei der Veranlagung zu letzterer gewonnenen Unterlagen, insbesondere der Inhalt der Besitzsteuer- und Kriegssteuererklärungen, für die Veranlagung zur Einkommensteuer und Ergänzungssteuer nutzbar zu machen.

Vorläufige Festsetzung der Kriegssteuer der Gesellschaften.

Art. 10. Die der Kriegssteuer unterliegenden Gesellschaften haben, soweit Abschlüsse für drei Kriegsgeschäftsjahre (§ 15 Kriegssteuergesetz) noch nicht vorliegen, eine die beiden ersten Kriegsgeschäftsjahre umfassende Steuererklärung zum Zwecke der vorläufigen Festsetzung der Kriegssteuer bis zum 31. Januar 1917 abzugeben. Die weitere Steuererklärung zum Zwecke der endgültigen Festsetzung ist binnen sechs Monaten nach Ablauf des dritten Kriegsgeschäftsjahrs abzugeben. Ihr rechtzeitiger Eingang ist vom Vorsitzenden der Veranlagungskommission zu überwachen.

Festsetzung der Besitzsteuer und der Kriegssteuer.

Art. 11. 1. Soweit die Besitzsteuer- und Kriegssteuererklärungen vorliegen und die darauf Bezug habenden Verhandlungen zum Abschlusse gebracht sind, haben die Veranlagungskommissionen über die auf einen Steuerpflichtigen zu veranlagende Einkommensteuer, Ergänzungssteuer, Besitzsteuer und Kriegssteuer in der Regel in einer und derselben Sitzung Beschluß zu fassen.

2. Wird die Aussetzung der Veranlagung hinsichtlich einer Steuerart notwendig, so sind die Ergebnisse weitererer Ermittelungen auch zur Berichtigung der bereits erfolgten Veranlagung anderer Steuerarten zu benutzen.

Steuerpflichtige, die erst nach dem Listenabschluß (Art. 12) veranlagt werden können, sind in die Zugangsliste aufzunehmen.

3. Zur ziffermäßigen Ermittelung der Besitzsteuer und der Kriegssteuer ist ein besonderer Umschlagbogen zu verwenden, auf dem die Einzelberechnung des Vermögens zu erfolgen hat. Diese Einzelberechnung muß auch noch späterhin eine Nachprüfung aller der Festsetzung der Steuern zugrunde liegenden Zahlen ermöglichen. Sie ist mit dem Festsetzungsvermerke des Vorsitzenden zu versehen und muß auf abweichenden Beschlüssen der Veranlagungskommission beruhende Änderungen erkennen lassen.

4. Bei der Festsetzung der Abgabe gemäß § 9 Ziff. 2 des Kriegssteuergesetzes ist, solange eine Erklärung des Pflichtigen nicht vorliegt, zunächst davon auszugehen, daß das festgestellte Anfangsvermögen sich nicht vermindert hat.

5. Die Festsetzung des Zuschlags gemäß § 54 Abs. 2 des Besitzsteuergesetzes durch den Vorsitzenden der Ver-

anlagungskommission hat sich unmittelbar an die Veranlagung anzuschließen.

6. Als Anhalt für die Festsetzung der Besitzsteuer und der Kriegssteuer können die in Anlage I abgedruckten Beispiele dienen.

Steuerbescheide.

Art. 14. 1. Für den Besitzsteuerbescheid sind Formulare nach Anleitung des Musters 3 Bes.St.Bund=A., für den Feststellungsbescheid Formulare nach Muster 4 ebenda zu verwenden.

2. Es ist zu beachten, daß Feststellungsbescheide solchen besitzsteuerfrei bleibenden Personen nicht zu erteilen sind, deren für eine künftige Veranlagung zur Besitzsteuer maßgebender Vermögensstand bereits rechtskräftig feststeht (vgl. § 56 Ziff. 1 Bes.St.Bund=A.).

3. Der Kriegssteuerbescheid für Einzelpersonen ist nach Anleitung des Musters 5 K.St.Bund=A. auszufertigen.

Der Besitzsteuerbescheid und der Kriegssteuerbescheid sind möglichst miteinander zu verbinden.

4. Für Gesellschaften und sonstige juristische Personen sind Formulare nach Muster 6 bezw. 6a K.St.Bund=A. zu verwenden.

5. Es ist zulässig, in den Mitteilungen über die Berechnung der Steuer und über Abweichungen von der Besitzsteuer= bezw. Kriegssteuererklärung auf vorangegangene Erörterungen hinzuweisen.

6. Die Bescheide können, sofern dadurch keine Verzögerung verursacht wird, zugleich mit den Benachrichtigungsschreiben über die Veranlagung zur Staatseinkommensteuer und zur Ergänzungssteuer zugestellt werden. In diesem Falle ist die Zusammenfassung in einem Umschlage zulässig.

7. Die Zustellung des vorläufigen Bescheids (§ 29 Abs. 3 Kriegssteuergesetz, § 28 Ziff. 2 K.St.Bund=A.) hat in jedem Falle sogleich nach erfolgter Festsetzung der Abgabe zu erfolgen.

Rechtsmittel.

Art. 18. 1. Gegen das Ergebnis der Veranlagung steht dem Beitragspflichtigen, wie auch dem Vorsitzenden der Veranlagungskommission, die Berufung an die Berufungskommission zu.

Gegen die Entscheidung der letzteren ist dem Beitragspflichtigen und dem Vorsitzenden der Berufungskommission die Beschwerde an das Oberverwaltungsgericht gegeben. Der Vorsitzende der Berufungskommission hat vor deren Einlegung unter Einreichung der Verhandlungen dem Finanzminister zu berichten und dessen Bestimmung einzuholen.

2. Die Vorschriften über das Verfahren bei der Bearbeitung der Berufungen in Einkommensteuer- und Ergänzungssteuersachen finden sinngemäße Anwendung. Beschwerden gegen die Entscheidung der Berufungskommission sind mit allen Verhandlungen dem Oberverwaltungsgerichte vorzulegen.

3. Die Bearbeitung der Berufung gegen die Veranlagung zur Besitzsteuer und zur Kriegssteuer kann, wenn angängig, mit der vom Beitragspflichtigen gleichzeitig angebrachten Berufung gegen die Veranlagung zur Ergänzungssteuer verbunden werden. Jede Verzögerung in der Erörterung und Entscheidung der Berufungen im Besitzsteuer- und Kriegssteuerverfahren ist zu vermeiden.

4. Die Ausfertigung der Entscheidung auf Besitzsteuer- und Kriegssteuerberufungen kann verbunden werden. Mit den andere Steuerarten betreffenden Entscheidungen darf sie nicht vereinigt werden. Der gleichzeitigen Zustellung verschiedener Entscheidungen steht dagegen nichts im Wege.

5. Wird die veranlagte Besitzsteuer oder Kriegssteuer im Rechtsmittelverfahren ermäßigt, so veranlaßt der Vorsitzende der Veranlagungskommission unverzüglich die Zustellung der Entscheidung an den Steuerpflichtigen und versieht sofort die Hebestelle mit Nachricht wegen der Erstattung zuviel erhobener Beträge und etwa zu vergütender Zinsen. Gleichzeitig hat der

Vorsitzende hinsichtlich der gestundeten Beträge und wegen der erforderlich werdenden Freigabe geleisteter Sicherheiten das Erforderliche zu veranlassen.

Erhebung der Besitzsteuer und der Kriegsabgabe, Ablieferung der erhobenen Beträge, Führung der Kassenbücher.

Art. 19. 5. Die Quittungsleistung der Hebestelle kann auf dem Steuerzettel oder dem Veranlagungsbescheid erfolgen.

6. Gehen bei einer Hebestelle, die nur von einem Beamten verwaltet wird, Vorauszahlungen (§ 40 K.St.Bund-A.) ein, so ist dem Einzahler eine vorläufige Bescheinigung zu erteilen und der Betrag alsbald an die Kreiskasse abzuliefern. Der Rentmeister der Kreiskasse erteilt sodann unter Gegenzeichnung des Kassenrevisors die vorgeschriebene Quittung und übersendet sie portofrei dem Einzahler.

Erhebung und Ablieferung der Steuerbeträge.

Art. 20. 1. Die Besitzsteuer ist in Halbjahrsteilen zu entrichten. Sie wird mit je einem Sechstel des veranlagten Steuersatzes am 10. Juli und 10. Januar der in den Erhebungszeitraum fallenden Rechnungsjahre fällig (§§ 24, 70 Besitzsteuergesetz).

Jahresbeträge unter 10 ℳ (§ 70 Abs. 2) sind im Julitermin zu entrichten.

2. Die Fälligkeit der Kriegssteuer richtet sich nach den Vorschriften im § 31 Kriegssteuergesetz.

3. Der Vorsitzende der Veranlagungskommission setzt die Hebestelle davon in Kenntnis, wenn die Zustellung der Steuerbescheide in der Hauptsache beendet ist.

Die Hebestelle hat für den rechtzeitigen Eingang der ihr durch das Sollbuch oder im Wege der Zugangstellung zur Einziehung überwiesenen Beträge Sorge zu tragen.

Ist die Frist zur Entrichtung eines Besitzsteuer- oder Kriegssteuer-Teilbetrags abgelaufen, ohne daß Zahlung erfolgt ist, so hat die Hebestelle den Pflichtigen mit dreitägiger Frist zu mahnen. Nach fruchtlosem Ablaufe der Mahnfrist ist zur Zwangsvollstreckung nach den Bestimmungen der Verordnung vom 15. November 1899 und der dazu ergangenen Ausführungsvorschriften zu schreiten (vgl. Art. 90 Nr. 3 der Eink.-Anw.).

Außerhebungsetzung von Kriegssteuerbeträgen.

Art. 27. Über Anträge auf Außerhebungsetzung von Kriegssteuer auf Grund der Bestimmung im § 22 Abs. 1 des Kriegssteuergesetzes (§ 30 K.St.Bund-A.) entscheidet als Oberbehörde der Vorsitzende der Einkommensteuer-Berufungskommission. Beschwerden gegen seine Entscheidung sind mit allen Vorgängen dem Finanzminister vorzulegen.

Anträge aus § 30 Ziff. 2 K.St.Bund-A. sowie Anträge auf Befreiung einzelner außerordentlicher Vermögensanfälle von der Abgabe (§ 36 Kriegssteuergesetz, § 31 K.St.Bund-A.) und Anträge aus § 69 Ziff. 6 Bes.St.Bund-A. sind mit gutachtlichen Äußerungen des Vorsitzenden der Veranlagungskommission und des Vorsitzenden der Berufungskommission dem Finanzminister vorzulegen.

Ermäßigung von Besitzsteuerbeträgen.

Art. 28. Die Entscheidung auf die Beschwerde gegen einen Bescheid des Vorsitzenden der Veranlagungskommission auf Grund der Vorschriften im § 38 Abs. 3, § 43 Abs. 2, § 44 Abs. 2, § 46 des Besitzsteuergesetzes (§ 69 Ziff. 2 Bes.St.-Bund-A.) wird dem Vorsitzenden der Einkommensteuer-Berufungskommission übertragen.

Nachlaßverzeichnisse.

Art. 29. 1. Die Standesämter und die Gerichte haben die gemäß § 61 des Besitzsteuergesetzes zu machenden

Mitteilungen an die Gemeindebehörden (Magistrat, Gemeinde-, Gutsvorstand) des Wohnorts des Verstorbenen zu richten.

2. Der Gemeinde-(Guts-)vorstand verwertet diese Mitteilungen bei Aufstellung der von ihm gemäß Art. 83 Ziff. 6 und 7, Art. 87 Ziff. 1 der Ausführungsanweisung zum Einkommensteuergesetze bezw. dem Erlasse vom 22. März 1913 — II. 1448 — dem Vorsitzenden der Veranlagungskommission einzureichenden Abgangslisten.

Mit Rücksicht auf die Fristbestimmung im § 62 des Besitzsteuergesetzes hat der Vorsitzende der Veranlagungskommission dafür Sorge zu tragen, daß die Vorlage der Abgangslisten rechtzeitig erfolgt.

3. Der Vorsitzende der Veranlagungskommission prüft die Abgangslisten darauf, ob bei den wegen Todesfalls in Abgang gestellten Steuerpflichtigen Anlaß zur Einforderung eines Nachlaßverzeichnisses vorliegt. Von der Befugnis zur Einforderung des Nachlaßverzeichnisses hat er nach pflichtmäßigem Ermessen da Gebrauch zu machen, wo dies nach den Umständen des Falles geboten ist. Unnötige Belästigungen der Steuerpflichtigen sind zu vermeiden.

4. Für die Einforderung des Nachlaßverzeichnisses werden in der Regel nur solche Fälle in Frage kommen, wo der Nachlaß auf Ehegatten oder Kinder des Verstorbenen übergegangen ist, da gemäß § 62 Abs. 3 des Besitzsteuergesetzes die Pflicht zur Einreichung eines Verzeichnisses nicht besteht, wenn auf Grund des Erbschaftssteuergesetzes vom 3. Juni 1906 eine den gesamten Nachlaß umfassende Erbschaftssteuererklärung zu erstatten ist.

Bei den Anordnungen, betreffend die Mitteilung der Akten der Erbschaftssteuerämter an die Veranlagungsbehörden, behält es auch fernerhin sein Bewenden.

5. Zuständig für die Einforderung des Nachlaßverzeichnisses ist das Besitzsteueramt, in dessen Bezirk der Erblasser steuerpflichtig war.

Prüfung des Veranlagungs- und Einziehungsverfahrens.

Art. 30. 1. Der Vorsitzende der Berufungskommission hat bei der ihm obliegenden Überwachung der Amtstätigkeit der Vorsitzenden der Veranlagungskommissionen auf dem Gebiete der Staatssteuerveranlagung sich auch der Prüfung der Veranlagungen zur Besitzsteuer und zur Kriegsabgabe zu unterziehen und gegebenenfalls für die Nachveranlagung solcher Steuern Sorge zu tragen, deren Veranlagung zu Unrecht unterblieben ist (§ 73 Besitzsteuergesetz, § 33 Ziff. 3 K.St.Bund A.).

Er ist befugt, die dem Vorsitzenden der Veranlagungskommission in diesen Vorschriften zugewiesenen Obliegenheiten für einzelne Bezirke oder einzelne Personen oder Gesellschaften ganz oder teilweise selbst zu übernehmen.

Verwaltungsstrafverfahren.

Art. 31. 1. Im Verwaltungsstrafverfahren, welches nach den Vorschriften des Gesetzes, betreffend das Verwaltungsstrafverfahren bei Zuwiderhandlungen gegen die Zollgesetze, vom 26. Juli 1897 (Gesetzsamml. S. 237) zu handhaben ist, entscheiden in den Fällen der § 54 Abs. 1, § 56 Abs. 2, § 58 Abs. 4, § 62 Abs. 4 des Besitzsteuergesetzes an Stelle der Hauptzollämter die Vorsitzenden der Veranlagungskommissionen und im Beschwerdeverfahren die Vorsitzenden der Berufungskommissionen, in allen übrigen Fällen die Königlichen Regierungen. Der Erlaß vom 17. März 1914 — II. 3445 —, betreffend das Strafverfahren in Wehrbeitragsangelegenheiten, hat sinngemäße Anwendung zu finden.

Berlin, den 1. Dezember 1916.

Der Finanzminister.
Lentze.

Anlage I.

Beispiele für die Festsetzung der Besitzsteuer und der Kriegssteuer.

A. I. Besitzsteuer.

Reinvermögen am 31. Dezember 1916 . . . . . 26500 ℳ
abgerundet . . . . 26000 „
Anfangsvermögen . . . . 16000 „
Vermögenszuwachs . . . . 10000 ℳ
gemäß § 12 steuerfrei.

II. Kriegssteuer.

a) § 9^1. Reinvermögen . . . . 26500 ℳ
ab (§ 3) . . . . 3000 „
= 23500 ℳ
abgerundet . . . . 23000 „
Anfangsvermögen . . . . 16000 „
Vermögenszuwachs . . . . 7000 ℳ
Abgabe 350 ℳ.

b) § 9^2. Reinvermögen . . . . 26000 ℳ
ab 90 % von 16000 ℳ . . . . = 14400 „
Mehr . . = 11600 ℳ
Davon unterliegen der Kriegssteuer . . 7000 „
bleiben . . . . 4600 ℳ
Abgabe 46 ℳ.

B. I. Besitzsteuer.

Reinvermögen am 31. Dezember 1916 . . . . . 20900 ℳ
abgerundet . . . . 20000 „
Anfangsvermögen . . . . 8000 „
Vermögenszuwachs . . . . 12000 ℳ
gemäß § 13 Abs. 1 steuerfrei.

II. Kriegssteuer.

a) § 9^1.	Reinvermögen		20900 M
	ab § 3 (Erbanfall)	15000 M	
	zu § 5	5800 „	— 9200 „
	bleiben		11700 M
	abgerundet		11000 „
	Anfangsvermögen		8000 „
	Vermögenszuwachs		3000 M
	gemäß § 8^1 steuerfrei.		
b) § 9^2.	Reinvermögen		20000 M
	ab 90 % von 8000 M . . =	7200 M	
	„ „ „ 15000 „ . . =	13500 „	20700 „
	(§ 15 Besitzsteuergesetz, § 17 K.St.Bund-A.)		0
	gemäß § 9^2 Abs. 2 steuerfrei.		

C. I. Besitzsteuer.

Reinvermögen am 31. Dezember 1916	26500 M
abgerundet	26000 „
Anfangsvermögen	11000 „
Vermögenszuwachs	15000 M
Davon sind gemäß § 13^2 steuerpflichtig	6000 „
Abgabe 45 M.	

II. Kriegssteuer.

a) § 9^1.	Reinvermögen		26500 M
	ab nach § 3	13000 M	
	zu §§ 4, 5, 6	1000 „	—12000 „
	=		14500 M
	abgerundet		14000 „
	Anfangsvermögen		11000 „
	Vermögenszuwachs		3000 M
	gemäß § 8^1 steuerfrei.		

b) § 9². Reinvermögen		26000 ℳ
90 % von 11000 ℳ		9900 „
Mehr . .	=	16100 ℳ
Davon unterliegen der Besitzsteuer . . .		6000 „
bleiben		10100 ℳ

Abgabe 101 ℳ.

D.

I. Besitzsteuer.

Reinvermögen am 31. Dezember 1916	30500 ℳ
abgerundet	30000 „
Anfangsvermögen	19000 „
Vermögenszuwachs	11000 ℳ
gemäß § 13² steuerpflichtig	10000 „

Abgabe 75 ℳ.

II. Kriegssteuer.

a) § 9¹. Reinvermögen		30500 ℳ
ab nach § 3		10200 „
	=	20300 ℳ
abgerundet		20000 „
Anfangsvermögen		19000 „
Vermögenszuwachs		1000 ℳ

gemäß § 8¹ steuerfrei.

b) § 9². Reinvermögen		30000 ℳ
90 % von 19000 ℳ		17100 „
	=	12900 ℳ
Davon unterliegen der Besitzsteuer . . .		10000 „
bleiben		2900 ℳ

Abgabe 29 ℳ.

E. I. Besitzsteuer.

Reinvermögen am 31. Dezember 1916		100900	M.
abgerundet		100000	„
Anfangsvermögen		90000	„
Vermögenszuwachs		10000	M.

gemäß § 12 steuerfrei.

II. Kriegssteuer.

a) § 9¹.

Reinvermögen		100900	M.
ab nach § 3	5300 M.		
zu nach § 6	6000 „	700	„
		101600	M.
abgerundet		101000	„
Anfangsvermögen		90000	„
Vermögenszuwachs		11000	M.

Abgabe 600 M.

b) § 9².

Reinvermögen	100000	M.
90 % des Anfangsvermögens	81000	„
bleiben	19000	M.
Der Abgabe nach § 9¹ unterliegen	11000	„
bleiben	8000	M.

Abgabe 80 M.

F. I. Besitzsteuer.

Reinvermögen am 31. Dezember 1916	200600	M.
abgerundet	200000	„
Anfangsvermögen	180000	„
Zuwachs	20000	M.

Abgabe 170 M.

II. Kriegssteuer.

a) § 9[1].	Reinvermögen		200600 ℳ
	ab nach § 3		19000 „
			= 181600 ℳ
		abgerundet	181000 „
	Anfangsvermögen		180000 „
		Vermögenszuwachs	1000 ℳ
	gemäß § 8 steuerfrei.		
b) § 9[2].	Reinvermögen		200000 ℳ
	90 % des Anfangsvermögens		162000 „
		bleiben	38000 ℳ
	davon unterliegen der Besitzsteuer		20000 „
		bleiben	18000 ℳ
	Abgabe 180 ℳ.		

G. I. Besitzsteuer.

Reinvermögen am 31. Dezember 1916		91650 ℳ
Anfangsvermögen		98000 „
	Vermögenszuwachs	0

II. Kriegssteuer.

a) § 9[1].	Frei.		
b) § 9[2].	Reinvermögen		91000 ℳ
	90 % von 98000 ℳ		88200 „
		Mehr	2800 ℳ
	Abgabe 28 ℳ.		

Muster A.
(Artikel 7.)

Veranlagungsbezirk ....,
Kreis ....

.........., den ....ten ...... 191...

Öffentliche Bekanntmachung.

Veranlagung der Besitzsteuer und der Kriegssteuer.

Auf Grund des § 52 Absatz 1 des Besitzsteuergesetzes und des § 26 Absatz 1 des Kriegssteuergesetzes werden hiermit

a) alle Personen mit einem steuerbaren Vermögen von 20000 ℳ und darüber, welche nicht zum Wehrbeitrage veranlagt sind, sowie alle Personen, deren Vermögen sich seit der Veranlagung zum Wehrbeitrag um mehr als 10000 ℳ erhöht hat;

b) alle Personen, deren Vermögen sich seit dem 1. Januar 1914 bis 31. Dezember 1916 um mehr als 3000 ℳ auf mindestens 11000 ℳ erhöht hat,

im Veranlagungsbezirk aufgefordert, die Besitzsteuer- und Kriegssteuererklärung nach dem vorgeschriebenen Formular in der Zeit vom 4. Januar bis zum 15. Februar 1917*) dem Unterzeichneten schriftlich oder zu Protokoll unter der Versicherung abzugeben, daß die Angaben nach bestem Wissen und Gewissen gemacht sind.

Andere als die oben bezeichneten Personen sind zu der freiwilligen Abgabe einer Besitzsteuer- und Kriegssteuererklärung berechtigt. Von dieser Befugnis Gebrauch zu machen, liegt im dringendsten Interesse der Beteiligten, um irrtümliche Veranlagungen seitens der Veranlagungsbehörden auszuschließen.

Die oben bezeichneten Personen sind zur Abgabe der Vermögenserklärung verpflichtet, auch wenn ihnen eine besondere Aufforderung oder ein Formular nicht zugegangen ist. Auf Verlangen wird jedem Pflichtigen das vorgeschriebene Formular von heute ab im Amtslokal des Unterzeichneten und bei den Gemeindebehörden kostenlos verabfolgt.

Die Einsendung schriftlicher Erklärungen durch die Post ist zulässig, geschieht aber auf Gefahr des Absenders und deshalb zweckmäßig mittels Einschreibebriefs. Mündliche Erklärungen werden von dem Unterzeich-

*) Für die in außereuropäischen Ländern und Gewässern Abwesenden verlängert sich diese Frist bis Ende Juni, für die im europäischen Auslande Abwesenden bis Ende Februar.

neten während der Geschäftsstunden in seinem Amtslokal zu Protokoll entgegengenommen.

Wer die Frist zur Abgabe der ihm obliegenden Steuererklärung versäumt, ist gemäß § 54 des Besitzsteuergesetzes mit Geldstrafe bis zu 500 ℳ zu der Abgabe anzuhalten; auch hat er einen Zuschlag von 5 bis 10 % der geschuldeten Steuer verwirkt.

Wissentlich unrichtige oder unvollständige Angaben in der Besitzsteuer- und Kriegssteuererklärung sind in den §§ 76, 77 des Besitzsteuergesetzes und den §§ 33, 34 des Kriegssteuergesetzes mit Geldstrafen und gegebenenfalls mit Gefängnis bis zu einem Jahre und mit Verlust der bürgerlichen Ehrenrechte bedroht.

**Der Vorsitzende
der Einkommensteuer-Veranlagungskommission.**

(Der dem Pflichtigen zu übersendende Abdruck ist auf die erste Seite eines halben Bogens Konzeptpapier zu drucken. Darunter und auf der Rückseite sind in zweigespaltener Petitschrift nachfolgende Bestimmungen abzudrucken:

A. Besitzsteuergesetz: §§ 27, 52, 53, 54, 57 Abs. 1, 76, 77.

B. Kriegssteuergesetz: §§ 1, 3, 4, 5, 6, 10, 26, 33, 34 Abs. 1, 2.

Angaben über Amtslokal und Geschäftsstunden können in den Abdrucken auf der ersten Seite in die linke obere Ecke gesetzt werden.)

Muster A 1.
(Artikel 7.)

Veranlagungsbezirk ....
Kreis ....

........., den ..ten .... 1916.

Öffentliche Bekanntmachung.

Veranlagung der Kriegssteuer für juristische Personen.

Auf Grund des § 26 Absatz 2 des Kriegssteuergesetzes werden hiermit die Vorstände, persönlich haftenden Gesellschafter, Repräsentanten, Geschäftsführer und Liquidatoren

a) aller inländischen Aktiengesellschaften, Kommanditgesellschaften auf Aktien, Berggewerkschaften und anderer Bergbau treibenden Vereinigungen, letztere, soweit sie die Rechte juristischer Personen haben, Gesellschaften mit beschränkter Haftung und eingetragenen Genossenschaften,

b) aller Gesellschaften der vorbezeichneten Art, die ihren Sitz im Auslande haben, aber im Inland einen Geschäftsbetrieb unterhalten,

im Veranlagungsbezirk aufgefordert, die Kriegssteuererklärung nach dem vorgeschriebenen Formular bis zum 31. Januar 1917 dem Unterzeichneten schriftlich oder zu Protokoll unter der Versicherung abzugeben, daß die Angaben nach bestem Wissen und Gewissen gemacht sind.

Soweit die Kriegssteuererklärung nicht die sämtlichen in Betracht kommenden Kriegsgeschäftsjahre umfaßt, ist eine weitere Steuererklärung zum Zwecke der endgültigen Festsetzung der Kriegssteuer binnen sechs Monaten nach Abschluß des letzten Kriegsgeschäftsjahrs abzugeben.

Die oben bezeichneten Personen sind zur Abgabe der Kriegssteuererklärung verpflichtet, auch wenn ihnen eine besondere Aufforderung oder ein Formular nicht zugegangen ist. Auf Verlangen wird jedem Pflichtigen das vorgeschriebene Formular von heute ab im Amtslokal des Unterzeichneten kostenlos verabfolgt.

Die Einsendung schriftlicher Erklärungen durch die Post ist zulässig, geschieht aber auf Gefahr des Absenders und deshalb zweckmäßig mittels Einschreibebriefs. Mündliche Erklärungen werden von dem Unterzeichneten während der Geschäftsstunden in seinem Amtslokal entgegengenommen.

Wer die Frist zur Abgabe der ihm obliegenden Erklärung versäumt, ist gemäß § 54 des Besitzsteuergesetzes mit Geldstrafe bis zu 500 *M* zu der

Abgabe anzuhalten, auch hat er einen Zuschlag von 5 bis 10 % der geschuldeten Steuer verwirkt.

Wissentlich unrichtige oder unvollständige Angaben in der Kriegssteuererklärung sind in den §§ 33, 34 des Kriegssteuergesetzes mit Geldstrafen und gegebenenfalls mit Gefängnis bis zu einem Jahre und mit Verlust der bürgerlichen Ehrenrechte bedroht.

Der Vorsitzende
er Einkommensteuer-Veranlagungskommission.

Der den Gesellschaften zu übersendende Abdruck ist auf die erste Seite eines halben Bogens Konzeptpapier zu drucken. Darunter sind in zweigespaltener Petitschrift abzudrucken: §§ 25 Abs. 2, 26 Abs. 2, 33, 34 des Kriegssteuergesetzes, §§ 54, 57 Abs. 1 des Besitzsteuergesetzes, § 10 der Ausführungsbestimmungen des Bundesrats zum Kriegssteuergesetze.

Muster B.
(Artikel 7.)

Der Vorsitzende
der Einkommensteuer-Veranlagungskommission.

Veranlagungsbezirk........, Kreis...........
Nr. der Besitzsteuerliste..........

........, den .....ten .... 191....

Auf Grund des § 52 Abs. 2 des Besitzsteuergesetzes und der §§ 25, 26 des Kriegssteuergesetzes werden Sie hiermit aufgefordert, die Besitzsteuer- und Kriegssteuererklärung (für d.... von Ihnen zu vertretende..........) nach dem beiliegenden Formular bis zum 15. Februar 1917 (binnen.......) dem Unterzeichneten schriftlich oder zu Protokoll unter der Versicherung abzugeben, daß die Angaben nach bestem Wissen und Gewissen gemacht sind.

Die Einsendung der schriftlichen Erklärung durch die Post ist zulässig, geschieht aber auf Gefahr des Absenders und deshalb zweckmäßig mittels Einschreibebriefs. Mündliche Erklärungen werden von dem Unterzeichneten .... (Amtslokal, Geschäftsstunden) .... zu Protokoll entgegengenommen.

Wer die Frist zur Abgabe der ihm obliegenden Steuererklärung versäumt, ist gemäß § 54 des Besitzsteuergesetzes mit Geldstrafe bis zu 500 ℳ zu der Abgabe anzuhalten, auch hat er einen Zuschlag von 5 bis 10% der geschuldeten Steuer verwirkt.

Wissentlich unrichtige oder unvollständige Angaben in der Steuererklärung sind in den §§ 76, 77 des Besitzsteuergesetzes und den §§ 33, 34 des Kriegssteuergesetzes mit Geldstrafen und gegebenenfalls mit Gefängnis bis zu einem Jahre und mit Verlust der bürgerlichen Ehrenrechte bedroht.

An

....

in

....

(Die Aufforderung ist auf die erste Seite eines halben Bogens Konzeptpapier zu drucken. Darunter und auf der Rückseite sind die in der Anmerkung zu Muster A angegebenen Bestimmungen abzudrucken.)

Muster C.
(Artikel 8.)

Der Vorsitzende
der Einkommensteuer-Veranlagungskommission.

Veranlagungsbezirk.........., Kreis..........
Nr. der Besitzsteuerliste.........

..........., den .....ten ....191...

Sie sind der ergangenen öffentlichen / Ihnen zugestellten Aufforderung zur Abgabe der vorgeschriebenen Besitzsteuer- und Kriegssteuererklärung (für die von Ihnen zu vertretende ....) behufs Veranlagung der Besitzsteuer und Kriegssteuer bis heute nicht nachgekommen und haben hierdurch einen Zuschlag von 5 bis 10% der geschuldeten Steuer verwirkt.

Auf Grund des § 54 des Besitzsteuergesetzes fordere ich Sie hierdurch nochmals auf, bei Vermeidung einer Geldstrafe von .... ℳ nunmehr längstens innerhalb 8 Tagen, vom Tage der Zustellung dieser Verfügung ab gerechnet, die Besitzsteuer- und Kriegssteuererklärung nach dem beiliegenden Formulare bei dem Unterzeichneten schriftlich oder zu Protokoll abzugeben.

Die Einsendung der schriftlichen Erklärung durch die Post ist zulässig, geschieht aber auf Gefahr des Absenders und deshalb zweckmäßig mittels Einschreibebriefs. Mündliche Erklärungen werden von dem Unterzeichneten .... (Amtslokal, Geschäftsstunden) .... zu Protokoll entgegengenommen.

Wissentlich unrichtige oder unvollständige Angaben in der Besitzsteuer- und Kriegssteuererklärung sind in den §§ 76, 77 des Besitzsteuergesetzes und den §§ 33, 34 des Kriegssteuergesetzes mit Geldstrafen und gegebenenfalls mit Gefängnis bis zu einem Jahre und mit Verlust der bürgerlichen Ehrenrechte bedroht.

An

....

in

....

Preußisches Ergänzungssteuergesetz
in der vom 1. April 1909 an gültigen Fassung.

(Aufgenommen sind nur die Vorschriften über die Steuerpflicht, das steuerbare Vermögen und die Wertbestimmung.)

---

§ 1. Vom 1. April 1895 ab wird eine Ergänzungssteuer nach Maßgabe der folgenden Bestimmungen erhoben.

I. Steuerpflicht.

§ 2. Der Ergänzungssteuer unterliegen:

I. die im § 1 des Einkommensteuergesetzes zu Nr. 1 bis 3 bezeichneten physischen Personen nach dem Gesamtwert ihres steuerbaren Vermögens (§ 4);

II. ohne Rücksicht auf Staatsangehörigkeit, Wohnsitz oder Aufenthalt alle physischen Personen nach dem Werte

a) ihres preußischen Grundbesitzes,

b) ihres dem Betriebe der Land- oder Forstwirtschaft, einschließlich der Viehzucht, des Wein-, Obst- und Gartenbaues, dem Betriebe des Bergbaues oder eines stehenden Gewerbes in Preußen dienenden Anlage- und Betriebskapitals.

§ 3. Befreit von der Ergänzungssteuer sind die gemäß § 3 des Einkommensteuergesetzes zu Nr. 1 bis 4 von der Einkommensteuer befreiten Personen.

Die Befreiungen zu Nr. 3 und 4 daselbst erstrecken sich nicht auf das im § 2 zu II bezeichnete Vermögen und bleiben in denjenigen Fällen ausgeschlossen, in welchen in den betreffenden Staaten Gegenseitigkeit nicht gewährt wird.

II. Maßstab der Besteuerung.

1. Steuerbares Vermögen.

§ 4. Der Besteuerung unterliegt das gesamte bewegliche und unbewegliche Vermögen nach Abzug der Schulden (§ 8).

I. Als steuerbares Vermögen im Sinne dieses Gesetzes gelten insbesondere:

1. Grundstücke (Liegenschaften und Gebäude) nebst allem Zubehöre, Bergwerkseigentum, Nießbrauchs- und andere selbständige Rechte und Gerechtigkeiten, welche einen in Geld schätzbaren Wert haben;
2. das dem Betriebe der Land- oder Forstwirtschaft, einschließlich der Viehzucht, des Wein-, Obst- und Gartenbaues, dem Betriebe des Bergbaues oder eines Gewerbes dienende Anlage- und Betriebskapital (§ 6);
3. das sonstige Kapitalvermögen (§ 7).

II. Von der Besteuerung sind jedoch ausgeschlossen:

1. die außerhalb Preußens belegenen Grundstücke;
2. das dem Betriebe der Land- oder Forstwirtschaft, des Bergbaues oder eines stehenden Gewerbes außerhalb Preußens dienende Anlage- und Betriebskapital.

III. Als steuerbares Vermögen im Sinne dieses Gesetzes gelten nicht:

Möbel, Hausrat und andere bewegliche körperliche Sachen, insofern dieselben nicht als Zubehör eines Grundstücks (I Nr. 1) oder als Bestandteil eines Anlage- und Betriebskapitals (I Nr. 2) anzusehen sind.

§ 5. Behufs der Steuerveranlagung werden hinzugerechnet:

1. die zu einer Fideikommißstiftung (§ 3 des Erbschaftssteuergesetzes in der Fassung vom 24. Mai 1891, Gesetzsamml. S. 78) gehörigen Vermögen oder Vermögensteile dem jeweiligen Fideikommißbesitzer;

2. das zu einer ungeteilten Nachlaßmasse gehörige Vermögen den Erben nach Verhältnis ihres Erbteils;
3. die zum Anlage- und Betriebskapital einer nicht gemäß § 1 Nr. 4 bis 6 des Einkommensteuergesetzes der Einkommensteuer unterliegenden Erwerbsgesellschaft gehörigen Werte den einzelnen Teilhabern nach Maßgabe ihres Anteils;
4. dem Ehemanne das Vermögen seiner Ehefrau, insoweit ihm das Einkommen daraus gemäß § 10 des Einkommensteuergesetzes bei der Veranlagung zur Einkommensteuer hinzuzurechnen ist;
5. dem Haushaltungsvorstande dasjenige Vermögen der Haushaltungsangehörigen, an welchem ihm die Nutznießung zusteht.

§ 6. Das Anlage- und Betriebskapital (§ 4 I Nr. 2) umfaßt die sämtlichen dem betreffenden Betriebe gewidmeten Gegenstände und Rechte, welche einen in Geld schätzbaren Wert haben.

Bei Steuerpflichtigen, welche außerhalb Preußens einen stehenden Betrieb durch Errichtung von Zweigniederlassungen, Fabrikations-, Ein- oder Verkaufsstätten oder in sonstiger Weise unterhalten, bleibt derjenige Teil des Anlage- und Betriebskapitals, welcher auf den außerhalb Preußens unterhaltenen Betrieb entfällt, außer Ansatz.

§ 7. Das sonstige Kapitalvermögen (§ 4 I Nr. 3) umfaßt:

a) verzinsliche und unverzinsliche, verbriefte und unverbriefte Kapitalforderungen jeder Art einschließlich des Wertes von Aktien oder Anteilscheinen, Kommanditanteilen, Kuxen, Geschäftsguthaben bei Genossenschaften, Geschäftsanteilen und anderen Gesellschaftseinlagen;
b) bares Geld deutscher Währung, fremde Geldsorten, Banknoten und Kassenscheine, mit Ausschluß der aus den laufenden Jahreseinkünften des Steuerpflichtigen

(§ 6 des Einkommensteuergesetzes) vorhandenen Bestände, sowie Gold und Silber in Barren,

insoweit die Werte zu a und b nicht als Teile eines Anlage- und Betriebskapitals (§ 6) anzusehen sind;

c) den Kapitalwert der Rechte auf Apanagen, Renten, Leibrenten, Altenteilsbezüge und auf andere periodische geldwerte Hebungen, welche dem Steuerpflichtigen auf seine Lebenszeit oder auf die Lebenszeit eines anderen, auf unbestimmte Zeit oder auf die Dauer von mindestens zehn Jahren entweder vertragsmäßig als Gegenleistung für die Hingabe von Vermögenswerten oder aus letztwilligen Verfügungen oder Familienstiftungen oder vermöge hausgesetzlicher Bestimmungen zustehen.

Die Bestimmung zu c findet keine Anwendung auf Ansprüche an Witwen-, Waisen- und Pensionskassen, auf Ansprüche aus einer Kranken- oder Unfall- oder der gesetzlichen Invaliditäts- und Altersversicherung, auf Pensionen, welche mit Rücksicht auf ein früheres Arbeits- oder Dienstverhältnis gezahlt werden, sowie auf Renten, welche in letztwilligen Verfügungen Personen zugewendet sind, die zum Hausstande des Erblassers gehört und in einem Dienstverhältnisse zu demselben gestanden haben.

§ 8. Von dem Aktivvermögen sind in Abzug zu bringen:

1. die dinglichen und persönlichen Kapitalschulden des Steuerpflichtigen mit Ausschluß derjenigen Verbindlichkeiten, welche zur Bestreitung der laufenden Haushaltuugskosten eingegangen sind (Haushaltungsschulden),
2. der Kapitalwert der vom Steuerpflichtigen oder aus einer Fideikommißstiftung zu entrichtenden Apanagen, Renten, Altenteile und sonstigen periodischen, geldwerten Leistungen, auf welche die Voraussetzungen im § 7 zu c Abs. 1 zutreffen,

insoweit diese Verbindlichkeiten (Nr. 1 und 2) nicht zu Vermögensteilen wirtschaftlich in Beziehung stehen, welche bei der Veranlagung außer Betracht zu lassen sind (§ 4 II).

Erstreckt sich die Besteuerung lediglich auf die im § 2 II zu a und b bezeichneten Vermögensteile, so sind nur diejenigen Schulden usw. abzugsfähig, welche zu diesen Vermögensteilen wirtschaftlich in Beziehung stehen.

Eine wirtschaftliche Beziehung zwischen Schuld und Grundbesitz ist insbesondere anzunehmen, wenn die Schuld für den Erwerb oder zum Zwecke der Verbesserung oder Bebauung des Grundbesitzes aufgenommen ist. Die Eintragung im Grundbuch ist nicht entscheidend.

2. Wertbestimmung.

§ 9. Bei Berechnung und Schätzung des steuerbaren Vermögens wird der Bestand und gemeine Wert der einzelnen Teile desselben zur Zeit der Veranlagung (Vermögensanzeige) zugrunde gelegt, soweit nicht im nachstehenden etwas anderes bestimmt ist.

§ 10. Bei Landwirtschafts- und Gewerbebetrieben, bei denen regelmäßige jährliche Abschlüsse stattfinden, kann bei der Berechnung und Schätzung des steuerbaren Vermögens der Vermögensstand am Schlusse des letzten Wirtschafts- oder Rechnungsjahrs zugrunde gelegt werden.

§ 11. Bei der Einschätzung von Grundstücken, die dauernd land- oder forstwirtschaftlichen Zwecken zu dienen bestimmt sind, einschließlich der dazu gehörenden, denselben Zwecken dienenden Gebäude und des Zubehörs wird der Ertragswert zugrunde gelegt. Als Ertragswert gilt das Fünfundzwanzigfache des Reinertrags, den die Grundstücke als solche nach ihrer wirtschaftlichen Bestimmung bei gemeinüblicher Bewirtschaftung im Durchschnitte nachhaltig gewähren können.

Bei der Veranschlagung des Wertes von Grundstücken, welche dem Betriebe der Land- oder Forstwirtschaft, der Viehzucht, dem Wein-, Obst- oder Gartenbaue dienen, sind auch das lebende und tote Wirtschaftsinventar sowie die sonst zum Anlage- und Betriebskapital (§ 6) gehörigen Werte — einschließlich der den gewerblichen Nebenbetrieben dienenden Gegenstände — mit der Maßgabe zu berücksichtigen, daß Mehr- oder Minderwerte des Inventars gegenüber einem wirtschaftlich normalen Bestand in Zu- oder Abrechnung zu bringen sind. Aus den wirtschaftlichen Vorjahren noch vorhandene, zum Verkaufe bestimmte Vorräte kommen als selbständige Vermögensstücke in Anrechnung.

Der Wert derjenigen Grundstücke, welche einem bergbaulichen, einem Handels- oder Gewerbebetriebe gewidmet sind, ist bei der Ermittelung des dem betreffenden Betriebe dienenden Anlage- und Betriebskapitals zu berücksichtigen.

§ 12. Bares Geld deutscher Währung, Reichskassenscheine und Reichsbanknoten gelangen mit dem Nennwerte, Silber und Gold in Barren sowie fremde Geldsorten mit dem Verkaufswert in Ansatz.

Im übrigen sind Wertpapiere, wenn dieselben in Deutschland einen Börsenkurs haben, nach diesem, anderenfalls nach ihrem Verkaufswerte zu veranschlagen.

Alle sonstigen Kapitalforderungen und Schulden sind mit dem Nennwert in Ansatz zu bringen, insofern nicht die Voraussetzungen des § 16 Abs. 4 oder andere Umstände vorliegen, welche die Annahme eines von dem Nennwert abweichenden Verkaufswerts begründen.

§ 13. Behufs Ermittelung des Kapitalwerts von Nießbrauchsrechten, Apanagen, Renten, Leibrenten, Altenteilsbezügen und anderen periodischen Nutzungen und Leistungen ist, sofern nicht der im § 5 Nr. 1 vorgesehene Fall vorliegt, der Geldwert der einjährigen Nutzung oder Leistung nach Maßgabe der folgenden Vorschriften zugrunde zu legen:

I. Bei immerwährenden Nutzungen und Leistungen wird das 25fache des einjährigen Betrags, bei Nutzungen und Leistungen von unbestimmter Dauer, falls nicht die Vorschriften unter II und III Anwendung finden, oder anderweite die längste Dauer begrenzende Umstände nachgewiesen werden, das 12½fache des einjährigen Betrags als Kapitalwert angenommen.

II. Ist das Recht auf die Lebenszeit des Berechtigten oder einer anderen Person beschränkt, so bestimmt sich der Kapitalwert nach dem zur Zeit der Veranlagung (Vermögensanzeige) erreichten Lebensalter der Person, bei deren Tode das Recht erlischt, und wird bei einem Lebensalter derselben

von	15 Jahren oder weniger auf das					18 fache,
über	15 Jahre	bis zu	25 Jahren	auf das		17 „ ,
„	25 „	„ „	35 „	„ „		16 „ ,
„	35 „	„ „	45 „	„ „		14 „ ,
„	45 „	„ „	55 „	„ „		12 „ ,
„	55 „	„ „	65 „	„ „		8½ „ ,
„	65 „	„ „	75 „	„ „		5 „ ,
„	75 „	„ „	80 „	„ „		3 „ ,
„	80 „	auf das				2 „

der einjährigen Nutzung oder Leistung angenommen.

III. Ist die Dauer des Rechtes von der Lebenszeit mehrerer Personen dergestalt abhängig, daß beim Tode der zuerst versterbenden die Nutzung oder Leistung erlischt, so ist für die nach der Bestimmung zu II vorzunehmende Wertermittelung das Lebensalter der ältesten Person maßgebend. Wenn das Bezugsrecht bis zum Tode der letztversterbenden Person fortdauert, erfolgt die Berechnung nach dem Lebensalter der jüngsten Person.

IV. Der Kapitalwert der auf bestimmte Zeit eingeschränkten Nutzungen oder Leistungen ist für den Zeitpunkt der Veranlagung (Vermögensanzeige) unter Zugrundelegung eines vierprozentigen Zinsfußes nach der beigefügten Hilfstabelle (s. Anlage 1 auf S. 305) zu ermitteln. Ist jedoch die Dauer des Rechtes noch außerdem durch die Lebenszeit einer oder mehrerer

Personen bedingt, so darf der nach den Bestimmungen zu II und III zu berechnende Kapitalwert nicht überschritten werden.

V. Bei Nutzungen oder Leistungen, welche ihrem Betrag oder ihrem Geldwerte nach nicht feststehen, wird der Geldwert des im letzten Leistungsjahre entrichteten Betrags, und wenn eine volle Jahresleistung noch nicht stattgefunden hat, der Geldwert des mutmaßlich für das laufende Jahr zu entrichtenden Betrags zugrunde gelegt.

§ 14. Vom Kapitalwert unverzinslicher befristeter Forderungen und Schulden werden für die Zeit bis zur Fälligkeit vier Prozent Jahreszinsen in Abzug gebracht.

§ 15. Noch nicht fällige Ansprüche aus Lebens-, Kapital- und Rentenversicherungen kommen mit zwei Dritteln der Summe der eingezahlten Prämien oder Kapitalbeiträge, falls aber der Betrag nachgewiesen wird, für welchen die Versicherungsanstalt die Police zurückkaufen würde, mit diesem Rückkaufswert in Anrechnung.

§ 16. Außer im Falle des § 15 bleiben die von einer noch nicht eingetretenen aufschiebenden Bedingung abhängigen Rechte und Lasten außer Betracht.

Rechte und Lasten, deren Fortdauer von einer noch nicht eingetretenen auflösenden Bedingung abhängt, werden wie unbedingte behandelt.

Die in den Abs. 1 und 2 enthaltenen Bestimmungen sind gleichmäßig auch auf die von einem Ereignisse, welches nur hinsichtlich des Zeitpunkts seines Eintritts ungewiß ist, abhängigen Rechte und Lasten anzuwenden.

Unbeitreibliche Forderungen bleiben außer Ansatz.

Alphabetisches Sachregister.

(Die größeren Zahlen bezeichnen die Seiten, die kleineren Zahlen sowie die Buchstaben die Anmerkungen oder ihre Unterabteilungen.)

A

Abänderung der Veranlagung aus Billigkeitsgründen 219.

Abfindungen, beim Erwerbe von Grundstücken 121.
— für einen Erbverzicht 125.
— bei fortgesetzter Gütergemeinschaft 126.
— s. auch Kapitalabfindung.

Abgabe, Erhebung vom Vermögenszuwachse 1 ff.
— Nichterhebung 67.
— Ermäßigung 97 f., 103⁶, 105¹².

Abgaben, öffentliche, als Gestehungskosten 120⁶, 127⁵.

Abgabeschuld, Begründung 79⁴.

Abkömmlinge, Ermäßigung der Steuer 98, 99⁴, 103⁸.

Ableben eines Steuerpflichtigen 227⁴, 232.
— s. auch Tod.

Ablehnung von Zeugnissen oder Gutachten 203 ff.

Ablösungsrenten 54⁶ᵃ.

Abnutzung während der Besitzzeit 121, 122.

Abrechnungen von Banken usw., Einsichtnahme 206.

Abrundung, des Vermögens für die Veranlagung 105, 111¹⁴.
— der Steuerbeträge 226.

Abschlüsse, regelmäßige jährliche, Zugrundelegung 19, 105, 107⁸, 109¹⁰, ¹².
— Einreichung 108⁹.
— Maßgeblichkeit 109¹¹, 140.
— Berichtigungen, Verschiebungen 110¹³.
— unrichtige Angaben 235⁵ᵇ.

Abschreibungen, Berücksichtigung bei Ermittelung des Normalreinertrags 140C.
— Nichtabzug von der Miete 152.

Absicht der Steuerhinterziehung 238¹⁰, § 77, 239⁵.

Abstandnahme von der Nachveranlagung 174.

Abtretung, rechtsgültige, von Vermögen 8⁴ᶜ.

Abwesende, Abgabe der Steuererklärung 193², 194⁵.
— Verhandlung im Strafverfahren 239, 241¹⁰.

Abwesenheit, zeitweilige, vom Wohnsitze 63.

Abzug, der Schulden 6, 11⁵.

(Abzug):
— der Schulden und Leistungen 50, 51² ff.
— für Wertpapiere mit Dividendenschein 156, 158⁵.
— für unverzinsliche befristete Forderungen und Schulden 176.

Abzüge, bei Ermittelung des Normalreinertrags 142.
— für Nebenleistungen und Instandhaltungskosten 123, 149¹⁸, 150.

Affektionswert 112³.

Akten der Behörden, Einsichtnahme 212.

Aktien, als Kapitalvermögen 23, 35⁸.
— kein Bergwerkseigentum 15¹⁰.
— ausländischer Gesellschaften 22⁴, 25.
— Bewertung nach dem Börsenkurse 157².
— ohne Börsenkurs 159, 160².
— Schätzung des Wertes 159, 161⁶ᵃ ff.

Aktiengesellschaften, keine Anrechnung des Betriebsvermögens bei den Teilhabern 19⁴.
— Auskunftspflicht 207, 208².

Altenteile, Kapitalwert als Vermögen 41²¹.
— als Reallast 58.

Alter, s. Lebensalter, Lebenszeit.

Amortisationsfonds der Pfandbriefschuldner 33⁷ᵃ.

Anfangsvermögen 81³.
— nach dem Wehrbeitragsgesetze 83, 84², ³.
— in der Folgezeit 85 ff.

(Anfangsvermögen):
— bei Begründung oder Erweiterung der Steuerpflicht 88, 89⁴, 91³.
— beim Übergange der unbeschränkten in die beschränkte Steuerpflicht 89⁵.
— Mitteilung in dem Feststellungsbescheide 216⁸.

Angaben, wissentlich unrichtige oder unvollständige 234, 235⁵ᵃ, 238, 242, 244.
— Berichtigung oder Ergänzung 242, 243, 244.

Angenommene Kinder, Wohnsitz 64⁸ᵉ.
— Ermäßigung der Steuer 99⁴.
— Erwerb von Todes wegen 126.

Angestellte, keine Berücksichtigung von Abschlüssen 107⁷.
— von Behörden, Geheimhaltungspflicht 213, 214², 245.

Angestelltenversicherung, Ansprüche aus der gesetzlichen 45.

Anschaffungskosten bei Grundstücken 116, 120⁶.

Ansprüche aus Lebens- usw. Versicherungen 23, 44²⁸, 45²⁰, ³⁰.
— desgl. im Auslande 25.
— Bewertung 165, 166⁵ ff.

Anteilscheine, als Kapitalvermögen 23, 35⁸.
— Bewertung 159.
— Schätzungsangaben der Gesellschaften 207.

Antrag, auf Ansatz der Gestehungskosten 116, 118³.
— auf Zugrundelegung des gemeinen statt des Ertragswerts 124, 153²² ff.

(Antrag):
— auf Berichtigung der Veranlagung nach der wirklichen Dauer von Nutzungen und Leistungen 172, 173⁶.
— desgl. nach Eintritt einer auflösenden Bedingung 179, 180⁷.
— desgl. einer aufschiebenden Bedingung 181.
— auf anderweite Berechnung des Vermögenszuwachses 219 f.
— auf Erstattung der Steuer 226³.
— auf Stundung 228².

Anzeige bei Steuervergehen 242, 243, 244.

Apanagen 58.

Apothekengrundstücke, Bewertung 119⁴ᵇ.

Apothekergerechtigkeiten 17⁴.

Apothekerkonzessionen 26.

Approbationen, keine selbständigen Rechte 26.

Arbeiten, eigene oder entlohnte, für Nebenleistungen und Instandhaltung 124, 150, 152²¹.

Arbeitskräfte, entlohnte fremde, Bewirtschaftung mit solchen 123, 132¹⁴.

Arbeitsverhältnis, Renten aus einem früheren 45, 46⁶.

Ärzte, kein Gewerbebetrieb 16.
— nicht steuerbare Gegenstände 47².
— Praxis im Grenzverkehre 62⁷ᶜ.

Aufenthalt, Begriff 65¹³.
— im Auslande 58, 61⁵, ⁷ᵃ.
— von Ausländern im Deutschen Reiche 59, 60, 65¹³.

(Aufenthalt):
— nicht maßgebend bei beschränkter Steuerpflicht 59.
— Begründung innerhalb eines Veranlagungszeitraums 88².
— Zuständigkeit für die Veranlagung und Erhebung 184, 185⁴, 186⁵, ¹⁰.
— letzter, desgl. 185, 186⁹, ¹⁰.

Aufforderung, öffentliche, zur Steuererklärung 195.
— besondere, desgl. 200.
— zum Nachweise des Vermögens 206.
— für die Auskunftspflicht der Gesellschaften 207, 208⁵.
— zur Einreichung eines Nachlaßverzeichnisses 210.

Aufforstungskosten 143¹⁴ᵇ.

Auflassung von Grundstücken 7⁴ᵇ.

Auflösende Bedingung, für den Erwerb von Vermögen 179, 180³.
— für Lasten 182.

Aufschiebende Bedingung, für den Erwerb von Vermögen 177, 179⁴, ⁵.
— für Lasten 181.

Auftrag als Vollmacht 223⁶.

Aufwendungen, einmalige, aus den laufenden Jahreseinkünften 38¹⁶.
— für steuerpflichtige Vermögensteile bei Begründung der Steuerpflicht 91, 93⁷.
— für Grundstücke während der Besitzzeit 116, 120⁶, 156.

Ausfälle an Miet- oder Pachtgeldern 149¹⁸.

Ausfertigung der Berufungsentscheidung 219.

Ausführungsbestimmungen, Erlaß durch den Bundesrat 248.
— Text 277 ff.

Ausführungsvorschriften, preuß. 338 ff.

Ausgaben, laufende, für drei Monate, Bestände und Guthaben zur Bestreitung 23, 38[16—18].
— für Ermittelung des Normalreinertrags 132[13], 141[a].
— desgl. für forstwirtschaftliche Grundstücke 143[14b].

Ausgedinge, Auszug, Kapitalwert 41[21].

Auskunftspflicht, für die Personenstandsaufnahme 192.
— der Gesellschaften über den Wert von Aktien usw. 207 ff.
— der Behörden 212.
— Strafbestimmung 244.

Ausland, Begriff 61[6].
— daselbst befindliches Kapitalvermögen 16[13], 22[4], 24[2], 33[7a].
— desgl. Betriebsvermögen 6[3], 16[12], 18[2], 20, 21[3].
— den Grundstücken gleichstehende Berechtigungen im 17[3].
— Rechte und Gerechtigkeiten daselbst 25.
— länger als zwei Jahre dauernder Aufenthalt im 58, 61[5], [7a].
— Reichs- und Staatsbeamte mit dienstl. Wohnsitze das. 58, 64[9], [10].

Ausländer, subjektive Steuerpflicht 59, 60, 65[12], [13].

Ausländische Gesellschaften, Auskunftspflicht 208[3].

Ausländisches Grund- oder Betriebsvermögen, nicht steuerbar 6[3], 12, 16[12], 20 ff.

(Ausländisches Grund- oder Betriebsvermögen):
— zu ungeteilten Nachlaßmassen gehöriges 10[4d].
— Vermögenszuwachs aus der Veräußerung 66[17], 83.

Ausländische Wertpapiere, Bewertung 157[2], 164[6d].

Auslobung, Erwerb von Grundstücken 127[4].

Aussaat als Betriebskapital 146.

Ausschlußfristen für Rechtsmittel 222.

Außenstände, als Betriebsvermögen 19, 146.

Außerordentlicher Wert 112[8].

Ausstattung eines Kindes, keine laufenden Ausgaben 38[16].

Ausstattungsfonds für Fideikommisse 49[2b], 54[5].

Ausstattungsrenten 42[23], 43[25].

B

Banken, Zeugenpflicht 213[6].

Bankguthaben, zur Bestreitung der laufenden Ausgaben 6[3], 23, 37[15], 38[18].
— als Betriebsmittel 146.
— Bewertung 166[2].

Banknoten, als Betriebsvermögen 19.
— als Kapitalvermögen 23, 36[13].
— Bestände aus den laufenden Jahreseinkünften 36[14].

Bankschulden 146.

Barmittel, laufenden Ausgaben dienende 38[18].

Bauland, fortdauernde Benutzung zu landwirtschaftl. usw. Zwecken 128[6].

Bauliche Anlagen, als Betriebsvermögen 19.
— Unterhaltungskosten in Forsten 143[14b].

Baumschulen, Steuerpflicht 14[8].

Baustellen, Bauterrains, Bewertung 114[b].

Bauten während der Besitzzeit 116, 120[6], 121[8].

Beamte, Bibliotheken ders. 47[2].
— dienstlicher Wohnsitz 64[10].
— Geheimhaltungspflicht 213, 245.

Bebaute Grundstücke, Ansetzung mit dem Ertragswerte 123, 124[1], 129[7].
— Ermittelung des Reinertrags 123, 148[17] ff.

Bebauung, ortsübliche 123, 130[8].
— Schuldenabzug 57.

Bedienung, Aufwendungen für 55[7a].

Bedingung, s. auflösende und aufschiebende B.

Beerdigungskosten 103.

Befristete Forderungen u. Schulden 176, 177[4].

Begräbniskassen, Versicherungsansprüche 45[29], 166[5].

Beihilfe zu einer Hinterziehung 237[6].

Beistand, Abgabe der Steuererklärung 193[2].

Beitreibung der Steuer 227.
— Kosten 190.

Bekanntmachung, der Aufforderung zur Steuererklärung 195.
— der Bestrafung 239.

Beleuchtungsmittel, Vorräte 146.

Belohnungen, Erwerb v. Grundstücken 127[4].

Berechnung, des Ertragswerts landwirtschaftl. Grundstücke 132[14a], 141[a].
— desgl. bebauter Grundstücke 148[17].

Berechnungsgrundlagen, Mitteilung 215, 217[13].

Berechtigungen, den Grundstücken gleichstehende 16, 21[8].

Bergbau, steuerbares Betriebsvermögen 6, 15[10].
— Zugrundelegung der Abschlüsse 107[7].
— zugehörige Grundstücke 115[d].

Berggewerkschaften, keine Anrechnung des Betriebsvermögens bei den Teilhabern 19[4].
— Auskunftspflicht 208[2].

Bergwerkseigentum 15[10], 17[4].

Bergwerksgesellschaften, Bewertung der Anteile 159.
— Auskunftspflicht 208[2].

Bergwerksregal 170[9].

Berichtigung, des Vermögensstandes aus den Abschlüssen 110[13].
— der Veranlagung nach der wirklichen Dauer von Nutzungen oder Leistungen 172, 173[7, 8].
— desgl. bei Eintritt einer auflösenden Bedingung 179, 180[8].
— desgl. einer aufschiebenden Bedingung 181.
— unrichtiger Angaben 242, 243, 244.

Berlin, Zuständigkeit der Steuerdirektion 189.

Berufskonsuln im Auslande 64[11].
Berufung gegen den Steuer- oder Feststellungsbescheid 218[2a], 220[2b].
Berufungsentscheidung, Ausfertigung 219.
Berufungskommission, Zuständigkeit zur Schätzung des Wertes von Aktien und Anteilen 163[6b].
— desgl. zur Entscheidung der Berufungen 218[2a].
Berufungsverfahren 218[2a].
Beschränkte Steuerpflicht 59, 59[1b], 61[5].
— Verwandlung nicht steuerbaren Vermögens in steuerbares 81[4].
— Begründung oder Erweiterung innerhalb eines Veranlagungszeitraums 88ff., 91ff.
Beschwerde, wegen Berichtigung der Veranlagung 173[3].
— gegen Straffestsetzungen bei Nichtabgabe der Steuererklärung 200.
— gegen Festsetzung des Zuschlags 201[3].
— gegen Androhung und Festsetzung von Zwangsstrafen 206, 212[6].
— gegen Entscheidungen der Berufungskommission 218[2a], 220[2b].
— bei Stundungen und Teilzahlungen 229.
— gegen Ordnungsstrafen 246[2].
— wegen der Kosten 247[3].
Besitzbesteuerung, reichsgesetzl. Regelung 4[5], 185[2].
Besitzsteuer, Gegenstand ders. 1, 3.
(Besitzsteuer):
— Verteilung auf einen dreijährigen Zeitraum 94.
— Einziehung unabhängig von der Bestrafung 244.
— privatrechtliche Abmachungen über die Tragung 78[4].
Besitzsteuerämter, Bestimmung durch die Landesregierung, Zuständigkeit 187, 188[2].
— gegenseitige Rechtshilfe 188[2].
— Schätzungsbehörde für die Bewertung von Aktien usw. 163[6b].
— Berichtigung d. Veranlagung 173[3].
— Einforderung eines Nachlaßverzeichnisses 212[3].
— Kosten 246[1].
Besitzsteuerbescheid 214, 336.
Besitzsteuererklärung, Verpflichtung zur Abgabe 192, 193[2].
— Fristen 193, 194[5].
— Versicherung des Steuerpflichtigen 193, 197[6].
— Inhalt 197, 199[4].
— Schätzungsangaben 198, 199[5].
— Mangel der Erfordernisse 198[2].
— Erzwingung der Abgabe 199 f.
— Zuschlag bei unentschuldigter Weigerung 199, 201[3].
— Prüfung durch die Veranlagungsbehörde 201 f.
— Geheimhaltung, Aufbewahrung 213, 245.
— Mitteilung der Abweichungen 215, 217[14].
— Einforderung für die Neuveranlagung 230[3].
— Strafbarkeit unrichtiger Angaben 235[4].
— Muster 330.
Besitzsteuergesetz, Text 249.

Besitzsteuerliste, Personenstandsaufnahme als Grundlage 192[1].

Besitzzeit, Aufwendungen während ders. 116, 120[6], 121[8].
— Verschlechterungen desgl. 117, 120[6], 121[9].

Bestände an Geld usw. aus den laufenden Jahreseinkünften 6[3], 23, 36[14].

Bestandteile, von Grundstücken, Begriff 12 f., 21[3].
— des Vermögens, Bewertung im einzelnen 111, 112[4a].

Betriebsfonds, kein Gegenstand des Betriebsvermögens 22.

Betriebsinventar, landwirtschaftliches 14[8].
— s. auch Inventar.

Betriebsjahr, maßgebendes letztes 109[12].

Betriebskapital, Mitberücksichtigung bei Schätzung des Normalreinertrags 133, 136, 137, 145, 148[16].

Betriebsmittel, Mitberücksichtigung bei der Veranlagung des Ertragswerts 123, 133, 144[15], 148[16].
— Außeransatzlassung für gewerbliche Gebäude 150.

Betriebsvermögen, Steuerpflicht 6, 16[12].
— zugehörige Gegenstände 18, 18[3].
— im Auslande befindliches 6[3], 16[12], 18[2], 20, 21[3].
— von Erwerbsgesellschaften, Anrechnung bei den Teilhabern 18, 19[4], 20[5], [6].
— Zugrundelegung der Abschlüsse 109[10], [11].

(Betriebsvermögen):
— Verschiebungen mit dem sonstigen Vermögen 110[13].
— s. a. Inländisches Grund- und Betriebsvermögen.

Bevollmächtigte, Abgabe der Steuererklärung 193[2].
— für nicht im Inlande wohnende Steuerpflichtige 225.
— Strafverfolgung 234[3].

Bevormundete, Abgabe der Steuererklärung 193[2].

Beweislast, für Schulden und Lasten 56[7b].
— für die erste Feststellung des Vermögens bei Begründung der Steuerpflicht 92[4].
— für die Höhe des Vermögens 206[4].
— für Wertpapiere mit Dividendenschein 158[5].
— s. a. Nachweis.

Beweismittel, neue, zur Begründung einer Neuveranlagung 230, 231[5].

Bewertung des Betriebsvermögens in den Abschlüssen, Nachprüfung 109[11].
— s. a. Wertermittelung.

Bewirtschaftungskosten, bei Ermittelung des Ertragswerts 133 f., 135.
— für forstwirtschaftliche Grundstücke 143[14b].

Bibliotheken, nicht steuerbar 47[2].

Bilanzen, unrichtige oder unvollständige 235[5b].
— s. a. Abschlüsse.

Billigkeitsrücksichten, anderweite Feststellung des Vermögens für den Wehrbeitrag 83, 84[3].

(Billigkeitsrücksichten):
— Abänderung der Veranlagung 219.

Bodenbestellung, mangelhafte, während der Besitzzeit 121, 122.

Börsenkurs für Wertpapiere 156, 157³.
— darin enthaltene Gewinne 156, 158⁵ ff.

Brand, während der Besitzzeit 122.

Brauereien, als landwirtschaftliche Nebenbetriebe 14⁸, 116.
— Maschinen und Geräte als Zubehör 13.

Brennereien, landwirtschaftliche Nebenbetriebe 14⁸, 116.

Brettschneidemühlen, forstwirtschaftliche Nebenbetriebe 15⁹.

Briefhypothek, Übertragung 9.

Buchbeweis 207⁵ᵇ.

Bücher, nicht steuerbar 47².
— der Behörden, Einsichtnahme 212.

Buchführung, Zugrundelegung bei Ermittelung des Normalreinertrags 141ᵃ.

Buchhypothek, Übertragung 9.

Büdnerrecht 17⁴.

Bundesfürsten, nicht steuerpflichtig 60⁴.

Bundesrat, Bestimmungen über die Zuständigkeit 185, 186¹⁰, 191.
— Bestimmung der Fristen zur Abgabe der Steuererklärung 193, 194⁵.
— Gestaltung der Besitzsteuererklärung 197, 198⁸.

(Bundesrat):
— Erlaß der Steuer aus Billigkeitsrücksichten 81⁴, 219.
— Bestimmung über Besteuerung der Erbschaften 247 f.
— Erlaß der Ausführungsbestimmungen 248.

Bundesstaaten, Abgrenzung der Zuständigkeit 4⁴, 184, 185⁸, 186¹⁰.
— Begründung der Zuständigkeit durch Wohnsitz oder Aufenthalt das. 184 f., 185⁴, 186⁹, ¹⁰.
— Begründung eines Wohnsitzes in einem solchen nach Aufgabe des Aufenthaltes im Auslande 62⁸ᵃ.
— Meinungsverschiedenheiten über die Zuständigkeit 185, 187¹¹.
— Anteil an der Roheinnahme der Steuer 247.
— Besteuerung der Erbschaften 247 f.

Bürgschaft, Regreßforderungen aus 33⁷ᵃ.

Bürgschaftsschulden 53³ᵈ.

D

Darlehnsforderungen 33⁷ᵃ.

Darlehnsschulden des Mitglieds einer offenen Handelsgesellschaft 57⁸ᵈ.

Dauer, des Bezugsrechts von Renten usw. 23, 42²³.
— von Nutzungen oder Leistungen 167 ff., 171¹¹, 172, 173⁷, 174 f.

Dauernde Lasten, Abzug vom Aktivvermögen 54⁶ᵃ, 55⁶ᵇ.

Deichbaurenten 54 6a.

Deputate 58.

Deutsche, s. Reichsangehörige.

„Dienen" der Bestände usw. zu Ausgaben für drei Monate 381 8.

Dienstländereien, Landwirtschaftsbetrieb 14 8.

Dienstlicher Wohnsitz, Begriff 641 0.
— im Auslande 58, 641 0.
— Begründung der Zuständigkeit 184, 186 6.

Dienstverhältnis, Renten aus einem früheren 45, 46 6.

Dienstvertrag, Erwerb von Grundstücken aus einem 127 4.
— Geschäftsbesorgung 224.

Dingliche Schulden, Abzugsfähigkeit 50, 51 3a.

Diskont für Wechsel 166 2.

Dividendenansammlungen bei Versicherungsgesellschaften 33 7a.

Dividendenforderungen, rückständige 33 7b.

Dividendenschein, damit gehandelte Wertpapiere 156, 158 5ff.

Domänenrenten, Abzugsfähigkeit 54 6a.

Doppelbesteuerungen, Anordnungen zur Vermeidung 59, 66 17.

Dünger als Zubehör 14.

Dungmittel, Vorräte 146.

Durchschnitt, dreijähriger, der Miete oder Pacht für bebaute Grundstücke 123, 149 18.

E

Ehe, Auflösung innerhalb des Erhebungszeitraums 70 4, 232.

Ehefrauen, Unterhaltsrente geschiedener 42 23.
— Unterhaltsgeld noch nicht geschiedener 55 7a.
— Wohnsitz 63 8d.
— selbständige Anfechtung der Veranlagung 73 8.

Ehegatten, Steuerpflicht 1 2, 60.
— Zusammenrechnung des Vermögens 53 4, 70 ff.
— Schuldenabzug 53 4.
— verschiedene Beurteilung der Steuerpflicht beider 70 4.
— getrennt lebende 70, 72 6.
— Gesamtschuldner der Steuer 70, 73 8.
— Vermögenszuwachs aus dem Erbfalle des überlebenden 74 ff.
— Ermäßigung der Steuer für Kinder 99 4.
— Erbverzicht 126.
— Güterrecht in der Provinz Westfalen 178.
— Zeugnisverweigerung 204.

Ehemann, alleinige Veranlagung 71 5.
— Nutznießung am Vermögen der Ehefrau 78 2.
— Steuererklärung 197.
— Anbringung von Rechtsmitteln 220 2b.

Ehrenbeamte, Geheimhaltungspflicht 213, 245.

Ehrenrechte 26.

Eigentum an Grundstücken usw. 7 4b.

Eigentümer, Steuerpflicht bei in Nutznießung stehendem Vermögen 1², 77, 78⁴.
Einheit, s. Wirtschaftliche E.
Einjährige Nutzung oder Leistung 167, 171¹⁰, § 38, 173⁵b.
— Nutzung einer Geldsumme 176.
Einkommensteuerveranlagung, Benutzung 202.
Einkünfte, laufende, zu den Ausgaben für drei Monate 38¹⁸.
— s. a. Jahreseinkünfte.
Einnahmen, bei Ermittelung des Normalreinertrags 132¹³, 141a.
— desgl. für forstwirtschaftliche Grundstücke 143¹⁴b.
Einsichtnahme von Büchern und Schriftstücken 206, 207⁵b.
Eltern, Unterhaltspflicht 100.
— Grundstückserwerb von 123, 127³.
Endvermögen, Vergleichung mit dem Anfangsvermögen 81³, 84², 85 ff.
— maßgebendes, für Ermäßigung der Steuersätze 99, 105.
— Mitteilung in dem Steuerbescheide 216⁵.
Enkel, Unterhalt kein Ermäßigungsgrund 99⁴.
— Erbschaftserwerb 104⁹.
Enteignung, Ansprüche aus einer solchen 33⁷a, 177³.
Equipagen, nicht steuerbar 47².
Erbbaurecht 17⁴.
Erben, Haftung für die Steuerschuld 79⁴.
— desgl. bei der Neuveranlagung 230⁸.
(Erben):
— Antrag auf Berichtigung der Veranlagung 173⁶.
— Abgabe der Steuererklärung 197.
— Einreichung eines Nachlaßverzeichnisses 210.
— Zustellung d. Steuerbescheids 215³b.
— Rechtsmittel 221²c, 224.
— Zahlung der Steuer 227⁴, 232, 233.
— Nachbesteuerung bei Hinterziehungen 244².
Erbfall des überlebenden Ehegatten 74 ff.
Erbfolge, Bewertung von Grundstücken beim Erwerbe durch 123, 124²a.
— der Kinder und Ehegatten in der Provinz Westfalen 178.
Erbpachtskanon, Abzugsfähigkeit 54⁶a.
Erbrecht, darauf beruhende Nießbrauchs- und Nutznießungsrechte 27.
Erbschaftserwerb, Erfassung durch die Besitzsteuer 2 f.
— Ermäßigung der Steuer für Abkömmlinge 98, 103⁸ff.
— Belastung mit einer Stiftung 182.
Erbschaftssteuer, Unabhängigkeit von der Besitzsteuer 3.
— Schulden zur Bezahlung 57³e.
— Regelung in den Bundesstaaten 247 f.
Erbschaftssteuerakten, Mitteilung an die Veranlagungsbehörden 211³.
Erbschaftssteuererklärung 211.
Erbteilung, Erwerb im Wege der 123, 127²b.

Erbvertrag, darauf beruhende Renten 42[24].

Erbverzicht, darauf beruhende Renten 42[23].
— Abfindungen für einen 125, 126.

Ergänzung unvollständiger Angaben 242, 243, 244.

Ergänzungssteuergesetz, preuß. 365 ff.

Ergänzungssteuerveranlagung, Hilfsmittel für die Ermittelung der Ertragswerte 134, 135[3] ff.
— Benutzung der Unterlagen 202.

Erhebung der Steuer 95[3], 226.
— Zuständigkeit 184, 185[1], [3], 186[10].
— Mitwirkung der Gemeinden 187 f., 189[3].
— bei Einlegung von Rechtsmitteln 225.

Erhebungszeitraum 94.
— Bemessung der Steuer für den ganzen 95.
— Beginn des ersten 79[2].

Erlaß, der Steuer 81[4].
— der Strafe 234[1].

Ermäßigung der Steuer, für das dritte und jedes weitere Kind 97, 99[4], 103[6].
— beim Erwerb einer Erbschaft 98, 103[8], 105[12].

Ermittelungen bei Prüfung der Steuererklärungen 201.
— Kosten 209, 247[3].

Ersparnisse an Einkommen, als Vermögenszuwachs 2.

Erstattung der Steuer, bei Berichtigung der Veranlagung 172, 173[9].

(Erstattung):
— im Rechtsmittelverfahren 219[5], 225.
— auf Antrag 226[3].

Ertragswert, Ansatz an Stelle des Erwerbspreises 123, 124[1], 127[5].
— Ermittelung zur Zeit des Erwerbes 131[9], 132[12].
— Ermittelung für landwirtschaftliche usw. Grundstücke 123, 132[14a] ff.
— Ausführungsbestimmungen 133 f.
— preuß. Ausführungsvorschriften 134 ff.
— Grundsätze der Rechtsprechung 139 ff.
— Ermittelung für forstwirtschaftliche Grundstücke 123, 143[14b].
— Mitberücksichtigung der Gebäude und Betriebsmittel 123, 133, 144[15], 148[16].
— Ermittelung für bebaute Grundstücke 123, 148[17], 149[18].
— gemeiner Wert an Stelle dess. 124, 153[22].
— Zugrundelegung bei Erwerb unter dem gemeinen Werte 154.

Erweiterungsbauten, Kosten für 150.

Erwerb, von Todes wegen 123, 124[2a].
— im Wege der Erbteilung 123, 127[2b].
— von Eltern, Großeltern usw. 123, 127[3].
— vor dem 1. Januar 1914 155.
— Abhängigkeit von einem ungewissen Ereignisse 183.

Erwerbsgesellschaften, Steuerfreiheit 66[16].
— Zurechnung des Betriebsvermögens bei den Teilhabern 18, 19[4], 20[5].
— maßgebende Abschlüsse 107[7].

Erwerbspreis, als Gestehungskosten 116, 120[6].
— Ersatz durch den Ertragswert 123, 124[1], 127[5].
— unter dem gemeinen Werte 154.

Erwerbsunfähige, Kapitalabfindung 77.

Erziehende Tätigkeit, kein Gewerbe 16.

Erziehung, Aufwendungen für 55[7a].

F

Fabrikationszweige, ländliche 14[8].

Fabriken, Maschinen und Geräte als Zubehör 13.

Fährgerechtigkeiten, 12, 17[4].

Fälligkeit, von Kapitalforderungen 34[7c].
— der laufenden Ausgaben für drei Monate 38[17].
— unverzinslicher befristeter Forderungen 176, 177[4].
— bei aufschiebender Bedingung 177[3].
— der Steuer 96, 226, 227[4].
— der gefährdeten Steuer bei Hinterziehungen 242, 243[3].

Familienrechte 26.
— darauf beruhende Nießbrauchs- und Nutznießungsrechte 26[5b].

Familienstiftungen, darauf beruhende Rentenrechte 23, 44[26].
— Unterschied von einem Fideikommisse 48[2a].
— Erwerb von Todes wegen 125.

Feldmesser, kein Gewerbebetrieb 16.

Feststellung, erstmalige, des Vermögenszuwachses 78.
— des Vermögens bei Begründung oder Erweiterung der Steuerpflicht 88, 89[3].
— des Vermögens für Betriebe mit regelmäßigen jährlichen Abschlüssen 105, 109[10].
— Zugrundelegung des gemeinen Wertes 111.
— des Vermögens durch die Veranlagungsbehörde 201.

Feststellungsbescheid, Mitteilung an den Steuerpflichtigen 214.
— Muster 337.

Fideikommisse, Anrechnung beim Inhaber 7, 47, 48[2a], 49[2b, 3a].
— Nießbrauchsrecht an einem solchen 50[3b].
— Schulden und Leistungen 50, 54[5].
— Steuerschuld nach dem Ableben des Inhabers 107.
— Erwerb von Todes wegen 125.

Fideikommißabgabe, Abzugsfähigkeit 140C.

Finanzminister, Entscheidung von Erlaßanträgen 83.

Finanzwesen des Reichs, Gesetzentwurf über Änderungen 4[5], 185[2].

Firma, Gegenstand des Betriebsvermögens 18[3].

Fischereigerechtigkeiten 12, 124¹.

Flüchtlinge, Steuerpflicht 61⁷b.

Forderungen, im Auslande 22.
— rückständige, aus laufenden Einkünften 33⁷b.
— als Betriebskapital 146.
— als Kapitalvermögen 166², ⁴.
— unverzinsliche befristete 176, 177³, ⁴.
— unbeitreibliche 183, 184².

Formulare, Kosten 190.

Forstwirtschaft, Betriebsvermögen 6.
— zugehörige Grundstücke 12.
— Nebenbetriebe 15⁹.
— Zugrundelegung der Abschlüsse 107⁷.
— wirtschaftliche Einheit 113a.
— Ansatz der Gestehungskosten 117².
— Ertragswert an Stelle des gemeinen Wertes 123, 124¹, 131⁹.
— ders. dauernd dienende Grundstücke 128⁶.
— Schätzung des normalen Reinertrags 123, 132¹⁴a, 143¹⁴b.
— zugehörige Gebäude und Betriebsmittel 123, 144¹⁵, 148¹⁶.

Fortgesetzte Gütergemeinschaft 11⁴c, 20⁶, 27⁵c, 126, 178.

Frankfurter Statutarrecht, erbrechtlicher Nießbrauch 29.

Freie Berufe, kein Gewerbe 16.
— nicht steuerbare Gegenstände 47².
— keine Berücksichtigung von Abschlüssen 107⁷.

Freiheitsstrafe, Vollstreckung keine dauernde Trennung 72⁶.

(Freiheitsstrafe):
— keine Umwandlung einer Geldstrafe in solche 246.

Freikuxe 12.

Freisprechung, Einziehung der Steuer im Falle einer solchen 244².

Freiwillige Unterstützungen und Zuwendungen 40¹⁹.

Frist, für den Antrag auf Berichtigung der Veranlagung 173⁶.
— zur Abgabe der Besitzsteuererklärung 193, 194⁵.
— weitere, bei unterlassener Abgabe der Steuererklärung 200.
— zur Beschwerde gegen die Straffestsetzung 200 f.
— desgl. gegen den Zuschlag 201³.
— für die Auskunftspflicht der Gesellschaften 207, 208⁵.
— zur Einforderung und Einreichung des Nachlaßverzeichnisses 210, 211¹b, 212⁶.
— zur Beschwerde wegen der Kosten 247³.
— s. a. Rechtsmittelfristen.

Futtervorräte, als Betriebsvermögen 19.
— Wertermittelung 146.

G

Gärten, zum Hausbesitze gehörig 115c.

Gärtnereien, Steuerpflicht 14³.
— Inventar und Nebenbetriebe 114.
— Ertragswert 123, 124¹.
— derselben dauernd dienende Grundstücke 128⁶.
— Schätzung des normalen Reinertrags 132¹⁴ ff.

(Gärtnereien):
— zugehörige Gebäude und Betriebsmittel 123, 133, 144[15].

Gebäude, steuerbares Grundvermögen 11[7].
— Bestandteile und Zubehör 12 f.
— als Betriebsvermögen 19, 137.
— wirtschaftliche Einheit 115[c].
— Mitberücksichtigung bei der Veranlagung land- oder forstwirtschaftlicher Grundstücke 123, 133, 136, 144[15], 148[16].
— Ertragswert bewohnter oder gewerblicher 123, 124[1], 129[7], 130[8], 148[17] ff.

Gebäudesteuernutzungswert, Benutzung 119.

Gebührenfreiheit des Verfahrens 246.

Geburt innerhalb eines Veranlagungszeitraums 88[2].

Gefährdung der Steuer, durch unrichtige Angaben 234, 237[9], 238, 240[7, 9].
— Straffreiheit bei Entrichtung der g. Steuer 242, 243[3].
— durch unrichtige Auskunftserteilung 244.

Gefangennahme des Ehemanns 72[6] f.

Gefängnisstrafe, für Hinterziehungen 238, 239[4].
— bei Verletzung der Geheimhaltungspflicht 245.

Gegenstände, dem Unternehmen gewidmete, als Betriebsvermögen 18, 18[3].
— im Auslande befindliche 21[3].

Gehaltsansprüche, rückständige 33[7b].

Geheimhaltungspflicht 213, 245.

Geistliche, Zeugnisverweigerung 204.

Geld, bares, als Betriebsvermögen 19, 146.
— als Kapitalvermögen 23, 36[18].
— im Auslande befindliches 22.
— Bestände aus laufenden Jahreseinkünften 36[14], 38[18].

Geldforderungen, rückständige 33[7b].

Geldsorten, fremde, als Kapitalvermögen 23, 36[13].

Geldstrafen, zur Erzwingung der Abgabe der Steuererklärung 199 f.
— desgl. von Zeugnissen oder Gutachten 203, 205[7].
— desgl. der Auskunftserteilung von Gesellschaften 208, 209[10].
— desgl. der Einreichung eines Nachlaßverzeichnisses 211, 212[6].
— bei Steuerhinterziehungen 234, 237[8], 238, 239[8].
— bei unrichtiger Auskunft 244.
— bei Verletzung der Geheimhaltungspflicht 245.
— keine Umwandlung in Freiheitsstrafen 246.

Geldsumme, einjähriger Betrag der Nutzung 176.

Gelehrte, Bibliotheken 47[2].

Gemeindebehörden, Auskunftspflicht 212, 213[4].

Gemeinden, Gemeindeverbände, Erhebung der Steuer 187 f., 189[3].

Gemeiner Wert, Begriff 112[8].
— Zugrundelegung bei der Feststellung des Vermögens 111.

(Gemeiner Wert):
— Gestehungskosten an Stelle dess. 116, 117².
— Ermittelung für Grundstücke 118⁴ᵃ, 123, 132¹¹.
— desgl. zur Zeit des Erwerbes 123, 132¹².
— Zugrundelegung anstatt des Ertragswerts 124, 150, 153²².
— Mitberücksichtigung der Betriebsmittel 144¹⁵.

Genossenschaften, keine Anrechnung des Betriebsvermögens bei den Teilhabern 19⁴.
— Geschäftsguthaben als Kapitalvermögen 23, 35¹⁰.
— Bewertung 166².

Genußscheine bei Aktiengesellschaften 33⁷ᵃ, 35⁸.
— Bewertung der Anteile 157².

Gerätschaften, als Zubehör 13.
— als Betriebsvermögen 19.

Gerechtigkeiten, Gerechtsame, bergbauliches Betriebsvermögen 15¹⁰.
— selbständige, als Kapitalvermögen 6³, 22, 32⁶.
— auf im Auslande befindliche Gegenstände 25.

Gerichte, Mitteilungen über Todeserklärungen 210.
— Auskunfterteilung 213⁵, 214⁴.
— Entscheidung im Strafverfahren 240⁹, 241¹⁰, ¹¹, 245⁴.

Gesamtschuldverhältnis 52³ᶜ.
— für die Steuer der Ehegatten 70, 73⁸.

Gesamtvermögen, steuerbares 6, 7⁴ᵃ.
— Unterschied zwischen dem Werte am Ende und Anfange des Veranlagungszeitraums 80, 81³, 85 ff.

Gesamtwert, des Vermögens, steuerfreie Grenze 67, 68⁵.
— zeitlich beschränkter Nutzungen oder Leistungen 167, 168².

Geschäftsanteile, als Kapitalvermögen 23, 36¹¹.
— ausländischer Gesellschaften 22⁴.
— Schätzung des Wertes 161⁶ᵃ.

Geschäftsbücher, Einsichtnahme 206.

Geschäftseinlagen von stillen Gesellschaftern 166².

Geschäftsführer, Auskunftspflicht 207, 208⁸, 209⁹.
— Vertretungsbefugnis 224.

Geschäftsguthaben bei Genossenschaften 23, 35¹⁰.
— Bewertung 166².

Geschäftsjahr, maßgebendes letztes 109¹².

Geschäftsschulden, Abzugsfähigkeit 16¹², 19.

Geschäftsunfähige, Wohnsitz 64⁸ f.

Gesellschaften, Anrechnung des Betriebsvermögens bei den Teilhabern 18, 19⁴, 20⁶.
— stille Beteiligung 36¹².
— Auskunftspflicht 207, 244.

Gesellschaften m. b. H., keine Anrechnung des Betriebsvermögens bei den Teilhabern 19⁴.
— Geschäftsanteile der Gesellschafter 36¹¹.
— Bewertung der Anteile 159, 166².
— Auskunftspflicht 208².

Gesellschaftsanteile, Mitteilungen zur Bewertung 207.

Gesellschaftseinlagen als Kapitalvermögen 23, 36[12].

Gestehungskosten, Ansatz für Grundstücke 116, 117[2].
— Begriff 116, 120[6].
— als Erwerbspreis bei Erbteilungen usw. 127[5].
— unter dem gemeinen Werte 154[3].
— für vor dem 1. Januar 1914 erworbene Grundstücke 155.

Gewerbe, Begriff 15[11].
— Betriebsvermögen 6, 16[12].
— zugehörige Grundstücke 12, 115d, 137.
— laufende Ausgaben für drei Monate 40.
— Ertragswert der Grundstücke 123, 124[1], 129[7], 149[18].
— Zugrundelegung der Abschlüsse 107[7].

Gewerbeberechtigungen 19.

Gewerbebetrieb, Genehmigungen zur Ausübung 26.

Gewerbebetrieb im Umherziehen, Steuerpflicht 16.

Gewinne, verteilte, Auskunftspflicht darüber 207.

Gewinnbeteiligungsrecht 41[21] f., 177[3].

Glaubhaftmachung der Gestehungskosten 116, 120[5].

Glaubwürdigkeit des Steuerpflichtigen 207.

Gold, als Betriebsvermögen 19.
— in Barren, als Kapitalvermögen 23.

Grenzverkehr 62[7c].

Großeltern, Erwerb von 123, 127[3].

Grundbuch, Vormerkungen im 51[3a].

Grunddienstbarkeiten 12.

Gründergewinn 41[21] f.

Grundkapital, Auskunft über die Höhe 207.

Grundschulden, als Vermögen 33[7a], 34[7d].
— Abzugsfähigkeit 51[3a].

Grundschuldforderungen, Übertragung 9.

Grundschuldzinsen, Übertragung 9.

Grundsteuerreinertrag, Ermittelung des Ertragswerts nach dems. 135.

Grundstücke, als Vermögen 6, 11[7].
— Eigentumsbegriff, Vorbehalt des Nießbrauchs 7[4b].
— Wertsteigerungen als Vermögenszuwachs 2.
— zum Betriebsvermögen gehörige 19, 137.
— nur zum Teil gewerblichen Zwecken dienende 12.
— Nutzungsrechte an fremden 19.
— Bewertung landwirtschaftlicher 113[4b].
— desgl. gewerblicher 115d.
— Ansatz der Gestehungskosten 116, 117[2], 120[6], 127[5].
— gemeiner Wert 118[4a], 132[10, 11].
— Ertragswert 123, 131[9].
— dauernd land- oder forstwirtschaftlichen Zwecken dienende 123, 128[6].
— bebaute, Wohn- oder gewerblichen Zwecken dienende 123, 129[7], 130[8].

(**Grundstücke**):
— Normalreinertrag landwirtschaftlicher 132^{14a} ff.
— desgl. forstwirtschaftlicher 143^{14b}.
— Erwerbspreis unter dem gemeinen Werte 154.
— Erwerb vor dem 1. Januar 1914 155.
— wirtschaftliche Beziehung von Schulden und Lasten 56^{8a}.

Grundvermögen, Gegenstand der Besteuerung 6, 11^{7}.
— im Auslande befindliches 6^{3}, 20, 21^{3}.

Güter, wirtschaftliche Einheit 113a.

Gütergemeinschaft 11^{4e}.
— s. a. Fortgesetzte G.

Güterrecht, eheliches 71^{5}.

Guthaben, laufende, als Betriebsvermögen 19.
— zur Bestreitung der Ausgaben für drei Monate 6^{3}, 23, 37^{15}, 38^{18}.

Gutsbezirke, Erhebung d. Steuer 190.

Gutschrift von Forderungen 34^{7c}.

H

Haftung, für die Steuer der Ehegatten 70, 73^{8}.
— der Erben für die Abgabeschuld 79^{4}.

Halbjahrsteile der Steuer 226.

Handelsgesellschaften, offene, Anrechnung des Betriebsvermögens bei den Teilhabern 18, 20^{5}, ^{6}.

(**Handelsgesellschaften**):
— Darlehnsschuld eines Mitglieds 57^{8d}.
— Zugrundelegung der Abschlüsse 107^{7}.

Handelsvertretung, zuständige, Ernennung von Sachverständigen 160, 164^{9}, ^{10}.

Haubergsgenossenschaften, Idealanteile an 12.

Hausbesitz, wirtschaftliche Einheit 115c.
— gemeiner Wert 119.
— s. a. Grundstücke.

Hausbesitzer, Auskunftspflicht 191.

Hausgesetzliche Bestimmungen, darauf beruhende Rentenrechte 23, 44^{27}.

Haushaltsbedarf, Berücksichtigung beim Reinertrage 134.

Haushaltungsangehörige, Vermögen ders. 60, 71.

Haushaltungsschulden, Nichtabzugsfähigkeit 50, 55^{7a}.

Haushaltungsvorstände, Auskunftspflicht 192.

Hausrat, nicht steuerbar 6^{3}, 46, 47^{2}.

Hebestellen, Erhebung, Mahnung und Beitreibung 226^{3}.
— Kosten 246^{1}.

Hebungen, periodische, Rückstände an 33^{7b}, 52^{3b}.

Heimatstaat, Wohnsitz im, Begründung der Zuständigkeit 184, 186^{7}.

Heizungsmittel, Vorräte 146.

Herrschaftshaus mit Park als besondere Einheit 139A.

Hilfsstoffe, Vorräte 19.

Hinterbliebenenversicherung, Ansprüche daraus 46[5].

Hofräume als Zubehör 115c.

Holzgerechtigkeiten 12.

Holzungen, wirtschaftliche Einheit 113a.
— Reinertrag 143[14b].

Honoraransprüche, rückständige 33[7b].

Hypothekenforderungen, als Vermögen 33[7a].
— Übertragung 9.
— Unbeitreiblichkeit 184[2].

Hypothekenschulden, Abzugsfähigkeit 51[3a].
— Ausgaben zur Tilgung 38[16].
— Haftung auf einem durch Erbschaft erworbenen Grundstücke 57[8c].

Hypothekenzinsen, Abtretung 9.
— als laufende Ausgaben 38[17], 39.

J

Jagdrecht 12, 124[1].

Jahnschaften, Idealanteile an 12.

Jahresbetrag der Nutzung einer Geldsumme 176.

Jahreseinkünfte, Bestände aus den laufenden 23, 36[14].

Jahreswerte von Nutzungen und Leistungen 167, 169[6a] ff.

Jahreszinsen für unverzinsliche befristete Forderungen und Schulden 176, 177[5].

Immaterielle Werte als Betriebsvermögen 18[3].

Immerwährende Nutzungen oder Leistungen 167, 170[9].

Inhaberpapiere, Bewertung 157[2].

Inland, mehrfacher Wohnsitz im 184.
— letzter Wohnsitz oder Aufenthalt im 185, 187.

Inländische Gesellschaften, Auskunftspflicht 207, 208[3].

Inländisches Grund- und Betriebsvermögen, beschränkte Steuerpflicht 59, 61[5], 66[14].
— Schulden und Lasten 51, 56[8a], 58[9].
— Aufwendungen bei neu begründeter Steuerpflicht 91, 93[8].

Inländische Wertpapiere, Kurswert 157[2].

Instandhaltungskosten, Abzug von der Miete 123, 149[18], 150, 151[19, 20].

Instandsetzungskosten, nicht abzugsfähig 152.

Interimsscheine als Kapitalvermögen 35[8].

Inventar, Wertermittelung 114.
— Verringerung während der Besitzzeit 121, 122.
— Berücksichtigung bei Ermittelung des Ertragswerts 133, 136 f., 145, 148[16].

Irrtum bei unrichtigen Angaben 235[5a], 238[10].

K

Kalkbrüche, landwirtschaftliche Nebenbetriebe 15, 116.
— Wertermittelung 133.

Kanäle, Nutzungsrechte 19.

Kapitalabfindung für Erwerbsunfähigkeit 77.

Kapitalabtragungen, keine laufende Ausgaben 38^{16}.

Kapitalanlagen desgl. 38^{16}.

Kapitalforderungen, rechtsgültige Übertragung 9.
— verzinsliche und unverzinsliche 22, 33^{7a}, b.
— im Auslande 25, 33^{7a}.
— Fälligkeit, Gutschrift 34^{7c}.
— Bewertung 165, 166^{2}, ^{4}.

Kapitalkonto, kein Gegenstand des Betriebsvermögens 22.

Kapitalschulden, Abzugsfähigkeit 52^{3b}.

Kapitalvermögen, Steuerpflicht 6, 16^{13}.
— im Auslande befindliches 16^{3}, 22^{4}, 24^{2}.
— Gegenstände desf. 22, 24^{2}, 25^{3}, ^{4}.
— Wertermittelung der einzelnen Bestandteile 112^{4a}.

Kapitalversicherungen, Ansprüche aus 23, 44^{28}, 45^{29}.
— Wertermittelung 165.

Kapitalwert, der Rechte auf Renten usw. 23, 40^{19} ff.
— der auf bestimmte Zeit beschränkten Nutzungen oder Leistungen 168^{2}, ^{3}.
— desgl. der auf die Lebenszeit einer Person beschränkten 171, 172^{2}.
— Abhängigkeit von der Lebenszeit mehrerer Personen 174, 175^{3}, ^{4}.
— unverzinslicher befristeter Forderungen und Schulden 176, 177^{3}, ^{4}.

Kassenscheine, als Kapitalvermögen 23, 36^{13}.
— Bestände aus den laufenden Jahreseinkünften 36^{14}.

Katasteramt, Gutachten über die Bewertung 119.

Kaufgeldforderungen 33^{7a}.

Kaufpreise als gemeiner Wert für Grundstücke 118^{4a}.

Kaufpreissammlungen, Benutzung 119.

Kinder, Wohnsitz 64^{8e}.
— selbständige Veranlagung 71.
— Ermäßigung der Steuer 97, 99^{4}, 103^{6}.
— desgl. beim Erwerb einer Erbschaft 98, 103^{8}, 104^{9}.
— Abgabe der Steuererklärung 193^{2}.

Kindervermögen, Steuerpflicht 60, 78^{2}.

Kindeserbe, Steuerpflicht 2.
— Ermäßigung der Steuer 98, 103^{8}.

Kirchenrenten 54^{6a}.

Kleidung, Aufwendungen für 55^{7a}.

Kleidungsstücke, nicht steuerbar 47^{2}.

Kolonialgesellschaften, Anteilscheine 35^{8}.

Kommanditgesellschaften, einfache, Anrechnung des Betriebsvermögens bei den Teilhabern 19^{4}.

Kommanditgesellschaften auf Aktien, keine Anrechnung des Betriebsvermögens bei den Teilhabern 19^{4}.
— Auskunftspflicht 208^{2}.

Konfirmation, Renten bis zur 168[3].

Konjunkturgewinn, Steuerpflicht 2.
— bei Grundstücken 117[2].

Konjunkturverluste während der Besitzzeit 122.

Konkursverwalter, Rechtsmittel 224.

Konsumvereine, keine Anrechnung des Betriebsvermögens bei den Teilhabern 19[4].

Konzessionen, keine selbständigen Rechte 26.

Körperliche Gegenstände, nicht steuerbar 46, 47[2].

Körperverletzung, Kapitalabfindung für Erwerbsunfähigkeit 77.

Kostbarkeiten, nicht steuerbar 47[2].

Kosten, der Erhebung und Beitreibung 190.
— der Ermitteluugen 209, 247[3].
— des Verfahrens 246, 247[3].

Krankenversicherung, Ansprüche aus einer solchen 45, 46[4], [5].

Krankheit, keine dauernde Trennung 73.

Krautfabriken, landwirtschaftliche Nebenbetriebe 14[8], 116.

Kreditverhältnisse, günstige, als Betriebsvermögen 18[3].

Kreidebrüche, landwirtschaftliche Nebenbetriebe 15, 116.
— Wertermittelung 133.

Krieg, Rückkehr aus dem Ausland infolge dess. 61[7b].
— Verschlechterung von Grundstücken durch dens. 122.

Kriegsdienst, keine dauernde Trennung 72[6].

Kriegsschiff, zweijähriges Kommando an Bord 72[6].

Kundschaft, Gegenstand des Betriebsvermögens 18[3].

Kunst, kein Gewerbebetrieb 16.
— nicht steuerbare Gegenstände 47[2].

Kurswert, für Wertpapiere 156, 157[4].
— Angabe in der Steuererklärung 198, 199[4].

Kuxe, Gegenstand des Kapitalvermögens 23, 35[9].
— kein Bergwerkseigentum 15[10].
— einer ausländischen Gewerkschaft 22[4].
— Wertermittelung 159, 160[3].
— Schätzungsangaben 207.

L

Landesfinanzbehörde, oberste, Unterstellung der Oberbehörden 188.
— Bestimmungen über Fälligkeit der Steuer 226.
— Strafantrag wegen Verletzung der Geheimhaltungspflicht 245.

Landesregierung, Bestimmungen über die Zuständigkeit 187, 188[2], 189[3].

Landgüter, Zubehör 13.

Landmesser, kein Gewerbebetrieb 16.

Landwirtschaft, Begriff 14[8].
— steuerbares Betriebsvermögen 6, 14[8].
— zugehörige Grundstücke 12.
— Nebenbetriebe 14[8], 116.

(Landwirtschaft):
— laufende Ausgaben für drei Monate 40.
— Zugrundelegung der Abschlüsse 107[7].
— wirtschaftliche Einheiten 113a.
— Inventar und Nebenbetriebe 114.
— Ansatz der Gestehungskosten 117[2].
— Ertragswert an Stelle des Erwerbspreises 123, 124[1], 131[9].
— dauernd der L. dienende Grundstücke 123, 128[6].
— Schätzung des normalen Reinertrags 123, 132[14a]ff.
— zugehörige Gebäude und Betriebsmittel 123, 133, 144[15], 148[16].

Lasten, aufschiebend bedingte oder zweifelhafte 181.
— auflösend bedingte 182.
— Ungewißheit hinsichtlich des Zeitpunkts 183.
— s. a. dauernde L., Schulden und L.

Laufende Ausgaben s. A.

Laufende Jahreseinkünfte s. J.

Lebende, Erwerb von Grundstücken durch Zuwendungen unter L. 123, 126, 127[4].
— s. a. Zuwendungen.

Lebensalter, Berechnung des Wertes von Renten usw. nach dems. 171, 172[4, 5].
— desgl. bei Abhängigkeit von der Lebenszeit mehrerer Personen 174, 175[3].

Lebensversicherungen, noch nicht fällige Ansprüche 23, 44[28], 45[29].

(Lebensversicherungen):
— bei ausländischen Gesellschaften 22[4], 25.
— Wertermittelung 165, 166[5]ff.

Lebensversicherungsprämie als Wirtschaftsausgabe 144.

Lebenszeit, Rechte auf Renten usw. 23, 42[22], 168[3], 171, 174, 175[3].

Lehen, Anrechnung beim Inhaber 7, 47, 48[2a], 49[3a].
— Schulden und Leistungen 50, 54[5].
— Erwerb von Todes wegen 125.

Lehmgruben, landwirtschaftliche Nebenbetriebe 14[8], 116.
— Wertermittelung 133.

Leibgedinge, Leibzucht, Kapitalwert 41[21].

Leibrenten 41[20].

Leistungen, Rechte auf wiederkehrende 23, 41[21].
— desgl. im Auslande 25.
— abzugsfähige 50, 54[5, 6a], 55[6b].
— aus einem Gesamtschuldverhältnisse 52[3c].
— auf bestimmte Zeit beschränkte 167, 168[3], 169[4].
— immerwährende 167, 170[9].
— auf die Lebenszeit einer Person beschränkte 171, 172[3].
— Abhängigkeit von der Lebenszeit mehrerer Personen 174, 175[3].
— aufschiebend bedingte 181[2].
— Ungewißheit über den Zeitpunkt des Eintritts 183[3].

Leistungsfähigkeit, Erfassung durch die Besitzsteuer 4, 96[4].

Letztwillige Verfügungen, Rechte auf Renten usw. aus solchen 23, 40^{10}, 42^{24}.

Liegenschaften, als steuerbares Grundvermögen 11^{7}.

Lotteriegewinne, Steuerpflicht 2.

Luxusbauten 129^{7}.

M

Mahnung rückständiger Steuern 227.

Markscheider, kein Gewerbebetrieb 16.

Maschinen, als Zubehör von Gebäuden 13.
— als Betriebsvermögen 19.

Matrikularbeiträge, Leistung neben der Besitzsteuer 4^{5}.

Meinungsverschiedenheiten über die Zuständigkeit 185, 187^{11}.

Meliorationen während der Besitzzeit 121^{8}.

Miet- oder Pachtertrag, Ertragswert für bebaute Grundstücke 123, 148^{17}, 149^{18}.

Mietwert selbstbewohnter Gebäude als Rohertrag 134.

Miteigentum, Bewertung 113.

Mitteilungen über den Wert der Aktien und Anteile 207.

Mitunternehmer, Anrechnung des Betriebsvermögens 18, 19^{4}.

Möbel, nicht steuerbar 6^{3}, 46, 47^{2}.

Mühlen, landwirtschaftliche Nebenbetriebe 14^{8}, 116.
— Maschinen und Geräte als Zubehör 13.

Mündliche Abgabe der Steuererklärung 198^{3}.
— Anbringung von Rechtsmitteln 220^{2}b.
— s. a. Protokollarische.

Musiker, Instrumente nicht steuerbar 47^{2}.

Mutter, Nutznießung am Kindervermögen 60, 78^{2}.
— Abgabe der Steuererklärung 193^{2}.

Mutungsrechte, kein Grundvermögen 17^{4}.
— selbständiges Recht 26.

N

Nachlaßmassen, Behandlung ungeteilter 10^{4}d, 20^{6}.

Nachlaßpfleger, Abgabe der Steuererklärung 197.
— Einreichung eines Nachlaßverzeichnisses 210.
— Zustellung d. Steuerbescheids 215^{3}b.

Nachlaßverzeichnis, Einforderung 210, 211^{2}, 244.

Nachveranlagung, wegen Verminderung von Nutzungen oder Leistungen 172, $173^{7, 11}$.
— beim Fortfall einer auflösenden Bedingung 182^{5}.
— Anordnung durch den Vorsitzenden der Berufungskommission 189.

Nachweis, der Gestehungskosten 116, 120^{5}.
— der Nebenleistungen und Instandhaltungskosten 150, 151^{20}.
— des Rückkaufswerts von Versicherungsansprüchen 167^{7}.

(Nachweis):
— der Höhe des Vermögens 206.
— s. a. Beweislast.
Nachweisungen für die Schätzung des Wertes von Aktien und Anteilen 207, 208⁶, 244.
Nachzahlung, der hinterzogenen Steuer 244.
— Verjährung 238¹⁰.
Nadelgelder 58.
Nährstelle, jede selbständige als wirtschaftliche Einheit 113a, 139 A.
Nahrung, Aufwendungen für 55⁷a.
Nassauisches Leibzuchtsrecht 29.
Natural- und Nebenleistungen des Pächters 136, 148¹⁷.
Natürliche Personen, subjektive Steuerpflicht 58, 59, 60, 66¹⁶.
Nebenbetriebe, landwirtschaftliche 14⁸, 116.
— forstwirtschaftliche 15⁹.
— Berücksichtigung bei der Schätzung des Normalreinertrags 114, 136⁴, 139 A.
Nebengebäude des Hausbesitzes 115c.
Nebenleistungen des Mieters oder Pächters 123, 148¹⁷, 149¹⁸, 150, 151¹⁹, ²⁰.
Nebennutzungen in Forsten 143¹⁴b.
Negative, Beweis der 207.
Nennwert für Kapitalforderungen und Schulden 165, 166²—⁴.
— Angabe in der Steuererklärung 198, 199⁴.
Neubauten 150.
Neubeforstungen 144.
Neuveranlagung 230, 231⁴.
Niederschlagung der Steuer 227.
Nießbrauch, Vorbehalt bei Eigentumsübertragung 7⁴b.
— rechtsgültige Bestellung 10.
— an Grundstücken im Auslande 22⁴.
— als selbständiges Recht 26.
— bei fortgesetzter Gütergemeinschaft 28.
— Abzug beim Verpflichteten 54⁶a.
Nießbrauchsrechte, auf familienrechtlicher Grundlage 26⁵b.
— auf erbrechtlicher Grundlage 27.
— an einem Fideikommisse 50³b.
— Bewertung nach dem Lebensalter 172³.
Normalreinertrag nach dem Ergänzungssteuergesetze 135 ff., 140 B, C.
— s. a. Reinertrag.
Notare, Auskunftspflicht 212.
Nutznießung, Steuerpflicht des Eigentümers 1², 77 f.
— am Kindervermögen 60, 78².
Nutznießungsrechte, auf familienrechtlicher Grundlage 26⁵b, 78².
— auf erbrechtlicher Grundlage 27.
Nutzungen, dem Vermieter oder Verpächter vorbehaltene 136³, 148¹⁷.
— auf bestimmte Zeit beschränkte 167, 168³, 169⁴.
— Zusammenzählung der Jahreswerte 167, 169⁶a.
— immerwährende 167, 170⁹.

(Nutzungen):
— auf die Lebenszeit einer Person beschränkte 171, 172[3].
— Berichtigung der Veranlagung nach der wirklichen Dauer 172, 173[7], [8].
— Abhängigkeit von der Lebenszeit mehrerer Personen 174, 175[3].
— einjähriger Betrag der N. einer Geldsumme 176.

Nutzungsrechte, an Grundstücken usw. als Betriebsvermögen 19.
— wiederkehrende, als Kapitalvermögen 6[3], 23, 41[21].
— auf im Auslande befindliche Gegenstände 25.
— Abzug beim Verpflichteten 54[6a].

O

Oberbehörden für die Besitzsteuerämter 188, 188[2].

Oberförster, Lebensversicherungsprämie als Wirtschaftsausgabe 144.

Oberleitung, Kosten einer solchen 140 C, 142.

Oberste Landesfinanzbehörde, s. L.

Oberverwaltungsgericht, Beschwerden an dass. 218[2a].

Objektive Steuerpflicht 1 ff.
— Grenze ders. 67 ff.
— Stichtag 105, 106[3], [5].

Obstbau, Steuerpflicht 14[8].
— Inventar und Nebenbetriebe 114, 145.

Offiziere mit dienstlichem Wohnsitz im Auslande 64[9].

Offizierszulagen, Eigentum an den hinterlegten Wertpapieren 8.

Ordnungsstrafen 242, 246.

P

Pachten, Rückstände an 33[7b], 52[3b].

Pächterinventar, Berücksichtigung für die Feststellung des Reinertrags 137 II, 142.

Pachtertrag, Zugrundelegung für bebaute Grundstücke 123, 148[17].

Pachtpreise, Verwertung für die Feststellung des Reinertrags 136[3], 137 II, 141[b].

Papiergeld als Betriebsvermögen 19.

Patentrechte 26.

Patronatslasten 54[6a].

Pensionskassen, Ansprüche an 45.

Personenstandsaufnahme 191.

Persönliche, Schulden, Abzugsfähigkeit 50, 51[3a].
— Steuerpflicht 58 ff., 88.

Pfandbriefe, Bewertung 157[2].

Pfandbriefschulden, Amortisations- und Reservefonds 33[7a].

Pflege, Aufwendungen für 55[7a].

Pfleger, Abgabe der Steuererklärung 193[2].

Pflichtteil, als Erwerb von Todes wegen 124[2a].

Pflichtteilsberechtigte, Ansprüche ders. 26.
— keine Ermäßigung der Steuer 103[8].

Physische Personen, s. natürliche Personen.

Postbehörden, keine Auskunftspflicht 212.

Postgebühren, Tragung 209², 246¹.

Postsendungen, Bestellung und Abholung 221²ᶜ.

Prädialservituten als Zubehör von Grundstücken 12.

Privatflüsse, Nutzungsrechte an 19.

Protokollarische Anträge auf Ansatz des gemeinen Wertes 153²⁵.
— s. a. Mündliche.

Prozesse über zweifelhafte Lasten 181⁸.

R

Reallasten, als Zubehör von Grundstücken 12.
— Abzugsfähigkeit 54⁶ᵃ.
— desgl. bei beschränkter Steuerpflicht 57⁸ f.

Realrechte als Zubehör von Grundstücken 12.

Rechenfehler, kein Grund zur Neuveranlagung 232.

Rechnungsjahr, Zugrundelegung des letzten 105, 109¹².

Rechte, als Zubehör von Grundstücken 12 f., 21⁸.
— als Betriebsvermögen 19³.
— selbständige, als Kapitalvermögen 6³, 22, 25⁵ᵃ.
— auf Renten usw., desgl. 23, 40¹⁹ ff.
— auf im Auslande befindliche Gegenstände 21³, 25.

Rechtsanwälte, kein Gewerbebetrieb 16.
— Bureaueinrichtungen 47³.

Rechtsauffassung, Änderung, kein Grund zur Neuveranlagung 231⁵.

Rechtshilfe, gegenseitige, der Besitzsteuerämter 188².

Rechtsirrtum bei unrichtigen Angaben 235⁵ᵃ, 238¹⁰.

Rechtsmittel, gegen den Steuer- und Feststellungsbescheid 217, 218²ᵃ.
— Unzulässigkeit bei Berichtigung der Veranlagung 173⁸, 180⁸.
— Zulässigkeit gegen die Nachveranlagung 174.
— desgl. bei der Neuveranlagung 231⁴.
— Zulässigkeit für den Vorsitzenden 218²ᵃ, 224.
— Form und Inhalt 220²ᵇ.
— Einlegung hält die Zahlung der Steuer nicht auf 225.
— unrichtige Angaben zur Begründung 235⁴.

Rechtsmittelbelehrung 214, 216¹¹.
— keine oder eine falsche 217, 223⁴, ⁵.

Rechtsmittelfristen 217, 221²ᶜ.
— für den Vorsitzenden 223⁵.

Rechtsmittelverfahren 217, 218²ᵃ.
— Erörterungen mit dem Steuerpflichtigen 202 f.
— Kosten 246, 247³.

Rechtswirksamkeit, der Veranlagung 215³ᵇ.
— eines Rechtsmittels 223⁶.

Regierungen, Zuständigkeit als Oberbehörden 189.
— Festsetzung der den Gemeinden zu gewährenden Entschädigung 190.
— Entscheidung im Strafverfahren 234¹.
— Kostenfestsetzung 247³.

Regreßforderungen 33⁷ᵃ.

Reich, als Steuergläubiger 1, 4⁴.

Reichsangehörige, subjektive Steuerpflicht 58, 59¹ᵇ, 60⁴.
— Aufenthalt im Auslande 58, 61⁵, ⁷ᵃ.

Reichsangehörigkeit, Erwerb innerhalb eines Veranlagungszeitraums 88².

Reichsbankanteilscheine 35⁸.

Reichsbankbeamte, Anteil am Tantiemefonds 34⁷ᶜ.

Reichsbeamte mit dienstlichem Wohnsitz im Auslande 58, 64⁹, ¹⁰.

Reichsbehörden, Auskunftspflicht 212, 213³.

Reichsbevollmächtigte, Befugnisse und Pflichten 190 f.

Reichskanzler, Anordnungen zur Vermeidung von Doppelbesteuerungen usw. 59, 59¹ᵇ, 66¹⁷.
— Befugnisse hinsichtlich der Reichsbevollmächtigten 191.

Reichsversicherung, Ansprüche aus ders. 45, 46⁵.

Reinertrag, Begriff 132¹³.
— Ermittelung für landwirtschaftliche usw. Besitzungen 123, 132¹⁴ᵃ ff.
— desgl. für forstwirtschaftliche Grundstücke 143¹⁴ᵇ.

(Reinertrag):
— für bebaute Grundstücke 123, 148¹⁷.

Reitpferde, nicht steuerbar 47².

Renten, Rechte auf, als Kapitalvermögen 6³, 23, 40¹⁹.
— Begriff 41²⁰.
— Voraussetzungen der Anrechnung 23, 42²².
— als Gegenleistung für die Hingabe von Vermögenswerten 42²³.
— aus letztwilligen Verfügungen 42²⁴.
— aus Familienstiftungen 44²⁶.
— vermöge hausgesetzlicher Bestimmungen 44²⁷.
— mit Rücksicht auf ein früheres Arbeits- oder Dienstverhältnis 45, 46⁶.
— Abzugsfähigkeit zu zahlender 54⁶ᵃ.
— Wertermittelung der auf bestimmte Zeit beschränkten 168³.
— Berechnung des Wertes nach dem Lebensalter 171, 172³.
— Hilfstafel zur Berechnung des Kapitalwerts 305.

Rentenversicherungen, noch nicht fällige Ansprüche 23, 44²⁸, 45³⁰.
— Wertermittelung 165 f.

Reparaturkosten, als laufende Ausgaben für drei Monate 38¹⁷.

Reservefonds, kein Gegenstand des Betriebsvermögens 22.
— der Pfandbriefschuldner 33⁷ᵃ.

Rohstoffe, Vorräte 19.
— Entgelt für gelieferte, bei der Bewertung von Aktien usw. 159, 164⁷.

Rückfall bei Steuerhinterziehungen 240[6], [8].

Rückkaufswert für Versicherungen usw. 165, 167[8].

Rückkehr, vorübergehende, aus dem Auslande 61[7a].

Rückstände, an Zinsen, Abtretung 9.
— an Zinsen, Pachten usw. als Vermögen 33[7b].
— desgl. als Schulden 52[3b].
— an Haushaltungsschulden 56.

S

Sachen, als Betriebsvermögen 18[3], 21[3].
— als Zubehör von Grundstücken 21[3].

Sachverständige, Schätzung des Wertes von Aktien und Anteilen 160, 164[8], 165[10].
— Vernehmung durch d. Steuerbehörde 203.
— Verweigerung des Gutachtens 205.
— Geheimhaltungspflicht 245.

Sammlungen aller Art, nicht steuerbar 47[2].

Sandgruben, landwirtschaftliche Nebenbetriebe 14[8], 116.
— Wertermittelung 133.

Schankkonzessionen 26.

Schankwirtschaftsbetrieb, Grundstücke mit 120.

Schätzung, des Reinertrags landwirtschaftlicher Besitzungen 132[14a], 141b.
— desgl. bewohnter Grundstücke 148[17].
— des Wertes von Aktien und Anteilen 159, 161[6a] ff.

(Schätzung):
— des Vermögens bei unterlassener Abgabe der Steuererklärung 200.
— Nachweispflicht 206.
— s. a. Feststellung.

Schätzungsangaben in d. Steuererklärung 198, 199[5].
— Strafbarkeit wissentlich falscher 199[5].
— für Aktien, Anteile und Kuxe 207.

Schätzungsbehörde für die Bewertung von Aktien und Anteilen 163[6b].

Schätzungsbogen, Benutzung 119.

Scheckforderungen 33[7a], 37[15], 166[2].

Schenkungen, Besteuerung 2.
— darauf beruhende Rechte auf Renten usw. 23, 41[20], 43[25].
— Erwerb von Todes wegen 125.
— Zuwendungen unter Lebenden 127[4].

Schieferbrüche, landwirtschaftliche Nebenbetriebe 15, 116.
— Wertermittelung 133.

Schiffe, an welchem Orte „befindlich" 22.
— Wohnung auf einem 63[8c].
— dienstlicher Wohnsitz nach der Einschiffung an Bord 64[10].
— s. a. Kriegsschiff.

Schiffsmühlengerechtigkeiten 12, 17[4].

Schlafstellenmieter, Personenstandsaufnahme 192.

Schloßgebäude, kein Mehrwert des Gebäudeinventars 148[18].

Schmiede, Zubehör 13.

Schmucksachen, nicht steuerbar 47².

Schriftstellerische Tätigkeit, kein Gewerbe 16.

Schuldbücher, keine Auskunftspflicht 212.

Schuldbuchforderungen, Bewertung 156.

Schulden, Abzugsfähigkeit 6, 11⁵, 51².
— Ort der Anrechnung 22.
— als laufende Ausgaben für drei Monate 38¹⁷.
— dingliche und persönliche 50, 51³, 52³b.
— für Aufwendungen bei beschränkter Steuerpflicht 93.
— als Betriebsmittel 146.
— Wertermittelung 165, 166³.
— unverzinsliche befristete 176, 177⁴.
— Abzug beim Schuldner trotz Unbeitreiblichkeit 184³.

Schulden und Lasten, wirtschaftliche Beziehung zu nicht steuerbaren Vermögensteilen 50, 56⁸a.
— Abzug bei beschränkter Steuerpflicht 51, 58⁹.
— Berücksichtigung bei Übersteigung des Aktivvermögens 80, 81⁴.
— aufschiebend bedingte 181².
— Ungewißheit über den Zeitpunkt des Eintritts 183³.

Schuldentilgung, keine laufende Ausgabe 38¹⁶.
— beim Erwerb inländischen Grundbesitzes 57⁸e.

Schuldscheine als Betriebsvermögen 19.

Schuldverhältnisse, Rechte aus solchen 26.

Schuldverschreibungen, als Kapitalvermögen 33⁷a.
— Bewertung 157², 160¹.
— als Beweismittel 206.

Schutzgebiete, deutsche, Ausland im Sinne des Gesetzes 61⁶, 66¹⁴.
— Grund- und Betriebsvermögen das. 21².

Schutzgebietsbeamte, Steuerpflicht 64⁹.

Schutztruppe, Steuerpflicht der Offiziere 64⁹.

Seen, steuerbares Grundvermögen 11⁷.
— Nutzungsrechte an fremden 19.

Selbstbenutzung von Gebäuden 149¹⁸.

Selbstbewirtschafter, Wert der eigenen Tätigkeit 134.

Selbstverlag, Bewertung 32.

Selbstversicherung, Ansprüche aus 46⁵.

Servituten, Abzugsfähigkeit 54⁶a.

Sicherheitsleistung, bei Stundungen 228, 229.
— Einfluß auf die Verjährung 233.

Silber, Vorräte als Betriepsvermögen 19.
— in Barren, als Kapitalvermögen 23.

Simulation bei Eigentumsübertragungen 9.

Sozietätslasten 54⁶a.

Sparkassen, keine Auskunftspflicht 213.

Sparkasseneinlagen, rechtsgültige Abtretung, Einzahlungen auf den Namen eines anderen 10.
— Bewertung 166².

Sparkassenguthaben als Vermögen 33⁷ᵃ.

Spekulationsgewinne, Steuerpflicht 2.
— keine laufenden Jahreseinkünfte 37.

Staatsangehörigkeit, nicht maßgebend bei beschränkter Steuerpflicht 59.
— im Heimatsstaate 186⁷.
— in mehreren Bundesstaaten 186⁸.

Staatsanwaltschaft, Mitwirkung bei Steuervergehen 239, 240⁹, 241¹¹, 242¹².

Staatsbeamte mit dienstlichem Wohnsitz im Auslande 58, 64⁹, ¹⁰.

Staatsbehörden, Auskunftspflicht 212, 213³.

Stammeinlagen, Auskunft über die Höhe 207.

Stammgüter, Anrechnung beim Inhaber 7, 47, 48²ᵃ, 49³ᵃ.
— Schulden und Leistungen 50, 54⁵.

Stammrecht für Rechte auf Renten usw. 401⁹.

Standesämter, Mitteilungen über Sterbefälle 210.

Standesherrschaft, wirtschaftliche Einheit 139 A.

Standesrechte 26.

Stärkefabriken, landwirtschaftliche Nebenbetriebe 14⁸, 116.

Steinbrüche, landwirtschaftliche Nebenbetriebe 14⁸, 116.
— Wertermittelung 133.

Stempelfreiheit des Verfahrens 246.

Sterbefälle, Mitteilung an die Steuerbehörden 210.

Sterbekassen, Versicherungsansprüche 45²⁹, 166⁵.

Steuererklärung, s. Besitzsteuererklärung.

Steuerfreiheit, des Zuwachses unter 10000 ℳ 67.
— des Gesamtvermögens unter 20000 ℳ 67, 68.
— beim Erbfalle der Ehegatten 74.

Steuerhinterziehung, Absicht der 238¹⁰, § ⁷⁷, 239⁵.
— nicht beabsichtigte 242.
— Festsetzung und Einziehung der Steuer 244.

Steuerpflicht, subjektive unbeschränkte 58, 59¹ᵇ.
— beschränkte 59, 59¹ᵇ, 61⁵.
— Gegenstand der objektiven 1 ff.
— Beurteilung nach den Verhältnissen am Stichtage 60, 105, 106³, ⁵.
— Grenze der objektiven 67 ff.
— Begründung oder Erweiterung innerhalb eines Veranlagungszeitraums 81³, 84², 88 ff.
— Übergang der unbeschränkten in die beschränkte 89⁵, ⁶.
— Wegfall innerhalb eines Erhebungszeitraums 232.

Steuersätze 95.
— Hilfstafel für die Berechnung 306 ff.
— Herabsetzung auf die Hälfte des Vermögenszuwachses 96 f.

(**Steuersätze**):
— Ermäßigung für das dritte und jedes weitere Kind 97 ff., 103[6].
— desgl. beim Erwerb einer Erbschaft 98, 103[8], 105[12], [13].

Steuerschuld, Begründung 79[4], 106[5].

Steuerverkürzung 234, 237[7], 242.

Stichtag, maßgebender, für die Steuerpflicht und die Wertermittelung 60, 105, 106[5], 107[6], 232[3].
— für das Kapitalvermögen 24[2], 34[7c].
— für die Bestände zu laufenden Ausgaben 38[17].
— für die Anrechnung von Renten usw. 42[22].
— für den Bestand an Schulden 51[3a].
— für die Steuerpflicht und die Ermittelung der Vermögenswerte 105, 107[6], 140.
— für das wehrbeitragspflichtige Vermögen 155[3].
— für den Börsenkurs von Wertpapieren 157[3], [4].
— für den Verkaufswert desgl. 160[4].
— für zeitlich beschränkte Nutzungen und Leistungen 168[8], 170[6b].
— desgl. für von der Lebenszeit mehrerer Personen abhängige 174[5].
— für die einjährige Nutzung einer Geldsumme 176[2], [8].
— für eine aufschiebende Bedingung 177[3], 181[5].
— für eine auflösende Bedingung 180[3].
— für Nutzungen von unbestimmter Dauer 180[4], [6].

(**Stichtag**):
— für unbeitreibliche Forderungen 184[2].
— für die Angabe des Vermögens in der Steuererklärung 197.

Stiefeltern, Grundstückserwerb von 127[3].

Stiftungen, Belastung einer Erbschaft mit einer solchen 182.
— s. auch Familienstiftungen.

Stille Gesellschafter, Geschäftseinlagen 36[12], 166[2].

Strafantrag bei Verletzung der Geheimhaltungspflicht 245.

Strafbarkeit wissentlich falscher Schätzungsangaben 199[6].

Strafen, bei Hinterziehungen 234, 237[9], 238 f.
— bei Zuwiderhandlungen gegen die Auskunftspflicht 244.
— desgl. die Geheimhaltungspflicht 245.
— s. a. Geldstrafen.

Straffreiheit 242, 244.

Strafverfahren 234[1].
— Kosten 246.

Strafverfolgung, gerichtliche, bei Hinterziehungen 239, 240[9] ff.
— bei Verletzung der Geheimhaltungspflicht 245.

Strafvollstreckung 234[1].

Strafvorschriften 234 ff., 238 ff.
— Hinweis darauf bei Einforderung eines Nachlaßverzeichnisses 210, 212[4].

Straßenreinigungskosten 152.

Streitverfahren über die Zugehörigkeit des Wohnsitzes 185[4].

Studienrenten 168³.
Stundung der Steuer 228 f.
— desgl. bei Anträgen auf Änderung der Veranlagung 219 f.
Subjektive Steuerpflicht 1², 58, 59¹ᵇ.
— Stichtag 105, 106³, ⁵.
— s. a. Steuerpflicht.

T

Tantiemefonds der Reichsbankbeamten 34⁷ᶜ.
Tatsachen, neue, zur Begründung einer Neuveranlagung 230, 231⁵.
Taxen, Berücksichtigung bei Feststellung des Normalreinertrags 141ᵃ.
Teiche, steuerbares Grundvermögen 11⁷.
Teilhaber von Erwerbsgesellschaften, Anrechnung des Betriebsvermögens 18, 19⁴, 20⁵, ⁶.
— maßgebende Geschäftsabschlüsse 107⁷.
Teilzahlungen für die Steuer 228, 229.
Tertialrecht in Neu-Vorpommern und Rügen 17⁴.
Testamentsvollstrecker, Abgabe der Steuererklärung 197.
— Einreichung eines Nachlaßverzeichnisses 210.
— Zustellung d. Steuerbescheids 215³ᵇ.
Thronlehen 49.
Tiere als Betriebsvermögen 19.
Tilgung, s. Schuldentilgung.
Tod, des Steuerpflichtigen vor der Veranlagung 79⁴.
— des Vollmachtgebers 224
— s. auch Verstorbene.
Todeserklärungen, Mitteilungen der Gerichte 210.
Todesfall, Versicherung auf den 45²⁰.
Todes wegen, Erwerb von 123, 124²ᵃ.
Tongruben, landwirtschaftliche Nebenbetriebe 14⁸, 116.
— Wertermittelung 133.
Torfstiche 15, 116.
— Wertermittelung 133.

U

Überlebensfall, Versicherungen 45²⁹.
Umbauten 150.
Umwandlung, von Verbrauchs- in Gebrauchsvermögen 2.
— nicht steuerbaren in steuerbares Vermögen 81⁴.
— steuerbaren in nicht steuerbares Vermögen 94¹².
Unbeitreiblichkeit von Forderungen 183, 184².
Unbeschränkte subjektive Steuerpflicht 58, 59¹ᵇ.
— Begründung innerhalb eines Veranlagungszeitraums 88.
— s. a. Steuerpflicht.
Uneheliche Kinder, Wohnsitz 64⁸ᶜ.
— Unterhaltsrente 42²³.
— Unterhalt als Ermäßigungsgrund 99⁴.
Unfallrenten 42²³.
Unfallversicherung, Ansprüche daraus 45, 46⁴, ⁵.

Ungewißheit für den Erwerb oder die Last 183.

Unsicherheit einer Forderung 166^{4}.

Unterhaltspflicht, nach dem BGB. 99^{5}.
— für Kinder als Ermäßigungsgrund 97, 98^{2}, 99^{4}, ^{5}.

Unterhaltsrenten 42^{23}.

Untermieter, Personenstandsaufnahme 192.

Unternehmer von Gesellschaften, Anrechnung des Betriebsvermögens 18, 19^{4}.

Unterrichtende Tätigkeit, kein Gewerbe 16.

Unterschied, zwischen dem Anfangs- und Endvermögen 80, 81^{3}, ^{4}.
— zwischen der höheren Steuer und dem geringeren Vermögenszuwachse 96.

Unterschrift, unter der Steuererklärung 197^{6}, 198^{3}.
— unter der Rechtsmittelschrift 220^{2b}.

Unterstützungen, freiwillige 40^{19}.

Untersuchung, Einleitung 242, 243, 244, 245^{4}.

Unverzinsliche befristete Forderungen und Schulden 176, 177^{3}.

Urenkel, Unterhalt kein Ermäßigungsgrund 99^{4}.
— Erbschaftserwerb 104^{9}.

Urheberrechte 26, 29^{5d}.

Urkunden der Behörden, Einsichtnahme 212.

Urteile, spätere, kein Grund zur Nachveranlagung 232.

V

Vater, Nutznießung am Kindervermögen 60, 78^{2}.

Veranlagung, Zuständigkeit 184, 185^{1}, ^{3}.
— Mitwirkung der Gemeinden usw. 187, 189^{3}.
— Berichtigung nach der wirklichen Dauer von Nutzungen oder Leistungen 172, 173^{7}, ^{8}.
— desgl. nach Eintritt einer auflösenden Bedingung 179, 180^{8}.
— desgl. einer aufschiebenden Bedingung 181.

Veranlagungsbehörden 187, 188^{2}.
— Prüfung der Steuererklärungen 201.
— Vernehmung von Zeugen und Sachverständigen 203.

Veranlagungskommission, Verwaltung der Besitzsteuer 188^{2}.
— Veranlagung Verstorbener 80.
— Schätzung des Wertes von Aktien und Anteilen 163^{6b}.
— Nachveranlagung 174.

Veranlagungsmerkmale, Mitteilung 213 f.

Veranlagungsverfahren 201 ff.
— Kosten 246, 247^{3}.

Veranlagungsverhandlungen, Geheimhaltung 213, 245.

Veranlagungszeitraum, Begriff 79^{1}.
— Beginn des ersten 78, 79^{3}.
— Ende 79^{4}.
— in der Folgezeit 85 ff.

Verbesserungen, Anrechnung als Gestehungskosten 116, 120^{6}, 121^{8}.

(Verbesserungen):
— Nichtabzug von der Miete 152.
— Schuldenabzug für 57.

Verbrauchsvermögen, Umwandlung in Gebrauchsvermögen 2.

Verdacht einer Steuergefährdung 239, 240[9], 241[11].

Vergeltungsrecht gegenüber außerdeutschen Staaten 59, 66[17].

Verheiratung, Renten bis zur 168[3].

Verjährung, der fällig gewordenen Steuer 233.
— der Nachveranlagung 174.
— der Neuveranlagung 231[4].
— bei Steuervergehen 234[1], 238[10].

Verkaufswert, Zugrundelegung bei der Feststellung des Vermögens 111, 112[3].
— für Aktien und Anteile ohne Börsenkurs 159, 160[1], [4].
— Schätzung dess. 159, 161[6a] ff.
— Ansatz für unsichere Forderungen 166[4].

Verkürzung, s. Steuerverkürzung.

Verlagsrechte 26.

Verlobte, Zeugnisverweigerung 204.

Vermächtnisse, Abzug vor der Fälligkeit 52[3b].
— Erwerb von Todes wegen 124[2a].

Vermächtnisnehmer, Behandlung als Eigentümer 8.
— Ansprüche nach dem Erbfalle 26.

(Vermächtnisnehmer):
— keine Ermäßigung der Steuer 103[8].

Vermieter, vorbehaltene Nutzungen 148[17].

Vermittlergebühren als Gestehungskosten 120[6].

Vermögen, maßgebendes, für die Feststellung des Vermögenszuwachses 6 ff.
— steuerrechtlicher Begriff 6[3], 7[4a].
— Eigentumsbesitz 7[4b].
— rechtsgültige Abtretung 8[4c].
— nicht steuerbares 20, 45, 46.
— Abzüge 50 ff.
— Grenze der Zuwachsbesteuerung 67 ff.
— Verwandlung nicht steuerbaren in steuerbares 81[4].
— Umwandlung steuerbaren in nicht steuerbares 94[12].
— Wert nach dem Wehrbeitragsgesetze 83, 84[2], [3].
— erste Feststellung bei Begründung oder Erweiterung der Steuerpflicht 88 ff., 91 ff.
— Abrundung 105, 111[14].
— Wertermittelung 111 ff.

Vermögensangaben in d. Steuererklärung 197.

Vermögensstand, Stichtag für die Wertermittelung 105, 107[6].
— Zugrundelegung d. Abschlüsse 107, 109[11].
— erster maßgebender, bei beschränkter Steuerpflicht 91.
— Mitteilung im Steuer- oder Feststellungsbescheide 214, 216[8].

Vermögensverwalter, Abgabe der Steuererklärung 193[2].

Vermögenszuwachs, Gegenstand der Besteuerung 1 ff., 58.
— steuerfreie Grenze 67.
— Steuerfreiheit beim Erbfalle von Ehegatten 74.
— Abzüge 77, 80, 81⁴.
— Feststellung für den Veranlagungszeitraum 78.
— Ermittelung durch Vergleichung des Endvermögens mit dem Anfangsvermögen 80, 81³, 84².
— Ermittelung bei späteren Veranlagungen 85.
— desgl. bei Begründung oder Erweiterung der Steuerpflicht 88.
— desgl. bei beschränkter Steuerpflicht 91.
— Abstufung der Steuersätze nach dems. 95, 96⁴.
— geringerer als der nächsthöhere Steuersatz 96 f.

Vermögenszuwachssteuer, Form der Besitzsteuer 1².

Vermutung für gemeinübliche Wirtschaftsweise 141a.

Verpächter, vorbehaltene Nutzungen 136, 148¹⁷.

Verpfändung eines Gegenstandes für eine Schuld 57³c.

Verschiebungen zwischen dem Betriebs- und sonstigen Vermögen 109¹⁰, 110¹³.

Verschlechterungen während der Besitzzeit 117, 120⁶, 121⁹.

Verschreibung, Rechte auf Renten usw. 40¹⁹.

Verschwägerte, Zeugnisverweigerung 204.

Versicherung, unter der Steuererklärung 193, 197⁶.

(Versicherung):
— unter der Nachweisung der Gesellschaften 208, 208⁸.
— unter dem Nachlaßverzeichnisse 210 f., 212⁵.

Versicherungen, s. Lebensversicherungen usw.

Versicherungsgesellschaften, Dividendenansammlungen 33⁷a.

Verstorbene, Veranlagung 79⁴.
— Abgabe der Steuererklärung 197.
— Zustellung d. Steuerbescheids 215³b.
— Rechtsmittelfristen 221²c.
— Vollmachten 224.
— Zahlung der Steuer 227⁴.
— Neuveranlagung 230³.
— Nachbesteuerung bei Hinterziehungen 244².

Verträge, Einsichtnahme 206.

Vertragsmäßige Rechte auf Renten usw. 23, 40¹⁹ ff., 42²³, ²⁴.

Vertreter, der Hausbesitzer, Personenstandsaufnahme 191.
— gesetzliche oder bevollmächtigte, Abgabe der Steuererklärung 193².
— sonstige steuerliche Verpflichtungen 209.
— Zustellung des Steuer- oder Feststellungsbescheids 215³b.
— Strafvorschriften 234.

Verwaltung der Besitzsteuer 184 f., 186¹⁰, 187, 188².

Verwaltungsgerichte, oberste, Entscheidung der Rechtsmittel 217.

Verwaltungsstrafverfahren, Anwendung 234¹, 239, 240⁹, 242¹².

Verwandte, Unterhaltspflicht 99[5].
— Zeugnisverweigerung 204.
Verzinsung überhobener Steuern 225, 226[3], 228.
— bei Stundungen 229.
Vieh als Zubehör 13.
Viehzucht, Steuerpflicht 14[8].
— Inventar und Nebenbetriebe 114, 145.
Vierteljahrsteile der Steuer 226.
Vollmachten 223[6].
Vorausbezahlung der Steuer 96, 226, 227[4].
Vorbestrafung bei Hinterziehungen 239, 240[8].
Vordrucke für die Steuererklärung, Verabfolgung 195, 198[3].
Voreltern, Grundstückserwerb von 123, 127[3].
Vorerbe, Behandlung als Eigentümer 8, 180[3].
Vorerbschaft, Erwerb unter auflösender Bedingung 180[8].
Vorkaufsrechte als Zubehör von Grundstücken 12.
Vorliebe, Wert der besonderen 112[3].
Vormerkungen im Grundbuche 51[3a].
Vorräte, als Betriebsvermögen 19.
— nicht steuerbare 47[2].
— Wertermittelung 114, 145.
Vorsitzender der Berufungskommission, Erlaßanträge der Steuerpflichtigen 83.
— Beschwerden wegen Berichtigung der Veranlagung 173[8].
— sonstige Befugnisse und Obliegenheiten 189.
(Vorsitzender der Berufungskommission):
— Beschwerden wegen Festsetzung von Geldstrafen 200f., 206, 212[6].
— Rechtsmittel 218[2a].
— Entscheidung im Strafverfahren 234[1].
Vorsitzender der Veranlagungskommission, Erlaßanträge der Steuerpflichtigen 83.
— Verwaltung der Besitzsteuer 188[3].
— Aufforderung zur Steuererklärung 195, 200.
— Festsetzung der Geldstrafen bei Nichtabgabe der Steuererklärung 200.
— desgl. zur Erzwingung von Zeugnissen oder Gutachten 206.
— Festsetzung des Zuschlags 201[3].
— Einforderung eines Nachlaßverzeichnisses 211[2], 212[6].
— Rechtsmittel 218[2a], 224, 225[2].
— Entscheidung im Strafverfahren 234[1].
— Festsetzung von Ordnungsstrafen 246[2].
Vorstände von Aktiengesellschaften usw., Auskunftspflicht 207, 208[2], [8], 209[9].
Vorwerke, wirtschaftliche Einheit 113a, 139 A.

W

Wagenpferde, nicht steuerbar 47[2].
Wahlkonsuln, Steuerpflicht 59, 64[11].
Waisenkassen, Ansprüche an 45.

Waldarbeiter, Pension für einen solchen 144.

Waldwärter, Halten eines solchen 144.

Warenvorräte als Betriebsvermögen 19.

Wartegeldempfänger, dienstlicher Wohnsitz 64[10].

Wasserkräfte als Betriebsvermögen 19.

Wasserstücke, steuerbares Grundvermögen 11[7].

Wechsel, als Betriebsvermögen 19, 146.
— diskontierte, Bewertung 166[2].

Wechselforderungen, als Kapitalvermögen 33[7a].
— Bewertung 166[2].

Wege, Nutzungsrechte 19.
— Unterhaltung in Forsten 143[14b].

Wegfall der Steuerpflicht 81[3], 232.

Wehrbeitrag, Erlaß aus Billigkeitsrücksichten 83, 84[3].

Wehrbeitragsgesetz, Wert des nach dems. festgestellten Vermögens 83, 84[2], 85[4].

Wehrbeitragsveranlagung, Zugrundelegung für die Bewertung von Grundstücken 155.

Weidegerechtigkeiten 12.

Weinbau, Steuerpflicht 14[8].
— Inventar und Nebenbetriebe 114, 145[8].

Werkvertrag, Erwerb von Grundstücken 127[4].
— Geschäftsbesorgung 224.

Werkzeuge als Betriebsvermögen 19.

Wert, gemeiner, Zugrundelegung bei der Feststellung des. Vermögens 111.
— Begriff 112[3].
— Ermittelung für Grundstücke 118[4a].
— s. a. Ertragswert, Kapitalwert.

Wertermittelung, des Vermögens 105, 106[4].
— der einzelnen Bestandteile 111, 112[4a].

Wertminderungen während der Besitzzeit 117, 120[6], 121[9], 156.

Wertpapiere, Wertsteigerungen 2.
— Eigentumsbesitz hinterlegter 8.
— als Betriebsvermögen 19, 158[7].
— im Auslande befindliche 22.
— Ansetzung mit dem Kurswerte 156 ff.
— Abzug für mit Dividendenschein gehandelte 156, 158[5] ff.
— Ansetzung mit dem Verkaufswerte 159, 160[1], [4].
— Schätzung des Wertes 159, 161[6a] ff.

Wertsteigerungen, Steuerpflicht 2.
— für Grundstücke 117[2].

Westfalen, fortgesetzte Gütergemeinschaft 27[5c], 178.

Wiedereinsetzung in den vorigen Stand 222.

Wiederkehrende Nutzungen und Leistungen 23, 41[21].

Wirtschaftliche Beziehung von Schulden und Lasten, zu nicht steuerbaren Vermögensteilen 50, 56[8a].

(Wirtschaftliche Beziehung):
— bei beschränkter Steuerpflicht 51, 58[9].

Wirtschaftliche Einheit, Wertermittelung 112[4a].
— von Grundstücken 113[4b], 118[4a], 139 A.

Wirtschaftsausgaben, bei beschränkter Steuerpflicht 91, 93[6].
— während der Besitzzeit 116, 120[6], 121[7].

Wirtschaftsbücher, Einsichtnahme 206.

Wirtschaftsinventar, s. Inventar.

Wirtschaftsjahr, Zugrundelegung des letzten 105, 109[12].

Wissenschaftliche Tätigkeit, kein Gewerbe 16.
— nicht steuerbare Gegenstände 47[2].

Wissentlichkeit unrichtiger Angaben 234, 235[5a], 237[7].

Wittümer 58.

Witwenkassen, Ansprüche an 45.

Wohnsitz, Begriff 62[8b].
— von Ausländern im Deutschen Reiche 59, 60.
— nicht maßgebend bei beschränkter Steuerpflicht 59.
— Begründung in einem Bundesstaate 62[8a], 186[10].
— Begründung innerhalb eines Veranlagungszeitraums 88[2].
— Zuständigkeit für die Veranlagung und Erhebung 184, 185[4], 186[10].
— desgl. bei mehrfachem W. im Inlande 184, 186[7, 10].
— letzter W. als Veranlagungsort 185, 186[9], 187.

(Wohnsitz):
— Streitverfahren über die Zugehörigkeit 185[4].
— s. a. Dienstlicher Wohnsitz.

Wohnung, Merkmal des Wohnsitzbegriffs 62[8b].
— Aufwendungen für 55[7a].

Wohnzwecken dienende Grundstücke, Ertragswert 123, 124[1], 129[7], 130[8], 149[18].

Z

Zahlungsfristen für die Steuer 226.
— Angabe in dem Steuerbescheide 215, 216[12].

Zahlungspflicht für die Steuer, Entstehung 79[4].

Zeitdauer, der Rechte auf Renten usw. 23, 42[22].
— Berechnung des Gesamtwerts danach 167, 168[3], 170[6b].

Zeugen, Vernehmung 203.

Ziegeleien, Bewertung 116.

Zinsen, bei Erstattung der Steuer 173[9].
— für überhobene Steuerbeträge bei Nachveranlagungen 174.
— s. a. Verzinsung.

Zinsforderungen, rechtsgültige Abtretung 9.

Zinsquittungen, Einsichtnahme 206.

Zinsrecht (Zinsenbezugsrecht), rechtsgültige Abtretung 10.

Zinsrückstände 33[7b], 52[8b].

Zinssatz bei Kapitalisierung von Nutzungen und Leistungen 167, 170[7, 8].

(**Zinssatz**):
— für Nutzung einer Geldsumme 176.

Zinsscheine, damit gehandelte Wertpapiere 158⁶.

Zubehör von Grundstücken 6, 11⁷, 21³.
— Begriff 12 f.

Zuckerfabriken, Zuckerraffinerien, Bewertung der Anteile 164⁷.

Zusammenlegungskosten 143.

Zuschlag bei nicht rechtzeitiger Abgabe der Steuererklärung 199, 201³.

Zuständigkeit, für die Verwaltung der Besitzsteuer 184, 185¹, ³, 186¹⁰, 187, 188².
— für die Veranlagung Verstorbener 80.
— für die Schätzung des Wertes von Aktien und Anteilen 163⁶ᵇ.

Zustellung, des Steuer- oder Feststellungsbescheids 215³ᵇ.
— an nicht im Inlande wohnende Steuerpflichtige 225.

Zustellungsbevollmächtigte 225.

Zustellungsvorschriften 215³ᵇ.

Zuwachs, s. Vermögenszuwachs.

Zuwachsbesteuerung, Grenze ders. 67 ff.

Zuwendungen, unentgeltliche, unter Lebenden, Gegenstand der Besteuerung 2.
— nicht steuerpflichtige, freiwillige 40¹⁰.
— von Grundstücken ohne entsprechende Gegenleistung 123, 127⁴.

Zwangsstrafen, gegen Zeugen und Sachverständige 205⁷.
— gegen Gesellschaften 208³, ⁴.
— zur Einreichung eines Nachlaßverzeichnisses 212⁶.

Zwangsversteigerung v. Grundstücken wegen Steuerrückstandes 229.

Zwangsvollstreckung wegen Steuerrückstandes 227.

Zweifelhafte Lasten 181, 182⁹.

Zwischennutzungen in Forsten 143¹⁴ᵇ.

Zwischenzinsen, Abrechnung vom Gesamtwerte zeitlich beschränkter Nutzungen und Leistungen 167, 169⁵.

Von **R. Sydow.** Fortgeführt von **L.** und **A. Busch. 11.Aufl.** Mit Nachtrag, enth. die Bestimmungen vom 8. Nov. 1916. — **1914.** 3,40 *M*

Nr. **18. Reichsstempelgesetz** vom 3. Juli 1913. (Börsen-, Lotterie-, Frachturkunden-, Fahrkarten-, Kraftfahrzeug-, Tantieme-, Scheck- und Grundstücksübertragungssteuer.) Mit den gesamten Ausführungsbestimmungen. **12. Aufl.** von Geh. Reg.-Rat **P. Loeck,** mit Nachtrag, enth. das **Frachturkunden-** und **Warenumsatzstempelgesetz** vom 17. und 26. Juni 1916. — **1914. 8⁰.** 10,— *M*

Nachtrag einzeln 1,50 *M*

Nr. **19.** Die **Seegesetzgebung.** Von Dr. **W. E. Knitschky. 5. Aufl.** bearbeitet von Ober-L.G.Rat **O. Rudorff.** — **1913.** 8,50 *M*

Nr. **20. Krankenversicherungsgesetz (1883).** Von weil. Dr. **E. von Woedtke.** — Neue Fassung **(1911),** siehe **Nr. 107.**

Nr. **21.** Die **Konsulargesetzgebung.** Von Prof. Dr. **Ph. Zorn. 3. Aufl.** von Dr. **A. Zorn.** — **1911.** 5,— *M*

Nr. **22. Patentgesetz.** Nebst Ausführungsbestimmungen, völkerrechtlichen Verträgen und der Patentanwalts-Ordnung. **7. Aufl.** bearbeitet von **R. Lutter,** Geh. Reg.Rat im Kaiserl. Patentamt. — **1908.** 3,20 *M*

Nr. **23. Gewerbe-Unfallversicherungsgesetz. (1884.)** Von weil. Dr. **E.** v. **Woedtke.** — Neue Fassung **(1911),** siehe **Nr. 108.**

Nr. **24. Aktiengesellschaft und Kommanditgesellschaften auf Aktien.** Von Dr. **H. Keyßner** und Dr. **H. Veit Simon. 6. Aufl.** von Amtsrichter **L. Keyßner.** — **1911.** 3,40 *M*

Nr. **25. Brausteuergesetz** vom 15. Juli 1909. Von Oberzollrevisor **A. Düffe. 2. Aufl.** — **1910.** 3,40 *M*

Nr. **26.** Die Reichsgesetzgebung über **Münz- und Notenbankwesen,** Papiergeld, Prämienpapiere und Reichsschulden. Von Dr. **R. Koch. 6. Aufl.** — **1910.** 4,50 *M*

Nr. **27. Gesundheitswesen im Deutschen Reich.** Von Dr. jur. **E. Goesch** und Dr. med. **J. Karsten. — 1888.** 2,— ℳ

Nr. 28. Bau-Unfallversicherungsgesetz. Vom 30. Juni 1900. Von **R. Ehrzescinski.** Neue Fassung **(1911)**, siehe Nr. **108.**

Nr. **29. Erwerbs- und Wirtschaftsgenossenschaften.** Von **L. Parisius** und Dr. **H. Crüger. 15. neu bearb. Aufl.** von Dr. **H. Crüger. — 1916.** 3,— ℳ

Nr. **30. Invalidenversicherungsgesetz** (1899). Von weil. Dr. **E. v. Woedtke.** Neue Fassung **(1911)**, siehe Nr. **109.**

Nr. **31. Gewerbegerichtsgesetz.** Von Stadtrat **L. Mugdan. 7. Aufl.** bearbeitet von Oberbürgermeister **W. Cuno. — 1911.** 2,80 ℳ

Nr. **32.** Reichsgesetz, betr. die **Gesellschaften mit beschränkter Haftung.** Von **L. Parisius** und Dr. **H. Crüger. 13. Aufl.** von Dr. **H. Crüger. — 1914.** 2,40 ℳ

Nr. **33. Vereins- und Versammlungsrecht.** Von Dr. **E. Ball. 2. Aufl.** von Dr. **F. Friedenthal. — 1907.** 2,80 ℳ

Reichs-Vereinsgesetz vom 19. April 1908, siehe Nr. **88.**

Nr. **34.** Die **Abzahlungsgeschäfte.** Gesetz vom 16. Mai 1894. **3. Aufl.** von Land-G.Rat Dr. **E. Wilke. — 1910.** 1,60 ℳ

Nr. **35.** Die **Reichs-Eisenbahngesetzgebung.** Von Kaiserl. Amtsrichter **W. Coermann. — 1895.** 2,60 ℳ. S. auch Nr. **66.**

Nr. **36.** Gesetze, betr. die **privatrechtlichen Verhältnisse der Binnenschiffahrt und der Flößerei.** Von Geh. J.Rat **E. Löwe. 5. Aufl. — 1915.** 4,— ℳ

Nr. **37.** Gesetz gegen den **unlauteren Wettbewerb.** Von Justizrat **A. Pinner. 6. Aufl. — 1912.** 1,80 ℳ

Nr. **38/39. Bürgerliches Gesetzbuch nebst Einführungsgesetz** von Dr. **A. Achilles.** In Verbindung mit Prof. Dr. **André,** Kammer-G.Rat **Ritgen,** Reichs-G.Rat Dr. **Strecker,** Staatsrat Dr. **v. Unzner.** Herausgegeben von Wirkl. Geh. Ob.J.Rat u. Ober-L.G.Präsident **Greiff. 8.** vermehrte **Aufl. 8°. — 1916.** 10,— M

Nr. **40.** Gesetz, betr. die **Pflichten der Kaufleute bei Aufbewahrung fremder Wertpapiere [Depotgesetz].** Von Min.-Dir. **F. Lusensky. 3. Aufl. — 1916.** 2,50 M

Nr. **41. Börsengesetz.** Von Wirkl. Geh.Ob.Reg.Rat **Th. Hemptenmacher. 3. Aufl.** von Syndikus **O. Meyer. — 1915.** 4,— M

Nr. **42. Grundbuchordnung** nebst den preuß. Ausf.-Bestimmungen. Von Prof. Dr. **O. Fischer. 6. Aufl.** mit Nachtrag, enth. die Ergänzungen. — **1913.** 2,25 M

Nr. **43. Zwangsvollstreckung in das unbewegliche Vermögen** im Reiche und in Preußen. Kosten- und Gebührentabellen. Von Dr. **J. Krech** u. Dr. **O. Fischer. 8. Aufl.** bearbeitet von Prof. Dr. **O. Fischer. — 1916.** 3,— M

Nr. **44.** Das Reichsgesetz über das **Auswanderungswesen.** Von Prof. Dr. **F. Stoerk. — 1899.** 2,50 M

Nr. **45.** Das **Entmündigungsrecht** mit den für Preußen geltenden Vorschriften nebst Just.-Min.-Verfügung vom 28. Nov. 1899. Von Land-G.Rat Dr. **P. Koll. — 1900.** 1,80 M

Nr. **46.** Die Gesetze des Reiches und Preußens über die **freiwillige Gerichtsbarkeit.** Von Amts-G.Rat **H. Jastrow. 5. Aufl. — 1911.** 4,— M

Nr. **47.** Das **deutsche Vormundschaftsrecht** und das preuß. Gesetz über die Fürsorgeerziehung Minderjähriger nebst den dazu gehörigen preuß. Nebengesetzen. Von Ober-Verw.G.Rat **M. Schultzenstein** u. Amts-G.Rat Dr. **P. Köhne. 2. Aufl. — 1901.** 3,40 M

Nr. **48.** Gesetze, betr. den **Drogen-, Gift- und Farbenhandel** außerhalb der Apotheken. Von Dr **J. Broh. — 1899.** 1,50 *M*

Nr. **49.** Deutsche **Kolonialgesetzgebung.** Von Geh. J.Rat Prof. Dr **Ph. Zorn. 2. Aufl.** von G.Assessor Dr **Sassen. — 1913.** 8,— *M*

Nr. **50.** Der **Viehkauf [Viehgewährschaft] nach dem BGB.** Verordnung betr. die Hauptmängel und Gewährsfristen beim Viehhandel. Von Rechtsanwalt Dr **H. Stölzle** und Königl. Reg.- u. Vet.Rat **H. Weiskopf. 5. Aufl. — 1913.** 6,50 *M*

Nr. **51. Hypothekenbankgesetz** vom 13. Juli 1899. Von Dr **H. Göppert. 2. Aufl.** bearbeitet von Geh. Reg.Rat Dr **Seidel. 1911.** — 2,60 *M*

Nr. **52.** Gesetz, betr. die gemeinsamen **Rechte der Besitzer von Schuldverschreibungen.** Von Dr **H. Göppert. 2. Aufl.** bearbeitet von Amtsrichter Dr **E. Trendelenburg. — 1915.** 2,— *M*

Nr. **53. Reichspreßgesetz** vom 7. Mai 1874. Mit Kommentar von Bürgermeister **A. Born. 2. Aufl. — 1911.** 2,40 *M*

Nr. **54.** Die Reichsgesetzgebung über den Verkehr mit **Nahrungsmitteln, Genußmitteln** und **Gebrauchsgegenständen.** Von Dr **G. Lebbin,** Nahrungsmittelchemiker in Berlin. — **1900.** 2,50 *M*

Nr. **55.** Das Recht der **Beschlagnahme von Lohn- und Gehaltsforderungen.** Von Justizrat **G. Meyer. 5. Aufl. — 1914.** 3,— *M*

Nr. **56.** Gesetz, betr. die **Bekämpfung gemeingefährlicher Krankheiten.** Nebst Ausf.-Bestimmungen. Von Reg.Rat Dr **B. Burkhardt. — 1900.** 1,60 *M*

Nr. **57. See-Unfallversicherungsgesetz (1887).** Von Ober-L.G.Rat Dr **M. Mittelstein.** — Neue Fassung **1911**, siehe Nr. **108.**

Nr. **58. Das Recht der unehelichen Kinder nach dem BGB.** Von Amts-G.Rat. **H. Jastrow. — 1901.** 2,— ℳ

Nr. **59.** Reichsgesetz über die **Beurkundung des Personenstandes und die Eheschließung.** Von Amts-G.Rat Dr **F. Fidler. 2. Aufl. — 1912.** 2,80 ℳ

Nr. **60.** Gesetz, betr. das **Urheberrecht an Werken der Literatur und der Tonkunst.** Von Geh. Ob.J.Rat **O. Lindemann. 3. Aufl. — 1910.** 1,80 ℳ

Nr. **61.** Gesetz über das **Verlagsrecht.** Von Rechtsanwalt Dr **B. Marwitz. 2. Aufl. — 1911.** 2,— ℳ

Nr. **62.** Gesetz über **private Versicherungsunternehmungen.** Von Reichs-G.Rat **H. Könige. 2. Aufl. — 1910.** 4,50 ℳ

Nr. **63. Gesetzestafel des Deutschen Reichsrechts.** Systematisch geordnete Nachweisung des z. Z. geltenden Reichsrechts. Von **H. Bruhns. 2. Aufl. — 1913.** 4,— ℳ

Nr. **64.** Gesetzsammlung betr. den **Handel mit Drogen und Giften.** Mit Anhang: landesgesetzliche Verordnungen sämtlicher Bundesstaaten. Von Rechtsanwalt **H. Sonnenfeld,** Syndikus der Berliner Drogisten-Innung. **2. Aufl. — 1912.** 4,50 ℳ

Nr. **65.** Das **Weingesetz** in der Fassung von 1909. Mit Ausf.-Bestimmungen von Dr **G. Lebbin,** Nahrungsmittelchemiker. **2. Aufl. — 1909.** 2,80 ℳ

Nr. **66.** Die **Eisenbahn-Gesetzgebung.** Von **W. Pietsch,** Rechn.Rat im Reichseisenbahnamt. **2. Aufl. — 1913.** 4,— ℳ

Nr. **67. Militär-Strafgesetzbuch für das Deutsche Reich.** Von Wirkl. Geh. Kriegsrat Dr **A. Romen** und Kriegsgerichtsrat Dr **C. Rissom. 2. Aufl. — 1916.** 10,— ℳ

Nr. **68.** Das **Fleischbeschaugesetz.** Vom 3. Juni 1900. Von Dr **G. Lebbin** u. Dr **G. Baum. — 1903.** 4,50 ℳ

Nr. **69.** Reichsgesetz über die **Naturalleistungen der bewaffneten Macht im Frieden** nebst den preußischen Bestimmungen. Von Dr. **W. v. Hippel.** — **1903.** 1,60 *M*

Nr. **70.** Das **Reichs-Haftpflichtgesetz** vom 7. Juni 1871. Von Reg.Rat Dr. **G. Eger.** — **1903.** Vergriffen.

Nr. **71.** Gesetz betr. **Kinderarbeit in gewerblichen Betrieben** vom 30. März 1903. Von Ober-Verw.G.Rat **H. Spangenberg. 2. Aufl.** — **1904.** 1,80 *M*

Nr. **72. Unfallversicherungsgesetz für Land- und Forstwirtschaft.** (1886). Von weil. Dr. **E. v. Woedtke.** Siehe Nr. **108.**

Nr. **73. Entschädigung für unschuldig erlittene Verhaftung und Bestrafung.** Anhang: Nebengesetze über Schadensersatz. Von Wirkl. Geh. Kriegsrat Dr. **A. Romen.** — **1904.** 2,40 *M*

Nr. **74.** Die **Kaufmannsgerichte** nebst Ausf.-Bestimmungen. Von Prof. Dr. **M. Apt. 3. Aufl.** — **1904.** 2,40 *M*
Siehe auch Nr. **112.**

Nr. **75.** Reichsgesetz über die **Konsulargerichtsbarkeit.** Von Rechtsanwalt Dr. **A. F. Vorwerk,** Schanghei. **2. Ausgabe,** mit den Schutzgebietsgesetzen. — **1908.** 2,40 *M*

Nr. **76. Die Rechtshilfe im Verkehr mit den ordentlichen Gerichten** nach deutschem Reichsrecht. Von Landrichter Dr. **A. Friedländer.** — **1906.** 2,— *M*

Nr. **77. Das Reichserbschaftssteuergesetz.** Vom 3. Juni 1906. Von **U. Hoffmann. 3. Aufl.** in Vorbereitung.

Nr. **78. Zigarettensteuergesetz.** Vom 3. Juni 1906. Von Reg.Assessor Dr. **Cuno.**

Nr. **79. Die Militärpensionsgesetze** vom 31. Mai 1906 nebst Ausf.-Bestimmungen. Zum Gebrauch für Heer, Marine und Schutztruppe von Wirkl. Geh. Kriegsrat Dr. **A. Romen**

a) I. Teil: **Offizierpensionsgesetz. — 1907.** 3,80 M

b) II. Teil: **Mannschaftsversorgungsgesetz** mit Nachtrag, enth. **Kapitalabfindungsgesetz** vom 3. Juli 1916. — **1908.** 3,80 M

Nr. **80.** Reichsgesetzgebung über **gerichtliche Registerführung.** Von Geh. Ob.J.Rat **O. Lindemann. — 1906.** 3,40 M

Nr. **81. Urheberrecht an Werken der bildenden Künste und der Photographie.** Von Rechtsanwalt Dr. **L. Fuld. — 1907.** 1,25 M

Nr. **82. Reichsbeamtengesetz** vom 18. Mai 1907 mit Ergänzungen von Geh.Rat Prof. Dr. **A. Arndt. — 1908.** 3,40 M

Nr. **83.** Reichsgesetz über den **Versicherungsvertrag** nebst Einführungsgesetz. Von Dr. **P. Hager** und Dr. **E. Bruck. 3. verm. u. verb. Aufl. — 1913.** 6,50 M

Nr. **84. Sammlung kleinerer privatrechtlicher Reichsgesetze.** Von Ober-L.G.Rat **G. Müller. — 1908.** 7,— M

Nr. **85. Scheckgesetz.** Von Prof. Dr. **M. Apt.** Vergriffen. Siehe Nr. **113.**

Nr. **86. Die Auslieferungsverträge des Deutschen Reiches.** Von Landrichter Dr. **A. Cohn. — 1908.** 4,50 M

Nr. **87.** Gesetz zum **Schutz der Warenbezeichnungen.** Von Geh. Reg.Rat, Mitgl. des Kaiserl. Patentamts Dr. **Freund** und Rechtsanwalt **Magnus. 5. Aufl. — 1909.** 4,— M

Nr. **88. Vereinsgesetz** vom 19. April 1908. Von Wirkl. Geh. Kriegsrat Dr. **A. Romen.** Mit den **neuen Bestimmungen** über **Jugendliche und Gewerkschaften. 4. Aufl. — 1916.** 3,50 M

Nr. **89. Vogelschutzgesetz** vom 30. Mai 1908 nebst den das Flugwild betr. Bestimmungen der Preuß. Jagdordnung. Von Dr. **L. v. Boxberger. — 1909.** 1,25 M

Nr. **90.** Die Haager Abkommen über das **Internationale Privatrecht.** Von Dr **G. Bogeng.** — **1908.** 2,50 *M*

Nr. **91. Eisenbahn-Verkehrsordnung** mit Ausf.-Bestimmungen. Von Reg.Rat Dr **E. Blume.** — **1909.** 2,80 *M*

Nr. **92.** Gesetz, betr. den **Verkehr mit Kraftfahrzeugen.** Von Amts-G.Rat **R. Kirchner. 3. Aufl.** — **1915.** 4,50 *M*

Nr. **93.** Gesetz über die **Sicherung der Bauforderungen.** Von Justizrat Dr **E. Harnier. 3. Aufl.** — **1912.** 1,80 *M*

Nr. **94. Haftpflicht der Reichs- und Staatsbeamten** von Dr **H. Delius. 2. Aufl.,** mit dem Gesetz über Haftung des Reichs für Beamte vom 22. Mai 1909. — **1909.** 3,80 *M*

Nr. **95.** Die Berner Übereinkunft über **Internationales Urheberrecht.** Von Geh.Rat Dr **H. Dungs.** — **1910.** 1,25 *M*

Nr. **96. Branntweinsteuergesetz** vom 15. Juli 1909 mit den für das Reich erlassenen Ausf.-Bestimmungen und Kriegsverordnungen. **2. Aufl.,** bearbeitet von Reg.-Assessor Dr **K. Kniebe,** Hilfsarbeiter im Reichsamt d. Innern. — **1916.** 4,— *M*

Nr. **97. Schutzgebietsgesetz** nebst V.O. betr. die Rechtsverhältnisse in den Schutzgebieten, dem G. über die Konsulargerichtsbarkeit sowie den Ausf.-Bestimmungen. Von **J. Gerstmeyer,** Wirkl. Legationsrat und vortr. Rat im Reichskolonialamt. — **1910.** 3,40 *M*

Nr. **98. Sechs Haager Abkommen** über **Internationales Privatrecht.** Von Geh. Ob.Reg.Rat Dr **H. Dungs.** — **1910.** 1,80 *M*

Nr. **99. Die Abkommen der Haager Friedenskonferenz.** Von Dr **H. Wehberg.** — **1910.** 3,40 *M*

Nr. **100.** Gesetz über den **Absatz von Kalisalzen.** Von Geh. Bergrat **E. Voelkel.** — **1910.** 2,60 *M*

Nr. **101. Zuwachssteuergesetz** vom 14. Februar 1911. Von Geh. Reg.Rat Dr. **W. Cuno. — 1911.** 4,— M

Nr. **102. Urheberrecht an Mustern und Modellen** und Ges. betr. Schutz von **Gebrauchsmustern.** Von Reg.Rat **J. Neuberg,** Mitgl. d. Kaiserl. Patentamts. — **1911.** 2,60 M

Nr. **103. Reichs-Viehseuchengesetz** vom 26. Juni 1909 nebst Ausführungsvorschriften u. dem preuß. Ausführungsgesetz. Von Landrat Dr. **W. v. Hippel. 2. Aufl. — 1912.** 5,— M

Nr. **104. Versicherungsgesetz für Angestellte** vom 20. Dez. 1911. Von Rechtsanwalt **O. Bernstein** und Dr. **J. Kupferberg. 2. Aufl. — 1912.** 3,80 M

Nr. **105. Das Geldwesen in den deutschen Schutzgebieten.** Von **W. Hintze,** Geh. Sekr. im Reichskolonialamt. — **1912.** 2,25 M

Nr. **106–109. Reichs-Versicherungsordnung nebst Einführungsgesetz.** Herausgegeben unter Mitwirkung von Dr. **F. Caspar,** Wirkl. Geh. Rat, Direktor im Reichsamt d. Innern und **A. Spielhagen,** Geh. Ob.Reg.Rat, vortr. Rat im Reichsamt d. Innern. **4 Bände.**

Nr. **106.** I., V. u. VI. Buch. **Gemeinsame Vorschriften. — Beziehungen der Versicherungsträger zu einander und zu anderen Verpflichteten. — Verfahren.** Von Dr. **K. Lippmann,** Reg.Rat im Reichs-Vers.Amt, Geh. Reg.Rat Dr. **L. Laß** und Geh. Reg.Rat **H. Siefart,** vortr. Räte im Reichsamt d. Innern. — **1913.** 6,50 M

Nr. **107.** II. Buch. **Krankenversicherung.** Von Geh. Reg.Rat **H. Siefart** und Reg.Rat Dr. **F. Sitzler. — 1916.** 7,50 M

Nr. **108.** III. Buch. **Unfallversicherung.** Von Geh. Reg.Rat **A. Radtke,** Senatsvors. im R.Vers.Amt. — **1913.** 8,50 M

Nr. **109.** IV. Buch. **Invaliden- und Hinterbliebenenversicherung.** Von Geh. Ob.Reg.Rat **B. Jaup,** vortr. Rat im Reichsamt d. Innern, **und H. Follmann,** Geh. Reg.Rat im R.Vers.Amt. — **1912.** Mit Nachtrag. 1914—1916. 4,50 M

Nr. **110. Wehrbeitragsgesetz** mit Ausf.-Bestimmungen. Von Wirkl.Geh.Ob.Fin.Rat **A. Fernow. 2. Aufl. — 1913.** 2,25 ℳ

Nr. **111. Reichs- und Staatsangehörigkeitsgesetz.** Vom 22. Juli 1913. Von Wirkl. Geh. Kriegsrat Dr. **A. Romen. — 1913.** 2,50 ℳ

Nr. **112. Kaufmannsgerichtsgesetz** mit Best. des Gewerbegerichtsgesetzes. Von Dr. **H. Devène,** Vors. des Kaufmannsgerichts zu Berlin. — **1914.** 2,80 ℳ

Nr. **113. Postscheckgesetz.** Von Oberpostinspektor **J. Weiland. — 1914.** 1,80 ℳ

Nr. **113 a. Postscheckordnung** mit Ausf.-Bestimmungen. Von Oberpostinspektor **J. Weiland. — 1914.** 1,80 ℳ

Nr. **114. Waffengebrauch und Festnahmerecht des Militärs.** Von Wirkl. Geh. Kriegsrat Dr. **A. Romen** und Kriegsgerichtsrat Dr. **C. Rissom. — 1914.** 2,25 ℳ

Nr. **115. Das vertragliche Wettbewerbsverbot [Konkurrenzklausel].** Nebst Kommentar zum G. v. 10. Juni 1914. Von Rechtsanwalt Dr. **G. Baum. — 1914.** 3,40 ℳ

Nr. **116. Kriegs-Zivil- und -Finanzgesetze** vom 4. Aug. 1914 und den dazu erlassenen Verordnungen und Bekanntmachungen. **3. Aufl. — 1913.** 2,60 ℳ

Nr. **116 a. Kriegs-Zivil- und -Finanzgesetze.** Zweite Folge: Das Jahr 1915. — **1916.** 2,25 ℳ

Nr. **117. Darlehnskassengesetz.** Von Rechtsanwalt **Salomon** und Bankvorsteher **Bud. — 1915.** 2,25 ℳ

Nr. **118. Militärhinterbliebenengesetz.** Von Rechn.Rat **Reh.** Mit Nachtrag, enth. das **Kapitalabfindungsgesetz** vom 11. Juli 1916. — **1915.** 2,80 ℳ

Nr. **119. Kriegsleistungsgesetz.** Von Rechtsanwälten J.Rat **Heilberg** und **Schäffer.** — **1915.** 3,20 ℳ

Nr. **120. Telegraphenwegegesetz.** Von Postreferendar **Wolf.** — **1916.** 1,80 ℳ

Nr. **121. Direkte Kriegssteuer.** Gesetze zur Besteuerung der Kriegsgewinne. Von Ob.Verw.G.Rat **A. Mrozek.** — **1916.** 4,50 ℳ

Nr. **122. Gesetz über den Belagerungszustand.** Von Kriegsgerichtsrat Dr **H. Pürschel.** — **1916.** 5,— ℳ

Nr. **123. Warenumsatzstempel.** Von Geh. Ob.J.Rat **Lindemann.** — **1916.** 2,50 ℳ

Nr. **124. Todeserklärung Kriegsverschollener.** Von Prof. Dr **J. Partsch.** — **1916.** 3,— ℳ

Nr. **125.** Das Gesetz über den **vaterländischen Hilfsdienst** mit Einleitung und amtlichen Materialien. **2. Aufl.** — **1917.** 1,25 ℳ

Nr. **126. Besitzsteuergesetz** mit Ausf.-Bestimmungen. Von Ob.Verw.G.Rat **A. Mrozek.** — **1917.**

Nr. **127.** Verordnung über die **Geschäftsaufsicht zur Abwendung des Konkurses** vom 14. Dez. 1916. Von Rechtsanwalt **G. Klien,** mit system. Einleitung von Geh. Hofrat Dr **Ernst Jaeger** ord. Prof. a. d. Universität Leipzig. — **1917.** 2,— ℳ

Nr. **128.** Gesetz betr. die **Verhaftung und Aufenthaltsbeschränkung** vom 4. Dez. 1916. Nebst Anhang, betr. Entschädigung unschuldig Verhafteter. Von Wirkl. Geh. Kriegsrat Dr **A. Romen.** — **1917.** 2,50 ℳ

Nr. **11. Gewerbesteuergesetz.** Von Wirkl. Geh. Ob. Fin. Rat **A. Fernow. 6., vermehrte Aufl. — 1915.** 4,80 M

Nr. **12. Allgemeines Berggesetz.** Mit seinen Novellen und Nebengesetzen. **3. Aufl.,** bearbeitet von den Oberbergräten **Schlüter** und **Hense. — 1913.** 8,— M

Nr. **13. Ergänzungssteuergesetz** (Vermögenssteuergesetz). Von Wirkl. Geh. Ob. Fin. Rat **A. Fernow. 5. Aufl.** Mit Nachtrag, enth. Ges. betr. Erhöhung der Zuschläge vom 8. Juli 1916. **— 1914.** 4,50 M

Nr. **14. Kommunalabgabengesetz.** Vom 14. Juli 1893 und Ges. wegen Aufhebung direkter Staatssteuern. Von Oberbürgermeister Dr. **F. Adickes. 5. Aufl.** bearbeitet von Stadtrat Dr. **Woell. — 1911.** 2,60 M

Nr. **15.** Die **Kreisordnungen** für den Preußischen Staat. Von Land-G. Rat **O. Kolisch. — 1894.** 4,20 M

Nr. **16. Konzessionierung gewerblicher Anlagen.** Von Geh. Reg. Rat Dr. **W. v. Rüdiger. 2. Aufl. — 1901.** 2,— M

Nr. **17.** Preußisches **Gerichtskostengesetz.** Vom 25. Juli 1910. Mit Kostentabellen. Von Kammer-G. Rat Dr. **P. Siméon. 7. Aufl. — 1913.** Mit Nachtrag: Abänderungen vom 17. Febr. 1917. 4,50 M

Nr. **18.** Preußisches **Stempelsteuergesetz** vom 30. Juni 1909. Mit sämtlichen Ausf.-Bestimmungen. Von **P. Loeck. 8. Aufl.** von Reg. Rat **W. Seyffarth. — 1914.** 9,— M

Nr. **19.** Das **Jagdscheingesetz.** Von Wirkl. Geh. Ob. Reg. Rat **F. Kunze. 2. Aufl. — 1899.** 2,25 M

Nr. **20.** Die **preußischen Erbschaftssteuergesetze.** Von Rechn. Rat **U. Hoffmann. — 1905.** 4,— M
(**Reichs**-Erbschaftssteuergesetz siehe Reichsgesetze Nr. **77**).

Nr. **21.** Gesetz über die **Handelskammern.** Von Min. Dir. **F. Lusensky. 2. Aufl. — 1909.** 3,40 M

Nr. **22.** Gesetz, betr. **Anstellung und Versorgung der Kommunalbeamten.** Von Dr. **W. Ledermann. 2. Aufl.**, bearbeitet von Dr. **L. Brühl. — 1914.** 2,40 *M*

Nr. **23. Ausführungsgesetz zum Bürgerlichen Gesetzbuche.** Von Kammer-G.Rat Dr. **P. Siméon. 3. Aufl. — 1914.** 2,40 *M*

Nr. **24.** Die **Hinterlegungsordnung. (1879)** Von Reg.Rat Dr **G. Bartels. 2. Aufl. — 1908.** 2,— *M*
Neues Gesetz vom 21. April 1913 siehe Nr. **53.**

Nr. **25. Preußische Kommunalbeamtengesetzgebung.** Von Mag.Assessor Dr. **F. Kremski,** Berlin. — **1901.** 3,40 *M*

Nr. **26.** Gesetze über das **Diensteinkommen der Lehrer und Lehrerinnen, Ruhegehalt und Hinterbliebenenfürsorge.** Tabelle zur Berechnung der Ruhegehalts-, Witwen- und Waisenbezüge. Von Bürgermeister Dr. **C. Cremer. — 1900.** 2,60 *M*

Nr. **27.** Gesetz, betr. die **Warenhaussteuer.** Von Geh. Ob.Fin.Rat Dr **G. Strutz. — 1900.** 1,50 *M*

Nr. **28.** Gesetz, betr. **Fürsorgeerziehung Minderjähriger.** Von Land-G.Direktor Dr. **P. F. Aschrott. 2. Aufl. — 1907.** 3,— *M*

Nr. **29.** Gesetz, betr. **die ärztlichen Ehrengerichte, das Umlagerecht und die Kassen der Aerztekammern.** Von Amts-G.Rat Dr **F. Fidler. — 1901.** 1,80 *M*

Nr. **30.** Das **Preußische Staatsschuldbuch** und **Reichsschuldbuch.** Von Wirkl. Geh. Ob.F.Rat **J. Mücke. — 1902.** 2,— *M*

Nr. **31. Die geltenden Preußischen Gesindeordnungen. Zwei Bände.** Von Rechtsanwalt **St. Gerhard.**

31 a. Gesindeordnung für die altpreußischen Provinzen vom 8. Nov. 1810, unter Berücksichtigung der Ergänzungsgesetze, der Rechtsverhältnisse der Stellenvermittler und

Reichsversicherungsordnung, sowie die Gesindeordnungen für Neuvorpommern und Rügen und für die Rheinprovinz. **2. Aufl. — 1914.** 3,40 ℳ

31 b. Gesindeordnungen für Hannover, Schleswig-Holstein, Hessen-Nassau und den Regierungsbezirk Hohenzollern. — **1902.** 2,80 ℳ

Nr. **32. Die Städteordnung für die sechs östlichen Provinzen Preußens.** Von Dr **W. Ledermann** u. Dr **L. Brühl. 2. Aufl. — 1913.** 7,50 ℳ

Nr. **33. Rentenguts- und Anerbenrechts-Gesetzgebung in Preußen.** Von Land-G.Rat **M. Peltasohn** und Rechtsanwalt **B. Peltasohn. — 1903.** 3,40 ℳ

Nr. **34.** Sammlung der wichtigsten **preußischen Strafgesetze** nebst Ges., betr. polizeil. Strafverfügungen vom 23. April 1883. Von Geh. Ob.J.Rat **.Lindemann. 2. Aufl. — 1912.** 3,60 ℳ

Nr. **35. Geschäftsordnung für Gerichtsvollzieher.** Von **E. Exner. — 1904.** 3,50 ℳ

Nr. **36. Polizeiverordnungen in Preußen.** Von Geh. Ob.J.Rat **O. Lindemann. — 2. Aufl. 1912.** 2,60 ℳ

Nr. **37.** Gesetz, betr. **Enteignung von Grundeigentum** vom 11. Juni 1874. Von Ob.L.G.Rat **O. Meyer. 2. Aufl. — 1911.** 2,50 ℳ

Nr. **38. Kreis- und Provinzial-Abgabengesetz** vom 23. April 1906. Von Gemeindevorsteher **F. Schmidt. — 1906.** 1,50 ℳ

Nr. **39.** Gesetz, betr. die **Unterhaltung der öffentlichen Volksschulen.** Von Reg.Rat Dr **A. Marcks. — 1906.** 2,25 ℳ

Nr. **40. Verwaltungsstrafverfahren** bei Zuwiderhandlungen gegen die Zollgesetze und indirekte Reichs- und Landesabgaben. Von Dr **R. Katzenstein. — 1907.** 4,— ℳ

Nr. **41.** Die **preußischen Jagdpolizeigesetze.** Von Wirkl. Geh. Ob.Reg.Rat **F. Kunze** und Rechtsanwalt **R. Kühnemann. 2. Aufl. — 1907.** 4,— ℳ

Nr. **42.** Die Gesetzgebung über die **Allgemeine Landesverwaltung** und **Zuständigkeit der Verwaltungs- und Verwaltungsgerichtsbehörden.** Von Dr. **K. Friedrichs. — 1908.** 3,40 ℳ

Nr. **43.** Gesetz, betr. die **Zulassung einer Verschuldungsgrenze** für land- und forstwirtschaftlich benutzte Grundstücke. Von Syndikus Dr. **R. Leweck. — 1908.** 2,60 ℳ

Nr. **44. Quellenschutzgesetz** nebst den Ausführungsbestimmungen. Von Geh. Bergrat **C. Voelkel. — 1909.** 1,25 ℳ

Nr. **45. Rechtsverhältnisse der Juden in Preußen.** Von Rechtsanwalt Dr. **M. Kollenscher. — 1910.** 2,60 ℳ

Nr. **46.** Gesetz betr. **Austritt aus der Landeskirche** vom 14. Mai 1873. Von Ger.-Assessor **H. Caro. — 1911.** 2,60 ℳ

Nr. **47.** Gesetz, betr. die **Feuerbestattung.** Von Amts-G.Rat Dr. **W. Lohmann. — 1912.** 1,60 ℳ

Nr. **48. Zweckverbandsgesetz für Groß-Berlin** vom 19. Juli 1911 nebst Abdruck des allgemeinen Zweckverbandsgesetzes. Von den Magistratsräten Dr. **L. Brühl,** Dr. **K. Gordan** und Stadtrat Dr. **W. Ledermann. — 1912.** 4,50 ℳ

Nr. **49. Gesetze gegen die Verunstaltung landschaftlich hervorragender Gegenden** mit Ausf.-Anweisungen. Von Reg.Rat **O. Goldschmidt. — 1912.** 2,60 ℳ

Nr. **50. Gesetz, betr. die Anlegung und Veränderung von Straßen und Plätzen in Städten und ländlichen Ortschaften.** Von Ob.L.G.Rat **O. Meyer. — 1913.** 3,40 ℳ

Nr. **51. Das preußische Disziplinargesetz für die nichtrichterlichen Beamten** und die Privatdozenten. Von Reg.Rat Dr. **E. v. Dultzig.** 4,80 ℳ

Schlagwort-Register

R. = Nummer der Sammlung Deutscher **Reichs**gesetze.
P. = Nummer der Sammlung **Preußischer** Gesetze.
S. = Seite.

Abzahlungsgeschäfte R. 34.
Aerztekammern P. 29.
Aerztliche Ehrengerichte P. 29.
Aktienrecht R. 24, 26.
Altersversicherungsgesetz R. 109.
Anerbenrechtsgesetz P. 33.
Anfechtungsgesetz R. 13.
Angestelltenvers.-Ges. R. 104, S. 21.
Anlegung von Straßen P. 50.
Arbeiterschutzgesetz R. 6, 116a.
Arbeiterversicherungsgesetze R. 20. 23, 28, 57, 106—109, S. 21.
Arzneimittel R. 6, 64.
Aufenthaltsbeschränkung, Verhaftung R. 128.
Ausführungsgesetze z. BGB. P. 23, S. 21.
Ausführungsgesetze zu d. Reichsjustizgesetzen P. 6.
Ausgleichsverordnung R. 123.
Auslieferungsverträge R. 86.
Austritt a. d. Landeskirche P. 46.
Auswanderungsgesetz R. 9, 44.
Automobilgesetz R. 92, 116a.

Bankgesetz R. 26, 116.
Baufluchtengesetz P. 50.
Bauforderungsschutz R. 93.
Bauunfallversicherungsgesetz R. 28.
Beamtengesetze R. 10, 82, 94, P. 2.
Bekämpfung gemeingefährlicher Krankheiten R. 56.
Belagerungszustand R. 114, 122, P. 34.
Berggesetz P. 12.
Beschlagnahme von Lohn- und Gehaltsforderungen R. 55.
Besitzsteuergesetz R. 126, S. 21.
Beurkundung des Personenstandes R. 59.
Binnenschiffahrtsgesetz R. 36.
Blei- und zinkhaltige Gegenstände R. 9.
Börsengesetz R. 41.
Börsensteuergesetz R. 18.
Branntweinsteuergesetz R. 96.
Brausteuererhebung R. 25.
Bundes- u. Staatsangehörigkeit R. 8, 111.
Bürgerl. Gesetzbuch R. 38/39 S. 21.

Chausseegeld P. 34.
Civilprozeßordnung R. 11, S. 21.

Dampfkesselbetrieb R. 6, P. 34.
Darlehnskassengesetz R. 117.
Depotgesetz R. 40.
Diensteinkommen der Lehrer u. Lehrerinnen P. 26.
Dienstboten siehe Gesinde.
Disziplinargesetze P. 51.
Drogenhandel R. 48, 64.

Eheschließungsgesetz R. 59.
Einkommensteuergesetz P. 10.
Eisenbahngesetzgebung R. 66, 35.

Eisenbahnverkehrsordnung R. 91.
Elektrizitäts-Diebstahl R. 2.
Enteignung v. Grundeigent. P. 37.
Entmündigungsgesetz R. 45.
Entschädigung freigesprochener Personen R. 12.
Entschädigung unschuldig Verhafteter u. Verurteilter R. 73.
Entziehung elektr. Arbeit R. 2.
Erbschaftssteuergesetz R. 77, P. 20.
Ergänzungssteuergesetz P. 13.
Erwerbs- u. Wirtschaftsgenossenschaften R. 29.

Fahrkartensteuer R. 18.
Farbengesetz R. 9, 48.
Farbenhandel R. 48.
Feingehalt der Gold- u. Silberwaren R. 9.
Feld- u. Forstpolizeigesetz P. 34.
Festnahmerecht des Militärs R. 114.
Feuerbestattungsgesetz P. 47.
Feuerversicherung P. 34.
Fischereigesetz P. 34.
Fleischbeschaugesetz R. 9, 54, 68.
Flößereigesetz R. 36.
Fluchtlinien-Gesetz P. 50.
Forstdiebstahl P. 34.
Frachturkundensteuer R. 18.
Freiwillige Gerichtsbarkeit R. 46.
Freizügigkeit R. 8.
Fürsorgeerziehung Minderjähriger R. 47 P. 28.

Gast- u. Schankwirtschaftsgehilfen R. 6.
Gebrauchsgegenstände, Verkehr mit R. 9, 54.
Gebrauchsmusterschutzgesetz R. 9, 84, 102, 116, 116a.
Gebührengesetz, preußisches, für Rechtsanwälte und Gerichtsvollzieher R. 17.
Gebührenordnung für Gerichtsvollzieher R. 15.
Gebührenordnung für Notare P. 4.
Gebührenordnung für Rechtsanwälte R. 17.
Gebührenordnung für Zeugen und Sachverständige R. 15.
Gehaltsforderungen, Beschlagnahme von R. 55.
Geldwesen d. Kolonien R. 105.
Genehmigung gewerblicher Anlagen P. 16.
Genossenschaftsgesetz R. 29.
Genußmittel, Verkehr mit R. 9, 54.
Gerichtsbarkeit, freiwillige R. 46.
Gerichtskostengesetz, deutsches R. 15.
Gerichtskostengesetz, preußisches P. 17.
Gerichtsordnung, preußische P. 7.
Gerichtsverfassungsgesetz R. 14, 11, 12, S. 21.
Gerichtsvollzieher-Gebührenordnung R. 15.
Geschäftsaufsicht zur Abwendung des Konkurses R. 116, 126.
Geschäftsordnung für Gerichtsvollzieher P. 35.
Gesellschaften mit beschränkter Haftung R. 32.

Schlagwort-Register. (R. = Reichsgesetz, P. = preuß. Gesetz.)

Gesetzbuch, Bürgerliches R. 38/39 S. 21.
Gesetzestafel d. deutschen Reichsrechts R. 63.
Gesindedienstpflichten P. 34.
Gesindeordnungen, preußische P. 31 a, 31 b.
Gesundheitswesen R. 27.
Getreidebeschlagnahme R. 116.
Gewerbebetrieb im Umherziehen R. 6, P. 34.
Gewerbegerichte R. 31, 112.
Gewerbeordnung R. 6.
Gewerbesteuergesetz, preuß. P. 11.
Gewerbeunfallversicherung R. 23.
Gewerkschaften, Gewerkvereine, Vereins- u. Versammlungsrecht R. 88.
Gifthandel R. 48, 64.
Gold- u. Silberwaren-Feingehalt R. 9.
Grundbuchordnung R. 42.
Grundbuchgesetzgebung, preußische P. 9.
Grundeigentum, Enteignung v. P. 37.

Haager Friedenskonferenz R. 99.
Haftpflichtgesetz R. 70, 94.
Handelsgesetzbuch R. 4, S. 21.
Handelskammergesetz P. 21.
Handfeuerwaffen R. 9.
Handwerkergesetz R. 6.
Hilfsdienst, Vaterländischer R. 125.
Hilfskassen, eingeschr. R. 20.
Hinterlegungsordnung P. 24, 53.
Hinterbliebenenversicherung R. 109, S. 21.
Höchstpreise R. 116.
Hypothekenbankgesetz R. 51.

Jagdpolizeigesetz P. 34, 41.
Jagdscheingesetz P. 19. 34,
Inhaberpapiere m. Prämien R. 9.
Innere Unruhen R. 114.
Internationales Privatrecht R. 90, 98.
Invalidenversicherung R. 30, 109, S. 21.

Kaligesetz R. 100.
Kapitalabfindungsgesetz R. 79 b, 118.
Kaufleute, Pflichten bei Aufbewahrung v. Wertpapier. R. 40.
Kaufmannsgerichte R. 112.
Kiautschou-Gebiet, militärische Strafrechtspflege im R. 3.
Kinder, Recht d. unehel. R. 58.
—, Unterbringung verwahrloster R. 47, P. 28.
Kinderarbeit, gewerbl. R. 2, 71.
Kinderschutzgesetz R. 71.
Kolonialgesetzgebung R. 49, 105.
Kommunalabgabengesetz P. 14.
Kommunalbeamtengesetz P. 22.
Kommunalbeamtenrecht P. 25.
Konkurrenzklausel R. 115.
Konkursordnung R. 13, S. 21.
Konkursordnung, preuß. P. 7.
Konsulargerichtsbarkeit R. 75.
Konsulargesetzgebung R. 21, 75.
Konzessionierung gewerbl. Anlagen P. 16.
Kraftfahrzeuge R. 18, 92, 116 a.
Krankenversicherungsgesetz R. 20, 107, S. 21.

Schlagwort-Register. (R. = Reichsgesetz, P. = preuß. Gesetz.)

Kreisabgabengesetz P. 38.
Kreisordnungen P. 15.
Kriegsgewinnsteuer R. 121, S. 21.
Kriegsleistungsgesetz R. 119.
Kriegsteilnehmer R. 116, 116a
Kriegsverschollenen-Todeserklärung R. 124.
Kriegs-Zivil- und Finanzgesetz R. 116. 116a.
Kunstschutzgesetz R. 81.

Ladenschluß R. 6.
Landeskirche P. 46.
Landestrauer P. 34.
Landesverwaltungsgesetz P. 42.
Lehrergehalts- und Pensionsgesetze P. 26.
Literaturschutz R. 60, 95.
Lohnforderungen, Beschlagnahme von R. 55.
Lotteriespiel P. 34.

Mannschaftsversorgungsgesetz R. 79 b.
Margarinegesetz R. 9, 54.
Medizinalgesetzgebung R. 27.
Militärhinterbliebenengeſ. R. 118.
Militärpensionsgesetze R. 79.
Militärische Geheimnisse, Verrat R. 9, 84.
Militärstrafgerichtsordnung R. 3, S. 21.
Militärstrafgesetzbuch R. 67, S. 21.
Minderjährige, Fürsorgeerziehung für R. 47, P. 28.
Mineraliengewinnung und Aneignung P. 34.
Mobiliar-Feuerversiche P. 34.
Modellschutzgesetzgebung R. 9, 102.
Münzwesen R. 26, 116, 116a.
Musterschutzgesetz R. 9, 102.

Nahrungsmittelgesetze R. 9, 54, 65.
Naturalleistung f. d. bewaffnete Macht R. 69.
Notare, Gebührenordnung für preußische P. 4.
Notenbankwesen R. 26.
Nottestament P. 3.

Offizierpensionsgesetz R. 79 a.

Patentgesetz R. 9, 22, 116, 116a.
Personenstandsgesetz R. 2, 9, 59.
Pensionsgesetze R. 10, 79, P. 2, 26.
Photographieschutz R. 9, 81.
Polizeiverordn. in Preußen P. 36.
Postgesetze R. 7.
Postscheckgesetz R. 113.
Postscheckordnung R. 85, 113 a.
Preßgesetz R. 9, 53.
Preußische Verfassung P. 1.
Privatbeamtenvers.-Ges. R. 104. S. 21.
Privatrechtl. Reichsges. R. 84, 90.
Provinzialabgabengesetz P. 38.

Quellenschutzgesetz P. 44.

Rayongesetz R. 84.
Reblausgesetz R. 84, P. 34.
Rechte der Besitzer von Schuldverschreibungen R. 52.
Rechtsanwalts-Gebührenordnung R. 17.
Rechtsanwaltsordnung R. 16.
Rechtshilfe R. 76.
Rechtsverhältnisse d. Juden P. 45.
Registerführung, gerichtl. R. 80.
Reichsbeamtengesetz R. 10, 82.

Reichseisenbahngesetzgebung R. 35, 66.
Reichserbschaftssteuer R. 77.
Reichsfinanzgesetze S. 21.
Reichsgewerbeordnung R. 6.
Reichsgrundbuchordnung R. 42.
Reichs-Justizgesetze R. 11, 12, 13.
Reichskassenscheine R. 9. 116.
Reichsmilitärgesetz R. 84.
Reichspreßgesetz R. 53.
Reichsschuldbuch P. 30.
Reichsseuchengesetz R. 9, 56.
Reichsstempelgesetz R. 18.
Reichsverfassung R. 1.
Reichsviehseuchenges. R. 103.
Reichsversicherungsordnung R. 106—109, S. 21.
Rentengutsgesetze P. 33.
Rinderpest R. 9.

Saccharingesetz R. 9, 54.
Schadensersatz an unschuldig Verhaftete u. Verurteilte R. 73.
Scheckgesetz R. 85. 113.
Schlachthäuser P. 34.
Schlachtviehgesetz R. 9, 54, 68.
Schonzeit des Wildes P. 34.
Schuldverschreibungsgesetz R.52.
Schulunterhaltungsgesetz P. 39.
Schutzgebietsgesetz R. 75, 97, 105.
Schutzhaftgesetz R. 128.
Schutztruppe, Strafverfahren R. 3, Pension R. 79.
Schwängerung, außereheliche R. 58, P. 5.
Seegesetzgebung R. 19.
Seerecht siehe HGB. Text.
See-Unfallversich.-Gesetz R. 57.
Seuchengesetz R. 56.
Sklavenhandel R. 9.
Sozialpolitische Gesetze R. 20, 23, 28, 30, 57, 72, 104, 106 bis 109, 116, 116 a.
Sparkassengesetz P. 54.
Spionagegesetz R. 67.
Sprengstoffgesetz R. 2, 9.
Staatsangehörigkeit, Erwerb u. Verlust R. 8, 111.
Staatsschuldbuch P. 30.
Staatssteuern, Gesetz betr. Aufhebung direkter P. 14.
Städteordnung für die 6 östlichen Provinzen P. 32.
Stempelsteuergesetz für Preußen P. 18.
Stempelsteuergesetz für das Reich R. 18.
Steuergesetze R. 5, 18, 25, P. 10, 11, 13, 14, 18, 20, 27.
Strafgesetzbuch R. 2, S. 21.
Strafgesetze, preußische P. 34.
Strafprozeßordnung R. 12, S.21.
Strafrechtliche RG. R. 9.
Straßen- u. Baufluchtenges. P.50.
Subhastationsgesetz R. 43.
Süßstoffe, künstliche R. 9, 54, 64.

Tantiemensteuer R. 18.
Telegraphengesetze R. 7.
Telegraphenwegegesetz R. 120.
Testamentsrecht P. 3.
Todeserklärung Kriegsverschollener R. 124.

Uneheliche Kinder R. 58.
Unfallversicherungsgesetze R. 23, 28, 57, 72, 108, S. 21.
Unlauterer Wettbewerb R. 37.

Schlagwort-Register. (R. = Reichsgesetz, P. = preuß. Gesetz.)

Unterbringung verwahrloster Kinder R. 47, P. 28.
Unterhaltg. d. Volksschulen P. 39.
Unterstützungswohnsitz R. 8.
Urheberrechtsgesetze R. 9, 60, 22, 81, 95 102.

Vereinsgesetz R. 88.
Vereins- u. Versammlungsrecht R. 33, 88, P. 34,
Verfälschung v. Nahrungsmitteln R. 54, Wein R. 65.
Verfassung, Reich R. 1.
Verfassung, preußische P. 1.
Verhaftung und Aufenthaltsbeschränkung R. 128.
Verkehrsabgaben P. 34.
Verlagsrecht R. 61.
Vermögenssteuergesetz P. 13.
Verrat militär. Geheimnisse R. 2, 9, 67.
Verschuldungsgrenze P. 43.
Versicherungsvertrag R. 83.
Versicherungsunternehmungen, private R. 62.
Versorgung der Kommunalbeamten P. 22.
Verunstaltung landschaftlich hervorragender Gegenden P. 49.
Verwaltungsstrafverfahren P. 40.
Verwendung gesundheitsschädlicher Farben, Nahrungsmittel, Wein R. 54, 65.
Viehkauf (Viehgewährschaft) und Viehhandel R. 50.
Viehseuchengesetz R. 84, 103.
Vogelschutzgesetz R. 89.
Volksernährung R. 116, 116a.
Vormundschaftsordnung, preußische P. 8.
Vormundschaftsrecht, Deutsches R. 47.

Waffengebrauch R. 114.
Wald- und Wassergenossenschaft P. 34.
Wandergewerbebetrieb P. 34.
Warenzeichenrecht R. 9,87, 116, 116a.
Warenhaussteuergesetz P. 27.
Warenumsatzstempel R. 18, 123.
Wassergesetz P. 52.
Wechselordnung R. 5, S. 21.
Wechselstempelsteuergesetz R. 5.
Wehrbeitragsgesetz R. 110, S. 21.
Weingesetz R. 9, 54, 64, 65.
Wertpapiere, Depotgesetz R. 40.
Wettbewerb, Bekämpfung unlauteren R. 37.
Wettbewerbsverbot R. 115.
Wild-Schonzeit P. 34.
Wirtschaftliche Maßnahmen aus Anlaß des Krieges R. 116, 116a.
Wuchergesetz R. 2.

Zeugengebühr R. 15.
Zigarettensteuergesetz R. 78.
Zivilprozeßordnung R. 11, S. 21.
Zuständigkeitsgesetz P. 42.
Zuwachssteuergesetz S. 21, R. 101.
Zwangserziehung R. 47.
Zwangsversteigerung an Immobilien R. 43.
Zwangsvollstreckungsgesetz R. 43.
Zweckverbands-Gesetz P. 48.

 4. IV. 1917. 23 500.

FSC
www.fsc.org
MIX
Papier | Fördert gute Waldnutzung
FSC® C083411

Kolibri 360 GmbH
Ferdinand-Jühlke-Straße 7
99095 Erfurt, Deutschland
produktsicherheit@kolibri360.de